欧亚历史文化文库

总策划 张余胜
兰州大学出版社

史林遗痕

丛书主编 余太山
孙玉良 著

图书在版编目(CIP)数据

史林遗痕 / 孙玉良著. —兰州:兰州大学出版社,2010.7
(欧亚历史文化文库 / 余太山主编)
ISBN 978-7-311-03518-1

Ⅰ.①史… Ⅱ.①孙… Ⅲ.①高句丽—民族历史—研究—汉代~唐代 ②渤海(古族名)—民族历史—研究—汉代~唐代 Ⅳ.①K289

中国版本图书馆 CIP 数据核字(2010)第 141763 号

总 策 划 张余胜

书　　名 史林遗痕
丛书主编 余太山
作　　者 孙玉良 著
出版发行 兰州大学出版社 (地址:兰州市天水南路 222 号 730000)
电　　话 0931-8912613(总编办公室) 0931-8617156(营销中心)
0931-8914298(读者服务部)
网　　址 http://www.onbook.com.cn
电子信箱 press@lzu.edu.cn
印　　刷 兰州人民印刷厂
开　　本 700mm×1000mm 1/16
印　　张 28.5
字　　数 392 千
版　　次 2010 年 7 月第 1 版
印　　次 2012 年 4 月第 2 次印刷
书　　号 ISBN 978-7-311-03518-1
定　　价 85.00 元

出版说明

随着20世纪以来联系地、整体地看待世界和事物的系统科学理念的深入人心，人文社会学科也出现了整合的趋势，熔东北亚、北亚、中亚和中、东欧历史文化研究于一炉的内陆欧亚学于是应运而生。时至今日，内陆欧亚学研究取得的成果已成为人类不可多得的宝贵财富。

当下，日益高涨的全球化和区域化呼声，既要求世界范围内的广泛合作，也强调区域内的协调发展。我国作为内陆欧亚的大国之一，加之20世纪末欧亚大陆桥再度开通，深入开展内陆欧亚历史文化的研究已是责无旁贷；而为改革开放的深入和中国特色社会主义建设创造有利周边环境的需要，亦使得内陆欧亚历史文化研究的现实意义更为突出和迫切。因此，将针对古代活动于内陆欧亚这一广泛区域的诸民族的历史文化研究成果呈现给广大的读者，不仅是实现当今该地区各国共赢的历史基础，也是这一地区各族人民共同进步与发展的需求。

甘肃作为古代西北丝绸之路的必经之地与重要组

成部分，历史上曾经是草原文明与农耕文明交汇的锋面，是多民族历史文化交融的历史舞台，世界几大文明（希腊—罗马文明、阿拉伯—波斯文明、印度文明和中华文明）在此交汇、碰撞，域内多民族文化在此融合。同时，甘肃也是现代欧亚大陆桥的必经之地与重要组成部分，是现代内陆欧亚商贸流通、文化交流的主要通道。

基于上述考虑，甘肃省新闻出版局将这套《欧亚历史文化文库》确定为2009—2012年重点出版项目，依此展开甘版图书的品牌建设，确实是既有眼光，亦有气魄的。

丛书主编余太山先生出于对自己耕耘了大半辈子的学科的热爱与执著，联络、组织这个领域国内外的知名专家和学者，把他们的研究成果呈现给了各位读者，其兢兢业业、如临如履的工作态度，令人感动。谨在此表示我们的谢意。

出版《欧亚历史文化文库》这样一套书，对于我们这样一个立足学术与教育出版的出版社来说，既是机遇，也是挑战。我们本着重点图书重点做的原则，严格于每一个环节和过程，力争不负作者、对得起读者。

我们更希望通过这套丛书的出版，使我们的学术出版在这个领域里与学界的发展相偕相伴，这是我们的理想，是我们的不懈追求。当然，我们最根本的目的，是向读者提交一份出色的答卷。

我们期待着读者的回声。

总序

本文库所称“欧亚”(Eurasia)是指内陆欧亚,这是一个地理概念。其范围大致东起黑龙江、松花江流域,西抵多瑙河、伏尔加河流域,具体而言除中欧和东欧外,主要包括我国东三省、内蒙古自治区、新疆维吾尔自治区,以及蒙古高原、西伯利亚、哈萨克斯坦、乌兹别克斯坦、吉尔吉斯斯坦、土库曼斯坦、塔吉克斯坦、阿富汗斯坦、巴基斯坦和西北印度。其核心地带即所谓欧亚草原(Eurasian Steppes)。

内陆欧亚历史文化研究的对象主要是历史上活动于欧亚草原及其周邻地区(我国甘肃、宁夏、青海、西藏,以及小亚、伊朗、阿拉伯、印度、日本、朝鲜乃至西欧、北非等地)的诸民族本身,及其与世界其他地区在经济、政治、文化各方面的交流和交涉。由于内陆欧亚自然地理环境的特殊性,其历史文化呈现出鲜明的特色。

内陆欧亚历史文化研究是世界历史文化研究中不可或缺的组成部分,东亚、西亚、南亚以及欧洲、美洲历史文化上的许多疑难问题,都必须通过加强内陆欧亚历史文化的研究,特别是将内陆欧亚历史文化视做一个整体加以研究,才能获得确解。

中国作为内陆欧亚的大国，其历史进程从一开始就和内陆欧亚有千丝万缕的联系。我们只要注意到历代王朝的创建者中有一半以上有内陆欧亚渊源就不难理解这一点了。可以说,今后中国史研究要有大的突破,在很大程度上有待于内陆欧亚史研究的进展。

古代内陆欧亚对于古代中外关系史的发展具有不同寻常的意义。古代中国与位于它东北、西北和北方，乃至西北次大陆的国家和地区的关系,无疑是古代中外关系史最主要的篇章,而只有通过研究内陆欧亚史,才能真正把握之。

内陆欧亚历史文化研究既饶有学术趣味,也是加深睦邻关系,为改革开放和建设有中国特色的社会主义创造有利周边环境的需要，因而亦具有重要的现实政治意义。由此可见,我国深入开展内陆欧亚历史文化的研究责无旁贷。

为了联合全国内陆欧亚学的研究力量，更好地建设和发展内陆欧亚学这一新学科,繁荣社会主义文化,适应打造学术精品的战略要求,在深思熟虑和广泛征求意见后,我们决定编辑出版这套《欧亚历史文化文库》。

本文库所收大别为三类:一,研究专著;二,译著;三,知识性丛书。其中,研究专著旨在收辑有关诸课题的各种研究成果;译著旨在介绍国外学术界高质量的研究专著;知识性丛书收辑有关的通俗读物。不言而喻,这三类著作对于一个学科的发展都是不可或缺的。

构建和发展中国的内陆欧亚学,任重道远。衷心希望全国各族学者共同努力,一起推进内陆欧亚研究的发展。愿本文库有蓬勃的生命力,拥有越来越多的作者和读者。

最后,甘肃省新闻出版局支持这一文库编辑出版,确实需要眼光和魄力,特此致敬、致谢。

余太山

2010年6月30日

目录

渤海国历史研究

东北历史人物及其他

前言

1962年，余大学毕业后，入东北文史研究所攻读古文古史，聆听国学诸科名家传道、授业、解惑，受益良多。两年后，对秦汉史研究渐有兴趣，希图有所建树，遗憾好景不长。"文革"中，研究所庙毁僧散，学业中辍，浑浑噩噩，浪迹官场，转瞬荒废一十五载有余。

1981年，随改革开放浪潮，余回归吉林省社会科学院，加入《中国东北史》课题组，在主编佟冬院长督导下，先后承担汉唐之际的高句丽和渤海国历史，以及唐代东北史的编撰工作。由于对这些题目素无涉猎，皆须一一从头学习。加之资料匮乏，才力不逮，勉为其难。在编写过程中，为应酬学术会议和刊物约稿等，仓促草成各篇，以之滥竽，求教方家。所论虽力避人云亦云，追求有所创新，然而往往失之以偏概全，多为一孔之砖，或为始作佣之劳。随着新的史料被发现，引出他人再订补的洞然之玉，使问题得到进一步精准论断。

近顷，承蒙程妮娜、杨军两位教授推荐，忝列《欧亚历史文化文库》作者之一，不胜惶愧。谨遵编纂条例，将旧作略加取舍，编排成册，名之为《史林遗痕》，以示肤浅微末，不足道哉。内中分为高句丽历史研究、渤海国历史研究和东北历史人物及其他三部分。仅有《西汉文景盛世·前言》一篇，非东北史系列，是在退休之后，写了一本《西汉文景盛世》，列为《中国五大盛世丛书》之一，以偿夙愿。此外，同一类题目，在不同时期，有不同需要，虽皆有所载笔，为避免重复雷同，只选其一有代表性者，余者不录。合署文章，非本人执笔者亦不录。

综观各篇，良莠参半。而今虽已齿松目浊，乃不敢言老。特别是高句丽史和渤海历史，被有些人纳入古代朝鲜史范畴，仍有深入辨析之必要。使命感常绕胸中，不容稍懈，愿步同仁，继续努力。

2009年岁末于融创上城寓所

高句丽历史研究

1　高句丽社会性质浅析

高句丽的社会发展,既体现了人类社会发展的普遍规律,又反映出它自身所具有的特殊性。由于可资证明的史料欠缺,各家结论很不一致,既有奴隶制说,又有封建制说,二者都有一定道理,但都很不完全。

虽然高句丽的社会发展取决于自身条件,但是,外界影响也是推动高句丽社会发展的重要因素。在漫长的历史发展过程中,高句丽始终处于中原政权的制约和统辖之下。中原地区先进文化的积极影响,对高句丽社会发展起到了巨大的催化作用。因此,高句丽奴隶制国家建立不久,便出现了封建生产关系的萌芽。但是,在以后的数百年间,高句丽的统治者把主要精力都耗费在对外穷兵黩武上,多次四面兴师,征战不休。这极大地束缚和破坏了生产力的进一步发展,使奴隶制与封建制的生产关系,长期共存,并行发展,迟迟未能最终摆脱奴隶制统治,封建制始终未能最后确立,或者说,始终处于半奴隶半封建社会状态。同时,在社会组织中,还广泛保存原始社会部落的体系,各地之间的发展很不平衡。

1.1　奴隶制贯穿始终

公元前 37 年,朱蒙在部落联盟基础上所建立的政权,标志着高句丽人的社会发展已迈出原始氏族社会,进入了国家统治时期,奴隶制对所有的氏族成员,取得了绝对的支配地位。在此后长达 700 余年间,奴隶制一直统治着高句丽。封建的生产力和生产关系虽然也有某些发展,特别是在长寿王及其以后的历史时期,封建制的因素有了较为明显的增长。但是,它并没有达到质变性飞跃的程度,奴隶制仍具有很强的生命力。直到高句丽灭亡时,奴隶制才随之寿终正寝。

从发展阶段上来看,自朱蒙南逃建政到太祖王宫执政时期,是高句丽奴隶制最后形成时期。其主要标志是结束了各部诸王分立局面，形成一个统一的奴隶制邦国，并开始大规模进行掠夺奴隶的对外战争。自太祖王宫到故国壤王统治时期，是高句丽奴隶制的发展时期。在这200多年的时间里，奴隶制统治进一步完善，经济与文化等得到较大发展。广开土王至长寿王时，是高句丽奴隶制鼎盛时期。在军事上取得了一系列对外战争的重要胜利，终于占领了带方、辽东二郡，使疆域推进到汉江以南、辽河以东地区。封建的生产力和生产关系又有了进一步增长，并使统治中心南移，迁都平壤，在朝鲜半岛上取得了绝对的优势，这是高句丽历史上辉煌发展时期。自文咨王以后诸王，是高句丽奴隶制衰落时期。由于统治阶级内部矛盾重重，互相屠戮，分崩离析，对外不断兴兵骚扰，招致中原王朝一连串的征讨，几乎耗尽了全部气力。总之，高句丽28代王都竭诚继嗣祖业，努力维护奴隶制统治，鲜有顺应历史发展趋势，致力内政建设、实行改革者。

在朱蒙南来卒本川以前，高句丽氏族内部，有些酋长已变成奴隶主，而有些一般氏族成员开始沦为奴隶。朱蒙立国时，多勿部的松让王自称“我累世为王”，并向朱蒙提出：“地小不足容两主，君立都日浅，为我附庸可乎？”[1]后来经过斗辩比武，朱蒙制服了松让王，才成为名副其实的高句丽王。这段历史纪事，说明松让王及其祖先在朱蒙到来之前，就已由部落酋长变成奴隶主头目了。而朱蒙降服松让王，则是高句丽奴隶主兼并的开始，向统一的集权制发展迈出了第一步。

1.2 奴隶的主要来源

起初，高句丽奴隶中只有罪奴和债奴。古文献中记载，高句丽的刑法十分严苛，“有罪，诸加评议便杀之，没入妻子为奴婢”[2]。刑法越严，说明社会矛盾越尖锐突出，犯罪者也就越多；私有财产越集中，贫盗者也越增加。随之而出现的是奴隶队伍不断扩大，奴隶制统治更加残暴。因

〔1〕《三国史记》卷13《高句丽始祖东明王纪》。

〔2〕《后汉书》卷85《高句丽传》。

此，罪奴和债奴始终是高句丽奴隶的重要来源。到南北朝时期，刑法又有新的发展，较以前更为残酷刻毒，规定“谋反及叛者，先以火焚爇，然后斩首，籍没其家；盗者十余倍征赃，若贫不能备及负公私债者，皆听评其子女为奴婢以偿之”[1]。这种严刑苛法，有制止社会上“犯罪”活动的一面，但是，奴隶制自身又在不断制造所谓犯罪条件，逼迫人们去触犯刑禁。任何法律都不可能杜绝犯罪活动的发生，反叛和盗窃是奴隶争取生存，求得解放的唯一出路，奴隶主阶级没有什么刑法可以把这条路堵死。甚至到了唐代，高句丽罪奴制法禁仍在继续增加新的条款，规定“杀牛马者，没身为奴婢”[2]。一方面反映出社会矛盾更加激烈，动辄犯法，随时都有可能沦为奴隶；另一方面也说明，直到高句丽晚期，还始终保存罪奴制，生产力还很低下，不得不用峭法严刑来保护畜力，以维护生产和战争的需要。既然罪奴制贯穿高句丽社会发展的全过程，也就足可说明奴隶制始终笼罩着高句丽。

在一定历史时期和社会范围以内，罪奴和债奴的来源毕竟是有限的，而奴隶主贵族集团占有奴隶的欲望却是无穷尽的。因此，为了极大地满足奴隶主占有奴隶的贪欲，高句丽曾不断向外发动战争，侵城略地，掠夺人口，使之变为奴隶，扩大奴隶的来源。史书中称“其人性凶急，有气力，习战斗，好寇抄”[3]，这种风俗的形成，同掠夺奴隶有直接关系。自朱蒙以下诸王，不断四面出击，先后占领了荇人国、北沃沮，梁貊、盖马国、句荼国、东沃沮等地，以其地为郡县，实行奴隶制统治。其办法是以当地民族上层人物为使者，另委派高句丽大家监领，督责租赋，实际上是把整个被占领地区的人民都变为高句丽统治者的奴隶。《后汉书·沃沮传》记载，东沃沮“臣属句丽，句丽复置其中大人，遂为使者以相监领，责其租税，貂、布鱼盐，海中食物，发美女为婢妾焉”。高句丽的奴隶制统治，在很大程度上是靠对外掠夺来维持的。至太祖

[1]《周书》卷49《高句丽传》。

[2]《旧唐书》卷199上《高丽传》。

[3]《后汉书》卷85《高句丽传》。

王四年，即公元56年时，高句丽已“拓境东至沧海，南至萨水”[1]，接着又征服了曷思部、灌那部和朱那部等，不仅辖域扩大，统治权力也更加集中，各部才真正统一在高句丽王权之下。

但是，高句丽统治者对奴隶的掠夺是无止境的，当太祖王威服临近诸部以后，继续南北出击，把掠夺的矛头指向人烟密集、财产富庶的百济和辽东地区，肆意侵夺。105年，太祖王遣将“入汉辽东，夺掠六县”[2]，以后许多王都把主要扩张目标集中在辽东地区。358年，故国壤王曾“陷辽东、玄菟，虏男女一万口而还”[3]。经过300来年的得而复失、失而复得的拉锯战，到广开土王以后，终于占领了辽东。又经过长寿王暂短整饬，使其巩固下来。475年，长寿王腾出手来，开始大举南侵百济，“陷王所都汉城，杀其王扶余庆，虏男女八千而归”[4]，将势力推进到汉江流域。至第26代婴阳王时，仍继续推行以掠夺为目标的对外战争。608年，婴阳王“命将袭新罗北境，虏获八千人”[5]。这就是说，直到高句丽灭亡前夜，都未停止对外掠夺人口、扩大奴隶队伍的战争。

高句丽在战争中所掠获的大批战俘，有很多变为统治者所私有的奴隶。尽管古籍中对此没有留下明文记载，幸好广开土王的墓碑上，刻有许多明证。广开土王时，应是高句丽掠夺奴隶最多的时期，由于不断取得对外战争的胜利，所掠获的战俘也必然与之成正比。在他临死前，对如何安置这些俘虏，曾留下遗嘱，铭刻在墓碑上：“若吾万年之后，安守墓者，但取吾躬率所略来韩涉，令备洒扫”，代替“祖王先王，但教取远近旧民守墓洒扫”制度，把大批韩涉人战俘变为国王和贵族的守墓奴隶。414年，长寿王遵照广开土王遗命，“取韩涉二百廿家”为其守墓。但是，这并不意味着废止用高句丽人充当守墓奴隶，在把韩涉战俘变为广开土王守墓奴的同时，长寿王又“虑其不知法则，复取旧民一百十家，合新旧守墓户国烟卅，看烟三百，都合三百三十家”，共同为广开

[1]《三国史记》卷15《高句丽太祖王纪》。
[2]《三国史记》卷15《高句丽太祖王纪》。
[3]《三国史记》卷18《高句丽故国壤王纪》。
[4]《三国史记》卷18《高句丽长寿王纪》。
[5]《三国史纪》卷20《高句丽婴阳王纪》。

土王守墓。在这330家烟户中,110家高句丽旧民显然是骨干。一个高句丽王,在他死后仅守墓奴一项达330户、上千人之多,那么,在他生前所役使的奴隶数目,就会更加令人感到吃惊。比较而言,守墓奴的境遇要比从事劳役奴隶好得多,这样的“美差”都能由战俘充当,恰好证明当时:一是掠来的战俘很多;二是战俘被广泛用来充当各种奴隶。同时,对高句丽统治者为什么不断发动对外战争,也就很好理解了。

此外,广开土王碑铭中,还记载了高句丽存在着买卖奴隶现象。在广开土王以前,因买卖而使守墓烟户减少。为了制止这种情况继续发生,广开土王“尽为祖先王墓上立碑,铭其烟户,不令差错,又制守墓人自今以后不得更相转卖。虽有富足之者,亦不得擅买。其有违令,卖者刑之。买人,制令守墓之”。这项命令的颁发,说明当时奴隶买卖现象很猖狂,直至危害到统治者头上,不得不下令加以限制。同时,也是用法律形式使守墓的烟户子孙世代为奴,永远被禁锢在王墓周围,任何人都不能使他们改变守墓奴隶地位。在高句丽王室灭亡之前,要想轻易改变这项保护奴隶制的祖宗成法,那是很难的事情。

1.3 奴隶与平民境况

在高句丽的社会结构中,以国王为首的奴隶主贵族集团,世代欺压在广大奴隶及其他劳动者身上。全部土地归王所有,全体人民是王的奴仆。即使是诸部大人,也都自认是高句丽王的奴客,王权高于一切,指挥一切。为了加强对奴隶主贵族集团的控制,巩固奴隶制统治,高句丽王采取食封手段,加以笼络。把土地赐予那些对奴隶制统治有贡献的贵族成员为食邑,使之成为他们世袭领地,他们死后就埋葬于食邑内。新大王时,因国相明临答夫在反击汉军讨伐时有功,新大王把坐原及质山赐其为食邑。答夫死后葬于质山,并置守墓奴20家为其守墓,标志着质山之地世代为答夫子孙所领有。土地是高句丽头等重要的生产资料,国王通过对全国土地所有权的垄断,实现对整个国家的控制。

高句丽长期保持着各部奴隶主联盟的形式,相互间具有一定独立性。各部自成体系，直接领有上万户的属民，拥有一定实力。一旦他们同国王发生矛盾，除了兵戎相见，还往往率部出走，摆脱高句丽王的控制。自闵中王时，就有“蚕支落部大家戴升等一万余家，诣乐浪投汉”[1]。197年，王子拔奇与山上王争夺王位失败后，“与涓奴加各将下户三万余口，诣公孙康降”[2]，请求援助，借以自重。至唐代时，各部奴隶主贵族仍是子孙世袭为官，拥兵自重，握有实权，甚至可以擅自决定国王的废立，操纵国家命运，王权大大削弱，奴隶制已临近崩溃边缘。荣留王时的泉盖苏文，其父是东部大人兼大对庐之职，死后盖苏文嗣位，他以凶残的手段杀死荣留王及百余名大臣，自立为莫离支，总揽高句丽军政大权。盖苏文死后，又由其子男生袭职，继续操纵实权，左右国王的行动。大对庐一职，按规定三年一代，如果称职可不拘年限。接任时，如有不服者，也可以勒兵相攻，胜者为之。国王坐观成败，不加干预，用此种办法使各部互为牵制，自相削弱，维持平衡，以达到控制各部局势的目的。这种规定，同封建中央集权制下的官吏任免出自王室，有明显的差别。

高句丽奴隶主贵族集团，拥有山林田泽、房产、资财和政治权力。因此他们为所欲为，横行无忌，对奴隶实行残酷统治。慕本王就是这伙暴虐奴隶主的典型代表之一，因残暴而被部下所杀，史书中称他“居常坐人，卧则枕人，人或动摇杀无赦。臣有谏者，弯弓射之”[3]，视部下为奴隶。烽上王也因奢靡无度而被废，他在位期间竭尽民力，大兴土木，修筑宫室，使“壮者流离四方，老幼转乎沟壑”，“驱饥饿之人，困木石之役”，[4]引起奴隶的反抗。泉盖苏文更是残忍无度，经常“恒令其属官俯伏于地，践之上马；及下马，亦如之。出必先布队仗，导者长呼，以辟行人，百姓畏避，皆自投坑谷”[5]。左右对其莫敢仰视，彼此如同猫鼠一般。一些奴隶主贵族，凭借特权侵夺弱者，特别是对一般平民的土地、财物，乃至人身随意掠夺。由于奴隶主的肆意侵夺，一是他们更加

---

〔1〕《三国史记》卷14《高句丽闵中王纪》。

〔2〕《三国史记》卷16《高句丽故国川王纪》。

〔3〕《三国史记》卷14《高句丽慕本王纪》。

〔4〕《三国史纪》卷17《高句丽烽上王纪》。

〔5〕《旧唐书》卷199上《高丽传》。

财高势大、权倾天下，二是奴隶阶层积怨日深、群情激愤。两者发展下去，都会动摇奴隶制王权。因此，国王必须采取弹压手段，削弱奴隶主的势力，并借以平息民怨，巩固其统治。大武神王十五年，沸流部长仇都、逸苟、焚求三人，因“资贪鄙，夺人妻妾、牛马、财货，恣其所欲。有不与者即鞭之，人皆忿怨”[1]。大武神王不得已将他们黜为庶人，剥夺了他们的政治特权，以缓和人民的愤怒情绪。故国川王十二年(190)，中畏大夫沛者于畀留、评者左可虑，皆以王后亲戚执掌权柄，“其子弟恃势骄侈，掠人子女，夺人田宅，国人怨愤”[2]。后来公然聚众谋叛，攻打王都。面对这种“毒流百姓，动我王家”的罪恶行径，故国川王断然“征畿内兵马平之”，打击或限制了奴隶主贵族势力的进一步发展，随时都在消除危及奴隶制统治的异己势力。但是，反过来说，贵族集团对于那些荒淫暴虐、危害奴隶主阶级利益的国王，也往往采取废立或杀害的手段，以维护本阶级的利益。在高句丽 28 王中，有明文记载的，像慕本王、次大王、烽上王和荣留王等，先后被臣下杀害；或幽禁别室，逼其自缢，另立新王。这足以证明奴隶主贵族集团拥有强大的政治势力，左右着高句丽国家的命运。

高句丽奴隶的情况，虽然史书中很少留下文字记载，但是，从一般平民的遭遇中，仍可以看到奴隶的命运只会比平民更艰难。在广开土王的墓碑中，有关守墓奴的法禁，就是决定奴隶命运的判决书。一旦充当守墓奴之后，任何人都不得改变他们的奴隶地位，永世被固定在墓地旁。随之而来的便有家生奴隶出现，也可以称之为世袭奴隶，子子孙孙世代为奴。在高句丽壁画中，也零散地反映了奴隶生活的某些侧面：有的在主人周围缩手蹑足，跪前站后，或捧杯献茶，或持物伫立，小心翼翼地供人驱使；有的挥舞铁锤，从事锻冶、制轮等繁重劳动，他们身上褐衣褴褛，状若羽毛连成，赤臂裸腿，青筋暴露，不胜艰难。奴隶还同财产一样，可以进行买卖。广开土王下令禁止买卖守墓奴隶，是出于维护王

---

[1]《三国史记》卷 14《高句丽大武神王纪》。
[2]《三国史记》卷 16《高句丽故国川王纪》。

室利益，对于那些与王室利益无涉的奴隶买卖，是没必要加以禁止的。《三国史记》中也有关于买卖奴隶的记载：平原王时，国王的少女下嫁给穷汉愚温达，"乃卖金钏，买得田宅、奴婢、牛马、器物"[1]。在这里，奴隶的身价是同牛马、田宅、器物画等号的。因此，富有者要想占有奴隶，是一件轻而易举之事，随时都可以像买置牛马一样而得到。

除了奴隶主和奴隶两大对立阶级以外，平民在高句丽的生产关系中也占据重要位置。他们既是兵戈徭役的承担者，又是租税赋调的缴纳者，其人身地位最无保障，随时都有可能沦为奴隶。事实上，平民与奴隶的境况大同小异，都是被压迫被剥削者，居于社会最底层。高句丽前期，只有3万多户人口，其中的1万多人在氏族社会解体时，变成了不事佃作的大家，即奴隶主阶级。而其余的人则变成被称之为下户的平民和奴隶阶级。大家又被称为坐食者，由"下户远担米粮鱼盐供给之"[2]，靠剥削平民和奴隶而活着。一般平民占有小块土地和简陋的茅屋，以及备有小仓，作为贮存之用。每天暮夜，男女群聚，相就歌舞，借以消除疲劳，化解忧愁。婚配时，仍保持男就女家的氏族婚习俗。实际上，平民的生活并不是无忧无虑、欢欢乐乐的。他们的衣食住都很艰难，很多人"随山谷以为居，食涧水。无良田，虽力佃作，不足以实口腹"[3]。一旦获罪，除本人招致杀身之祸，妻小也随之没身为奴。他们以实物向统治者交纳租赋，在兵戈不息、徭役无期的年代，又得充当士兵役卒，挣扎在死亡线上。

1.4 半奴隶与半封建

高句丽中期以后，随着生产力的提高和生产关系的变革，其社会性质也发生了新的变化。广开土王和长寿王两代，终于实现了对带方、辽东等地的占领。加上以前所占据的乐浪等地，这些地区久在中原及

[1]《三国史记》卷54《温达传》。
[2]《三国志》卷30《魏书·高句丽传》。
[3]《三国志》卷30《魏书·高句丽传》。

中国北方封建政权疆理之下，封建的生产力和生产关系具有一定基础，是高句丽所辖领域内生产比较发达、文化比较先进的地区，这对整个高句丽生产力的发展和生产关系的变革，都会产生重要影响。

但是，自从高句丽兴起以后，兵连祸结，略无宁岁，使这些地区长期陷入你争我夺的拉锯战中，最后都被高句丽以武力强行占领。这使这些地区无数生产者沦为高句丽的奴隶，又重新回到奴隶制生产关系的统治之下，旧有的生产力遭到严重破坏。由于奴隶主贵族的残暴统治，内忧不断，外患纷呈，劳动者深陷兵戈徭役之中。到南北朝时，仍然是"蚕农不足以自供"[1]，生产力极为低下。到了唐代，依旧是"其俗贫窭者多"，继续实行"杀牛马者，没身为奴婢"的罪奴政策，以保护生产力的发展。

在《三国史记》里，载有许多被称为民或百姓的劳动者受国家和个人残酷剥削压迫的情形，又反映出一定的封建生产关系。在高句丽社会的前期，就已经出现了雇佣剥削的封建生产关系。一些破产的平民依附于豪门贵族，靠雇佣劳动谋生。194 年，故国川王出猎时在路上遇到一人对他哭诉："臣贫穷，常以佣力养母，今岁不登，无所佣作，不能得升斗之食。"于是，故国川王下令，对"鳏寡孤独、老病贫不能自存者救恤之"，并规定"每年自春三月至秋七月出官谷，以百姓家口多少，赈贷有差，至冬十月还纳，以为恒式"。[2] 这条纪事反映出当时靠佣力而不能自存者确实大有人在，统治者不得不采取赈贷救援措施，以解其燃眉之急。而这种春借秋还的赈贷法的颁行，正是封建生产关系的产物。国家以高利贷形式盘剥劳动人民，真正得到好处的是以国王为首的奴隶主贵族集团。对贫穷的劳动者来说，只不过是饮鸩止渴罢了，这使他们直接背上了国家高利贷的重负，结果必然导致广大劳动人民的赤贫化。烽上王时，这种封建雇佣关系的剥削更加残酷无情。当时美川王乙弗为避难，逃到水室村阴牟家佣作，"其家侧草泽蛙鸣，使乙弗夜投瓦石禁其声，昼日督之樵采，不许暂息，不胜艰苦"[3]。乙弗实在

[1]《魏书》卷 100《高句丽传》。

[2]《三国史记》卷 16《高句丽故国川王纪》。

[3]《三国史记》卷 17《高句丽美川王纪》。

忍无可忍，干了一年就离开阴牟家，和临村人再牟去倒卖盐。后来又被人把盐全部敲诈去，还挨了一顿毒打，真是祸不单行。这种剥削关系，既阻碍了生产力的提高，又束缚了生产关系的调整，使高句丽的社会永远处于半奴隶半封建状态。

南北朝时，高句丽奴隶主阶级，除了无偿占有奴隶劳动所得外，还通过国家对土地的所有，实行耕者交租，织者纳税办法，把奴隶制统治和封建的剥削统一起来。规定耕者每年交租额，上等户为1石，次等户7斗，下等户5斗；织者每年交税为布5匹、谷5石。相比之下，奴隶主对手工业者的剥削，要比对农民的剥削更繁苛。至于那些破产的游民，也得向国家纳税，规定每人3年1税，10人共交细布1匹。[1]统治者为了维护这种半奴隶半封建的剥削关系，制定了严刑苛法，镇压劳动者的反抗斗争。如有“叛及谋逆者，缚之柱，爇而斩之，籍没其家；盗则偿十倍，若贫不能偿者，乐及公私债负，皆听评其子女为奴婢以偿之”[2]。这实际上是逼迫劳动者卖儿鬻女，充当奴隶，陷于绝境。

此外，高句丽统治者素以衣色华丽，好修宫室而载入史册，借此以炫耀自己的权势，总觉得“宫室不壮丽、无以示重”[3]。在这种虚荣享乐思想意识驱使下，大兴土木，修城筑宫。由于不断战争，不断破坏，所以兴修不已，徭役无期。到了末期，又修筑北起扶余、西南至海的千里长城，借以抵御外来势力。这些浩大的工程，一一由劳动者所负担。烽上王曾征发国内男女15岁以上者修筑宫室，几乎是全民出动，凡有劳动能力者，无一幸免。使得“民乏于食，困于役，因之以流亡”[4]。如此繁重的徭役，破坏了社会生产的正常进行，成为高句丽社会停滞不前的重要原因之一，也构成了高句丽必然灭亡的重要因素。

（原载《博物馆研究》1984年第1期）

---

〔1〕《北史》卷94《高句丽传》。

〔2〕《北史》卷94《高句丽传》。

〔3〕《三国史纪》卷17《高句丽烽上王纪》。

〔4〕《三国史纪》卷17《高句丽烽上王纪》。

2　5世纪前后高句丽的发展

高句丽原是我国古代辽东地区涉貊族的后裔，世居浑江和鸭绿江流域，直接受中原诸王朝的辖制。在我国境内各少数民族中，高句丽全面接受汉文化影响较早，因此能很快地发展起来，并创建了一个强大的高句丽奴隶制政权。

西汉末年，高句丽始祖朱蒙乘中原战乱纷争，皇权衰微，无力治理边陲之际，聚众称王，立都建政。经过几代100余年的征战兼并，到第六世太祖王宫时，终于鲸吞邻近诸部，正式形成一个统一的奴隶制邦国，并使其势力越过鸭绿江，南抵萨水，即清川江北岸。但是，高句丽前期，在鸭绿江以南的势力还很弱小，也极不稳固，时时受到中原所辖乐浪、带方二郡及新罗、百济势力的威胁和侵夺。因而其势力迟迟不得施展，暂且尚无太大的历史作为。对辽东西部地区，虽累世兴兵攻夺，也长期不能得志，被限定在狭小的范围之内。

直到5世纪前后，经过广开土王和长寿王父子两代的开拓，才终于占据整个辽东，并击败百济，吞并带方，将势力扩张到汉江流域，占领了大半个朝鲜半岛，形成一支横跨辽东和朝鲜半岛的强大势力，把高句丽的奴隶制统治推向顶峰，这对后来东北地区及朝鲜半岛的历史发展具有深远的影响。因此，对5世纪前后高句丽的发展进行探讨，是研究高句丽历史的一个重要课题。这个问题的核心，主要是围绕广开土王的扩张和长寿王的迁都而展开，它是高句丽历史中最突出的两件大事，也表明此时是高句丽最兴旺时期。

2.1　前期的对外扩张

5世纪高句丽的强大，是从前代发展而来。因此，在探讨5世纪前后高句丽的发展时，有必要对以前的历史略加追述，以便廓清来龙去脉,觅出发展踪迹。

高句丽王朝共存在了705年。公元前37年朱蒙建政以后,首先面临的问题是如何站稳脚跟,扩大影响,求得发展,因而采取了威服诸部的扩张政策。以后历代诸王,都继承朱蒙的衣钵,把向外扩张作为基本国策,竭力去实现祖先的未竟之业。世代相继的对外战争,虽然使高句丽取得某些胜利,带来一点暂时发展,但最终还是玩火者必自焚,招致灭顶之灾。

公元53年,太祖王宫即位以前,高句丽还没有真正形成统一的集权势力。所辖诸部仍然各自称王,不相属一。而且各部之间不断争斗,互相消耗,延缓了高句丽的社会发展。直到公元74年,太祖王遣将伐朱那部,"虏其王子乙音为古邹加"[1]。自此以后,各部不再自立为王,分别改称古邹加、沛者、皂衣先人、于台等,诸王纷立的局面始告结束,终于形成统一的力量。因此后世称王宫为高句丽的太祖王,或曰国祖王。中国古籍中的高句丽纪事,也恰好是从太祖王时记起,对以前诸王纪事鲜有载录,太祖王在高句丽历史中的重要地位,也就自不待言。

太祖王统治时期,已使高句丽的武功初露锋芒,先后东伐沃沮,拓境至海;南侵乐浪,进抵萨水;继而转向辽东,多次攻略。从105年开始,"遣将入汉辽东,夺掠六县"[2];118年,进攻汉玄菟郡华丽城;121年夏,攻汉辽东,杀略吏民;同年秋,又率数千人马围攻玄菟;至122年,再次进犯辽东。这些频繁兴兵侵扰,也多次遭到东汉出兵惩戒,予以报复性的沉重打击。除了东汉政权直接派兵征讨外,辽东公孙氏政权亦与之争雄,更是其近在咫尺的直接威胁。209年前后,公孙康出兵进攻高句丽,山上王丢弃国内城,入丸都城固守,损失较重,这成为高句丽久久未能得志于辽东的重要因素。

魏晋之际,高句丽统治者为了极大地满足奴隶主阶级对财产和奴隶的掠夺,始终不安心于内政建设,把主要精力用于对外掠夺扩张上,

---

〔1〕《三国史记》卷15《高句丽太祖王纪》。

〔2〕《三国史记》卷15《高句丽太祖王纪》。

特别是对人烟较密、物产富庶的辽东地区，累世兴兵，掠夺不止，经常是得而复失，失而复得，停停打打，战战和和，同中原及北方政权展开旷日持久的拉锯战。每当受到重创挫折之后，就采取暂时向中原朝贡修好、通使求和的政策。可是，一有机会，又要卷土重来，终因力量有限，不能如愿以偿。

继东汉末年，辽东公孙氏讨伐高句丽以后，又接连遭到魏和燕两次大规模的讨伐和打击。曹魏政权建立不久，积极推行兼并辽东的统一战争。238 年，魏明帝遣司马懿率大军讨平公孙渊，为进一步统一辽东奠定了胜利基础。公孙氏政权的出现，对高句丽来说如芒在背，所以高句丽统治者时刻都在寻找机会解除公孙氏对自己的威胁。因此，当司马懿兵临辽东之际，高句丽东川王"遣主簿大加将兵千人助之"[1]。但是，魏统一辽东的进军目标，绝不仅仅限定在公孙氏一股势力上，东川王并未意识到唇亡齿寒的利害关系，错误地估计了公孙氏灭亡后的新形势，不知顾忌地掀起对辽东的侵犯，意欲取代公孙氏，独霸辽东地区。242 年，东川王"遣将袭破辽东西安平"[2]，这次对西安平县的轻举妄动，成为魏齐王遣毌丘俭征高句丽的直接导火线，给高句丽招来一场浩劫。224 年，"俭以高句丽数侵叛，督诸军步骑万人出玄菟，从诸道讨之"[3]。实际上，高句丽早已被列入魏统一辽东的进军目标之一，只是需要寻找借口，等待时机。东川王的进犯，恰好使毌丘俭师出有名。魏军以排山倒海之势，长驱直入，捣毁丸都。东川王弃城逃跑，远遁沃沮山林之中。经此一役，高句丽辖境收缩，损失惨重，曾一度被高句丽占有的某些地区，又重新归中原政权直接统辖。在短期内，高句丽无力与魏军再战，辽东地区出现了暂时平稳时期。

285 年，鲜卑慕容氏在辽西崛起，建立起一个强大的前燕割据政权，趁着兵强马壮，无人敢挡之势，积极向辽东地区扩张，直接威胁到高句丽的利益，互相角逐的战火随即熊熊燃起。293 年，慕容廆首先率兵

[1]《三国史记》卷 17《高句丽东川王纪》。
[2]《三国史记》卷 17《高句丽东川王纪》。
[3]《三国志》卷 28《魏书 · 毌丘俭传》。

进攻高句丽,烽上王毫无应敌措施,欲往新城逃难,途中幸遇新城宰高奴子出兵营救,力敌燕军,致使慕容廆败退。此后,燕对高句丽多次犯境,高句丽都基本上采取守势。4世纪初,经过几十年的恢复发展,高句丽势力又渐渐抬头。300年,美川王嗣位以后,又积极向乐浪、辽东等地频繁出兵。他是一位野心勃勃的统治者,幻想继续以武力称霸辽东。此时同前燕矛盾激化,双方多次展开激战。高句丽在同慕容氏的战争中,胜则尽情劫掠,败则拱手乞盟,终于在慕容氏的打击下,再次濒临灭亡。

321年,慕容廆正式取得晋元帝册封,为辽东郡公,都督东夷诸军事,晋把高句丽划归慕容氏辖属,使高句丽成为辽东霸主。342年,慕容皝在准备向中原方向扩张之前,为巩固后方,解除心腹之忧,亲统4万大军,突袭高句丽。高句丽仓促应战,以弱临强,不堪一击;丸都城再次毁于战火之中,府库财宝也被洗劫一空,只好彻底向燕称臣降服,接受慕容儁的封官加委,暂时放弃图谋辽东的计划;在屈辱曲从中求得复苏,伺机东山再起。371年,百济又从南面出兵3万,入侵高句丽,故国原王出师拒敌,不幸中矢身亡,使高句丽的势力更加衰落。为了使高句丽政权能够继续存在下去,统治者必须改弦易辙,暂时放弃对外扩张政策,加强内政建设,积蓄实力,再图后举。至此,足以说明,4世纪末以前高句丽的对外扩张政策,基本上是失败了。

2.2 广开土王的武功

317年以后,在小兽林王和故国壤王兄弟俩统治时期,一改过去单纯军事扩张政策,把主要精力用于内政治理和经济发展上,着眼于自身实力建设。一面通过倡导儒家主张,崇扬佛法,统一思想意志;一面颁布律令,整饬纲纪,加强法制;同时存问孤寡,赈济灾民,扶植生业,争取民心,使中原北部幽、冀流民纷纷来投,势力逐渐强大起来。这就为广开土王即位后的胜利进军奠定了必要的思想和物质基础。

4世纪末,高句丽为第19代广开土王统治时期。按《好太王碑》刻载推算,391 年广开土王 18 岁时开始执政,号称永乐大王。412 年,他在执政第 22 年时死去,谥为国冈上广开土境平安好太王。这短短的 20 余年,是高句丽历史上最引以为自豪的辉煌时期。其对外扩张政策一帆风顺,战绩空前,势力得到前所未有的伸张。广开土王个人也因其武功显赫,获得了统治集团的高度称颂和赞誉,说他雄伟有奇才,能战胜攻取,恩泽洽于皇天,威武振被四海,不愧是高句丽统治者中的杰出代表人物。

四、五世纪交替之际,正是东晋风雨飘摇的多事之秋,已失去对华夏的全面控制能力。各方割据势力风起云涌,拥兵自立。慕容氏也内讧迭起,争夺连绵,无力再同高句丽争长。另一支鲜卑族拓跋氏建立的北魏政权,尚属立国日浅,力量还难于立即抵达辽东。与此同时,南方百济政权,也因连年天灾疾疫,加上统治者"大征兵马,民营于役,多奔新罗,户口衰亡"[1],不堪一击。环顾四境,已无可同高句丽决一雌雄的劲敌。因此,在广开土王统治时期,高句丽得以一帆风顺地实现扩张目的。385 年,故国壤王曾出兵 4 万,攻陷辽东、玄菟,虏得男女 1 万余口而还。386 年,又发兵南侵百济。这两次出兵是对高句丽新发展起来的实力的一次检阅,并对四周形势作一番试探,其结果表明,使广开土王通往胜利的道路已经铺平。

《三国史记》和《好太王碑》对广开土王一生中的武功,记载上互不一致,现将各自记载开列如表 2 - 1。

表 2 - 1 所录,有以下几点不同:其一,《三国史记》将广开土王元年系于 392 年,而以碑文推算,当是 391 年。其二,《三国史记》所载广开土王第一件武功,是其元年秋七月南伐百济,攻克 10 城,同年九月第二次进攻百济,攻克关弥城。北伐契丹也是在元年秋,而碑文则是以五年(395)讨伐契丹碑丽部,作为广开土王武功的开始;同时,讨伐百济是在六年(396),所攻克的城镇为 58 城,其中已经包括阁(关)弥城,不是在第二次讨伐时才攻占阁弥城。其三,《三国史记》所载广开土王对

〔1〕《三国史记》卷 25《百济阿莘王纪》。

表 2－1 《三国史记》和《好太王碑》对广开土王一生武功记载的对比

《三国史记》	《好太王碑》
广开土王元年(392 年,壬辰),夏五月,[故国壤]王薨,[广开土王即位]。 秋七月,南伐百济、拔十城。九月,北伐契丹,虏男女五百口。又招谕本国陷没民口一万而归。 冬十月,攻陷百济关弥城。其城四面峭绝,海水环绕,王分军七道,攻击二十日乃拔。 二年(393 年,癸巳),秋八月,百济侵南边。命将拒之。(以上《高句丽纪》) [百济阿莘王]拜真武为左将,委以兵马事。王谓武曰:“关弥城者,我北鄙之襟要也。今为高句丽所有,此寡人之所痛惜,而卿之所宜用心而雪耻也。”遂谋将兵一万,伐高句丽南鄙。武身先士卒,以冒矢石,意复石岘等五城,先围关弥城。丽人婴城固守,武以粮道不继,引而归。(《百济纪》) 三年(394 年,甲午),秋七月,百济来侵。王率精骑五千逆击,败之。余寇夜走。(《高句丽纪》) 四年(395 年,乙未),秋八月,王与百济战于浿水之上,大败之,虏获八千余级。(《高句丽纪》) [阿莘王]命左将真武等伐高句丽。丽王谈德亲帅兵七千,阵于浿水之上,拒战。我军大败,死者八千人。(《百济纪》) 六年(397 年,丁酉),夏五月,[百济]王与倭国结好,以太子腆支为质。(《高句丽纪》) 十一年(402 年,壬寅),王遣兵攻宿军,燕平州刺史慕容归弃城走。(《高句丽纪》) 十三年(404 年,甲辰),冬十一月,出师侵燕。(《高句丽纪》) 十四年(405 年,乙巳),春正月,燕王熙来攻辽城……不克而还。(《高句丽纪》) 十五年(406 年,丙午),冬十二月,燕王熙……轻兵袭我木底城,不克而还。(《高句丽纪》)	永乐元年(391 年),国冈上广开土境平安好太王,二九登祚,号为永乐太王。 永乐五年(395 年,乙未),王以碑丽不归□人,躬率往讨。……破其三部落六七百营,牛马群羊不可称数。 六年(396 年,丙申),王躬率水军讨伐残国(即百济)。军至窠南,攻取壹八城……阁弥城……逼其国城,残不服义,敢出迎战。王威赫怒,渡阿利水,遣刺迫城,残兵归穴,就便围城。而残主困逼,献出男女生口一千人,细布千匹,跪王自誓:“从今以后,永为奴客。”……于是得五十八城,村七百,将残主弟并大臣十人,旋师还都。 八年(398 年,戊戌),教遣偏师观帛慎土谷,因便抄得莫斯罗城,加太罗谷男女三百余人。自此以来,朝贡论事。 九年(399 年,乙亥),百残违誓,与倭和通。王巡下平壤。而新罗遣使白王云:“倭人满其国境,溃破城池,以奴客为民,归王请命。” 十年(400 年,庚子),教遣步骑五万,往救新罗……倭寇大败。 十四年(404 年,甲辰),而倭不轨,侵入带方界。……王躬率往讨。……倭寇溃败,斩煞无数。 十七年(407 年,丁未),教遣步骑五万,……王师四方合战,斩煞荡尽。所获铠甲一万余领,军资器械,不可称数。还破沙沟城。…… 二十年(410 年,庚戌),东夫余旧是邹牟王属民,中叛不贡,王躬率往讨。军到余城,而余举国骇服。……凡所攻破城六十四,村一千四百。

外作战共 10 次，其中有 5 次是主动出兵讨伐，5 次是迎战来犯之敌，而碑文只有 7 次交兵，皆为主动出击。不仅时间相异，内容也不完全一致。唯第一次讨伐百济和进攻契丹大体相同。其四，《三国史记》所载交战对象有契丹、百济、燕；而碑文则是契丹、百济、倭寇、东扶余。前者无倭寇、东扶余，后者无燕。

以上歧异，就碑文而论，撰刻时定有很多当事人健在，特别是有关事件发生时间、地点等，不大可能轻易搞错。但是，因为是长寿王亲自为老子立的记功碑，很难使撰刻者做到秉笔直书。必有赞美夸张之词混杂其间，好恶褒贬之情溢于言表，隐讳之笔在所难免。客观上，又因受篇幅所限，不可能事无巨细，一概囊括其中，掇其要而载之，也是情理中事，更可为公德碑的通弊找到托词，而他人也只好听之任之。《三国史记》成于后世人之笔，虽有所本，但因时过境迁，有些事也很难辨识，不可能做到一事不误。但是，后世之人撰写前代历史，避讳之处，相对来说会少一些，人为性的不实之词已无太大价值，主观上的求实心理会有所增加，而且受篇幅长短的约束也有所放宽，不必过于吝惜笔墨，因此对它的相对的真实性，也应给予充分肯定。后世学者，有的据碑文中不载广开土王占有全部辽东，断定广开土王时仍未能全部占据辽东，认为如此头等大事，如果发生在广开土王时，碑文中不会不载。因此，进而对文献中的有关记载提出怀疑。也有的人经过仔细推敲，认为《三国史记》等古籍所载广开土王后期占有辽东不误，并指出碑文之所以不载，是因其先世及本身曾为燕之臣属，故而讳之。把两种相对立的结论加以互相比较，还是后者更接近于史实。

广开土王初期，能接连南北出击，频频告捷，显示出此时高句丽兵力雄厚，调动灵活，能攻善守，速战速决。特别是夺取百济北方战略要地阁弥城之役，是一场攻坚性的硬仗。由于攻克阁弥城，打开了通往百济的北大门，为此后对百济战争的胜利奠定了基础。在广开土王一生的征战中，把主要精力用到征讨百济上，先后从百济夺得六七十城，使浿水以南、汉江以北的广阔地区，尽为高句丽占有，辖境大大南移，力量空前壮大，为后来夺取辽东，驱除倭寇准备好必要的条件。

399年，百济为了抵御高句丽，收复被其夺去的领地，采取引狼入室的祸国殃民政策，同倭寇通好勾结，不仅害及自身，同时又祸及新罗，使“倭人满其国境，溃破城池”，致使半岛南部蒙受异族蹂躏灾难。广开土王为了高句丽自身利益，能深明大义，洞察利害。倭寇一旦在百济站稳脚跟，势力坐大，必然构成对高句丽的威胁。因此广开土王在后期对百济战争中，始终坚持把讨伐百济、往救新罗、驱除倭寇三者融为一体，正确实行紧密联合新罗、共同抗倭、削弱百济的策略。坚决把倭寇驱逐出半岛，这成为高句丽史中大放光芒的勋业，并为后世中朝两国人民并肩反对共同敌人，开创了第一个模范的先例。

广开土王执政前期，为了集中力量讨伐百济，对慕容氏政权继续采取朝贡臣服、接受封王的策略，以缓和矛盾，减少后顾之忧。396年，慕容宝嗣位后，曾以广开土王“为平州牧，封辽东、带方二国王”[1]；广开土王也接连向慕容盛遣使贡方物。但是，自398年以后，百济已无力单独与高句丽再战，一面与倭人勾结，乞求外援；一面向高句丽朝贡论事，表示归顺。这使高句丽得以腾出力量，向辽东地区进行战略转移。此时，高句丽对后燕态度也渐渐强硬起来，不再继续采取通和结好方针。而后燕对高句丽的一举一动，始终保持着警惕，很快就察觉出广开土王的意图，于是在400年，慕容盛以广开土王“事燕礼慢”为由，亲自率兵3万袭击高句丽，“拔新城、南苏二城，拓地七百余里，徙五千余户而还”。[2] 这是广开土王即位以来，受到的头一次重大打击。从此以后，高句丽同慕容氏争夺辽东的斗争又趋向白热化。

404年冬，广开土王最后一次出师侵燕，随后慕容熙于405年和406年，先后两次进攻高句丽辽东城和木底城，皆不克而还，说明404年广开土王出师侵燕时已占据了辽东地区。《北史·高句丽传》中所载广开土王“后略有辽东郡”，当是指此一役。自从105年太祖王首次进犯辽东，夺掠6县，到404年广开土王出师侵燕，整整历时300年。

〔1〕《北史》卷94《高句丽传》。

〔2〕《三国史记》卷18《高句丽广开土王纪》。

经过无数次的攻伐征讨,付出了高昂的代价,总算是实现了占领辽东的夙愿。一个真正强大的高句丽王国,终于称霸于辽东和朝鲜半岛之间。

广开土王的武功,不单单是实现了对带方和辽东地区的占领、广开了高句丽的域宇,更主要的是这些新占领区久在中原政权治理之下,素有开发,经济文化都比较先进,而且自然地理条件良好,物质资源丰富,为后来高句丽的发展,起到了重要的推动作用,提供了必要的物质保证,使高句丽进入全面发展时期。

2.3 长寿王迁都平壤

历史上有许多王朝的统治者们,为了适应客观形势发展的需要,往往把迁徙都城作为维护统治的一项重要措施。高句丽的王都,也是在迫不得已的情况下,经过了一迁再迁而至平壤。

平壤城具有悠久的历史和文化,是古代朝鲜半岛上政治、经济、文化中心之一。早在高句丽建国很久以前,平壤一带就已成为人烟聚集、经济发达、文化繁荣的王都大邑。至少在卫氏朝鲜政权时,就以平壤为都城,当时乃称之为王俭城。汉武帝开置四郡时,又以平壤为乐浪郡治所,成为西汉政权在半岛上的势力中心。高句丽占有平壤,是在4世纪初美川王时,在此以前,平壤长期为中原王朝所直接控制。

据《三国史记》上载,公元37年,高句丽大武神王曾一度攻灭乐浪郡,占据平壤。但是,公元44年,东汉光武帝遣兵渡海,驱逐高句丽势力,又把乐浪夺回东汉手中,并以其地为郡县,划定萨水以南属东汉直接统辖,以北由高句丽统领。此后,高句丽迟迟未能越过萨水,很少向萨水以南地区出兵侵扰。东汉末年,公孙度崛起于辽东,并窃据乐浪郡。至233年魏明帝时,一度封公孙渊为乐浪公。238年,司马懿率魏军讨平公孙氏,乐浪又直接归魏辖属,曾任刘茂等为乐浪太守。244年,毌丘俭征高句丽时,刘茂统乐浪之师,乘机伐高句丽所属岭东秽地。至西晋时,也一直辖有乐浪地区。311年西晋永嘉乱起,中原板荡,渐渐对乐浪地区失去控制。313 年,高句丽美川王乘势出兵侵夺乐浪郡。《资治通鉴》卷 88 载晋愍帝建兴元年(313):"辽东张统据乐浪、带方二郡,与高句丽王乙弗利(即美川王)相攻,连年不解。乐浪王遵说统帅其民千余家归(慕容),为之置乐浪郡,以统为太守,遵参军事。"这段记载,说明晋建兴元年(313)时,由于高句丽已占有原乐浪地区,慕容氏采取郡治内徙,侨置辽东办法,继续保留乐浪郡建制,实际上已经名存实亡,转归高句丽领有旧地。《海东绎史续》等书,也据此断定"晋愍帝建兴元年,乐浪为高句丽所并"。因此,高句丽占据平壤,只能是在 313 年占有乐浪郡以后的事。《三国史记》中所载东川王二十一年(247),"王以丸都经乱不可复都,筑平壤城,移民及庙社";还有美川王三年(303),移民平壤等记载,均属另外一个同名的平壤城。只是在美川王以后的纪事中,有关平壤的纪事在《三国史记》中才逐渐增多。如 334 年故国原王增筑平壤城,355 年慕容氏封故国原王为乐浪公。此后百济也多次来攻高句丽的平壤城,393 年广开土王又创九寺于平壤等等,都表明随着高句丽势力的南下,平壤进入新的发展时期,很快成为高句丽政治、经济和文化中心。

纵观高句丽历史上的几次迁都,都把当地的自然形势,作为迁都的首要条件。公元前 37 年,朱蒙立国时,首先选择"土壤肥美,山河险固"[1]的卒本川,建为都城。公元 3 年,琉璃王迁都于国内城,也是因其"山水深险,地宜五谷,又多麋鹿鱼鳖之产","不唯民利之无穷,又可免兵革之患",[2]使鸭绿江流域的自然条件得到充分利用。在高句丽历史上,这次迁都具有深远的战略意义。后来的山上王等,虽然移居丸都,但因丸都是国内城的卫城,二者近在咫尺,实为一地,不存在迁都之义。在 427 年以前的 400 多年中,高句丽的统治中心,始终位于国内城。

由于广开土王时,高句丽取得了对百济战争的重大胜利,形势发

〔1〕《三国史记》卷 13《高句丽始祖东明王纪》。

〔2〕《三国史记》卷 13《高句丽琉璃明王纪》。

生了历史性的转折。首先高句丽的疆界大大南移,已越过大同江,抵达汉江流域,进入朝鲜半岛较为富庶的腹心地带,获得大片良田沃野,更有利于高句丽的生息繁衍,不断发展壮大。此时百济已基本上被高句丽削弱,情愿朝贡论事,永为奴客。原来所占据的乐浪地区,也得到进一步巩固和发展。此外,虽然辽东地区已被高句丽全部夺得,慕容氏已不再是高句丽的头号劲敌。但是,鲜卑另一支拓跋氏继起,建立起一个强大的北魏政权,其势力不断南下,同慕容氏展开激烈争夺。一旦燕亡以后,失去屏障,将直接对高句丽构成严重威胁。事实上,436 年,北魏太武帝曾"以高句丽违诏,议将击之"[1],可见北魏对高句丽的威胁,是客观存在的。

历史经验证明,多次使高句丽受到摧毁而濒临灭亡的,是来自中原或北方政权的势力。自古中国境内的少数民族政权,凡能严守藩臣之礼、与中原王朝保持相对稳定的,便会出现封部和乐、百姓宴宁、经济发展和文化繁荣的昌盛局面。412 年,长寿王即位以后,敢于正视现实,吸取历史的经验教训,在高句丽疆域空前扩大、南方趋于缓和与巩固、北部存有潜在威胁的形势下,采取了一系列巩固统治的措施,以顺乎历史的发展趋势。首先,在对外政策上,实行北和中原南北诸朝,南攻百济与新罗的避实就虚战略。这一战略,既可减少来自北部的强大压力,又可巩固南部的既得利益,使高句丽的势力得到进一步发展。长寿王从即位元年(413)起,便"遣长史高冀入晋奉表,献赭白马",晋安帝以其"为使持节、都督营州诸军事、征东将军、高句丽王、乐浪公"。[2]他取得东晋的承认和支持,紧接着又积极与宋、齐和北魏遣使通和,朝献不绝。据文献记载统计,终长寿王之世,朝魏 46 次,"岁致黄金二百斤、白银四百斤";而魏"报赐亦稍加焉",并拜长寿王"为都督辽海诸军事、征东将军、领护东夷中郎将,辽东郡开国公、高句丽王"。[3] 与此同时,长寿王朝宋也多达 20 余次,多次得到宋的晋封与赏赐。这一通和

[1]《魏书》卷 4 上《太武帝纪》。

[2]《宋书》卷 97《高句丽传》

[3]《魏书》卷 100《高句丽传》。

结好政策,使高句丽避免了前代诸王时所遭受的沉痛打击得以重演。尽管436年因冯文通逃归高句丽事件,北魏想要惩罚高句丽,终因长寿王朝献殷恳,果断地采取补救措施,杀掉冯文通,继续取得北魏信赖,未能发展成兵戎相见。继长寿王之后,文咨王继续奉行和睦友好政策,使高句丽北半部赢得了将近200年的长期稳定局面。

在长寿王时,百济、新罗对高句丽还时有犯境之举,特别是百济盖卤王扶余庆时,屡有窥视高句丽之志。一面多次派兵侵犯高句丽南鄙,实行武力侵掠;一面遣使通魏,发动外交攻势,挑拨北魏与高句丽的和睦关系,并公开向北魏乞师求援,企图造成对高句丽南北夹攻、腹背受敌之势。面对百济的挑战,475年秋,长寿王亲率3万大军以迅雷不及掩耳之势,一举攻下百济王都汉城,斩其王扶余庆于城下,再次使百济受到毁灭性打击,力量更加弱不禁风。至于同新罗的交战,多在边境上进行,规模较小,也使高句丽从新罗手中夺得一些边境城邑。总之,长寿王的对外政策,获得了全面成功,取得了较大胜利。

其次,在内政建设方面,为了加强对鸭绿江以南地区的统治,充分利用大同江和汉江流域的自然资源,又可远离北魏威胁,427年,长寿王将王都南迁平壤。这恰好与避实就虚的对外政策相呼应,对朝鲜半岛形势的发展产生巨大的影响。由于王都南迁平壤以后,高句丽较先进的科学文化技术带入半岛腹心地区,使大同江和汉江流域得到进一步开发,形成巩固的统治基地,向南既可就近对付百济侵扰,又可充分利用汉江流域的农业优势,壮大统治力量,而北部远离拓跋氏的威胁,使其鞭长莫及,能长期维持和平状态。一旦形势有变,或攻或守,皆可选择。同时,由于高句丽统治中心南移,对新罗和百济的发展,也产生了一定的推动作用,为后世半岛上的民族融合与统一,迈出了第一步。事实上,把长寿王对百济、新罗的战争,同迁都平壤联系起来,已含有统一半岛的意图。但是,三国之间的不断冲突、互相削弱,大大抵消了任何试图统一的力量,不仅谁都无法使半岛归于统一,反而被后世的唐朝各个击破,继续臣属于中原王朝。

长寿王死后,高句丽的势力也开始从顶峰上走下坡路。平壤城的宜人山水，秀丽风光，豪华宫殿，使高句丽的统治者不知不觉地死于安乐之中。昔日那种生于忧患，自强不息的气势，早已一扫而光。这是高句丽统治者无法意识到的因迁都平壤而产生的消极后果。

2.4 经济文化的发展

历史上任何一次战争，都是对人力物力的巨大消耗。但是，任何巨大的历史灾难，又都是以历史的进步与发展作为报偿。5 世纪前后，高句丽势力的发展，既付出了巨大的历史代价，又使其获得了前所未有的发展。领土的扩大、人口的增加，为高句丽的社会发展开辟出广阔的前景。汉魏之际，高句丽的形势仅是："方可二千里，户三万，多大山深谷，无原泽，随山谷以为居，食涧水，无良田，虽力佃作，不足以实口腹。"[1]狭小的地域、有限的人口、低劣的自然条件，决定了高句丽前期的发展是有限的。经过广开土王和长寿王父子两代的扩张，高句丽获得了半岛上大同江和汉江流域的良田沃野，给农业发展提供了优越的必备条件，同时还获得了辽河和松花江流域部分地区的自然财富，在战争中又掠得"牛马群羊，不可称数"，"军资器械，不可称数"，这些都是高句丽财富增加的重要因素，终于使高句丽发展成"民户叁倍于前魏时，其地东西二千里，南北一千余里"。[2] 与前代相比，可谓人多势众，地大物博，既有可用武之人，又有可用武之地。在广开土王时，就已经出现了"国富民殷，五谷丰熟"的繁荣景象。

安定的环境，友好的交往，使高句丽得以致力于内政发展。广开土王死后，高句丽大规模向外扩张的战争时期已经基本结束。长寿王执政以后，采取了与南北朝诸政权友好和解政策，长期保持贡使相寻、和平稳定的局面，使社会生产得到正常发展与提高，财富有了明显的增多，仅向北魏朝贡一项，每年献给黄金白银数百斤。439 年，长寿王一

[1]《三国志》卷 30《魏书 · 高句丽传》。
[2]《魏书》卷 100《高句丽传》。

次向宋文帝“献马八百匹”[1]。这种巨额朝献,从不同侧面反映出生产力提高的事实。近年来,考古学者通过对平壤一带出土的高句丽壁画的研究,进一步看到长寿王迁都平壤以后,高句丽的社会发展有了明显的变化。正是由于生产的发展,人们的思想意识和所追求的事物,都比以前有所改变。以往那种直观古朴的绘画艺术风格,被更加含蓄华丽的技法所代替。地面上的舞俑、角抵者,已变成空中的飞仙和伎乐天人。征战厮斗的场面虽然还有,但也出现了放下屠刀、立地拜佛的情景。这正是社会发展所带来的明显变化。

(原载《北方文物》1985 年第 3 期)

[1]《宋书》卷 97《高句丽传》。

3　高句丽同中原王朝的关系

高句丽政权崛起于汉玄菟郡境内,因而从其诞生之日起,就同中原有种种因缘。

随着高句丽政权的发展壮大,同中原交往的增多,各种矛盾也相继出现,其中还包括同中国北方一些民族政权的纠葛。而这些矛盾和斗争,在当时的历史情况下,又始终表现为中国各民族间的内部矛盾与斗争。在长达700余年间,不论中原政权如何更迭变换,高句丽都未能同中原政权彻底脱离隶属关系,始终是在中原诸政权的统辖之下,成为中国北方民族割据政权之一。同汉魏的公孙氏政权,两晋的慕容氏政权,以及南北朝时的拓跋氏政权,是一样的性质。因而高句丽作为地方政权,同中原统一的中央政权的矛盾,也始终存在着。其盛衰兴亡,无不受中原政权的影响和制约。

高句丽历代统治阶级,为了求得政权的巩固和发展,几乎都把向外掠夺和扩张作为重要途径。这就不可避免地同中原的政权发生利害冲突,甚至直接挑起争端,兵戎相见。因此,每当中原出现强大统一的中央集权统治以后,统治阶级无不积极加强对高句丽的管辖,使其受到约束或削弱,阻止其势力进一步发展。而此时高句丽也能殷勤朝贡,臣节不亏,听命于朝廷。另一方面,每当中原出现战乱兵灾,政治动荡不安,无力过问边事之时,高句丽统治者就乘机向外发展,肆意侵掠,不听约束。如此循环往复,一弛一张,使其统治得以延续700余年。

从汉至唐,中原统治政权为维护对高句丽故有的统辖,并减少或消除来自高句丽的武力威胁,经常采取软硬兼施的民族政策:或是封官加爵,恩信抚慰,频繁友好交往,密切隶属关系;或是兴兵讨伐,诉诸武力,使其蒙受灾难,拱手求饶。两种手段,一个目的:使高句丽牢牢控制在中原政权统辖之下。在双方互相依存、和睦相处时期,高句丽人民得以安居乐业,中原一些先进文化技术,可以顺利传播到高句丽,促使其经济文化得到迅速发展,社会有所进步。当双方统治阶级为实现各自统治目的,不断制造事端,挑起纠纷时,他们便把自己的意志强加到双方人民头上,使之共同承受一场战争灾难。特别是高句丽的社会生产,多次遭到严重破坏,最终走向灭亡道路。

3.1 对两汉的隶属

高句丽政权出现以前,西汉王朝即在高句丽人民居住地区建置了郡县,将之纳入西汉政权直接管辖之下,公元前108年,汉武帝出兵灭卫氏朝鲜政权后,设立玄菟郡于沃沮人居住地区。公元前82年,汉昭帝罢真番郡,以其地并入玄菟郡。公元前75年,玄菟郡西迁真番旧地高句丽县。古籍中对西汉政权管辖高句丽人居住地区,记载得十分清楚。

公元前37年,高句丽政权建立后,仍归属汉玄菟郡,并没有脱离西汉政权的管辖。这可以从后来王莽篡汉后,对高句丽等少数民族下令更王为侯、收回汉印事件中,证明西汉承认了高句丽王的政治地位,而且高句丽隶属于西汉政权。同时,高句丽政权建立以后,高句丽人同汉人的和睦相处关系,又有了进一步发展。公元前17年,琉璃王曾娶汉人之女雉姬为妃,对两个民族间的互相交往、融合,起到了积极的作用。

公元9年,王莽篡权,建立"新"政权,高句丽继续归新王室统辖。但王莽为维护新王室反动统治,对边疆各少数民族实行高压政策,加以歧视,激起各少数民族的强烈反抗。王莽执政伊始,即对少数民族政权授以新王室印绶,收回故汉印绶,以显示新王室的宗主地位,并下令"四夷僭号称王者,皆更为侯",明确指令高句丽在收印更侯之列,称其王为"高句丽侯驺"。[1] 高句丽人对王莽的倒行逆施非常反感。公元12年,当王莽征发高句丽人去打匈奴时,终于爆发了高句丽人反抗新王室高压政策的斗争。史书中称高句丽人"不欲行,郡强迫之,皆亡出

[1]《汉书》卷99中《王莽传》。

塞，因犯法为寇”[1]，并引发成各族人民共同反抗王莽统治的起义洪流。在高句丽人的打击下，王莽仍执迷不悟，将罪过归咎于高句丽侯，命部将严尤发兵讨伐，诱杀了高句丽将延丕，传首长安，[2]并下令更名高句丽为“下句丽”，以示轻蔑。然而高句丽人的反抗斗争，正好同王莽的高压成正比，压迫愈重，反抗愈烈，所谓“寇汉边地愈甚”[3]，终于导致“东北与西南夷皆乱”[4]，加速了新王室灭亡的进程。

公元23年，东汉光武帝刘秀复兴汉室后，为巩固政权，采取了缓解民族矛盾，固边安民政策，得到高句丽的响应与支持。公元32年，大武神王遣使入汉朝贡，表明高句丽继续隶属东汉政权，受到汉光武帝刘秀的称赞，重新恢复了被王莽一度取缔的高句丽王号，使以往的矛盾情绪有所缓和。这一史实，也反映出高句丽对中原王朝的向心力，并未因王莽的高压而失去，很自然地从隶属于西汉政权，过渡到隶属于东汉政权。在双方保持相对安定的局面下，更有利于各自内部的巩固与发展。

高句丽大武神王执政期间，积极向外进取，先后北伐扶余、东征盖马、南灭句荼，势力大增。特别是公元37年，大武神王南侵汉乐浪郡，直接与东汉发生利害冲突。公元44年，汉光武帝为扼制高句丽势力的发展，保护东汉在朝鲜半岛上的利益，派兵收复了乐浪郡，并明确划定了高句丽势力范围，规定萨水以南由东汉直接统辖，萨水以北属于高句丽领有。在此以后长时间内，高句丽疆域都未能越过萨水。至太祖王统治时期，高句丽试图向辽东地区扩张，曾先后8次与汉交兵，其中有6次是太祖王主动出击。105年，太祖王派兵掠夺汉辽东6县，遭到东汉辽东太守耿夔猛烈反击，大败而归。随后太祖王遣使入汉朝贡，继续修好，并请求就近归属玄菟郡统辖。118年，太祖王重新挑起战端，率兵袭击汉玄菟郡，进攻华丽城。121年春，东汉调集幽州、玄菟、辽东

[1]《汉书》卷99中《王莽传》。
[2]《三国史记》卷13《高句丽琉璃王纪》。
[3]《三国史记》卷13《高句丽琉璃王纪》。
[4]《汉书》卷99中《王莽传》。

三郡兵力,协同讨伐高句丽,但被高句丽打败,玄菟、辽东二郡城遭到高句丽焚毁。同年夏,高句丽联合鲜卑人,进攻辽队县,汉辽东太守蔡讽等战殁,损失较重,双方争夺得十分激烈。同年冬,高句丽再次进攻玄菟郡,被东汉与扶余联兵打败。122 年,太祖王继续出兵侵袭汉辽东郡,又一次被东汉与扶余联军打败。这迫使太祖王不得不减少出兵频率。至 146 年,高句丽寇汉辽东西安平县,杀带方令,掠走乐浪太守妻子。此二人很可能当时正路过辽东西安平县境内,遇于战事,身遭不幸。如此停停打打、时战时和的局面,持续了数十年之久。168 年,汉玄菟郡出兵攻打高句丽,刚继位不久的新大王为了巩固自己的统治地位,缓解外来压力,急忙向汉军请降,乞属玄菟郡得到谅解。169 年,新大王又派兵协助讨伐辽东公孙氏割据势力,进一步加强同东汉的友好关系。此后,随着双方力量的消长,武力冲突时有发生,各有胜负。但是,不管双方矛盾如何激化,高句丽同东汉的隶属关系,始终保持下来。《三国志·高句丽传》明确记载:“汉时赐鼓吹伎人,常从玄菟郡受朝服衣,高句丽令主其名籍。”说明高句丽政权直接归属汉玄菟郡,并由汉高句丽县令主其名籍,双方的隶属关系十分清楚。

3.2 同曹魏的冲突

高句丽同曹魏政权的冲突,可以说是从西汉时期延续下来的。历代高句丽统治者,都力图冲破狭小地域限制,求得更大的发展。但是高句丽稍事向外扩张,就会直接触动中原政权的利益,而使之作出相应的保护措施,制止高句丽的扩张。另一方面,中原政权始终视高句丽为自己势力范围的一部分,并设法加强管辖,使高句丽发展受到束缚,形成一种无法克服的永恒矛盾。因此,只要高句丽政权存在,矛盾就不可避免,冲突就要发生。

202 年,魏文帝称制以后,积极以武力统一各地,消灭敌对势力,其后继诸帝也延续了这一国策。238 年,魏明帝遣太傅司马懿统帅 4 万大军讨伐公孙渊,收复辽东地区,得到高句丽援助。早在 189 年,汉灵帝曾任命公孙度为辽东太守。190 年,公孙度乘汉末多故中原板荡之机,僭号辽东侯,分郡设治,割据辽东,称霸一方。是时,辽东、玄菟、乐浪诸郡,皆归公孙氏统辖。隶属于玄菟郡的高句丽政权,自然也在公孙氏管辖之下。自太祖王以来,高句丽久欲占据辽东,屡次进兵,均未如愿。公孙氏割据势力在辽东出现以后,使高句丽的扩张又增添了新的障碍,因此双方的矛盾很快就公开化。197 年,高句丽爆发了山上王与其弟拔奇争夺王位的内讧,公孙度应拔奇请求,出兵高句丽,欲乘机削弱高句丽力量。但战争的结果是,拔奇同公孙度被山上王打败,双方的矛盾又加深了一层。209 年,公孙康为了消除高句丽的潜在威胁,稳坐辽东,向高句丽发起军事攻击,一度攻陷高句丽王都国内城,迫使山上王入居丸都城固守,这使高句丽受到一次历史性的重大打击,双方结下了难解之仇。魏明帝为了有效孤立公孙氏割据势力,充分利用了高句丽与公孙氏的矛盾。234 年,魏遣使与高句丽和亲,高句丽也为了争取外援,以加强同公孙氏抗衡力量,很愿意与魏修好。237 年,东川王遣使通魏,祝贺魏改年号。双方终于在对付公孙氏这一共同的利害关系上,携起手来。因此,当司马懿率兵讨伐公孙渊到达辽东时,东川王遣主簿大加率领千余名高句丽兵,支援魏兵,使公孙渊腹背受敌,很快遭到覆灭,"斩渊父子于梁水之上",使"辽东、带方、乐浪、玄菟四郡悉平"。[1] 高句丽在魏铲除公孙氏割据政权、统一辽东的战争中,起到了积极作用,使魏得以顺利统一了辽东。

公孙氏政权被铲除以后,高句丽同魏的矛盾失去了遮掩,使之争夺辽东的意图直接暴露在魏的面前。因此,魏与高句丽的矛盾很快就白热化,并采取了同样的讨伐手段。242 年,东川王贸然进犯辽东西安平县,企图去填补公孙氏灭亡后出现的空缺。然而此时曹魏势力仍处于强大阶段,不可能坐视高句丽为所欲为,更不会允许类似公孙氏的割据势力重现。244 年,魏齐王对高句丽进犯辽东,终于作出了反应,遣幽州刺史毌丘俭率军东征,讨伐高句丽。《三国志 · 毌丘俭传》称:

〔1〕《资治通鉴》卷 74,魏明帝景初二年(238)。

“正始中，俭以高句丽数侵叛，督诸军步骑万人出玄菟，从诸道讨之。”1904年出土的《魏毌丘俭讨高句丽记功碑》残石，也记述了毌丘俭出师的直接原因，是由于东川王进犯辽东西安平县，被魏视为反叛行为，招致讨伐。同时，从残刻石中，又可确知毌丘俭讨高句丽只是一次，即正始五年(244)出征，正始六年五月得胜旋师。尽管文献与考古材料，皆把毌丘俭出兵的原因，归咎于高句丽的侵叛。其实这只是近因，真正的意图是曹魏要削弱高句丽势力，加强对边疆地区的管辖。

双方交战以后，魏军并非一帆风顺，曾遇到高句丽军队顽强抵抗，毌丘俭只好且战且进，步步向高句丽王都国内城逼进。据《三国史记》记载，东川王先以步骑2万人迎战魏军，在兵力上超过魏军1倍。加上魏军远道而来，既不熟悉地形，又多有疲劳，因此首战沸流水时，魏军失利，损失3000兵力。但是高句丽兵并未能挡住魏军向前推进的步伐，魏军很快进至梁貊谷一带，双方又展开一场激战。在第二次交战中，魏军又损失3000多人，只剩下三分之一的兵力，形势对魏军十分不利。高句丽两战皆胜，使东川王有些自鸣得意，声称“魏之大兵反不如我之小兵。毌丘俭者，魏之名将，今日命在我掌握之中乎”[1]，完全被胜利冲昏了头脑。至同年冬，毌丘俭率领残部，终于进至国内城下，双方摆开了决战架势。高句丽以数万之众迎战，东川王亲自率领5000铁骑冲锋陷阵，欲一举歼灭魏军。毌丘俭经过两战的失利，反而清醒了许多，凭着他多年的作战经验，即时改变了战略。他指挥魏军组成方阵，使之前后连势、左右策应，增强了战斗力，并督励将士决死而战，以锐不可当之势，将东川王的气焰压下去。双方交战以后，魏军以一当十，方阵大显神威，高句丽很快溃不成军，东川王被迫遁入丸都城中。毌丘俭反败为胜，乘势将丸都围住，避开与丸都城正面的高句丽重兵交战，从山路险绝、车马不通、防御薄弱的后翼，发起猛攻，一举攻克丸都城，焚毁宫室，使其不可复都。所谓“束马悬车，以登丸都，屠句丽所都，斩获首虏

〔1〕《三国史记》卷17《高句丽东川王纪》。

以千数”[1],是对毌丘俭攻陷丸都,作了如实的写照。

丸都城陷落后,东川王率众沿鸭绿江谷向东逃跑,士兵边逃边散,最后身边只剩下东部密友一员战将。毌丘俭部将王颀在东川王背后穷追不舍,一直追到“过沃沮千有余里,至肃慎南界”[2],东川王逃入深山峡谷之中,隐藏起来。随后密友召集散卒,组织人马再战,被魏军击伤,横卧疆场,由人救回。接着,东川王采纳了东部人纽由的诈降计,以饮食犒赏魏军,乘机刺杀了魏将,魏军大乱。加上魏军远离后方,增补给养十分困难,不可能旷日持久战斗下去,无法彻底消灭高句丽势力。245年,毌丘俭旋师回朝,结束了历时一年的讨伐。

高句丽经过毌丘俭的讨伐,损失惨重,元气大伤,在短期内无力再向辽东伸张;而魏对辽东地区的统辖,较前代有所加强,原来曾受高句丽役属的一些涉貊和沃沮部落,也因高句丽势力削弱,纷纷倒戈,脱离高句丽统治,或直接归魏辖属,或由乐浪、带方二郡统领,魏在辽东势力空前壮大。

魏军在辽东期间,毌丘俭命其凿山引水灌溉,传播中原先进技术,在客观上促进了对东北地区的开发。同时,毌丘俭挥师至肃慎南界,使中原武装力量首次到达日本海西岸,这是历史上中原王朝对东北地区最远的一次征讨,对后世具有深远的影响。

据《三国史记》记载,在魏灭亡前夕,即中川王十二年(259),魏将尉迟犯长曾率兵伐高句丽,双方战于梁貊谷,魏军被高句丽兵打败,[3]说明高句丽同魏的冲突,一直未能得到缓和。

3.3 同慕容氏的争夺

两晋时期,高句丽同中原王朝的关系比较平稳。从故国原王至长寿王统治时期,多次遣使入晋,贡献方物,积极保持和睦友好局面。413

[1]《三国志》卷28《魏书·毌丘俭传》。
[2]《三国志》卷28《魏书·毌丘俭传》。
[3]《三国史记》卷17《高句丽中川王纪》。

年，晋安帝曾封长寿王为乐浪郡公，看不出双方有何冲突。而这一时期的主要矛盾，集中反映在同慕容氏争霸辽东上。西晋政权建立不久，晋武帝即复置平州于襄平，并以平州刺史兼护东夷校尉，高句丽等东北诸部，尽在其统辖之下，政治秩序较为安定。高句丽经过毌丘俭讨伐以后，亟待休养生息，恢复元气，积蓄实力。在中川王与西川王统治的45年间，高句丽有效地利用西晋初年辽东政治形势比较安稳的时机，积极致力于内部建设：诸如整顿纲纪，严惩罪犯，选拔贤能委以重任，体恤民情，开仓赈饥，加强武备，巩固边防。经过一系列努力，高句丽又恢复了生机，为重新进攻辽东作了必要准备。

与此同时，居住在辽西的鲜卑慕容氏也迅速崛起。285年，慕容廆在今辽宁朝阳地区，建立起前燕政权，并利用西晋末年出现的动荡不安、边疆失控机会，积极向辽东地区发展。慕容氏的这一扩张行动，直接危及高句丽的利益，势必导致双方对辽东地区展开争夺，而且是愈争愈烈，拼得鱼死网破。

从总体上观察，高句丽或慕容氏，都很想称霸辽东，但又都无力征服对方，很快便陷入旷日持久的战乱攻伐之中。293年秋，高句丽因烽上王荒淫无道，诛杀功臣，引起国人怨愤，出现政治危机，慕容廆看准时机首先向高句丽发动进攻，揭开了双方互相争霸的序幕。燕军侵入高句丽境内以后，攻势很猛，锐不可当。素日只会骄横跋扈，作威作福的烽上王，毫无退敌良策，唯有弃城逃跑，不战自溃。烽上王向新城逃跑途中被慕容廆察觉，慕容廆立即指挥燕军猛追。正当追兵将及，烽上王危在旦夕时刻，幸好新城宰高奴子率援兵赶到，奋力击退燕军，救了王驾。双方首次交战，虽无大的胜负，但各自摸清了对方的虚实，基本上是旗鼓相当，预示未来的争战将更加激烈残酷。

慕容廆又经过三年准备，于296年秋，第二次率兵入侵高句丽，顺利攻入故国原地区。为了瓦解高句丽士气，并表示同高句丽势不两立，命令燕军挖掘西川王陵墓。但是，高句丽并没有屈服于慕容氏的压力，更加积极采取措施，加强西线防御力量。在群臣一致建议下，烽上王任命智勇双全、声威远播，曾大败燕军的高奴子为新城太守，组织力量抗击燕军，这使慕容廆不能不有所顾忌，延缓了对高句丽的进攻。

300年，高句丽美川王执政以后，及时吸取了烽上王荒淫无道的教训，勤于政事，并以对外采取积极军事行动的战略，代替烽上王单纯防御、被动挨打的方针。自302年起，美川王先后数次进攻玄菟、乐浪、辽东诸郡，实行大规模军事掠夺。美川王这一穷兵黩武的好战政策，进一步激化了高句丽同慕容氏的矛盾。319年，慕容廆采取了分化瓦解、各个击破的方针，先后挫败了平州刺史崔毖联合高句丽及鲜卑宇文氏、段氏进攻慕容氏的计划，随后慕容廆又遣其子慕容翰等率军伐高句丽。美川王抵挡不住燕军的打击，采取乞盟请降、归附前燕的办法，以换取慕容翰退兵。320年，美川王背毁盟约，派兵袭击辽东，双方重开战端。燕王慕容廆遣慕容仁率兵拒战，很快击退高句丽的进攻。美川王的接连用兵，充分反映了高句丽争霸辽东的强烈欲望，并恰好同慕容氏的政治野心针锋相对，有如二虎争斗，谁也不肯退让半步。

321年，慕容廆在政治上取得了主动，晋元帝承认了慕容氏在辽东的霸主地位，授予其统辖东北的大权，正式宣布"以慕容廆为持节，都督幽平二州东夷诸军事、平州牧，封辽东郡公"[1]。这使慕容氏的势力范围，从辽西郡扩展到辽东、玄菟、乐浪及带方诸郡，成为合法的主宰者；而高句丽昔日同慕容氏的平等地位，立刻变为主从关系，其行动进一步受到约束。直到美川王死前，高句丽未有再向辽东迈进一步。自此以后，双方之间的矛盾，进入控制与反控制的新阶段。

332年，慕容廆死后，慕容皝在与诸兄弟争夺继承父爵的斗争中获胜，登上平州刺史、辽东郡公的宝座。同慕容廆相比，慕容皝更具悍勇智谋，野心勃勃，好战成性，是高句丽更感到棘手的死对头。337年，慕容皝自称燕王，并得到晋成帝认可，继续称霸辽东。对于同高句丽的矛盾，慕容皝始终坚持武力解决的方针。高句丽故国原王面对慕容皝的严重威胁，一面加强防御，构筑国北新城，一面寻求支援，利用晋与慕容氏的矛盾，遣使如晋，积极修好。338年，晋赵王虎"以船三十艘，运谷

[1]《晋书》卷6《元帝纪》。

三十万斤，诣高句丽，以谋击燕”[1]。故国原王的政策收到了一定的实效。

339年，慕容皝开始对高句丽用兵，袭击高句丽北部军事重镇新城。故国原王不敢与燕正面交锋，为了保存实力、减少消耗，采取乞盟退让政策，换取慕容皝撤兵。转年，故国原王又遣子入燕朝拜，继续实行缓兵之计，争取备战时间。

342年春，故国原王组织人力、物力，加固国内城的防御设备，并于同年秋，提前移居丸都山城，做好与燕兵交战的准备。

慕容皝虽称霸东北，但欲壑难填，企图向中原地区扩张势力。342年冬，其兄慕容翰建议：“请先取高句丽，后灭宇文，然后中原可图。”[2]并进一步指出：“高句丽去国密迩，常有窥䚡之志；彼知宇文既亡，祸将及己，必乘虚深入，掩吾不备。若少留兵则不足以守，多留兵则不足以行。此心腹之患也，宜先除之；观其势力，一举可克。”[3]慕容翰的建议很有战略眼光，符合当时实际情况：要想取得进军中原的胜利，必须首先安定后方，解除后顾之忧。慕容皝接受了慕容翰的建议，立即作出决定，发兵讨伐高句丽。当时由辽东通往高句丽的进军路线有两条：一条是宽阔平直，便于行走的北道；一条是险要狭窄，车马难行的南道。按照常理，应就易避难，弃南道而取北路，诸将也纷纷主张如此。但是，慕容翰经过仔细分析，以他的卓越指挥才能断定：高句丽必以重兵扼守北道，而放松对南道的戒备，应以精锐部队从南道进取，出其不意、攻其不备，另以偏师从北道出击，以为策应。慕容皝认为慕容翰的主张是正确的，并依计而行，亲自率领4万精兵，从南道担任主攻任务。另以1.5万人马由长史王寓率领，从北路佯攻。双方接战以后，燕军果然看到故国原王率领老弱残兵把守南道，而以其王弟高武率领5万精兵，扼守北道，这在策略上已经决定出谁胜谁负。南路燕军在慕容皝、慕容翰指挥下，不顾道路艰险，翻山越岭，长驱直入，势如破竹，一举攻克丸都

[1]《资治通鉴》卷96，晋成帝咸康四年(338)。
[2]《三国史记》卷18《高句丽故国原王纪》。
[3]《资治通鉴》卷97，晋成帝咸康八年(342)。

城。故国原王眼看大势已去,单人独骑逃入断熊谷,王母及王妃都做了燕军俘虏。北路战况,恰好同南道相反,王寓所率燕军,在高句丽重兵打击下,1.5 万人全军覆没,高句丽在全局失败中,也取得了局部胜利。

慕容皝占领丸都后,看到郡内皆是深山巨谷,百姓散居其中,既不利于追剿故国原王,又不易长期戍守,因而对高句丽采取招抚政策,停止军事行动。但故国原王不肯屈服,躲在山谷中不出。慕容皝的招服失败后,在追戍两难情况下,只有决定退兵。慕容皝等事先已经料到,一旦燕兵撤走,故国原王“必复纠聚,收其余烬,犹足为患”[1]。所以,临撤退时,命令燕军掘开美川王陵墓,载其尸骨而归;并将故国原王之母周氏及王妃作为人质,一同带回辽西,又将高句丽府库中累世宝物洗劫一空,掳去男女5万余口;又焚其宫室,毁坏丸都城设置等。慕容皝这些惨绝人寰的暴行,无非是想尽一切可能,彻底摧毁高句丽势力,消除其对燕政权的威胁。

高句丽所遭受慕容氏的打击,要比遭受毌丘俭的打击沉重得多,基本上失去了同慕容氏抗衡、争霸的力量。为了讨还父尸、解救生母及王妃,故国原王只好忍辱负垢,向燕低头求饶。

343 年春,故国原王遣其弟入燕称臣,贡献珍异以千数。但是,慕容皝并未全部答应故国原王的请求,只许归还其父尸,继续将周氏等做人质,用以要挟高句丽。345 年,慕容皝又遣慕容恪率兵袭击高句丽,攻占南苏城,并派兵戍守,变为燕的势力范围。355 年,故国原王复遣使入燕,纳质修贡,请求归还王母周氏。此时慕容皝已死数年,由其子慕容俊执政,同高句丽的敌对情绪已有所缓解。因此,慕容俊答应了高句丽的要求,送还王母周氏,并授故国原王“为征东大将军、营州刺史,封乐浪公,王如故”[2],进一步明确了双方的臣属关系。

370 年,前秦苻坚灭掉前燕,慕容氏势力一度中落,遂使高句丽获得将近 14 年的和平发展。至故国壤王即位初年,高句丽势力又重新活

[1]《三国史记》卷 18《高句丽故国原王纪》。
[2]《资治通鉴》卷 100,晋穆帝永和十一年(355)。

跃起来，继续推行争夺辽东的既定方针。但是，384年，慕容氏东山再起，慕容皝之子慕容垂利用前秦因淝水之战而败落的机会，自称燕王，定都中山（今河北定县），建立起后燕政权，并很快恢复了辽河两岸一带旧地。其势力虽今非昔比，但仍与高句丽针锋相对，水火不容，双方又展开新的争夺。

385年夏，故国壤王发兵4万，袭击了辽东。燕龙城守将慕容佐闻讯后，遣司马郝景率兵救援，被高句丽打败，致使辽东、玄菟二郡陷落，高句丽虏得二郡1万余口。同年冬，慕容垂遣慕容农袭击高句丽，迫使其退回原地，收复了辽东、玄菟二郡。随后慕容垂封慕容农为使持节都督幽平二州、北狄诸军事，而慕容农又以骠骑司马庞渊为辽东太守，招抚投入高句丽的幽州、冀州流民，以削弱高句丽力量。

391年，高句丽广开土王即位后，积极向外扩张势力，并取得了一系列辉煌战绩，成为高句丽历史上值得骄傲的一页。起初，广开土王向外扩张的目标主要集中在南方，为了取得南攻百济的胜利，采取同燕和缓的策略，遣使入燕朝贡，避免同燕发生冲突。396年，燕王慕容宝即位后，授广开土王为平州牧，封辽东、带方二国王，承认了高句丽在辽东的势力范围。398年，慕容盛即位后，看到广开土王频繁用兵，势力迅速增长，对燕的威胁日益严重，认为必须采取限制措施。400年春，尽管广开土王仍遣使入燕朝贡，一如既往，但慕容盛却声称广开土王事燕礼慢，作为加罪的借口，亲统3万大军，袭击高句丽。在这次进攻中，燕军一举连克新城、南苏两邑，攻入高句丽境内700余里，掠获5000余户而还，使高句丽受到一次重创，并表明慕容氏仍是高句丽称霸的巨大障碍。

广开土王深知，要想排除慕容氏对高句丽的威胁，只有通过武力办法解决，一味遣使朝贡，曲意屈从，毫无济事。况且高句丽正处于上升阶段，而燕已走向下坡路，正是对慕容氏采取军事行动的有利时机。402年，广开土王开始对燕用兵，派兵袭击燕之宿军城，燕平州刺史慕容归闻讯高句丽兵来攻，急忙弃城逃跑，不战自溃。经过这次试探性的军事行动，广开土王看到慕容氏势力已是强弩之末，不足以继续与高句丽抗衡了。404 年，广开土王充满必胜信心，大胆向燕进攻，迅速攻克辽东城，燕军败北，退出辽东，整个辽东地区被高句丽占领，高句丽终于实现了十几代人为之奋斗了 400 多年的梦想，并为后世发展开创了广阔的前景。

慕容氏退出辽东以后，并不甘心失败，极力想恢复在辽东的势力，赶走高句丽。405 年，燕王慕容熙趁高句丽在辽东尚未站稳，偕同王后一起率领燕军进攻高句丽，企图重新夺回辽东。燕军进入辽东后，首先攻打辽东城，并取得了明显的优势。眼看辽东城就要被燕军攻克，慕容熙却犯了指挥上的错误，命令将士不得先登，等候他与王后到达后，乘舆而入。燕军听到这项昏庸迂腐的命令，立即减缓进攻速度，使城内高句丽士兵得到喘息机会，组织调整了防御力量，导致燕军前功尽弃，无法挽回局势，只好无功而还。至此，双方争夺辽东的战争基本结束，高句丽取代了慕容氏的霸主地位。

407 年，慕容氏内乱再起，卫中郎将汉人冯跋杀死慕容熙，立慕容宝之养子慕容云为王，史称北燕。慕容云原名高云，其先祖为高句丽族人，流落燕地。慕容宝为慕容熙太子时，高云以武艺事侍东宫，被慕容宝收养为子。所以北燕王室已非慕容氏继统，慕容氏在东北的势力已彻底瓦解。408 年，广开土王为巩固在辽东的既得利益，遣使北燕，通过与高云攀叙宗族手段，密切同北燕的关系，使其承认高句丽在辽东的势力范围。同时，又向建立在山东的另一支慕容氏南燕政权遣使修好，奉献千里马及能言鸟答谢广开土王，[1] 双方由敌对而转入共处。直到 410 年南燕灭亡，436 年北燕灭亡，双方未再发生冲突。436 年，北魏进攻北燕时，北燕王冯弘迫于困境，反而投奔高句丽，希图借高句丽力量以东山再起。438 年，长寿王不愿看到北燕政权死灰复燃，派人将冯弘杀死。至此，慕容氏的残余势力也退出历史舞台，而高句丽进入辉煌发展时期。

---

〔1〕《资治通鉴》卷 359，引自《十六国春秋》。

3.4 同北魏的共处

高句丽自广开土王夺取辽东地区后，大规模向外军事扩张已接近尾声。至长寿王时，开始进入和平发展时期，对中原相继出现的南北诸朝政权，先后采取朝贡修好的政策。据史书中记载，从长寿王十三年起，至安原王初期，仅向北魏朝贡，就多达80余次，往往"岁致黄金二百斤，白银四百斤"[1]。贡献数额如此巨大，一是说明高句丽社会生产已有相当规模与发展，二是说明高句丽与魏结好的诚意。通过和平交往手段，高句丽赢得较长时间的安定局面，以便致力于内部发展。

慕容氏的势力在辽西地区衰落以后，另一支鲜卑人拓跋氏继之而起。386年，拓跋珪在今内蒙古中部地区建立北魏政权。398年，拓跋珪曾徙高句丽等吏民及百工技巧数十万口，以充实京师[2]，开始向辽西地区发展，并与高句丽有了接触。418年，北魏明元帝拓跋嗣大规模侵袭辽西，一度攻克北燕王都龙城。425年，长寿王看到北魏势力迅速发展，已构成对高句丽的潜在威胁，开始主动遣使入魏，以卑辞厚礼同北魏建立起睦邻关系，避免发生直接冲突。427年，长寿王又迁都平壤，避开北魏近在咫尺的压力，并在平壤建立起强大的后方基地，增强与北魏打交道的实力，确保了高句丽的长治久安。

435年，长寿王进一步表示对北魏的友好，再次遣使朝贡，并请国讳。北魏太武帝拓跋焘"嘉其诚款，诏下帝系名讳于其国，遣员外散骑侍郎李敖拜琏(即长寿王)为都督辽海诸军事、征东将军，领护东夷中郎将、辽东郡开国公、高句丽王"，使之"专制海外，九夷黠虏，实得征之"，[3]既明确了双方的隶属关系，又进一步承认了高句丽称霸辽东的政治地位。

436年，拓跋焘派兵讨伐北燕，燕王冯弘立意暂投高句丽，以图后

[1]《魏书》卷100《高句丽传》。
[2]《魏书》卷2《道武帝纪》。
[3]《魏书》卷100《高句丽传》。

举，密遣尚书阳伊前往高句丽求救。长寿王使其大将葛梦卢等以步骑2万人，随阳伊至龙城迎救。冯弘临行时，焚毁宫室，携带城中民户，浩浩荡荡投奔高句丽。拓跋焘闻知后，命散骑常侍封拔前往高句丽，令其送还冯弘。为此，长寿王派遣专使入魏，以当与冯弘俱奉王化为托词，拒绝送还冯弘，生怕魏与冯弘达成勾结，不利于高句丽。拓跋焘认为长寿王故意违抗诏命，计议兴师问罪。但因北魏刚刚占据辽西，立足未稳，无力即刻对高句丽使用武力。当时北魏正致力于发展生产，广积军资，故而未有激化同高句丽的矛盾，容忍了高句丽收留冯弘。但是长寿王也不愿冯弘借助高句丽力量东山再起，以得罪北魏而又不利于自己，对冯弘的行动多有限制。438年，冯弘不堪忍受高句丽的拘限和羞辱，欲移居南朝，依附刘宋政权。长寿王为了根除后患，使人将冯弘及其子孙十余人杀死。[1] 由此可以看出，北魏及高句丽在对待北燕势力上，新旧矛盾交织在一起，但双方都不愿北燕继续存在，具有天然的利益一致性，因而很容易达成妥协。长寿王杀掉冯弘以后，更加主动与北魏交好，连年遣使入魏朝贡，恪守藩臣之礼。魏对高句丽也十分友善，每当使节到来，往往报赐有加，对一些迁往北魏地区居住的高句丽人，则分别赐予田宅，使之安居乐业，民间交往日益活跃。

但是，高句丽在一些敏感性问题上，仍然存有戒心，谨慎从事。466年，北魏文明太后以献文帝六宫未备，欲同高句丽和亲，命长寿王荐送其女入宫。长寿王等害怕和亲后，招致魏人不断南来，探知高句丽形势秘密，危及自身安全，故而谎称“女已出嫁，求以弟女应旨”[2]，希望就此作罢。不料文明太后竟同意“以弟女应旨”，并委托专使至境，纳送聘礼。这时，长寿王又妄称女死，托词拒绝。文明太后对长寿王的一再说谎，已有所察觉，遣使斥责。并指令，如果审明弟女确实已死，请更选宗室其他淑女，坚持和亲到底。对于北魏的强横态度，长寿王既不情愿接受，又不敢明言拒绝，唯恐因此得罪北魏，只好向使臣违心地回报：

[1]《三国史记》卷18《高句丽长寿王纪》。

[2]《魏书》卷100《高句丽传》。

“若天子恕其前愆,谨当奉诏。”[1]经过一再推诿和拖延,使臣回去以后不久,献文帝便死了,和亲之事乃止。[2] 从这件事上,可以看出北魏对高句丽的骄横态度,而高句丽对北魏也深加防备。

480年,长寿王为求得更多的外界支持,遣使余奴等朝聘南齐,与其修好。但因北魏与南齐敌意较深,不愿高句丽密切与南齐的关系,以损害北魏的利益,故而将余奴于途中截获。遣使斥责长寿王“越境外交,远通篡贼”,破坏“藩臣守节之义”,令其“感恕思愆,祇承明宪,辑宁所部,动静以闻”,[3]摆出宗主的架势。但长寿王阳奉阴违,第二年照例遣使南齐,贡献方物。北魏也只好听之任之,无可奈何,仅以高句丽仍不断向北魏称臣纳贡为满足。

491年,长寿王死后,北魏孝文帝委貌素服,亲自率领群臣至东郊哀悼,并遣使追赠长寿王为车骑大将军、太傅、辽东郡开国公、高句丽王,表达对高句丽的慰问和友善。长寿王以后的文咨明王、安臧王及安原王三代,继续推行与北魏交好的政策。492年,北魏孝文帝遣使高句丽,继续封文咨明王为使持节都督辽海诸军事、征东将军、领护东夷中郎将、辽东郡开国公、高句丽王,并赐予衣冠、服物、车旗之饰。504年,魏宣武帝对高句丽中断贡献黄金与珂之事,提出责备,令其无失常贡。文咨明王遣悉弗入魏朝贡,表示对魏“系诚天极,累叶纯诚,地产土毛,无愆王贡”,并解释以往所贡“黄金出自夫余,珂则涉罗所产。今夫余为勿吉所逐,涉罗为百济所并”,“二品所以不登王府,实两贼是为”,[4]请求予以谅解,显得非常克制与谨慎,努力保持和睦友好局面。519年,文咨明王死后,魏灵太后为之举哀东堂,遣使追赠车骑大将军。520年,照例封继任的安臧王为安东将军、领护东夷校尉、辽东郡开国公、高句丽王。532年,安原王嗣位不久,魏孝武帝即封其使持节散骑

[1]《魏书》卷100《高句丽传》。

[2]按《魏书》卷60《程骏传》载,为延兴末,即475年,长寿王求纳女子掖庭,非太后令荐其女,献文帝虽死于476年,但471年即禅位于5岁的孝文帝,前后记载颇为错乱。以常理衡之,《程骏传》所记,又较《高句丽传》为确。

[3]《三国史记》卷18《高句丽长寿王纪》。

[4]《魏书》卷100《高句丽传》。

常侍、领护东夷校尉、辽东郡开国公、高句丽王，赐以衣冠、车旗之饰。上述所册封的诸官爵，多数是汉魏以来所开置。其中护东夷校尉之官，本是为加强对东北地区管辖而设立，初由中原王朝派汉人充任，后渐改由少数民族首领兼领，仍为中原政权的官员之一。北魏以高句丽为其属国，故封其为是官，统领辽东诸郡之地。

534 年，北魏内乱，孝武帝为权臣所迫，率众西走，孝静帝即位，史称东魏。为了使高句丽的隶属关系不因北魏分裂而受到影响，孝静帝于即位当年，便遣使至高句丽，重申以往对高句丽的册封，诏加安原王为骠骑大将军，余悉如故。而高句丽也照例向东魏纳贡称臣，遣使不绝，一直持续到东魏灭亡。

550 年，北齐文宣帝受东魏禅即位后，高句丽遣使入北齐朝贡，文宣帝封阳原王为王、公如故。此外，在南北朝期间，高句丽诸王为巩固自己统治地位，在保持与北魏的臣属关系的同时，积极同南朝交往。先后向宋、齐、梁、陈诸政权遣使朝贡，结盟修好，使之与中原王朝的隶属关系，一直延续下来。南朝诸政权，通过报赐册封手段，承认高句丽的藩臣地位，以扩大自己的势力范围，壮大声威。420 年，宋武帝刘裕受晋禅位后，进封长寿王为征东大将军，比北魏太武帝册封长寿王早 15 年。422 年，刘裕又加封长寿王为散骑常侍，增督平州诸军事。463 年，宋孝武帝刘骏复诏加长寿王为车骑大将军、开府仪同三司、持节、常侍、都督、王、公如故。479 年，齐高帝肖道成受宋禅即位后，进号长寿王骠骑大将军。494 年，齐郁林王肖昭业封文咨明王使持节、散骑常侍、都督营平二州诸军事、征东大将军、高丽王、乐浪公，始称高句丽为高丽，并将“骊”改作“丽”。496 年，齐明帝肖鸾进封文咨明王为车骑将军。520 年，梁武帝肖衍受齐禅后，进号文咨明王为车骑大将军。508 年，梁武帝为表彰文咨明王克尽臣节，加封其为抚东大将军、开府仪同三司。520 年，安臧王即位后遣使入梁朝贡，梁武帝封其为宁东大将军、都督营平二州诸军事、高丽王。631 年，安原王嗣位后，继续遣使入梁朝贡，梁武帝诏其袭父爵位。545 年，阳原王嗣位，梁武帝仍诏其袭父爵位。559 年，平原王嗣位后，分别向南陈、北齐、北周遣使朝贡。陈文帝诏授平原王为宁东将军，北齐废帝封平原王为使侍节、领东夷校尉、辽东郡公、高丽王，北周高祖封平原王为开府仪同三司、大将军、辽东郡开国公、高丽王。589 年，隋灭陈，南北朝分裂局面结束，高句丽进入与中原王朝最后抗争时期。

3.5 同隋唐的抗争

高句丽的最后 70 年，是其统治全面崩溃时期。统治阶级为了维持没落统治，对内残酷压迫，对外肆意侵掠，致使内忧外患接踵而至，渐渐走向灭亡道路。与此同时，中原地区经过长期战乱、分裂，终于出现了安定统一局面，隋唐两朝的国力倍于前代，加强了对边疆地区的管辖与统治，不可能无视高句丽统治者任意妄为，因而高句丽同中原王朝的矛盾又趋于尖锐。

581 年二月，隋文帝杨坚夺取北周政权，建立隋朝。同年冬，高句丽平原王即遣使入隋朝贡，隋文帝授平原王为大将军、辽东郡公。隋朝立国初年，因忙于扫平中原各割据势力，无暇顾及边事，因而同高句丽的矛盾尚处于潜伏阶段。589 年，隋朝最后灭亡南陈，实现了南北统一大业，可以腾出手脚，向边疆各地发展势力。

平原王得知陈朝灭亡后，面对强大的隋朝政权，立刻觉得惶恐不安，预感到同隋朝的矛盾即将爆发，于是下令治兵积谷，筹划拒守之策，提早做好与隋抗争的准备。590 年，隋文帝很快发现了高丽备战活动，立即加以制止。严厉斥责平原王“虽称藩附，诚节未尽”，“潜行财货，利用小人”，“数遗马骑，杀害边人，屡聘奸谋，动作邪说，心在不宾”，“专怀不信，恒自猜疑”，进而又以废黜高丽王相威胁：“今若黜王，不可虚置，终须更选官属，就彼安抚”，敦促其“洒心易行，率由宪章”，“慎勿疑惑，更怀异图”。[1] 本来就十分惶恐不安的平原王，看了隋文帝这份斥责他的诏书，更加惊慌失措，未待遣使谢罪，就忧惧而死了。

---

〔1〕《隋书》卷 81《高句丽传》。

590 年，婴阳王嗣位后，隋文帝遣使封其为上开府仪同三司，袭爵辽东郡公，赐朝服一套。591 年，婴阳王遣使入隋谢恩，并请封王，隋文帝遂封其为高丽王，并赐以车服。同年夏，婴阳王再次遣使入隋谢恩。

高句丽自广开土王时，占领辽东地区后，限于内部力量不足，以及外界形势所逼，除了南与百济、新罗互有攻伐外，很少向辽东用兵，在较长时间的和平发展中，力量有一定积蓄。至婴阳王时，统治阶级的向外扩张势力又开始抬头。598 年春，婴阳王率领万余靺鞨人进攻辽西，隋之营州总管韦冲率兵迎击，婴阳王战败退回。此次出兵辽西，具有很大盲目性和冒险性，婴阳王既没有吸取前代沉痛教训，又未能认清当时形势，很自然被隋朝视为叛逆行为，成为兴师问罪的导火线。隋文帝闻讯后，盛怒之下，断然发兵讨伐高句丽。命令汉王杨谅、宜阳郡公王世积并为行军元帅，总水陆 30 万大兵，直趋辽东，并下诏废黜婴阳王官爵。但是，隋文帝此次兴兵条件也不成熟。当隋军出临渝关后，很快就暴露出远离后方，"馈运不继，六军乏食"[1]的矛盾；进至辽河，又遇上疾疫，士气不振。由水军总管周罗睺率领的水军，自东莱入海后，遭到风浪袭击，船多漂没，余者原路退回。而此时高句丽尚有一定实力，足可以同隋相抗。因此，隋军无功而还，早已成为定局。正当隋军进退两难之际，婴阳王遣使具表谢罪，隋文帝以此为台阶，下令罢兵，言归旧好。

605 年，隋炀帝杨广即位后，凭借隋朝强盛的国力，积极向边疆地区发展势力，威服各少数民族上层人物。607 年，隋炀帝为炫耀实力，巡幸东突厥，于突厥启民可汗帐中遇见高句丽使者，以威胁的口气，令其告知婴阳王宜早日入隋朝觐，否则将亲率启民可汗等往巡高句丽，企图使高句丽慑服。婴阳王因惧怕炀帝加害，不敢入朝，臣礼渐缺，隋炀帝愈认为婴阳王罪不容赦，计议讨伐。

611 年春，隋炀帝吸取了隋文帝讨伐高句丽无功而还的教训，临出兵前，先诏告天下，大造舆论，声称婴阳王亏失藩礼，不可饶恕，将问罪

[1]《隋书》卷 81《高句丽传》。

辽左。继之全国动员,积极备战,征兵养马,积谷造船。隋炀帝亲自到涿郡指挥,调兵遣将。612 年春,隋军云集涿郡,整装待发。炀帝复诏告天下,历数婴阳王罪状,可归纳成 10 条:一是乱常败德,掩慝怀奸;二是朝觐之礼,莫肯躬亲;三是诱纳亡叛,充斥边陲;四是虔刘海戍,侵轶辽西;五是夺攘琛赆,遏绝往来;六是拥塞道路,拒绝王人;七是法令苛酷,赋敛繁重;八是贿货如市,冤枉莫申;九是兵戈不息,徭役无期;十是百姓愁苦,境内哀惶。如此耸人听闻,足可以动员人们去讨伐高丽。于是,隋炀帝以吊人问罪为由,亲总百万大军,讨伐高丽。

全军分为 24 路,每日开拔一军,相隔 40 里,连营渐进,经 40 天乃发完,队伍长达千里。水陆由大将军来护儿率领,楼舻数百里,从海上直指平壤,可谓盛况空前。

当隋军进至辽河,高句丽军依水拒守,顽强抵抗。隋炀帝命隋军架桥,强渡辽河。经过激战,斩杀高句丽兵万人,使 30 多万隋军渡过辽河,将辽东城团团围住。为了稳定人心,隋炀帝又下令抚恤辽东百姓,设置辽东郡及通定县,加强统治。

在围攻辽东城过程中,隋炀帝限令诸军,凡有进止,必须先期奏闻,不得专擅;高丽若降,则宜抚纳,不得纵兵。这两条禁令,一是束缚了隋军手脚,不能随机应变,往返奏报,贻误战机;二是使高句丽有机可乘,一旦形势危急,则声称投降,使隋军停止进攻,而高句丽守军抓紧部署,重新组织反击,得到喘息机会。结果,辽东城久攻不克,而隋军远征,粮饷难继的矛盾更加严重,形势对隋军愈加不利。婴阳王为探知隋军虚实,派遣著名将领乙支文德赴隋军营中诈降。隋军本应立即将乙支文德拿获,但因诸将号令不一,结果纵虎归山,错过良机。乙支文德顺利回归本营,诱使隋将宇文述孤军远追,且战且进,精疲力竭。当宇文述率军追过萨水,距平壤仅有 30 里路时,乙支文德指挥高句丽军扎下大营,以逸待劳,复遣使诈降。隋军见到高句丽流人来降,再次中计,停止追击,并开始后撤。待隋军半渡萨水关头,乙支文德率兵从后面蜂拥而至,发起猛攻,隋军全线溃败,死伤殆尽,损失惨重。

来护儿所率水军,虽一度进逼平壤城下,但仍因诸将不能协力,功亏一篑。在隋军全线失败情况下，隋炀帝只好下令退兵，使渡辽的30万之众，多数陷没于高句丽境内，生还者仅数千人，是中原同高句丽交战中少有的巨大惨败，也是值得高句丽人引以为自豪的一页。

613年春，隋炀帝不听群臣劝阻，复诏征天下兵马，齐集涿郡，准备再次征讨高句丽，并很快于同年夏，即付诸行动。

隋炀帝第二次率军渡辽后，分遣诸将进攻高句丽重镇辽东城、平壤、新城等，并吸取了以前的失败教训，先修辽东古城以贮军粮，命诸将听以便宜从事，可以随机应变，争取主动。

高句丽将士在前两次大败隋军的鼓舞下，积极分兵拒守，誓死抵抗，尤以辽东城战况最为激烈。隋军从四面八方架起云梯，挖掘地道，昼夜轮番进攻，高句丽守城将士临危不惧，英勇抵抗，持续了20多天，仍岿然不动。接着，隋炀帝命隋军缝制百万条布袋，装土垒墙，高与城齐，使战士登而攻之，又命士兵制作八轮楼车，居高俯攻城内。正当辽东城危在旦夕，隋炀帝接到礼部尚书杨玄感在国内发动叛乱的消息，立即停止攻城，密召诸将连夜退兵。为防止高句丽将士有所察觉，将军资器械积如山丘，营垒帐幕案堵不动，诸军轻装，争先撤退。高句丽将士见到隋军撤退，担心有诈，不敢出城追击，隋军顺利渡过辽水。

此次讨伐，双方都有较大损失：隋军不仅半途而废，反而再次损失了数万大军；高句丽虽侥幸继续存在下去，也已破弊不堪。

614年春，一意孤行的隋炀帝，仍未能认识到高句丽暂时不可能被征服的客观形势，在群臣无人敢谏阻的情况下，再次诸道俱进，兴师讨伐高句丽。但此时隋朝已天下大乱，非但缺少远征的必要军事实力，即使控制内部的统治力量也不具备了。各地豪强大族，乘隋炀帝率兵出征、内部空虚之际，纷纷拥兵自重，举起反隋大旗，使隋炀帝的后顾之忧，日甚一日。

同年秋，隋炀帝率军进至辽河西岸怀远镇，来护儿从水路攻占了卑奢城。高句丽因遭受隋军连年讨伐，已显筋疲力尽，当婴阳王得知来护儿等攻占卑奢城，正向平壤挺进时，赶忙遣使乞降。隋炀帝也因国内形势告急，无心恋战，见到高句丽遣使请降，立即召回来护儿，下令罢兵,回师镇压国内叛乱。

隋炀帝回到长安后,仍敕令诸军整备严装,更图后举,念念不忘征服高句丽,收复辽东的愿望。但是,隋炀帝不但未能如愿,反因连年兴兵远征,加速了隋朝灭亡的进程。高句丽虽然免遭灭顶之灾,因所付出的代价太大,也从此一蹶不振,一场更为严重的内忧外患,正步步逼来。

618 年夏,唐王李渊称帝,建立唐朝。唐承隋制,对边疆各族,继续采取招抚和征讨相结合的政策。同年秋,高句丽婴阳王死后,荣留王即位。为了缓和同中原矛盾,迅速遣使入唐朝贡,并按唐朝要求,先后送还陷没于高句丽的隋军战士万人。624 年,李渊遣使册封荣留王为上柱国、辽东郡公、高丽王。这使双方的隶属关系有了良好开端,比较和谐融洽。

李渊称帝后,尽管他胸无大志,不思远图,欲置高句丽于度外,但群臣皆视高句丽为汉之玄菟郡,近在提封之内,须加强管辖。群臣的主张不仅影响着李渊,也影响着他的继任者,预示唐朝同高句丽的矛盾迟早要爆发,并把它作为统一中国的战争的继续。626 年,同高句丽相邻的新罗、百济遣使入唐,告发荣留王隔绝道路,阻碍使者入朝,并对二者屡相侵掠。特别是新罗,积极与唐朝修好,利用唐朝力量打击高句丽,以壮大自己。荣留王的行为,无疑损害了唐朝的利益,唐朝遂派遣散骑侍郎朱子奢往予制止,双方开始出现新的摩擦,并勾起潜伏着的历史性矛盾。只因唐朝立国日浅,无力即刻远征,没有激化矛盾。

627 年,唐太宗李世民即位后,雄心勃勃,威加海内,不断勤兵远讨,固边安民。628 年,唐兵征服了突厥吉利可汗,荣留王进一步感到形势严峻,即刻遣使朝贺,并献上高句丽封域图,以示对唐朝的忠顺。631 年,唐太宗为了摸清高句丽虚实,以掩埋隋军阵亡将士尸骨为名,派遣长孙师前往高句丽。高句丽为炫耀抗隋胜利,曾将隋阵亡将士尸体集体掩埋,积土如丘,谓之京观。长孙师见了后,觉得有些刺激感情,令其毁掉。仅此一事,令荣留王忧虑万分,遂兴师动众,西筑长城千余里,作为抵抗唐兵来伐的屏障。640 年,荣留王为缓和同唐朝的紧张关系,遣子桓权等入唐朝贡,并请求入国学学习。唐太宗赐予厚赏,继续与之保持和缓状态。641 年,唐太宗又以答谢桓权朝贡为名,派职方郎中陈大德前往高句丽观察形势。陈大德到达后,以所带绫绮厚贿守官,得以无所不至,悉知高句丽备战详情,而荣留王尚不甚知觉。唐太宗得到陈大德的报告,对如何征讨高句丽,已经十分有数了。

642 年,高句丽统治者发生内讧,西部大人泉盖苏文发动政变,勒兵入宫,杀死荣留王及诸大臣百余人,挟立宝藏王,自为莫离支,独揽高句丽内外大权,成为导致高句丽分崩离析的罪魁祸首,给唐太宗出兵制造了借口。

643 年春,唐太宗对盖苏文等先采取欲擒故纵策略,暂不声张,使其罪恶彻底暴露,其势力彻底孤立。继续封宝藏王为上柱国、辽东郡公、高句丽王。同年秋,新罗遭到高句丽与百济的联合进攻,请求唐朝出兵援助,又使唐太宗增加了讨伐高句丽的理由。644 年,唐太宗遣司农丞相里玄奖前往高句丽,晓谕盖苏文停止作恶行动,不得攻击新罗。盖苏文竟不从命,继续作恶,唐太宗更加出师有名,决计乘机出兵讨伐高句丽,收复辽东郡县。于是,唐太宗以盖苏文弑君虐民、违抗诏命,理应兴师问罪,拯救斯民为号召,动员朝野上下,积极做好讨伐准备,得到了广泛响应。各地勇武之士争先应募入伍,广大工匠纷纷制造攻城器具。同年冬,命刑部尚书张亮为平壤道行军大总管,率水军 4 万,战舰 500;太子詹事李勣为辽东道大总管,率步骑 6 万,两军先至幽州,集结待命。

645 年春,唐太宗身佩弓矢,从定州起驾,率师东征。同年夏,李勣率军迅速渡过辽水,直趋辽东,高句丽诸城为之震动,纷纷闭上城门,严阵坚守。经过短期交战,李勣率兵攻克盖牟城,以其地置盖州,张亮指挥水军占领卑沙城,进展较为顺利,并将辽东城围住。宝藏王慌忙调新城及国内城骑兵 4 万,驰援辽东城。唐军副总管江夏王道宗率领骑兵 4000 人截击,大败高句丽 4 万援兵。随后,唐太宗率骑兵万人,亲临辽东城下督战。李勣命士兵用冲车、飞石攻城,城墙尽费,复又借助风力纵火,烧毁城中楼阁,大火漫延全城,令人目不忍睹,高句丽兵大败,辽东城陷落,以其地置辽州。

唐军攻克辽东城后，乘胜占领了白崖城，以其地置岩州。接着，在唐太宗亲自指挥下，围攻安市城。高句丽为了守住这座重镇，调集南北15万援军，倾国而来解围，但因将领轻敌，指挥错误，贸然与唐军接战，陷入唐太宗所设下的埋伏之中，一战即溃，15万援军尽皆投降唐军，全国为之震动。随后，安市城附近的黄、银二城守将弃城逃跑，不战自拔。此时，建安城也被登陆的唐朝水军围住，使安市城彻底孤立无援。但是，城中10万守军，誓与安市共存亡，奋力顽强抵抗，最后接连3日，击退了唐军数次猛烈进攻。唐太宗见安市城久攻不克，已感兵疲粮尽，而且又时届寒冬，临出师时必灭高句丽而后归的决心发生了动摇，很快便作出退兵的决定，下令班师，更图再举。

此次相争，高句丽失陷10城，阵亡4万余人，另有辽、盖、岩3州7万余户及酋长以上3500多名官吏，被唐太宗徙置内地，这从根本上动摇了高句丽的统治基础。唐军号称强大，但在高句丽人英勇顽强抵抗下，也丧失了2000多人。唐太宗兴师动众的结果，只是劳民伤财，并未达到收复辽东的目的。由于战争的灾难，全由双方人民承担，给后世遗留下来许多难以克服的障碍。唐太宗虽然打着拯救高句丽人的旗号，但结果却使高句丽人陷入更深的灾难之中。以盖苏文为代表的高句丽统治者，为预防唐朝再度来伐，维护腐朽没落统治，继续推行高压政策，为所欲为，高句丽人的生路更为艰难，而双方统治者之间的矛盾更进一步加深。

唐太宗回朝以后，继续筹划讨伐高句丽的大计，搞得全国上下不得安生。他曾经先后两次派遣偏师征讨，消耗高句丽的实力。但直到唐太宗死时，也未能看到辽东被收复，可谓抱憾终生。

唐高宗嗣位后，承袭唐太宗遗愿，对高句丽继续采取征讨政策。表面上高句丽接连遣使入唐修好、谢罪，实际上却不断激化同唐朝的矛盾。654年，宝藏王以靺鞨兵进攻早已归附唐朝的契丹部。655年，高句丽又夺取新罗36城，新罗向唐朝求救，促使唐高宗先后数次派兵攻打高句丽，牵制和消耗其有生力量，为后来大规模讨伐打下基础。

666年，高句丽统治阶级内部发生严重内讧，盖苏文次子泉男建，篡夺了其兄泉男生的大权，自为莫离支，给唐高宗以可乘之机。泉男生为战胜政敌，投靠了唐朝，唐高宗随即诏授其为特进辽东大都督兼平壤道安抚大使，封玄菟郡公。这一册封，无疑是视泉男生为高句丽的最高统治者，只是没有封其为王罢了，成为唐朝讨伐高句丽最得力的内应。接着，命李勣、契苾何力诸将，率兵出讨，应援泉男生。在双方密切配合下，共同敲响了高句丽灭亡的丧钟。

667 年春，李勣诸将率军渡辽，经过一年多的浴血奋战，扫平了鸭绿江南北高句丽城邑，使平壤成为一座孤城。至 668 年秋，李勣等对平壤发起总攻，很快打败负隅顽抗的高句丽军队，平壤陷落，宝藏王与泉男建等都成了唐军俘虏，宣告高句丽政权就此灭亡。唐朝统治者经过 20 多年的努力，终于实现了收复辽东的愿望。

高句丽与隋唐抗争的结果，表面上是以高句丽灭亡而告终，但受益最大的并不是唐朝，而是新罗。特别是在高句丽与唐朝相抗中，新罗始终站在助唐反高句丽的立场上。新罗王多次率兵与唐军遥相呼应，竭尽全力为唐军运送粮饷，并终于借助于唐朝力量，先后灭亡了百济和高句丽，使三国互相争雄的局面最终变成一国独存，并获得了大片土地和大批人口，开始进入兴旺发展时期。后起的渤海政权，虽然占有半岛的北端，但其统治中心不在半岛上，而在忽汗河流域，与新罗的矛盾自然比高句丽时小得多，而且新罗始终保持与唐朝亲密的藩属关系，使渤海不敢轻易与新罗发生冲突，得以长期安然存在。

高句丽与隋唐抗争的性质，是边疆少数民族割据势力，同中原统一政权之间，所进行的控制与反控制的斗争，属于一国之内的矛盾。因此，隋唐对高句丽的讨伐，不能被认为是侵略，而高句丽对隋唐的抵御，也不能视为反侵略，二者之间不具有国与国之间的关系，从以下史实中，完全可以得出这样一个答案。

第一，高句丽人及其先民涉貊人，自古就是中国多民族中的一员。

第二，高句丽政权建立于汉玄菟郡境内，直接归玄菟郡辖制，汉时由汉高句丽县令主其名籍。

第三，高句丽历代诸王，均接受中原政权册封，成为中原政权官吏组成的一员,代替中原政权直接管理本部人民。

第四,高句丽诸王均向中原政权遣使朝贡,克尽臣节,并接受朝廷报赐和指令。

第五,高句丽政权从未宣布与中原政权脱离隶属关系而独立,而中原政权也从未放弃对高句丽的管辖。

第六,高句丽迁都平壤之后,继续保持与中原的隶属关系,并未发生任何实质性的改变。只是高句丽势力有了进一步发展,其管辖范围有所扩大而已。

仅上述六点,足可明了双方抗争的性质,无须一一列举其余各项理由。

(原载《高句丽简史·第四章》,韩国三省出版社 1990 年版;又载于《博物馆研究》1990 年第 3 期)

4 高句丽向朝鲜半岛扩张始末

4.1 半岛的外来入侵者

高句丽肇兴于辽东浑江流域，随着势力的发展强大，其疆域逐渐向朝鲜半岛延伸，从鸭绿江畔，一直推进到汉江流域，进入半岛腹心地区。至今矗立于韩国忠清北道的中原郡高句丽碑，就是极具昭示性的历史见证，说明高句丽的疆域曾拓进到半岛的汉江以南，占据着大半个朝鲜半岛。

但是，高句丽人并非是朝鲜半岛的土著民族，对朝鲜半岛的领有，是其向外军事扩张、武力征服的结果。此一局面的形成，对于世居半岛的韩、涉族，以及以韩、涉族为主体而建立的新罗、百济而言，高句丽人纯属半岛的外来者。后来，随着高句丽政权的覆灭，民族的解体，高句丽在半岛上的势力最后消亡，乃至退出半岛历史舞台。因此，阐述朝鲜半岛国家形成和发展的历史时，高句丽既不是创始者，也不是后继者，只能算是某一特定历史阶段的外来占领者，而且是局部占领，并未能成为整个半岛的主宰者。在当时背景下，甚至后世，土著的韩族和涉族，不可能将外来的高句丽人视为自己的先民，也不可能将高句丽政权视为本民族的国家政权，彼此毫无任何隶属和承袭关系，是两个相对独立的群体或政体。正如古籍所载，"新罗国，本弁韩之后裔也"[1]，而"高丽，本扶余别种也"[2]，绝不可将二者混为一谈。

高句丽政权灭亡后，虽有部分高句丽遗民投向新罗，但这些投入者，并未能继续作为高句丽群体保存下来，而是很快融入新罗人之中，

[1]《旧唐书》卷199上《新罗传》。
[2]《新唐书》卷220《高丽传》。

变为新罗人了，只能视为在此后新罗人的血统中，融有高句丽人的血液，并世代流传下来。但是，这仅是民族融合与发展问题，并非是民族政体的延续或更替，即不能视此后的新罗或王氏高丽政权，是高句丽政权的延续或更替。因此，高句丽政权在朝鲜半岛的出现和终止，上无承袭，下无衔接，是外来入侵者最后归于失败，在朝鲜半岛历史舞台上消失的过程。

4.2 前期的向半岛扩张

古代地方民族政权，一旦强盛之后，少有不向外扩张者，特别是对其周边弱小的邻邦，往往是其开大境宇的首选目标。但是，由于高句丽先后隶属于中原及北方诸政权，其向外扩张，一旦同这些政权产生矛盾，不仅扩张受阻，甚至招来灭顶之灾，为其向外扩张付出惨重代价。

高句丽势力越过鸭绿江，进入朝鲜半岛，通常视为始于第三代大武神王时。据《三国史记》所载，始祖东明王六年(32)，“命乌伊，扶芬奴伐太白山东南荇人国，取其地为城邑”[1]一事，则视荇人国所在，“约为吉林省长白朝鲜族自治县附近地”[2]。但是，长白县正当太白山(长白山)之南端，紧靠鸭绿江之北岸，非当太白山东南。因此，荇人国在太白山东南，也即在今长白县之东南。而长白县之东南，则是鸭绿江以南之地。自长白县东南越过鸭绿江，往东南不远之地，便是单单大岭(今摩天岭山脉)，其岭东为沃沮之地。那么，荇人国又当在单单大岭以西。荇为一种水草，荇人当是以此种水草为族名，居于近水之地，必有江河流经。符合上述三个条件的地方，为今朝鲜惠山之虚川江流域，此地似应为古荇人国之所在。假如此一推断不误，那么，高句丽势力，在始祖东明王六年，便已越江进入朝鲜半岛。

第二代琉璃明王时期，高句丽既要应对王莽的高压政策和讨伐，

---

[1]《三国史记》卷13《高句丽始祖东明王纪》。

[2]孙进己等：《东北历史地理》第三编第一章第三节，黑龙江人民出版社1989年版。

又要防御扶余的侵袭,“自谓立国日浅,民孱兵弱”[1],而采取“忍耻屈服”策略,寄望于后人,故而不曾向外扩展。

第三代大武神王时期,高句丽政权趋于稳固,力量有所积聚增长,终于进入开拓境宇时期。先是大武神王五年(22),亲自率兵进攻扶余,斩扶余王,致使扶余政权分散瓦解,不再是高句丽心腹之患。九年(26)冬十月,大武神王“亲征盖马国,杀其王,慰安百姓,毋虏掠,但以其地为郡县。十二月,句荼国王闻盖马灭,惧害及己,举国来降。由是,拓地浸广”[2]。盖马国,当是因盖马大山而得名。盖马大山在鸭绿江以南,今名狼林山。故而盖马国也应在鸭绿江以南的盖马大山附近,而句荼国当是盖马国的邻国,近在咫尺,同为鸭绿江以南之地,方有自身难保之惧,主动请降。同时,史书中称其“拓地浸广”,言下之意,其扩张已超越国内城周边地区。如果断定盖马国等在“今集安县南境”[3],则不足以称作“拓地浸广”。再者,大武神王只有征服临近的盖马、句荼等地之后,才有可能进一步向半岛腹心地区扩张,采取更大规模行动。大武神王十五年(32),高句丽出兵进攻大同江流域的汉乐浪郡,兵临乐浪城下,乐浪王(郡守)崔理出降,也足以说明盖马、句荼当位于高句丽与乐浪郡中间地域,在鸭绿江以南。至大武神王二十年(37),高句丽再次出兵南侵,一度袭灭乐浪郡,将其纳入高句丽势力范围。然而此举引起东汉政权关注,并随即采取了限制高句丽向半岛扩张的行动,于大武神王二十七年(44),“汉光武帝遣兵渡海伐乐浪,取其地为郡县”,驱除高句丽势力,恢复了乐浪郡建制。同时,明确与高句丽划定了辖区,规定“萨水(清川江)以南属汉”。[4] 言下之意,默认了高句丽对萨水以北原属乐浪郡管辖地区的占领,未能全部收复乐浪郡,鸭绿江以南的沿江地带,至萨水以北地区,此时基本为高句丽所占据。

至太祖王四年(56),高句丽开始向图们江以南地区扩张,首先进

[1]《三国史记》卷13《高句丽琉璃明王纪》。

[2]《三国史记》卷14《高句丽大武神王纪》。

[3]孙进己等:《东北历史地理》第三编第一章第二节。

[4]《三国史记》卷14《高句丽大武神王纪》。

攻东沃沮，“取其地为城邑，拓地至东海，南至萨水”〔1〕。至此，朝鲜半岛北部，沿鸭绿江和图们江地区，尽为高句丽所掌控，高句丽完成了向朝鲜半岛扩张的第一步，为后来向腹心地区扩张，奠定了必要基础。但是，太祖王以后数王，一方面忙于内部争权夺力，一方面屈于东汉政权的压力和打击，在长达250余年间，未向朝鲜半岛跨进一步。

4.3 西晋仍掌控乐浪郡

《三国史记》载，东川王二十一年(247)，“王以丸都城经乱，不可复都，筑平壤城，移民及庙社”，并进而说明，“平壤者，本仙人王俭之宅也，或云王之都王俭”。〔2〕显然是指此平壤城为乐浪郡之治所，位于大同江东岸之平壤城。

但是，此时高句丽并未占领乐浪郡，何能据有平壤城。汉献帝初平元年(190)，公孙度割据辽东，“自立为辽东侯，平州牧”〔3〕，掌领辽东及东夷诸部事务。建安中，度子康分乐浪屯有县以南荒地为带方郡，掌辽东、辽西、玄菟、乐浪、带方五郡，在50年的割据时期内，乐浪郡一直在公孙氏管辖下，而魏明帝还曾封公孙渊为乐浪公。魏景初二年(238年，高句丽东川王十二年)，明帝遣太尉司马懿讨灭公孙渊，“又潜军浮海，收乐浪、带方之郡”〔4〕。所谓收乐浪、带方郡，即将二郡正式纳入魏政权直接管辖下，不再是割据势力。在此役中，高句丽非但未有乘机夺取乐浪郡，而且还“遣主簿大加将兵一千人助之”〔5〕，成为魏顺利收复乐浪、带方的重要因素。

魏齐王正始三年(242年，高句丽东川王十六年)，高句丽出兵袭破魏辽东西安平，招致魏将毌丘俭接连率兵讨伐。正始五年(244)，毌丘俭率步骑万人讨伐高句丽，一举攻陷丸都，东川王狼狈逃往南沃沮，俭

〔1〕《三国史记》卷15《高句丽太祖王纪》。
〔2〕《三国史记》卷17《高句丽东川王纪》。
〔3〕《三国志》卷8《魏书·公孙度传》。
〔4〕《三国志》卷30《魏书·东夷传序》。
〔5〕《三国史记》卷17《高句丽东川王纪》。

命玄菟太守王颀追之。六年(245),魏“乐浪太守刘茂,带方太守弓遵以领东涉属高句丽,兴师伐之,不耐侯等举邑降”[1]。上述诸端纪事,均可证明魏时对乐浪等郡实行有效管辖,东夷诸部尽在掌控之下。因此,《三国史记》东川王二十一年纪事不确,所筑平壤城不可能是在大同江畔之平壤城,仍应在鸭绿江以北求之。以往学界对此纪事已多有辨析。[2] 又《三国史记》美川王三年(302),“王率兵三万侵玄菟,虏获八千人,移之平壤”,与东川王纪中所载之平壤,当为同一个平壤城,即高句丽占领乐浪郡之前,在鸭绿江以北,别有一座平壤城。高句丽诸城多为山城,极少在平原上筑城,如国内城者,抑或国内城亦称平壤城,有待作进一步考证。

中川王十八年(256),晋司马炎称帝,魏亡晋兴,对乐浪等郡的管辖,仍守魏制,继续置平州,设护东夷校尉,以统乐浪等郡。《晋书·地理志上》载,晋武帝“咸宁二年(276年)十月,分昌黎、辽东、玄菟、带方、乐浪等郡国五置平州”[3],说明西晋时仍强化对乐浪等郡的有效管辖,高句丽对乐浪郡仍无隙可乘。

4.4 美川王夺取乐浪郡

西晋之盛,不及三世。怀帝永嘉年间(307—312),爆发了历史上有名的永嘉之乱。各地豪强蜂拥而起,官军节节败退,最后怀帝也被毒死,而对边郡管辖,则失去了控制。在此等历史背景下,高句丽则紧紧抓住了这一千载难逢的机遇,乘机向乐浪郡发起进攻。美川王十四年(313年,晋愍帝建兴元年)“冬十月,侵乐浪郡,虏获男女二千余口”[4]。金富轼对此一重大事件,在《三国史记》中只留下这样一行字,既不痛不痒,也不清不楚,令人费解。《资治通鉴》卷88中,对此一

[1]《三国志》卷30《魏书·涉传》。

[2]孙进已等:《东北历史地理》第五编第三章第三节。

[3]《晋书·武帝纪》称:泰始十年(274年)“二月,分幽州五郡置平州”。金毓黻《东北通史》结合《晋书·卫瓘传》记载,称“晋志谓置于咸宁二年十月者误也”。

[4]《三国史记》卷17《高句丽美川王纪》。

事件略有进一步记载，晋愍帝建兴元年(313)四月，“辽东张统据乐浪、带方二郡，与高句丽王乙弗利相攻，连年不解。乐浪王遵说统帅其民千余家归廆，廆为之置乐浪郡，以统为太守，遵参军事”。此条纪事，足以说明如下四点：一是自汉武帝元封三年(前108)开置乐浪郡，至晋愍帝建兴元年，共历时421年，乐浪郡一直在中原政权管辖下。二是张统率民归降前燕慕容廆政权，即放弃了乐浪郡，其后乐浪郡故地由谁占领，文中虽未明确指出，但从上下文义分析，自然是与张统相攻且连年不解的高句丽。同时，《三国史记》所载美川王侵乐浪郡，恰好是张统放弃乐浪郡的同一年。美川王于翌年，“南侵带方郡”[1]。如果高句丽不能在美川十四年时夺取乐浪郡，则不可能越过乐浪郡而“南侵带方郡”。三是高句丽夺取乐浪郡，非是一朝一夕之事，而是相攻连年不解，如从大武神王十五年(32)首攻乐浪郡，至此时几近300年，而美川王乘晋乱力衰，接连进攻，最后于其十四年(313)，终于占领了乐浪郡。四是乐浪郡被高句丽占领后，慕容廆为张统所置乐浪郡，必然是在辽西前燕辖区内，为侨置郡县，从而中原政权中断了对朝鲜半岛的直接管辖，随之而来的是高句丽势力，从图们江和鸭绿江边，一直推进到半岛腹心地区的大同江流域。

4.5 百济曾占有带方郡

高句丽占领乐浪郡的大同江流域后，紧接着继续向南扩张，“南侵带方郡”，欲乘势夺取带水流域，然而却遭到百济阻击，未如所愿。

古籍中，未载张统放弃带方郡后，由谁取而代之，仅能依据相关史事，推断是由百济占领了带方郡。

首先，带方郡原为乐浪郡南部属县，汉成帝鸿嘉三年(前18)，百济“初立国于带方故地”[2]。至始祖温祚王十四年(前5)，为避靺鞨、乐浪侵袭，迁都汉江流域。后汉至魏，带方仍为乐浪属县。晋时，公孙康

[1]《三国史记》卷17《高句丽美川王纪》。

[2]《北史》卷94《百济传》。

分乐浪乃置带方郡,南与百济接界,百济采取与之交好政策。百济责稽王为王子时,“娶带方王女宝果为夫人”,双方缔结姻好,和睦相处。责稽王即位元年(286),高句丽伐带方,带方请救于百济,责稽王宣称:“带方我舅甥之国,不可不副其请,遂出师救之。”[1]此后至张统弃带方奔燕,尚不足30年,双方睦邻友好关系,不曾有破裂迹象。正因有如此诸多历史渊源,按常理而论,张统弃之时,则百济就近取之,带方郡为百济所占领。

其次,高句丽美川王之后的诸王时期,为继续向平壤以南地区扩张,先后与百济展开对攻,以期夺取带方郡故地。特别是故国原王二十五年(355),燕王慕容儁封其为乐浪公后,承认了高句丽对乐浪郡的占领,高句丽更加无所顾忌向南用兵。故国原王三十九年(369),“以兵二万,南伐百济”,被百济击败;四十一年(371)冬十月,“百济王率兵三万,来攻平壤,王出师拒之,为流矢所中,是月二十三日薨”,[2]表明双方的争夺十分惨烈,代价异常高昂,而仇怨进一步加深,高句丽更深陷欲罢不能之境地。双方战场既然在平壤展开,那么百济已越过带方郡,带方郡非高句丽所有,而为百济所有,否则百济大军很难进抵平壤城下。至小兽林王时,对百济接连发动进攻,不单是为了开大境宇,也兼复父仇。百济也不肯示弱,于小兽林王七年(378),“百济将兵三万,来侵平壤城”[3]。双方势均力敌,难决胜负,处于胶着状态,高句丽南进战略屡屡受挫,直到广开土王之际,僵局才最终被打破。

4.6 广开土王军临汉水

广开土王之际,是高句丽武功最显赫时期,北面终于从慕容氏手中夺取了辽东,南面拓疆至半岛的汉水流域。

广开土王即位后,立即吹响向外扩张的号角,四面出击,节节胜利。

[1]《三国史记》卷24《百济责稽王纪》。

[2]《三国史记》卷18《高句丽故国原王纪》。

[3]《三国史记》卷18《高句丽小兽林王纪》。

即位元年(391)"秋七月,南伐百济,拔十城。九月,北伐契丹,虏男女五百口","冬十月,攻陷百济关弥城"。[1] 关弥城是百济北鄙重镇,"四面峭绝,海水环绕",形势险峻,一旦失守,门户洞开。两役之后,百济"汉水北诸部落多没焉"。[2] 至此,高句丽自美川王占据乐浪郡后,又经过近80年的争战,终于又向南跨进一步,夺取了带方郡故地,半岛上汉水以北地区,尽在高句丽掌控之中。后燕慕容宝永康年间(396—397),首先承认高句丽对带方郡的占领,以广开土王"为平州牧,封辽东、带方二国王"[3]。此项册封,无异是对高句丽的扩张予以莫大承认与支持,而对百济则是巨大打击。

广开土王七年(397),百济阿莘王为抗御高句丽,通倭自重,"与倭国结好",随后"大阅汉水之南",[4] 向高句丽示威。同时也说明,此时高句丽与百济夹汉水而对峙,双方都未能跨越汉水,在汉水岸边止步不前。正当此时,倭人在百济勾结下,大批倭兵涌入朝鲜半岛,直接危及新罗安全。早在故国壤王九年(398),高句丽为孤立百济,"遣使新罗修好,新罗王遣侄实圣为质"[5],使百济大有腹背受敌之忧。据《好太王碑》记载,高句丽在新罗告急求救下,曾两次出兵驱倭。一是广开土王十年(400),"教遣步骑五万往救新罗,从男居城至新罗城,倭满其中,官军方至,倭贼退,……倭寇大溃,……倭溃逃"。二是广开土王十四年(404),"倭不轨,侵入带方界,和通残(百济)兵,……王躬率往讨,倭寇溃败,斩杀无数"。[6] 广开土王驱倭之战,是高句丽向朝鲜半岛扩张过程中的重大历史功绩,不仅确保了扩张的胜利果实,也挽救了新罗危机,对后世具有深远影响。

4.7 长寿王巩固南扩成果

广开土王中期以后,高句丽暂时停止了向朝鲜半岛南部的继续扩

[1]《三国史记》卷18《高句丽广开土王纪》。
[2]《三国史记》卷25《百济辰斯王纪》。
[3]《北史》卷94《高丽传》。
[4]《三国史记》卷25《百济阿莘王纪》。
[5]《三国史记》卷18《高句丽故国壤王纪》。
[6]王健群:《好太王碑研究·碑文识读》,吉林人民出版社1994年版。

张，将主要精力转而集中到北方，同慕容氏展开对辽东地区的激烈争夺，并终于夺取了辽东地区。

长寿王嗣位之后，为了巩固对辽东的占领，采取了对东晋的恭顺政策，遣使入晋奉表，贡献方物，并与北魏政权修好，频繁向其朝贡，敬奉黄金美玉，避免激化矛盾、招致讨伐，极大地稳定了同二者的隶属关系。

长寿王十五年(427)，面对北魏日趋强盛的局面，高句丽清醒地认识到自己无法再向辽西地区扩张一步。同时，为了远避北魏势力的潜在威胁，有必要将王都南移，远离北魏的压力，并且可以进一步巩固在朝鲜半岛上的扩张成果，继续展开同百济、新罗的争夺，遂将王都迁至平壤。高句丽迁都平壤，标志着半岛上三国争霸格局最终形成，对峙局面骤然加剧，新一轮争霸即将开始。由于受各自利害驱动，三者间的关系时有转换，重新定位。百济毗有王七年(433)，遣使向新罗"请和"，"八年春二月，遣使新罗，送良马二匹。秋九月，又送白鹰。冬十月，新罗报聘以良金、明珠"[1]。说明在高句丽势力的威慑下，二者间的关系，出现前所未有的和谐，为共同抵御高句丽而培育感情。原来同高句丽修好的新罗，开始转而向高句丽寻衅滋事，发出相争信号。长寿王三十八年(440)，新罗袭杀高句丽边将，挑起冲突。新罗纳祇王三十九年(455年，长寿王四十三年)，高句丽侵百济，新罗王"遣兵救之"[2]。新罗照知王三年(481年，长寿王六十九年)，"高句丽与靺鞨取狐鸣城，又进军于弥秩城，我军与百济、加耶援兵，分道御之，贼败退"[3]。这一系列战事，标志高句丽已成为百济、新罗的共同敌人，二者联手对抗高句丽，互为应援，并肩作战，而高句丽则需双向作战，南扩形势更加艰难。

新罗袭杀高句丽边将后，虽引起长寿王震怒，欲立即举兵讨之，然而面对新罗王遣使谢罪之举，还是采取了忍让之策，未予追究。之所以如此，是考虑到将主要精力集中到同百济的争夺上。长寿王五十七年

[1]《三国史记》卷25《百济毗有王纪》。
[2]《三国史记》卷3《新罗纳祇王纪》。
[3]《三国史记》卷3《新罗照知王纪》。

(469),百济首先打破同高句丽将近70年的休战局面,举兵侵入高句丽南郡。而此时高句丽迁都平壤已逾40余年,早已安定巩固下来,正待伺机南扩。长寿王六十三年(475),高句丽终于对百济重新开战,大举进攻,长寿王亲"帅兵三万侵百济,陷王所都汉城,杀其王扶余庆,虏男女八千而归"[1]。经此一役,长寿王不仅为曾祖故国原王报了一箭之仇,更重要的是迫使百济文周王放弃汉江流域而南迁,将王都移至熊津(今公州),以锦江流域为其活动中心,远离高句丽势力。

此役过后,百济受到重创,势力愈加削弱,高句丽的南扩,似乎也到了极限,二者再无大规模战役发生。虽有高句丽碑立于汉江南岸的中原郡,标志高句丽在长寿王时,其势力曾一度越过汉江,但很可能不久便退回到汉江北岸,汉城仍在百济控制之下。有两条史料足以说明此一问题:一是文咨明王十六年(507),"遣将高老与靺鞨谋,欲攻百济汉城,进屯于横岳下。百济出师逆战,乃退"[2];二是百济武宁王二十三年(523)"春二月,王幸汉城","三月,至自汉城"。[3] 两条史料均证明汉城仍为百济所有。因此,高句丽在半岛的势力范围,当南以汉江为限。

《隋书·高丽传》称高句丽"复有国内城、汉城,并其都会之所,其国中呼为三京"。果如此一记载,从长寿王六十三年(475)攻陷百济汉城,至文咨明王十六年(507)再次谋攻,高句丽占据汉城最多也仅30年左右,唯不知何时又重归百济。再者,高句丽自文咨明王之后,显然进入了盛极而衰时期,由于广开土王和长寿王的频繁对外用兵,长途迁都,定然弄得国困民穷,将弊端遗留给后人。因此,自文咨明王十六年以后,不曾再进攻汉城,其他一类的较大规模的对外战争,也几乎不曾有过。特别是进入隋唐之际,隋唐对其接连的讨伐,已使高句丽无暇他顾,不可能还有多余力量去攻打汉城,汉城自然仍为百济所据。

---

[1]《三国史记》卷18《高句丽长寿王纪》。

[2]《三国史记》卷19《高句丽文咨明王纪》。

[3]《三国史记》卷26《百济武宁王纪》。

4.8 自文咨明王终止南扩

高句丽从文咨明王以后,纯以开大境宇为目的之对外战争,已不复再现。至于同新罗、百济的战争,虽仍时有发生,已不独具扩张性质,多为一城一邑之防御或攻取之战。特别是攻取之战,或为掠夺财物、虏获人口,或为占领津要、削弱对方等,皆为局部之战,无明显扩张意图,对疆域伸缩无大碍。

据《三国史记》所载,从文咨明王元年(492)到婴阳王八年(597),隋文帝出兵讨伐前的百余年间,高句丽对新罗、百济共发动 12 次局部武力攻击。其中只有 3 次取得胜利,攻克百济 3 城、新罗 1 城,而其余 9 次,或遭战败退回,或因客观因素受阻,被迫无功而返,皆以失败告终。此期间,百济进攻高句丽 4 次,皆一无所获;新罗进攻高句丽 2 次,共夺取高句丽 12 城,可谓是大赢家。从这些简单统计数字中可以看出,高句丽在半岛上的扩张,早已成为过去,而新罗、百济对抗高句丽的力量,有较明显增长,成功地阻断了高句丽的继续扩张。同时,在高句丽势力减弱的形势下,百济与新罗联手抗御高句丽的联盟,也宣告结束,互相对攻起来,反目成仇。百济圣王三十一年(553),新罗首先发难,取百济"东北鄙,置新州";翌年,百济圣王还以颜色,"欲袭新罗,亲帅步骑五千,夜至狗川,新罗兵发,与战,为乱兵所害,薨"。[1] 此一结果,不仅使二者联盟破裂,相互仇怨也空前加深,加之同高句丽的较量,使三者又重新回到互相对峙的局面上来。

隋唐之际,加强了对边疆各地区的有效管辖,作为同是其属国的高句丽、新罗和百济,自然俱在经略之中。由于新罗、百济多次向隋及唐诉讼高句丽屡屡犯境侵逼,断绝通往朝廷道路,请求隋唐出兵救护,讨伐高句丽。特别是新罗的苦苦相请,终于使隋唐相继卷入三者之争,为之付出了巨大代价。

---

〔1〕《三国史记》卷 26《百济圣王纪》。

在隋唐讨伐高句丽过程中，隋炀帝被百济武王的诺言所蒙蔽，曾令其“觇高句丽动静”；而当隋出兵后，武王却“严兵于境，声言助隋，实持两端”，[1]毫无助隋行动。在唐太宗遣使谕和、化解矛盾期间，百济义慈王却亲自率兵攻新罗，夺取新罗40余城。此后，得知唐太宗亲“征高句丽，征兵新罗，乘间袭取新罗七城”，至其八年（648）“三月，袭取新罗西鄙腰车等十一余城”，“八月，攻取新罗石吐等七城”。十五年（655），又同高句丽、靺鞨联手，“攻破新罗三十余城”。[2] 凡此种种，表明百济最无操守、鲜有诚信，貌似恭顺、内实奸诈，但最终是自食恶果，首先被唐与新罗所剿灭。高句丽在隋唐讨伐面前，仍怙恶不悛，一意孤行，继续侵逼新罗，置劝告而不顾，终于同百济一起走向同一条亡国之路。至于新罗，颇能恭谨事隋事唐，臣礼不亏，虽屡受高句丽、百济侵凌，然终因有隋唐为之撑腰，取舍之间，一花独秀，为硕果仅存者，成为最大赢家。

668年，唐与新罗联军共同灭亡高句丽后，高句丽向朝鲜半岛扩张成果灰飞烟灭，付诸东流，彻底退出半岛的历史舞台。

（原载《东北史地》2004年第1期）

〔1〕《三国史记》卷27《百济武王纪》。

〔2〕《三国史记》卷28《百济义慈王纪》。

5 高句丽与百济、新罗的争霸

中外史学界,或有称高句丽与百济、新罗三者的并存时期,是古代朝鲜半岛上的三国鼎立时代。然而,首先,三者的建立,各不相干,并非是互相角逐的产物。其二,三者建国后二三百年间,彼此毫无往来,无任何利害关系,特别是高句丽统治中心远在辽东地区,不在朝鲜半岛。因此,所谓的三国鼎立,是在各自建国300余年后,高句丽将势力扩张到朝鲜半岛腹心地区,并极欲称雄于半岛,同百济、新罗展开无休止的对攻时期。特别是高句丽长寿王十五年(427)将王都南迁平壤,标志三国进入争霸阶段。

但是,由于三者皆分别隶属中国诸政权,介于大国之间,受制于强权,其争霸的命运,并不能完全掌握在自己手中。特别是到了隋唐时期,随着三者争霸的白热化,新罗巧施纵横捭阖之术,促使唐朝卷入其中,出兵干预,而且无法脱身。最后新罗借助唐朝力量,终于灭掉百济、高句丽,成为半岛上仅存硕果,争霸局面终结。

本篇仅就高句丽同百济、新罗争霸的始末,略作概述,以期对高句丽历史的深入了解能有所帮助。

5.1 高句丽与百济的争霸

百济位于朝鲜半岛的西南部,是公元前1世纪末叶,以半岛土著之韩涉族为主体而建立的古国。

传说百济始祖温祚王,同高句丽第二代琉璃王类利是同父异母兄弟。高句丽始祖邹牟王在扶余时,娶礼氏为妻,避祸南逃时,礼氏已有身孕,留在扶余,后生一男孩,取名类利。邹牟王至卒本川建国后,又纳越郡女为妻,生下二子,长曰沸流,次曰温祚。至邹牟王十九年(前19),礼氏携子类利自扶余逃到高句丽,与邹牟王相认。邹牟随即立类利为王太子。“沸流、温祚恐为太子所不容,遂与乌干、马黎等十臣南行,百姓从之者多”,行至汉水以南汉山,在十臣建议下,温祚于汉成帝鸿嘉三年(前18)建国,都于慰礼城,国号百济,取“来时百姓乐从之意”。又因其血胤“与高句丽同出自扶余,故以扶余为氏”。沸流因不同意在汉南建国,便移居弥邹忽,后“渐悔而死”。[1]

上述百济建国传说,较高句丽、新罗建国传说,不再神化,而人化,是人创造了历史,是历史在进化。尽管如此,对传说之类的史话,也只能姑妄听之,不可姑妄信之。若果真如此,为何百济自温祚王建国,至责稽王即位,凡历经9王,共304年,而与高句丽无任何交往?彼此虽不能鸡犬相闻,尚可舟车相通,不至于老死不相往来。“同出扶余”的亲和力又哪去了,难道世世代代都在“恐为太子所不容”?确实其迷难解,又无从考证。

高句丽至太祖王四年(56),已向朝鲜半岛拓境至萨水,同百济仅为乐浪一郡之隔,明显构成对百济的直接或潜在威胁。但是,自汉至魏,再到西晋,乐浪郡及分其南部荒地所置带方郡,都一直有效地掌控在中原政权管辖下,高句丽虽久欲得之而不能。早在大武神王二十年(37),尽管高句丽“袭乐浪,灭之”,然而二十七年(44),东汉光武帝遣兵渡海,收复乐浪郡,划定“萨水以南属汉”。此后200多年间,高句丽一直未曾涉足乐浪郡,无疑乐浪及带方郡成为高句丽与百济间的一道不可逾越的屏障,只要乐浪及带方郡存在,百济则可确保无忧,免受高句丽威胁和袭扰。

西川王十七年(286),即百济责稽王元年,高句丽出兵侵带方郡,带方向百济求救。东汉末年,公孙氏割据辽东,以宗女妻百济王[2],缔结姻好,以固其诚。公孙康辟置带方郡后,专由带方代行对百济等管辖,威行海外。故而当带方向百济求援时,责稽王称:“带方,我舅甥之

〔1〕《三国史记》卷23《百济温祚王纪》。

〔2〕《三国志·魏书·夫余传》将百济之事误为扶余之事,称公孙度对扶余“妻以宗女”实为对百济王“妻以宗女”,金毓黻《东北通史》第一期九已辨之。《隋书·百济传》称公孙度“以女妻之”。《三国史记·百济责稽王纪》称“王取带方王女宝果为夫人”。今一并存之。

国，不可不副其请。”事实上，抛开甥舅关系，百济也会出兵求援。一则百济在带方辖下，二则带方为百济之“唇”，岂能唇亡而齿不寒，一旦带方失陷，则百济就会暴露于高句丽面前。故而促使责稽王“遂出师救之”，令高句丽未能得逞。高句丽面对失败，自然归咎于百济，由此怨之。责稽王也“虑其侵寇，修阿日城、蛇城备之”。[1] 由此双方衅端渐生，成为相互构怨争斗之始。

西川王侵带方无功而返后，高句丽清醒意识到，百济是其南扩的首要障碍，而百济也充分看出高句丽是逼近国门的强盗。双方斗争，随时都有爆发的可能，只是迟早的问题。同时，在此种形势下，谁能抢先占据乐浪郡和带方郡，谁就会增加战胜对方的把握。因此，百济为争取在战略上求得主动，于汾西王七年（304）三月，“潜师袭取乐浪西县”，抢先高句丽一步，取得局部之小胜。但是。同年十月，汾西王招致“乐浪太守所遣刺客贼害，薨”，[2] 令百济得不偿失，追悔莫及。

美川王十四年（313），高句丽乘西晋永嘉之乱过后边郡失控，出兵侵据乐浪郡，而百济也乘势占据带方郡，双方平分秋色，利益均沾，各自以所占之地为进攻对方的前哨基地。十五年（314），高句丽出兵南侵带方郡，欲从百济手中夺取之。自此，双方战事连绵，难解难分，愈演愈烈，不吞灭对方，则不肯罢休。

故国原王十二年（342），高句丽遭遇慕容皝毁灭性打击后，很快作出战备调整：暂停从慕容氏手中夺取辽东地区的军事行动，对燕修好，纳质朝贡，换取燕国停止对高句丽的进攻。这使高句丽得以腾出手来，转而集中全力向南扩张，展开与百济的大规模争夺。三十九年（369），故国原王率步骑 2 万，南伐百济，战于雉壤，分兵侵掠百济民户。百济近肖古王命太子率兵驰至雉壤，奋力击破高句丽步骑，杀获 4000 余级，高句丽败退。此役表明，百济在军力上并非弱于高句丽，高句丽并非不可战胜。而若战胜百济，高句丽也无绝对把握。

---

〔1〕《三国史记》卷 24《百济责稽王纪》。

〔2〕《三国史记》卷 24《百济汾西王纪》。

故国原王四十一年(371),是高句丽在对外战争中,付出代价最惨痛的一年。先是高句丽举兵进攻百济,百济近肖古王闻之后,暗布伏兵于河上,当敌军一到,伏兵齐发,急攻猛打,高句丽大败,再一次不敌百济。百济两战两胜高句丽后,士气大振,欲乘胜扩大战果,于同年冬十月,近肖古王与太子"帅精兵三万,侵高句丽,攻平壤城"。故国原王出城督军力战,不幸"中流矢死"。随后,百济并未趁故国原王阵亡,继续大举进攻,而是立即退兵,并"移都汉山"。[1] 断定高句丽绝不会善罢甘休,必将举兵来侵,为故国原王复仇,故而移都,早为拒守。

小兽林王五年(375)七月,高句丽出兵,攻百济北鄙水谷城。近肖古王遣将拒战,被高句丽打败,往日战胜高句丽的风光不再。随后,近肖古王又欲大规模出兵攻高句丽。但因适逢灾荒,不宜出兵而未果,百济优势渐失。六年(376),高句丽再侵百济北境,令百济寝食难安。七年(377)十月,百济近仇首王率兵3万,侵高句丽平壤城,无功而返。十一月,高句丽南伐百济。双方你攻我伐,聊无宁日,并孕育着更大规模的互相攻伐。

故国壤王三年(386)春,百济辰斯王"发国内人年十五岁以上,设关防,自青木岭,北距八坤城,西至于海",以防御高句丽袭击。八月,高句丽果然来侵百济[2],令百济防不胜防,只好采取以攻对攻、以牙还牙手段,互相展开厮杀。六年(389),百济侵高句丽南鄙,掠其南鄙部落而归,使高句丽再次受损。七年(390),百济遣达率真嘉攻破高句丽都押城,虏200人以归,又使百济找到一丝取胜高句丽的感觉。从总体而言,双方在前一阶段争斗中,仅是一城一地之战,互有胜负,处于胶着状态。而高句丽付出代价更大一些,故国原王的阵亡,使百济对高句丽的恐惧日益加深。

好太王嗣位之后,高句丽同百济争斗的形势大变。而且高句丽在各方战场上,均取得了前所未有的胜利,显示出高句丽大军攻无不克、

〔1〕《三国史记》卷24《百济近肖古王纪》。
〔2〕《三国史记》卷25《百济辰斯王纪》。

所向披靡的气势。百济在高句丽猛攻猛打下，丧城失地，败绩连连。在好太王执政的23年中，高句丽与百济先后交战7次，皆以百济失败而告终，从而奠定了高句丽称雄于朝鲜半岛的局面。

首先，好太王即位元年(391)七月，立即展开同百济的较量，亲率4万大军，一举攻陷百济石岘等10余城。百济辰斯王，面对高句丽强兵压境，毫无退敌之策，又深知好太王善于用兵，唯恐出战中计，遂下令坚守不出，任凭高句丽攻取，致使百济汉江以北诸部落多没焉，眼看着被高句丽夺得，疆域顿然收缩，高句丽将势力扩张到汉江北岸，占据了半岛腹心地区。同年十月，好太王又挥师攻百济关弥城。该城为百济北方海陆重镇，“其城四面峭绝，海水环绕”，位于汉江口上，形势异常险峻，易守难攻，具有重要战略意义。一旦失守，百济门户洞开，故而百济以强兵驻守，拼力抗击高句丽进攻。好太王“分军七道”，各道集中兵力，选取进攻点，绕城四面攻击，令百济首尾不能相顾，人人自危，激战“二十日乃拔”。[1] 百济再次遭遇重创，兵力更远逊于高句丽。

好太王三年(393)正月[2]，百济阿莘王为抵御高句丽侵袭，加强军事指挥能力，拜其舅父真武为左将，委以兵马事，全权指挥百济军队。八月，阿莘王又对真武诉说：“关弥城者，我北鄙之襟要也，今为高句丽所有，此寡人之所以痛惜，而卿之所宜用心而雪耻也。”真武为解阿莘王之痛苦，决心洗雪前耻，“遂谋将兵一万，伐高句丽南鄙”。激战中，真武尽显武将风姿，“身先士卒，以冒矢石”，冲杀在前，将个人安危置之度外，誓必夺回“石岘等五城，先围关弥城”。好太王深知百济之兵方兴，急于求战，勇武难挡，遂令“丽人婴城固守”，避其锋锐，拖垮敌军。不久，好太王战略奏效，“武以粮道不继，引而归”[3]，无攻而返，高句丽毫发无损。同时，也说明高句丽将士在好太王指挥下，不仅能攻，也极善守，可谓攻守兼备，百战不殆，令百济望尘莫及。

---

〔1〕《三国史记》卷18《高句丽广开土王纪》。

〔2〕《三国史记》卷18《高句丽广开土王纪》之纪年，当以好太王碑纪年加以订正其“二年”当为“三年”。

〔3〕《三国史记》卷25《百济阿莘王纪》。

好太王四年(394)七月,百济出兵入侵高句丽水谷城。好太王立刻率精兵5000迎敌,战于城下。百济不堪一击,连夜逃回。为防备百济犯边,好太王于取胜后,下令筑国南7城,做好同百济长期作战准备。

好太王五年(395)八月,百济阿莘王再次命左将真武等率兵伐高句丽,一度攻至浿水。好太王亲自率兵7000迎战,阵于浿水上拒敌。战斗展开后,百济仍是不堪一击,竟有8000人战殁。十月,阿莘王"欲报浿水之役,亲帅兵七千人,过汉水,次于青木岭下",遗憾的是天公不作美,忽然下起大雪,奇寒难耐,百济"士卒多冻死,回军汉山城",[1]这等于天公帮助好太王战胜了百济一次进攻。

据好太王碑记载,好太王五年(396),"躬率水军,讨伐残国(百济蔑称)",对百济发动了一场声势浩大的军事进攻,先后攻陷百济壹八城等58城700村。阿莘王在好太王猛烈打击下,完全丧失抵御能力,被迫出城投降,"献出男女生口一千人,细布千匹",并跪于好太王面前发誓:"从今以后,永为奴客。"于是,好太王赦免了阿莘王"始迷之愆,录其后顺之诚"。在回师之际,好太王将百济王弟及大臣10人,掠做人质,押至高句丽王都,要挟百济不得轻举妄动,老老实实顺从高句丽。八年(398),好太王遣偏师巡逻南方边境帛慎土谷地方,顺道掠取百济"莫斯罗城、加太罗谷男女三百余人",继续以武力相侵夺,迫其"自此以来,朝贡论事",唯高句丽之命是从。

但是,阿莘王的跪誓言犹在耳,百济便断然违背誓约,于好太王九年(399),"与倭和通",并以太子腆支为质倭国,妄图换取倭人援助,以对抗高句丽。然而这种挟倭自重的策略,不但救不了百济之困厄,实有引狼入室之害,令大批倭寇涌入半岛,祸及百济与新罗,激起高句丽对百济与倭寇更猛烈的打击。

好太王十七年(407),派遣步骑5万,大举进攻百济,采取四面合围战术,致使百济出战之军队,全军覆灭,高句丽"获铠甲一万余领,军资器械,不可称数",并攻陷百济6城,加上六年所攻取之58城,"凡所

[1]《三国史记》卷25《百济阿莘王纪》。

攻破城六十四，村一千四百”。[1] 按《旧唐书·百济传》记载，百济灭亡时，有“城二百，户七十六万”，那么，百济在高句丽好太王十七年时，其城当不足二百之数，被高句丽所攻破之64城，至少占百济总城数的三分之一以上，足以说明好太王对百济的辉煌战绩。

长寿王十五年（427），高句丽将王都南迁平壤，主要是为了适应在半岛上与新罗、百济的争霸。从而半岛上形成了真正意义上的三国争雄之势，相互间的斗争，更具有争霸性质。自好太王十八年（408）以后，至长寿王六十三年（475），在将近70年间，高句丽不曾进攻百济。其原因主要是高句丽把精力用于内部建设上，特别是迁都平壤后，极需有个稳定巩固时期，以便在半岛上站稳脚跟，所以推行和平的对外策略，诸如与新罗修聘交好，同北魏密切臣属关系，与百济暂停争斗等，从而成为高句丽历史中少有的和平发展时期。另一方面，就百济而言，经过好太王时期双方7次交战，已使其财殚力竭，疲惫不堪，亟待休养生息，重新积聚力量，进行必要战略调整。诸如遣使新罗请和，渡海通倭交好，卑辞乞师于魏等，全方位地争取外援，仰外以自重，也暂缓与高句丽争斗。只是在盖卤王十五年（469），遣将侵高句丽南鄙，进行一次局部骚扰，高句丽也未还以颜色，各自都取得和平发展时间。

至长寿王执政后期，高句丽在半岛上的势力已是根深蒂固，完全具备了再度向外扩张的实力，可以同百济进行新一轮的较量，于是长寿王首先作出进攻百济准备，巧施反间计，诱使百济中计上当。令身怀博弈绝技的浮屠道琳为间谍，佯装逃罪奔入百济。通过下棋，道琳很快取得百济盖卤王好感，盛赞其棋艺“果国手也”，遂尊其为上客，“甚亲昵之”。于是，道琳装作若无其事的样子，向盖卤王建议：“王当以崇高之势，富有之业，竦人之视听。而城郭不葺，宫室不修，先王之骸骨，权攒于露也；百姓之屋庐，屡坏于河流。臣窃为大王不取也。”盖卤王听了道琳的话，深以为然，应声说道“吾将为之”，落入道琳设下的圈套。“于是，尽发国人，蒸土筑城，即于其内作宫室楼阁台榭，无不壮丽。又

[1]《集安县文物志·好太王碑》碑文，吉林省文物志编委会内部资料1984年版。

取大石于郁里河,作椁以葬父骨。缘河树堰,自蛇城之东,至崇山之北。是以仓庾虚竭,人民穷困。邦之陧杌,甚于累卵",[1]百济必将为其昏庸无道付出惨重代价。

长寿王六十三年(475),道琳见到计谋得逞,悄然逃回高句丽报告,长寿王闻之大喜,立即下达攻打百济令,亲率3万大军,以对卢齐于、再曾桀娄、古尔万年为将。其中桀娄、万年原为百济官吏,获罪后逃到高句丽,以躲避惩罚,受到长寿王重用。高句丽大军迅速进至百济王都汉城城下,将其重重围住。盖卤王下令紧闭城门,避而不战。长寿王命令高句丽将士"分兵为四道,夹攻。又乘风纵火,焚烧城门"。连攻7日,汉城陷落。随后,"移攻南城,城中危恐",或要出城投降,或欲弃城逃跑,唯独没有要战斗到底者。危急中,盖卤王也不知所措,只好率领数十骑,仓皇出逃。途中被再曾桀娄等率兵追上,盖卤王下马跪拜,向再曾桀娄求饶。再曾桀娄借机泄愤,向盖卤王脸上唾了三口唾沫,历数其罪,使其备受污辱。随之又将盖卤王捆绑起来,送至阿旦城,将其杀害。[2]

汉城之役过后,高句丽士气大张,而百济一落千丈,引起新罗百倍警惕。当长寿王围攻汉城之时,盖卤王曾遣其子文周向新罗求援,新罗慈悲王出兵1万救之。但是,救兵未至,百济已败,只好收兵。随后,慈悲王移居明活城,以防高句丽来袭。至于百济,不仅损失惨重,而且教训沉痛,王都陷落,被逼南迁熊津,同高句丽的仇恨,日益加深。

文咨明王嗣位后,秉承先王遗志,继续与百济、新罗争霸。百济东城王七年(485),遣使新罗修聘。继续拉拢新罗,共同抗击高句丽。十五年(493),东城王又"遣使新罗请婚,罗王以伊飡比智女归之"[3],更使双方休戚与共,一致将矛头指向高句丽。

文咨明王三年(494),高句丽同新罗战于萨水之源,新罗战败,退保犬牙城。随后高句丽兵又将犬牙城围住。危急时刻,百济遣兵3000

---

[1]《三国史记》卷25《百济盖卤王纪》。

[2]《三国史记》卷25《百济盖卤王纪》。

[3]《三国史记》卷26《百济东城王纪》。

来援助新罗，高句丽只好退兵，新罗与百济修好，初显对抗高句丽的功效。四年(495)，文咨明王"遣兵围百济雉壤城，百济请救于新罗，罗王命将军德智率兵来援"[1]，高句丽又无奈退兵。高句丽两次出兵，分侵新罗、百济，都被二者联合击退，大有一人难敌四手的孤立之势。如果二者能将此一形势维持到底，互为声援，高句丽必然无所作为，对任何一方都奈何不得。然而百济与新罗的联合，仅是特定历史时期的权宜之计。随着形势的变化，他们都想在半岛上唯我独尊，所给予对方的援助是有限的，而要从对方获取的利益却是无穷尽的，永远得不到满足。一旦失衡之后，化友为敌的转换，随时都可能发生，这就重新给予了高句丽各个击破的机会。

至百济东城王二十三年(501)，与新罗的嫌隙终于发生，百济开始"设栅于炭岘，以备新罗"。而新罗真兴王十四年(553)，"取百济东北鄙，置新州，以阿飡武力为军主"，置官设治，据为己有。十五年(554)，百济圣王与加良率兵攻新罗管山城，"军主角干于德、伊飡耽知等逆战失利，新州军主金武力以州兵赴之。及交战，裨将三年山郡高于都刀急击杀百济王。于是，诸军乘胜大克之，斩佐平四人，士卒二万九千六百人，匹马无反者"。[2] 至此，百济与新罗昔日之好，荡然无存，深仇大恨，不共戴天，已不亚于同高句丽的矛盾，顿呈冰火难容之势，开始大打出手，你攻我一城，我取你一邑，打打杀杀，无休无止，一直到百济灭亡，才算了结。

高句丽与百济、新罗的争斗，其前期主要是在中国南北朝的分裂时期。三者虽分别隶属南北诸朝，但各政权对三者的管辖、约束、援助等，力度有限，鞭长莫及。特别是对三者间的相互争斗，只能听之任之，客观上有放纵或助长之嫌，往往是诉讼不判、乞师不允，使强者肆无忌惮，弱者备受欺凌。隋朝统一中国，唐继隋而兴之后，形势骤然有变，三者争先恐后，朝隋朝唐，贡献方物，领取封赏。对相互间的矛盾斗争，请

[1]《三国史记》卷19《高句丽文咨明王纪》。
[2]《三国史记》卷4《新罗真兴王纪》。

求隋唐主持公道，出兵干预等。而隋唐则根据三者不同表现，往往从维护自身尊严和利益的角度出发，或遣使谕和、晓以大义，或严词警告、申明利害，力劝三者息争罢斗，和平共处。最后，在警告无用、谕和不听之下，采取武力讨伐，致使百济、高句丽相继灭亡，争斗平息。

隋文帝开皇九年(589)灭陈，中国实现重新统一。翌年，高句丽平原王"闻陈亡大惧，理兵积谷，为拒守之策"。接着，隋文帝赐其玺书，责以"虽称藩附，诚节未尽"，并警告说："今若黜王，不可虚置，终须更选官属，就彼安抚"，以废其王位相威胁，令其洒心易行，做隋之良臣，许其自新。但平原王"得书惶恐"，未及奉表陈谢，便溘然而逝。[1] 百济对隋统一中国的态度，则与高句丽相反。平陈之时，对须经百济界还隋的漂失战船，威德王"资送之甚厚"，遣使奉表，贺隋平陈。隋文帝对其下诏褒扬："百济王心迹淳至"，[2]致使高句丽对百济戒备加深，愈加不睦。

婴阳王九年(598)，高句丽为防御隋朝从陆路讨伐，巩固西部防线，贸然进犯辽西，使隋文帝"闻而大怒"，下令兴兵伐之。百济乘机煽风点火，"遣使奉表，请为军导"。婴阳王获悉此事后，出兵侵掠百济之境，予以报复。十八年(607)，婴阳王在隋炀帝讨伐高句丽之前，率先"遣师攻百济松山城，不下。移袭石头城，虏男女三千而还"，向百济发出警告，不得助隋来讨。二十三年(612)，隋炀帝大举讨伐高句丽，百济武王左右为难：助隋，得罪高句丽；不助，隋会不满。于是，采取两面派办法：先是一面遣使入隋，"请讨高句丽"，为隋侦察高句丽动向；一面又潜通高句丽，向其讨好。当隋军渡辽后，一面"严兵境上，声言助隋"；一面拒不参战，"实持两端"。[3] 结果，隋朝仍然对百济不满，识破其"实持两端"伎俩，而高句丽更感到百济不可信赖，矛盾依然如故。

荣留王九年(626)，百济、新罗为抗击高句丽，又采取联合行动，一并遣使入唐，诉讼"高句丽闭道，使不得朝，又屡相侵掠"，请唐朝干预。

〔1〕《三国史记》卷19《高句丽平原王纪》。
〔2〕《三国史记》卷27《百济威德王纪》。
〔3〕《三国史记》卷20《高句丽婴阳王纪》。

不久，二者反目，互相攻击，百济“复与高句丽连兵”，共同对付新罗。百济义慈王三年(643)，“王与高句丽和亲，谋欲取新罗党项城，以塞入朝之路，遂发兵攻之”。[1] 这种局面的出现，主要是自唐朝建立后，新罗积极与唐修好，密切臣属关系，与唐互为表里，情同一家，而高句丽与百济，特别高句丽与唐若即若离，不从诏命。二者唯恐新罗助唐来讨，故而先对新罗发难，屡相侵掠，使其自顾不暇，无力助唐。在这样共同目的下，二者站到了一起。

宝藏王四年(645)，唐太宗亲征高句丽，新罗发兵3万以助之，百济则乘虚，袭取新罗西部7城，对高句丽是莫大支援，削弱了来自新罗的压力。十五年(655)，高句丽联合百济、靺鞨侵袭新罗，夺取新罗33城，规模之大，实为空前，致使新罗“大城重镇，并为百济所并”[2]。十九年(660)，在新罗一再力求下，唐高宗兵发两路，分别指向高句丽和百济，命大将苏定方统兵30万讨百济，新罗使将军金庾信领精兵5万以助之，一举攻灭百济，三者争雄，已丧其一。

5.2 高句丽与新罗的争霸

新罗位于朝鲜半岛之东南隅，是公元前1世纪中期，以半岛上土著的韩族为主体而建立的古国。在其建国后的300多年间，与高句丽并不接壤，中间有汉之乐浪郡相隔，双方少有直接的利害冲突，故而无任何往来。

据史书记载，高句丽同新罗的争斗，发生在新罗建国300多年以后，即高句丽东川王十九年(245)，始“出师侵新罗北边”[3]，新罗助贲王则命伊飡于老“将兵击之，不克，退保马头栅。其夜苦寒，于老劳士卒，躬烧柴暖之，群心感激”[4]。显然，这仅是一次边境上的局部骚扰，

[1]《三国史记》卷28《百济义慈王纪》。

[2]《三国史记》卷28《百济义慈王纪》。

[3]《三国史记》卷17《高句丽东川王纪》。

[4]《三国史记》卷2《新罗助贲王纪》。

胜败对双方都无大碍。但是,此役等于向新罗发出了预警信号,高句丽势力已开始进一步南下,双方大规模争斗,已是不可避免,新罗应早为防御准备。

东川王二十二年(248),新罗沾解王忍辱负重,不计前嫌,主动"遣使高句丽结和"[1]。此一行动,应视为新罗颇具政治远见的一项战略举措。因为新罗西邻百济,双方"世为仇敌,数相侵伐"[2],自新罗脱解王三年(63)起,百济拓地开疆,屡犯新罗,为患日深。其东南两面,又屡遭倭寇侵盗,掳掠海边民户,焚毁庭院庐舍,围攻王都金城,屠害无辜生灵。面对高句丽势力步步南下,新罗大有四面受敌之厄。故而沾解王主动向高句丽请和,缓解北部形势,以便集中力量,抵御百济与倭人,而且一旦遇有危机,高句丽或许成为借助力量。在此后近200年间,双方不曾发生过一兵一卒的争斗,沾解王的和解政策,取得巨大成功。而且,双方和解后,由于高句丽同百济展开激烈争斗,客观上也缓解了百济对新罗的威胁,使新罗有更多的机会发展自身,积聚力量。随着后来形势的发展,更加显示出与高句丽和解的战略意义。

好太王嗣位后,高句丽立即掀起大规模向外开拓境宇的战争,搞得周邻烽烟四起,杀声不绝,无不惧于高句丽的侵袭。好太王二年(392),高句丽遣使新罗,表示继续结好。新罗奈勿王"以高句丽盛强,送伊飡大西知子实圣为质"[3],重申愿听命于高句丽。九年(399),新罗遭到倭寇大肆侵袭,遣使向好太王求援。十年(400),好太王"教遣步骑五万,往救新罗","倭寇大溃",[4]成为新罗结好高句丽的最好回报。十一年(401),高句丽送实圣归国。翌年,实圣嗣位为王。二十二年(412),实圣又"以奈勿王子卜好质于高句丽"[5],继续维系同高句丽和好关系,对双方战胜百济、抵御倭寇,都具有重大现实意义和深远影响。

[1]《三国史记》卷2《新罗沾解王纪》。

[2]《旧唐书》卷199上《百济传》。

[3]《三国史记》卷3《新罗奈勿王纪》。

[4]《集安县文物志·好太王碑》碑文,吉林省文物志编委会内部资料1984年版。

[5]《三国史记》卷3《新罗实圣王纪》。

长寿王十二年(424),面对高句丽势力的蒸蒸日上,新罗又一次遣使高句丽修聘,长寿王则报以“劳慰之特厚”,表现出双方都有和好的愿望,并共同为之而努力。十五年(427),高句丽迁都平壤后,半岛形势出现新的变化,一向以新罗为夙敌的百济,转而主动向新罗示好,馈赠珍奇的良马、白鹰,并暂停对新罗的侵犯,与此同时,新罗亦积极响应百济的和好行动,遣使百济报聘,回赠黄金、珍珠,也停止对百济用兵,这使半岛出现片刻宁静。

当新罗与百济关系得到改善后,新罗首先试探性地向高句丽寻衅滋事。纳祇王三十四年(450),高句丽边将闯入新罗北边悉直原打猎,而新罗何瑟罗城主三直出兵掩杀之。长寿王闻之大怒,一面遣使责问:“孤与大王修好至欢也,今出兵杀我边将,是何义耶?”一面兴师问罪,进攻新罗西鄙。纳祇王感到情况不妙,尚无力同高句丽抗衡,赶紧卑辞谢罪,换取高句丽退兵,将事件平息。[1] 从这件事情可以看出,高句丽与新罗的和好,还很脆弱。原本高句丽理屈在前,而后新罗行为过当,高句丽强硬之后,新罗便软了下来,双方都在试探对方虚实,和好面临考验。究其原因,无论是新罗,还是百济,都不甘坐视高句丽称霸于半岛,皆欲伺机削弱之,或分别出击,或联合抗衡。而高句丽也不愿看到新罗与百济联合,共同对抗自己,或拉一个打一个,或各个击破,使三者关系随时都在转换中。

长寿王四十二年(454),高句丽度过了迁都后需要稳定的时期,首先放弃了与新罗修好的政策,出兵袭击新罗北鄙。接着,于四十三年(456),出兵攻打百济,展开两面作战,分别攻之。而新罗纳祇王则遣兵援助百济,出现新罗与百济联手抗击高句丽的局面。五十六年(468),长寿王又以靺鞨兵万人,攻取新罗北部悉直城,继续对新罗用兵。六十三年(475),高句丽发动了对百济的大举进攻,新罗又一次出兵救百济,大有唇齿相依之势。七十六年(475),高句丽再次进攻新罗北边,攻陷狐山城,进一步将新罗推向百济一边,百济乘势拉紧新罗。

[1]《三国史记》卷3《新罗纳祇王纪》。

文咨明王二年(493),百济东城王向新罗请婚,新罗照知王以伊飡比智女送之,令双方休戚与共、互为表里,高句丽的军事威胁,受到局限。文咨明王三年(494),高句丽与新罗战于萨水之源,新罗败绩,退保犬牙城,又被高句丽兵围住。危急时刻,百济使3000援兵来救,高句丽只好从犬牙城退回。四年(495),高句丽进攻百济雉壤城,百济向新罗求援,新罗命将军德智率兵驰救,高句丽败退。这足以说明,高句丽不敌新罗、百济联军。五年(496),高句丽复遣兵攻新罗牛山城,新罗出兵迎击,战于泥河上,高句丽败北。六年(497),高句丽再攻牛山城,取之。

综观文咨明王数次对新罗、百济之用兵的战绩败多胜少,表明高句丽的昔日辉煌不再,逐渐走向下坡路,特别是在新罗、百济联手情况下,高句丽很难对其取得军事上的胜利,仅在一对一的时候,仍有较大优势可言。

阳原王时,高句丽仍延续文咨明王时显现的颓势,而且有进一步加大的趋势,反使新罗、百济占了上风。阳原王四年(548),高句丽攻打百济独山城,由于新罗使将军朱玲率3000劲卒救百济,致使高句丽军不克而退。六年(550),高句丽转攻百济金岘城,新罗真兴王乘高句丽兵疲马乏之际,命伊飡异斯夫率兵进攻高句丽,夺取2城,留士甲千人驻守。七年(551),新罗又乘高句丽与突厥酣战之时,出兵攻占高句丽10城,令高句丽蒙受一场前所未有的失败,新罗势力在此消彼长转换中,步步提升。

至新罗真兴王十四年(553),新罗凭借两次进攻高句丽得手,连续取得十余城,竟然忘乎所以,自毁制胜基础,认为孱弱的百济,不再是新罗所需的盟友,甚至还受其拖累,往往无偿地帮助百济反击高句丽,挽救其危机。于是,首先同百济反目,挥戈相向,出兵攻取其北鄙,置新州以统之。十五年(554),百济圣王对新罗采取以牙还牙政策,亲自率兵攻新罗管山城。激战中,圣王遭袭身亡,致使2.9万余百济士卒,无一生还,4名佐平,一同殉难,新罗与百济的和好,不但彻底瓦解,而且又增添了新的不共戴天的仇恨。这一形势的出现,对高句丽而言,无疑是求之不得，无须再顾忌两打一的局面。

隋朝统一后，加强对边疆各族的管辖，高句丽与新罗、百济争相入隋朝贡，求取册封，隶属于隋。然而三者内心各有打算，对隋态度，迥然不同。高句丽因被视为“诚节未尽”、“无人臣礼”，而惧隋讨伐。百济虽然曾对隋之战船有“资送之甚厚”之功，受到嘉许，而“内与高丽通和，挟诈以窥中国”，[1]又一面请隋出兵，讨伐高丽，表里不一。唯新罗离隋朝较远，对其不温不火，坐观事态发展，相机取利。

婴阳王十四年(603)，隋文帝赦免高句丽侵轶辽西之罪后，高句丽为扩大在半岛上既得利益，以增强抗隋力量，加紧攻取新罗、百济城邑，“遣将军高胜攻新罗北汉山城。罗王率兵过汉水，城中鼓噪相应，胜以彼众我寡，恐不克而退”。十九年(608)二月，高句丽命将袭新罗北境，虏获八千人。四月，又“拔新罗牛鸣山城”。[2] 二十二年(611)，由于新罗不堪高句丽屡相侵犯，遣使入隋，“奉表请师，隋炀帝许之”[3]，下诏讨伐高句丽。翌年，隋炀帝亲率百万大军，总集平壤，发起猛烈攻击。先后凡3次出师，致使高句丽“困弊，遣使乞降”[4]。自此，新罗在与高句丽斗争中，终于有了靠山，乘机夺得高句丽“地五百里，其城邑皆据有之”[5]，不再被动受侵。

唐朝建立后，于武德七年(624)正月，同时册封高句丽、百济、新罗三国王，一并隶属于唐。但是，高句丽为自身利益计，切断新罗、百济入唐道路，以防止二者同唐建立密切关系，进而一同对付高句丽。荣留王九年(626)，新罗、百济采取主动，同时遣使入唐，上言：“高句丽闭道，使不得朝，又屡相侵掠”，恳请唐朝出面干预，制止高句丽恶行。于是，唐诏“遣散骑侍郎朱子奢持节谕和”。朱子奢到后，荣留王不敢抗命不遵，当即“奉表谢罪，请与二国平”[6]，这使新罗明显得到唐朝支持，高

[1]《隋书》卷81《百济传》。

[2]《三国史记》卷20《高句丽婴阳王纪》。

[3]《三国史记》卷4《新罗真平王纪》。

[4]《隋书》卷81《高丽传》。

[5]《三国史记》卷21《高句丽宝藏王三年纪》。

[6]《三国史记》卷20《高句丽荣留王纪》。

句丽则进一步陷入被动和孤立。

荣留王十二年(629),新罗"遣大将军龙春、舒玄,副将军庾信侵高句丽娘臂城"。战斗中,庾信"跨马拔剑,向敌阵直前,三入三出,每人或斩将,或搴旗",英武骁勇,锐不可当。"诸军乘胜鼓噪进击,斩杀五千余级,其城乃降",[1]大获全胜,令新罗上下,为之一振。荣留王二十一年(638),高句丽出兵,"侵新罗北边七重城,新罗将军阏川逆之,战于七重城外"[2],再次被新罗打败,损兵折将。二十五年(642),新罗遭百济进攻,失40余城。百济又与高句丽谋,攻取新罗党项城,以断绝新罗入唐道路。新罗善德王遣使入唐,向唐太宗告急求救。同年,新罗将伐百济,以雪前耻,命伊飡金春秋向高句丽请师,嗣位不足月余的宝藏王,"素闻春秋之名,严兵卫而后见之"。春秋进曰:"今百济无道,为长蛇封豕,以侵轶我封疆,寡君得大国兵马,以雪前耻,乃使臣致命于下执事。"宝藏王回答说:"竹岭本是我地分,汝若还竹岭西北之地,兵可出焉",借机向新罗讨价还价。金春秋拒理抗争,义无反顾地说:"臣奉君命乞师,大王无意救患以善邻,但威劫行人,以要归地。臣有死而已,不知其他。"宝藏王对金春秋大义凛然地回答,非但不知自省、愧疚,反而"怒其言之不逊,囚之别馆。春秋潜使人告本国王,王命大将军金庾信领死士一万人赴之。庾信行过汉江,入高句丽南境,丽王闻之,放春秋以还"。[3] 此番新罗请兵,无异于与虎谋皮,差点反被虎咬伤,过于天真。随后又以万名敢死队救金春秋,说明二者始终仇恨如故,岂能相救。

宝藏王二年(643),新罗再次遣使入唐,上言:"高句丽、百济侵凌臣国,累遭攻击数十城,两国连兵,期之必取。将以今九月大举,臣国社稷必不获全,谨遣陪臣归命大国,愿乞偏师,以存救援。"唐太宗对使臣说:"我实哀尔为二国所侵,所以频遣使人,和尔三国。高句丽、百济旋踵翻悔,意在吞灭,而分尔土宇。尔国设何计谋,以免颠越?"使臣回答

---

[1]《三国史记》卷4《新罗真平王纪》。

[2]《三国史记》卷20《高句丽荣留王纪》。

[3]《三国史记》卷5《新罗善德王纪》。

说："吾王事穷计尽，惟告急大国，冀以全之。"[1]于是，唐太宗向使臣说出三种解决策略：一是以偏师进攻辽东，采取围魏救赵之策，可使新罗缓解一年之围；二是赐新罗绛袍丹帜数千，陈于阵前，采取兵不厌诈之术，二国望见，必谓唐兵已至而退；三是唐兵以舟师袭百济，百济素欺善德王为女流。选一唐之宗室来主新罗，待安定后，再令新罗自主，采取以假乱真之计，诱使百济中计。说罢，唐太宗复问使臣，选取那一策略，使者回答不上。于是，唐太宗只好"遣司农丞相里玄奖以玺书让高丽，且使止勿攻"[2]，先观察一下，看其是否听从约束，而后再作决定，无意立即发兵讨伐高句丽。

宝藏王三年(644)正月，相里玄奖衔命到达高句丽，向宝藏王宣示唐太宗玺书，称"新罗委质国家，朝贡不乏，尔与百济，各宜戢兵。若更攻之，明年发兵，击尔国矣"[3]。实际上，这是唐朝对高句丽下了最后通牒，以制止其对新罗的侵凌。然而高句丽已是开弓没有回头箭，就在相里玄奖到达时，又攻陷新罗二城。况且宝藏王是位傀儡，由莫离支盖苏文独专国政，要停止进攻新罗必须经盖苏文同意。故而宝藏王将盖苏文从前线召回，相里玄奖"谕其勿侵新罗"。盖苏文则强词夺理地反驳说："我与新罗怨隙已久，往者隋人入寇，新罗乘衅，夺我地五百里，其城邑皆据有之。自非归我侵地，兵恐不能已。"态度十分强硬，等于将谕和之门关上，继续一意孤行到底。相里玄奖驳斥道："既往之事，焉可追论！今辽东诸城，本皆中国郡县，中国尚且不言，高句丽岂得必求故地"，言之凿凿，不容争辩。但是，盖苏文怙恶不悛，抗命不从，决计对新罗侵犯不止。相里玄奖无奈回唐，向唐太宗报告情状。唐太宗对群臣说："盖苏文弑其君，贼其大臣，残虐其民。今又违我诏命，不可以不讨。"[4]唐太宗终于作出讨伐高句丽的决定。

宝藏王四年(645)，唐太宗亲自率军东征，讨伐高句丽，将其侵暴

[1]《三国史记》卷5《新罗善德王纪》。

[2]《新唐书》卷220《高丽传》。

[3]《三国史记》卷21《高句丽宝藏王纪上》。

[4]《三国史记》卷21《高句丽宝藏王纪上》。

新罗,应予救援,作为出师的主要理由之一,并诏新罗随军分道进击。新罗善德王“发兵三万以助之”,对高句丽实行致命一击。在此后10年中,高句丽有所收敛,不曾继续侵犯新罗。十四年(655),高句丽又大肆兴兵,联合百济、靺鞨,侵犯新罗北境,攻取33城,新罗武烈王遣使入唐求援。唐高宗命营州都督程名振等率兵击高句丽,以救新罗之危,大败高句丽兵。十九年(660),高句丽乘新罗王率兵助唐军讨伐百济之机,发兵攻取新罗七重城,杀害军主匹夫。二十年(661)五月,高句丽继续扩大对新罗的侵犯,“遣将军恼音信领靺鞨众,围新罗北汉山城,浃旬不解,新罗饷道绝,城中危惧”。幸而天降流星,雷雨大作,令恼音信“疑骇引退”。[1] 六月,新罗入唐宿卫金仁问等回国,报告唐高宗已遣大将苏定方讨伐高句丽,命新罗文武王“举兵相应”。十月,又敕新罗“输平壤军粮”,以备需用。二十一年(662)二月,新罗王奉敕命金庾信等九军,“以车两千辆,载米四千石,租二万二千余石,赴平壤”,交付唐营。当金庾信回军时,遭遇高句丽军追击,金庾信“回军对战,斩首一万余级,虏小兄阿达兮等,得兵械数万”,高句丽军大败。二十三年(664),新罗加紧对高句丽进攻,遣将军金仁问等“率一善、汉山二州兵与府城兵马,攻高句丽突沙城,灭之”。[2] 高句丽在军事上屡遭败绩,表明已到穷途末路之时,而新罗在唐朝保护支持下,气势迅速提升,取得同高句丽争斗的胜利,只是迟早的事。

宝藏王二十五年(666),新罗文武王迫不及待“以既平百济,欲灭高句丽,请兵于唐”,从而加速了高句丽灭亡的进程。二十六年(667),新罗文武王“领大角干金庾信等三十将军出京”,前往汉城,迎候唐将李勣。李勣到达平壤北200里后,派人至汉城,向文武王“移书以督兵期,大王从之”。紧接着,唐将刘仁愿向文武王“传宣天子敕命:助征高丽,仍赐王大将军旌节”,[3]一如唐将,鼓舞其致力破敌。

宝藏王二十七年(668),新罗文武王分兵部将,仿照唐军,一一授

---

〔1〕《三国史记》卷22《高句丽宝藏王纪下》。

〔2〕《三国史记》卷6《新罗文武王纪》。

〔3〕《三国史记》卷6《新罗文武王纪》。

予行军总管,又亲至唐营,领受调遣,随后又到汉城州,指授诸总管往会唐朝大军。同年九月,新罗与唐军合攻平壤,宝藏王出城投降,高句丽灭亡。至此,高句丽同新罗的争斗,终于以新罗大获全胜而结束,也是新罗恭谨事唐的最好回报,所谓的三国争霸彻底结束,高句丽退出历史舞台。

(原载《东北史地》2005 年第 3 期)

6 唐征高句丽的动机与效果

衡量唐征高句丽的是是非非,主要看其动机与效果是否一致,对该地区后世历史发展,是具有积极的进步意义,还是产生了消极的破坏作用。如若二者兼而有之,还要看孰轻孰重,孰为主导方面。

在以往的高句丽史研究中,由于受到非学术因素影响,偏离了唯物史观,致使定位错误,是非混淆,黑白颠倒,真伪莫辨,极大地妨碍了人们对高句丽历史的正确认知与思考,一些有益的历史教训被忽略,甚至被歪曲,失去了史学研究的价值与意义。

唐征高句丽的战争,原本是十分简明的唐朝内政问题,硬被说成是国与国之争,使之复杂化,视唐为侵略者,高句丽成了受侵略的被害者。而对这场战争产生的积极后果,进步意义,却避而不谈,忽略不计,一味渲染所谓的英勇抵抗,誓死不屈。真正该诅咒、该鞭挞者,成了被大加歌颂的英雄。

本文仅就唐朝出兵高句丽的动机与效果,试作一些探讨,以期对正确认识高句丽历史,能有所启迪和裨益,并望读者予以指正。

6.1 申君臣之义 讨凶逆罪行

假如高句丽历史,果真不属于中国历史范畴,而是外国史,那么,发生在高句丽政权内部的事件,则与唐朝毫不相干,唐朝完全可以不予过问,也无权过问。如果过问,就是干涉、就是侵权。然而历史的真实并非如此,正因历史的真实情况,才决定了唐征高句丽的合理性和必然性,而且是被动的无奈之举。

唐朝建国后,仍延续前代旧制,继续对高句丽推行封藩政策,使之纳入唐朝政权管辖之下,视其为同体一家。唐太宗父子曾自称为“万国之主”，而“高（句）丽百姓，即朕之百姓”。[1] 如此说来，唐朝对广大高句丽民众，则负有抚育庇护之义务，并责令其王职守一方，替代朝廷行使管辖本部之权。而朝廷则对其政绩，视其好恶，进行必要的嘉奖或惩处，任何必要的奖赏、督励、劝诫，乃至罢黜、讨伐，皆是唐朝职权范围以内之事，自有其合理合法性。当然，至于奖不该奖，罚不当罚，则另作别论。唐贞观十六年（642）十月，高句丽西部大人盖苏文发动军事政变，闯入王宫，弑其王建武，碎尸数段，投弃沟中。又杀死文武大臣百余人，大搞白色恐怖，举国惊恐。随后立高藏为王，盖苏文自任莫离支，独专国政，陷高句丽于水火之中。

凶耗传到唐京长安，朝野震骇。按照常理，封王被弑，黎民涂炭，朝廷应即刻兴兵问罪，救民于水火，有的大臣也确实奏请伐高句丽。但是，从全局考虑，唐太宗以为当时“山东诸州，凋弊未提拔”，力有不逮，仓促兴兵，必加剧窘况。二是，“因丧致讨，乘危取乱，虽必得之，君子不贵”，非人君所当为。[2] 故而采长孙无忌建议，暂“隐其患，抚其存”，待时机进一步成熟后，再作打算。遂于贞观十七年（643）闰六月，唐太宗遣使高句丽，吊祭故王，册封高藏。此一举动，既是缓兵之计，又是一丝幻想，希望盖苏文能听从诏命，停止作恶，改过自新。同时，唐太宗君臣也充分估计到，盖苏文对朝廷的“隐其患，抚其存”，误认是朝廷软弱无力，会更加肆意妄为，作恶不止，届时罪行昭著，天人共愤，讨之未晚也。

至贞观十八年（644）初，高句丽的局势继续恶化，“民延颈待救”。二月，谕和使相里玄奖回朝奏报：盖苏文不听诏命，作恶不止，荼毒百姓，侵害邻国。加之新罗接连遣使，请求唐朝出兵救援，促使唐太宗终于下定决心，统兵亲征，以申君臣之义，讨凶逆罪行。立刻分兵命将，调运粮饷，作好出征前准备。

唐太宗决计亲征，完全是由盖苏文为恶不止所引发，在《全唐文 · 太

〔1〕《旧唐书》卷199下《渤海靺鞨传》。

〔2〕《册府元龟》卷142《帝王部 · 弥兵》。

宗》所载《亲征高丽手诏》中，唐太宗明确指出："高丽莫离支盖苏文弑逆其主，酷害其臣，窃据边隅，肆其蜂虿。朕以君臣之义，情何不忍！若不诛翦遐秽，无以惩肃中华。"又在《命将征高丽诏》中，详细地历数盖苏文种种罪行，可归纳为八大罪状：一是"包藏凶逆，招集不逞，潜怀异计，奄行弑逆"；二是"冤酷缠于涉貊，痛悼彻于诸华"；三是"篡彼藩绪，权其国政，法令无章，赏罚失所，下陵上替，远怨迩嗟"；四是"好乱滋甚，穷兵不息，率其群凶之徒，屡侵新罗之地"；五是"曾不知改，莫遵朝命"；六是"窥窬亭障，首鼠窟穴"；七是"完聚更切，赋敛尤繁，丁壮尽于锋刃，羸老弊于版筑"；八是"久废耕桑，咸罹饥馑"，"比室愁苦，阖境哀惶，华发青衿，不胜苛政"。并明确指出："不诛凶残化不洽，不翦暴乱人不安"，以此统一朝野思想认识，鼓舞将士必胜信心。

贞观十九年(645)春，唐太宗临出征之际，赐诏百济王，阐明出征高句丽乃是申君臣之义，讨凶逆罪行。在战略上先将百济稳住，起到敲山震虎作用，不使百济为高句丽援手，而要站在朝廷一边，配合对高句丽作战。《文馆词林·贞观年中抚慰百济王诏》载诏中称"莫离支盖苏文，包藏奸凶，奄行弑逆，冤酷结于遐裔，痛悼闻于中夏。朕受命上玄，为其父母，既闻此事，甚用悯伤，若不申兹九伐，无以惩肃八表"。将出征高句丽的动机与目的，一并告知百济。

同年二月，唐太宗亲统六军，兵发洛阳。车驾所过之处，将士所到者，"悉踊跃歌呼，足蹈手舞"，"莫不欣然愿从其役。有不预征名而请以私装从军者，动以千计，皆云不愿受国家官赏，乞于高丽城下效一旦之命"，"其人心齐一，自古出师命将，未之有也"。[1] 此番情景，充分说明唐太宗亲征高句丽，深得广大军民拥护，盖苏文的罪行，引起普遍义愤。

经过数月鏖战，高句丽受到重创严惩，辽东、盖牟等10城被唐军攻陷，数万人战殁，又有数万人被徙往内地。但是，这些胜利并没有彻底动摇高句丽根基，仅是延缓了高句丽对新罗侵犯步伐，在安市等城，唐

---

〔1〕《册府元龟》卷117《帝王部·亲征》。

军遇到了顽强抵抗，表明高句丽尚有强大战斗力，非一朝一夕可攻克。至同年九月，唐太宗"以辽左早寒，草枯水冻，士马难久留，且粮食将尽"，乃诏令班师回朝。[1] 讨平高句丽的愿望未能实现。

唐太宗回朝后，对未能讨平高句丽耿耿于怀，屡欲再次亲征。在群臣力谏之下，改变亲征战略。据《三国史记·高句丽本纪·宝藏王下》载："数遣偏师，更迭扰其疆场，使彼疲于奔命，则人心自离。"这种慢抽筋的消耗战，对一个地方政权，确实是致命的战略战术。一旦实施，后果可想而知。贞观二十三年(649)五月，唐太宗带着遗憾死去，而他所制定的"更迭扰其疆场"的策略，由唐高宗继续贯彻下去，使高句丽深陷困境之中。

至唐高宗显庆五年(660)，高宗与将领们渐渐认识到：百济、高丽旧相党援，倭人虽远，亦相影响。三者一旦紧密勾结在一起，不仅直接祸及新罗，对唐朝边疆安宁也是巨大隐患，而在当时，已不利于对高句丽的讨伐。唐太宗亲征之际，百济乘间袭取新罗7城，以暗助高句丽，分散唐与新罗兵力。此时，"百济恃高丽之援，数侵新罗。新罗王春秋上表求救"[2]。唐高宗即刻派大将苏定方等率兵征讨，一举扫平百济，斩断高句丽外援。龙朔三年(663)，百济残余势力勾结倭人，联手抗拒唐军，大批倭兵涌入半岛。唐将刘仁轨等率水师战倭兵，"遇倭兵于白江口，四战皆捷，焚其舟四百艘，烟炎灼天，海水皆赤"[3]，百济王子扶余忠胜、忠志等与倭人并降。经过此役，不仅彻底清除百济残余势力，也将倭兵驱除半岛，高句丽外援断绝，同时，驱逐倭人在半岛势力，是唐征高句丽过程中，具有重要意义的历史事件。倭人觊觎半岛，由来日久，据《三国史记·新罗事记第一》载早在新罗始祖八年(前50)，"倭人行兵，欲犯边"。南解王十一年(14)，"倭人遣兵船百余艘，掠海边民户"，渐渐染指半岛。高句丽好太王时，曾援助新罗，共同驱逐倭人入侵。百济屡有携倭自重念头，两者一旦得逞、坐大，后果不堪设想，幸亏

[1]《资治通鉴》卷198。
[2]《资治通鉴》卷200。
[3]《资治通鉴》卷201。

唐与新罗及时将此一隐患铲除。

至唐高宗乾封元年(666),为恶多端的盖苏文死后,高句丽进一步陷入内忧外患之中。其长子泉男生承袭莫离支官位后,与其弟男建、男产不谐,各树党羽,争权夺力,终于演成内讧,祸国殃民。男建、男产乘男生出巡之际,发动政变,男建窃据莫离支之位,发兵讨男生。据《三国史记·高句丽宝藏王纪下》载,男生不敢回平壤,“走据国内城,使其子诣唐求哀”。唐高宗抓住时机,旋命“大将军契必何力帅兵应接之,男生脱身奔唐”。接着,又命大将军李勣率兵进讨,并以泉男生父子为向导,形势立即发生巨变,唐军所到之处,攻无不克,昔日高句丽的顽抗,无法再现。

总章元年(668)九月,节节胜利的唐军,在大将军李勣指挥下,得到新罗军队有力配合,一举攻克高句丽王都平壤城,其王高藏出城投降,莫离支泉男建被俘。至此,历时705年的高句丽政权终结,广大高句丽民众获得解放和新生。

6.2 救新罗之危 保一方安宁

唐征高句丽,同新罗一再受到高句丽的侵犯,多次请求唐朝发兵救援,有着直接关系。而救新罗之危,保一方安宁,是唐朝责无旁贷的义务。

高句丽、新罗、百济,三者之间积怨甚久,又多与互相争城略地有关,或彼此单打独斗,或拉一方打另一方,其争斗不断,难解难分。两晋时期随着高句丽势力推进到半岛腹心地区以后,对新罗、百济的威胁日渐加深,争斗规模空前扩大。自故国原王三十九年(369),高句丽发起对百济入侵后,在其后300年间,相互时有战争爆发,皆欲伺机扩大地盘,甚至吞并对方,称霸于半岛。三者之间,相对而言,高句丽势力最为强大,百济次之,新罗最弱。在历次争斗过程中,自然是强者高句丽胜多负少,不强不弱的百济胜负各半,而弱者新罗则胜少负多。特别是到了隋唐之际,新罗形势日蹙,岌岌可危,如何生存下去,是新罗亟待解决的难题。

唐朝立国后，同时将高句丽、百济、新罗揽于翼下，分别又寸其封藩，各令其王谨遵诏命，职守一方，彼此和睦相处，永敦邻好。但是，将在外，皇帝的约束力极有限，凡有利于己者顺从，不利于己者则不执行。因此，实际情况，恰好同唐朝愿望相悖，三者之间的纷争，并未因同受唐朝册封而停止，特别是高句丽、百济，依然按既定政策，置唐朝诏命而不顾，大肆侵略新罗，攻城略地，几无宁日。在这种形势下，新罗为了生存，增加抗击高句丽和百济力量，主动而又积极与唐朝修好，密切藩属关系，博得唐朝同情与支持，急切请求唐朝派兵救援。作为唐朝来说，面对三者纷争势态，不可以听之任之，坐视不管。然而仅凭口头传谕制止，毫无作用；出兵讨伐，又非是轻而易举之事，并会使唐朝卷入三者纷争之中而难脱身，故此唐朝曾一度陷于进退两难的尴尬境地。

新罗真平王年间，由于受到百济、高句丽的不断侵袭，曾请求隋朝出兵救援，得到隋炀帝应允。《三国史记·新罗本纪四》载：唐高祖武德八年(625)，真平王“遣使大唐朝贡，因讼高句丽塞路，使不得朝，且数侵入”，请求唐朝出面干预。翌年，唐高祖遣散骑侍郎朱子奢往高句丽，持节谕和，此时高句丽荣留王建武尚能吸取隋朝讨伐教训，避免重蹈覆辙，立即奉表谢罪，请与新罗讲和。

唐贞观十六年(642)，百济大举进攻新罗，攻占其40余城，又串通高句丽，欲取新罗党项城，以绝其与唐通道。于是，新罗善德王遣使，向唐太宗告急，请求救援。同年十一月，盖苏文发动政变，高句丽愈加好战，对新罗侵犯不已。《三国史记·新罗本纪五》载：贞观十七年(643)秋九月，新罗善德王再次“遣使大唐，上言高句丽、百济侵凌臣国，累遭攻袭数十城，两国连兵，期之必取，将以今兹九月大举，下国社稷，必不获全，谨遣陪臣，归命大国，愿乞偏师，以存救援”。唐太宗对使臣说：“我实哀尔为二国所侵，所以频遣人，和尔三国。高句丽、百济旋踵翻悔，意在吞灭，而分尔土宇，尔国设何奇谋，以免颠越！”使臣对曰：“吾王事穷计尽，唯告急大国，冀以全之。”于是，唐太宗提出三个方案：一是“我少发边兵，总契丹、靺鞨，直入辽东，尔国自解，可缓尔一年之围，此后知无继兵,还肆侵侮,四国具扰,于尔未安";二是"我又能给尔数千朱袍丹帜,二国兵至,建而陈之,彼见者以为我兵,必皆奔走";三是"我以数十百船,载以甲卒、御仗,泛海直袭其地。……我遣一宗支,以为尔国主,而自不可独王,当遣兵营护,待尔国安,任尔自守"。随后,唐太宗问使臣,此三策选哪一策,而使臣不能对。实际上,此三策皆是权宜之计,不能从根本上解救新罗之危,使臣不作选择,也在情理之中。同时,虽然新罗苦苦哀求唐朝出兵救援,但此时唐太宗并不打算征讨高句丽和百济,没有彻底解决实质问题的打算,仅派一名从六品官员"司农丞相里玄奖,赍玺书往,说谕高丽,令勿攻新罗"。[1] 司农丞是掌管收租转运的官员,职微事轻,盖苏文并未将其放在眼中,与其强辞狡辩,抗拒诏命,不肯从新罗退兵,继续怙恶不悛。

贞观十八年(644)二月,相里玄奖回朝复命,唐太宗听后,对群臣说:"盖苏文弑其君,贼其臣,残虐其民,今又违我诏命,侵暴邻国,不可以不讨。"[2]比言一出,反响不一,纷纷进言。以褚遂良为代表的文官们,认为"远征小夷"不值得,"万一蹉跌,伤威损望,更兴忿兵,则安危难测矣"。既无取胜信心,又顾虑失败后的损失。李勣等武将,恰与文臣相反,为后世长治久安,力主讨伐,并举以往对突厥讨伐教训来打动唐太宗,说服反对讨伐的文臣。李勣说:"间者薛延陀入寇,陛下欲发兵穷讨,魏征谏而止,使至今为患。向用陛下之策,北鄙安矣。"紧接着,唐太宗深表赞同李勣的意见,对群臣说:"此诚征之失,朕悔之而不欲言,恐塞良谋故也。"[3]此番君臣的一唱一和,表明唐太宗对征高句丽问题已经拍板,并说"盖苏文凌上虐下,民延颈待救,此正高句丽可亡之时也",批驳"议者纷纷,但不见此耳",[4]遂决定御驾亲征。

百济与高句丽相互为恶,同侵新罗。据《文馆词林·贞观年中抚慰百济王诏》载,百济义慈王闻唐太宗御驾亲征高句丽,惶恐不安,惧

〔1〕《旧唐书》卷199上《高丽传》。
〔2〕《资治通鉴》卷197。
〔3〕《资治通鉴》卷197。
〔4〕《资治通鉴》卷197。

怕伐及自身,乃遣康信为使,向唐太宗奏称:"王与高丽,不为阿党","固请发兵","同伐凶恶"。于是,唐太宗下诏抚慰,声明讨伐高句丽目的,将其先稳住。诏中称"朕仍亲巡辽碣,抚彼黎庶,诛其凶逆,布以威恩。当使三韩之域,五郡之境,固此荡定,永得晏然"。此一段话,也是对百济发出警告。讨伐高句丽,既然是为使三韩五郡之地,永得晏然,百济也在其中,今后应当安分守己,不许挑起事端。由此可证,唐征高句丽,一是施威高句丽,以讨其凶逆,并警告百济,好自为之;二是布恩新罗,以救其危机。两项目的实现之后,可使三韩五郡永得晏然。

此外,唐太宗在该书所载《抚慰新罗王诏》中,进一步阐述:"高丽恃其险阻,肆行凶慝,数动干戈,侵王境界。朕悯王在远,遭其充斥,频命行人,示其利害。而凶愚之性,莫肯悛革,故违朕命,曾不休兵。加以莫离支盖苏文,包藏祸心,乃煞害遍于忠良,凶虐被其土境,逆乱既甚,罪衅难容。朕是以大发师徒,往申吊伐,拯彼国之危急,济辽左之涂炭,克定之期,在于旦夕。"又言:"戮渠魁之多罪,解黎庶之倒悬,被以朝恩,播兹恺泽。当令三韩吏人,五郡士庶,永息风尘之警,长保丘山之安。王早著乃诚,每尽藩礼,干戈所临,为王除害,忻悦之情,固当何已。"上引唐太宗致百济、新罗王两诏,皆足以说明唐征高句丽,实为拯救新罗危急,确保三韩五郡安宁。据《三国史记·新罗本纪七》载:贞观二十二年(648),新罗文武王金法敏,以王子身份朝唐,向唐太宗陈述新罗遭受高句丽、百济侵略,请求朝廷救援,促使唐太宗欲再次亲征。唐太宗对金法敏再度申明:"朕今伐高丽,非有他故,怜尔新罗,慑乎两国,每被侵陵,靡有宁岁,山川土地,非我所贪,玉帛子女,是我所有。我平定两国,平壤以南、百济土地,并乞你新罗,永为安逸。"唐太宗将胜利果实,事先预支给新罗,而在唐高宗时,又完全得到兑现,施惠新罗。

从贞观十九年(645)至总章元年(668),唐军在新罗军的密切配合下,历经20余年,终于联手讨平百济与高句丽两国。这既是唐朝的胜利,更是新罗的胜利。从长远来说,归根结底,是新罗独享胜利,新罗是最大赢家,也是其忠谨事唐所得到的最好回报。假如不是新罗多次苦请唐朝出兵救援,即使盖苏文罪恶再大,或许唐朝仍可睁只眼闭只眼,令其多行不义必自毙。正因有了新罗求救,形势大不一样,唐太宗不可置君臣之义不顾,对新罗危急不可漠然视之,正是他对臣下发挥权威的时候。因此,唐征高句丽,新罗起到促成的关键作用。高句丽盖苏文肆虐,给新罗造成的灾难是直接的,远比给唐朝带来的危害深重。对新罗是生死存亡,对唐可以说毫发无损。故而灭亡高句丽,真正受益者是新罗,而唐朝或许是得不偿失,仅是尊严的胜利而已。实际上,百济、高句丽相继亡后,半岛上实现了前所未有的安定,三方争霸的局面变为一方独立,昔日干戈相向的沙场,如今变为男耕女织的乐土。特别是大批百济、高句丽遗民涌入新罗,使其户口骤增、国力加强。仅高句丽投入新罗的民户,见于记载者,先有盖苏文之弟渊净土,曾以城12,户763,口3543来投新罗,后有庶子安胜率4000余户投新罗。这些投入新罗的高句丽、百济遗民,与新罗人久居杂处,渐渐融为一体,成为后世朝鲜族的先民。

战后,新罗疆域空前扩大,为实行有效管辖,仿照唐制,厘定州县,划为九州。其中新罗旧有领地,划为尚、良、康三州;得自百济故地,划为熊、全、武三州;得自高句丽故地,划为汉、朔、溟三州。据《三国史记·地理志一》载:"九州所管郡县,无虑四百五十,新罗地理之广袤,斯为极矣。"由此可见,新罗境宇,较战前扩大两倍,唐太宗对金法敏许下的诺言,在其死后20余年,仍如期兑现,足显唐朝的大国风范,也足以证明唐灭高句丽,纯然是为了新罗。而新罗强大起来之后,与唐朝同体一家的意识,也得到巩固与加强。《三国史记·新罗本纪七》载:新罗文武王十一年(671),在其报唐将薛仁贵书中称:"新罗既是国家之州",不可分为两国,愿为一家,长无后患。"书中所称"新罗既是国家之州,系指唐高宗于龙朔三年(663),为加强对半岛形势控制,更有利于调动新罗同讨高句丽,以新罗为鸡林州都督府,封新罗王为鸡林州都督,以羁縻之。后来,唐朝以渤海为忽汗州都督府,二者为同一性质之都督府。唐玄宗以后,由平卢节度使为押新罗、渤海两蕃使,使其制度化。此一府州的设置,得到新罗认可。双方为名副其实的同体一家,无人再敢轻易侵犯新罗。在其后200余年间,双方都十分珍惜这种亲密和睦的一体关系，一直维系到双方先后灭亡之际。

此外，随着高句丽、百济的灭亡，新罗空前强大起来之后，东邻日本对新罗开始刮目相看，对半岛事物不再觊觎非常，双方进入睦邻友好时期，经常遣使，互致问候，真正实现了唐太宗欲使半岛永得晏然的初衷。

6.3 废封藩旧制 行府州管辖

从汉至唐，历代高句丽王，先后接受了中原政权的册封，成为藩附。然而这种封藩政策本身，其弊端较多，对封王约束力极其有限。当其弱时，或中原政权强盛时，尚能恭顺听命，藩礼不缺；当其强大之后，或中原战乱衰败时，便乘势与中原政权分庭抗礼，借机扩张，寇边犯境。于是，双方为维护各自利益，纷争四起，干戈相向。寇盗劫掠事件，接连不断；戡乱讨伐之役，时有发生。王莽时，高句丽不肯助伐胡，并乘机犯法寇边，遭莽诏严尤击之，被贬为下句丽侯，直到东汉建武八年(32)，才得以复其王号。东汉时，因其屡进犯辽东，屡遭辽东太守讨击；曹魏时，毌丘俭之讨伐，尤为惨烈；两晋时，与慕容氏的殊死争斗；隋朝时，前后4次讨伐；等等。综观这些战端，大多为其咎由自取，引火烧身。虽然其政权延续了705年，但至唐朝时，终于走上了灭亡的绝路。唐太宗出兵伊始，宣称“丧乱方始，朕故自取之，不遗后世忧也”[1]，表明要亲自解决高句丽问题，不可使其矛盾再延续下去，贻患于后代。

前辈史学家，在论及唐征高句丽动机时，将“恢复旧疆”，作为动机之一，并征引《新唐书·高丽传》所载：“辽东故中国郡县”、“辽东故中国地”、“辽东本中国之地”等语，作为其论据。“恢复”一词，为失而复得之意，高句丽始终隶属中原政权管辖，为属部，而非外邦，高句丽占据辽东后，从广义上讲，中国并没有失掉辽东，仅是由中央政权管辖，变为地方政权管辖，故还是不用“恢复旧疆”一说为好，以避免产生歧义，多

[1]《新唐书》卷220《高丽传》。

费笔墨。同时,从引文的上下文义观之,唐太宗在言及“辽东故中国地”后接着又说“而莫离支贼杀其主,朕将自行经略之”。显然,莫离支是全体高句丽的莫离支,非局限于辽东之地,唐太宗要经略者,也是全部高句丽,并非仅指高句丽的辽东地区。因此,这里的“辽东”一词,当是高句丽的代称,泛指整个高句丽全境,不受狭义的辽东地区所局限。同时,高句丽所据辽东、乐浪、玄菟诸郡故地,从汉至唐,都一直在中国辖域之内,只是由直接管辖变为间接管辖的差异。唐灭高句丽后,不再对高句丽这一边疆民族封藩,而改为府州管辖,设州立县,直接由中央委任官吏而治其地、理其民,彻底废止封藩旧制。

据《三国史记·地理志四》载:总章二年(669)二月,李勣向唐高宗奏报了“高句丽诸城堪置都督府及州郡者”,并同泉男生作了商量,“准拟奏闻”,得到唐高宗批准,并交由辽东道安抚使刘仁轨“遂便稳分割”。根据“高句丽旧分为五部,有城百七十六,户六十九万七千”的实际情况,“乃分其地置都督府九、州四十二、县一百”,于平壤“又置安东都护府以统之。擢其酋渠有功者授都督、刺史及县令,与华人参理百姓。乃遣左武卫将军薛仁贵总兵镇之”。[1] 经过如此划地建制,委官治理,高句丽人彻底摆脱了由高句丽人自己治理的封藩旧制,成为唐朝府州管辖的臣民。其酋渠与华人参理政策,更便于彼此沟通,及时了解情况,就地化解矛盾,实现有效管辖。

安东都护府,是统领在高句丽地区所设府州的最高权力机构。同时,也标志唐高宗时,对四境少数民族地区的管辖政策,日臻完善划一。此前,在西州设置了安西都护府,统领西域各府州。嗣后,在北方设置了安北都护府和单于都护府,统领突厥等民族地区的府州,在交州设置了南安都护府,统领南方少数民族地区府州。因此,唐讨平高句丽,废止封藩,设置府州,是唐高宗推行统一的民族地区管辖政策中的一环,不独对高句丽如此。其后,随着形势的变化,诸如靺鞨族的兴起,高句丽族的日渐奔散、寡少,诸帝对高句丽地区的管辖政策,又重新作出

〔1〕《旧唐书》卷199上《高丽传》。

调整改变,使得安东都护府接连内徙,直至撤废,使命终结。藩镇势力形成以后,高句丽故地,成为方镇的势力范围。

高句丽政权灭亡后,高句丽族也很快便解体。究其原因,其政权之灭亡,当归罪于盖苏文父子的倒行逆施,所谓自作孽不可活。而其民族的解体,当归咎于唐太宗父子的政策,为彻底防止高句丽人再度造反,效法秦始皇"徙天下豪富于咸阳十二万户"[1],也是仿照刘邦"徙齐楚大族昭氏、屈氏、景氏、怀氏、田氏五姓关中"[2]等做法,将高句丽民户大批迁往内地,使之无力复聚造反。唐太宗在攻打安市过程中,俘获高延寿高惠贞率领的15万高句丽援军,挑选其中"傅萨以下酋长三千五百人,授以戎秩,迁之内地"[3]。这使高句丽人失去一批骨干力量。《三国史记·高句丽纪九》载:班师回朝时,又"徙辽、盖、岩三州户口入中国者七万人"。这些被徙者,也当是高句丽人中有能量的富有者,而绝非是老弱贫瘠者。唐高宗时,更有过之,据《三国史记·高句丽纪十》载:曾一次性将高句丽人"移三万八千三百户于江淮之南及山南、京西诸州空旷之地"。作为人口本来就稀少的少数民族,经不起如此大规模被迫迁徙、瓦解,这是高句丽族骤然解体的重要原因。此外,未被迁徙者,经过"大长钳牟岑率众反,立藏外孙安舜为王"[4],很快被唐军镇压下去,"于是平壤不能军",更使其感到绝望,"相率奔新罗"。[5]仪凤二年(677),唐高宗又"授(高)藏辽东都督,封朝鲜郡王,还辽东以安余民",但藏未能好自为之,回到辽东后,与靺鞨谋反,又被召回,流放到邛州,其部属被流放到河南、陇右。[6] 至圣历二年(699),虽然武则天又大发慈悲,"授高藏男德武为安东都督,以领本藩",但是德武已无高句丽民众可统,"高丽旧户在安东者渐寡少,分投突厥及靺鞨等,

[1]《史记》卷6《秦始皇本纪》。

[2]《汉书》卷1《高帝纪》。

[3]《旧唐书》卷199上《高丽传》。

[4]《新唐书》卷220《高丽传》。

[5]《新唐书》卷220《高丽传》。

[6]《新唐书》卷220《高丽传》。

高氏君长遂绝矣”。[1] 投入各地的高句丽人很快融入当地民族之中，成为其他民族的一员。而留在故地的高句丽人，由于渤海国的迅速崛起，则又变为渤海人，仅有几十年的时间，再也不存在一个高句丽人的群体了。后世兴起的王氏高丽政权，则与高句丽族毫无承袭关系。

唐征高句丽，是值得肯定的历史事件。或许人们尚存有某种遗憾和责难，然而对待历史问题，贵在吸取教训，不可感情用事。唐与新罗联手讨平高句丽，作恶多端的高句丽受到灭亡的惩罚，屡受侵害的新罗得到拯救而强盛起来，而唐朝实现了对高句丽地区的直接管辖，三韩五郡之地不再受高句丽的侵扰，唐征高句丽得到圆满结果。后来，虽然靺鞨族随即兴起，建立渤海国政权，占据绝大部分高句丽故地，其遗民成了渤海的编户。但是，渤海统治者能自觉吸取高句丽灭亡教训，摆正与唐朝的隶属关系。其初期，渤海武王大武艺，为阻止黑水靺鞨部向唐请求册封，谋求更大发展，令其弟大门艺等率兵击之。大门艺不顾个人安危，冒死谏阻，对大武艺说：“黑水请唐家官吏，即欲击之，是背唐也。唐国人众兵强，万倍于我，一朝结怨，但自取灭亡。昔高丽全盛之时，强兵三十余万，抗敌唐家，不事宾伏，唐兵一临，扫地俱尽。今日渤海之众，数倍少于高丽，乃欲违背唐家，事必不可。”[2] 足见渤海统治者中不乏有识之士，对高句丽灭亡教训深有领悟，避免重蹈其覆辙。至第三代文王大钦茂时，摒弃大武艺黩武政策，致力文治，密切与唐朝的隶属关系，从中原获得益处，使其渐成“海东盛国”，并始终保持与唐朝“车书本一家”的关系，成为唐朝对少数民族管辖的成功范例，也可以说是唐讨平高句丽所产生的历史影响和结果。

（原载马大正主编《中国东北边疆研究》，中国社会科学出版社 2003 年版）

---

〔1〕《旧唐书》卷 199 上《高丽传》。

〔2〕《旧唐书》卷 199 下《渤海靺鞨传》。

7 简述新中国高句丽考古的几点收获

新中国诞生以后，为弘扬祖国优秀民族文化，相继建立起各级文物保护与研究机构，对散处四面八方的各族历史文化遗迹，分别进行了有效保护、发掘与研究，取得了前所未有的成果。

位于辽宁、吉林两省境内的高句丽遗迹，自然成为两省历史考古工作者探索的重点课题。经过较长时间的周密调查实测等工作，不仅搞清了高句丽遗迹的方位、数量、现状，而且也采取了必要的保护措施，在宏观上对这些遗迹的重要历史价值和现实意义，有了较深刻的认识，为后来的深入系统研究打下了良好基础。因此，进入20世纪80年代以后，随着形势的发展变化，两省的历史考古人员，对高句丽的古城、墓葬、壁画墓、碑刻等遗迹，展开了较深层次的全面探索与研究，取得了一系列成果，现仅就其中几点主要收获简述如下。

7.1 对高句丽古城址的调查与发掘

在中国境内现存多少高句丽古城址，保存状况如何，一直是中外学者们所关注的话题。据《旧唐书·高丽传》记载，高句丽曾外置州县60余城，大城置辱萨一，比都督；诸城置道使，比刺史。从都督、刺史的官阶判断，此60余城当为州、郡两级地方行政区划，非含县与县令一级。另从《三国史记·地理志》中可知，高句丽确有郡之设置。[1]《旧唐书·高丽传》又称高句丽“旧分为五部，有城百七十六，户六十九万七千”。唐朝灭亡高句丽后，“乃分其地，置都督府九，州四十二，县一

[1]孙进己等《东北历史地理》第七编第一节也认为，“外置州县60”当是“外置府州60”。

百”，其行政区划既与唐朝一致，又兼顾了高句丽的旧有设置。在原有的176城中，除去州郡60余城，余下的116城，当为县一级城邑。唐朝所置府州县三级之数总合，大抵与旧置郡县之数相等，略微有一点裁并。同时，又“擢其首渠有功者，授都督、刺史及县令，与华人参理百姓”，表明高句丽旧有城邑与官吏，多被唐朝保存下来，继续沿用。因此，176城之数，当是今天寻查高句丽城址数量的最大极限数字，如有不足，则必有遗漏；如有超过，则必有误指。至于《三国史记·地理志》所记载之新罗所占据高句丽郡县城邑多达164座，而这些城邑均在后来与渤海国为界的泥河以南，为新罗汉、朔、溟三州之地。仅此三州之地，高句丽何以能置164个郡县，以人口密度、地域广袤、时代发展等因素衡量，皆似不太可能，令人疑惑不解。况且这些郡县旧地，皆非在今日中国境内。中国学者无从着手详查核实，只好存疑。

经过辽宁、吉林两省考古工作者的多年辛苦调查，在中国境内的高句丽古城址，绝大多数已经勘查清楚。但是由于认识上的差异，所调查统计的标准不尽一致，所得出的数据各有歧异，有的称90座左右，有的竟多达170座。就目前状况而言，各家所确定的数字，很难达到一致。

高句丽地处多山环境之中，加之战争接连不断，其城邑多为建筑在交通要道左近山上之山城，平原城相对很少，这成为高句丽古城建筑的一大特色。据孙进己先生等编纂的《东北历史地理》第七编中载录的高句丽古城址，位于辽宁省的有55座，位于吉林省的有42座，总数为97座。王禹浪先生编著的《高句丽渤海古城址研究汇编》，其中高句丽城址，在辽宁省有90座，在吉林省有80余座，总数为170座左右。近年，陈大为先生发表的《高句丽山城再探》[1]，对辽宁省境内的高句丽山城作出进一步统计，认为“总数约有70～80座。如果再加上若干小型山城以及高山瞭望台哨卡等，可达百座左右”。由此可以看出，由于对古城统计标准不同，数量就有不同，出入在所难免。

---

〔1〕《北方文物》1995年第3期。

按文献记载的176城的数字衡量，在中国境内的高句丽古城址约为百座上下，较为接近历史的实际情况，而大大超过百座的统计，其中必将一些不具备邑落含义的关隘哨卡统计在内了。至于日本出版的《高句丽的历史与遗迹》、韩国出版的《高句丽城》，二者所载的中国境内的高句丽古城址，分别为109座和103座，可谓得实。但两书又明显地将纯属渤海国的古城址，也一并纳入到高句丽城址名下，反倒显得不足为据了。

在对高句丽古城址研究方面，较有代表性的论述有：李殿福先生的《高句丽的都城》[1]，魏存成先生的《高句丽山城的发现与研究》[2]，王绵厚先生的《鸭绿江右岸高句丽山城研究》[3]，陈大为先生的《辽宁高句丽山城再探》，辛占山先生的《辽宁境内高句丽城址的考察》[4]等。上面这几位先生长年工作在高句丽考古第一线，亲自获得许多高句丽古城址第一手资料，并以之为依据，对高句丽古城建筑结构、布局特征，以及所反映出的高句丽社会的政治、军事、经济和文化生活的种种背景，均分别作了深入探讨，进一步将高句丽历史揭示出来。

对高句丽城址的考古发掘，辽宁省投入较多，成果尤为显著，先后对抚顺高尔山山城、桓仁五女山城、沈阳石台子山城等进行了发掘。特别是对高尔山山城的发掘，历时3年，发掘6个区近3000平方米，"出土了大批的高句丽生活用具、生产工具、铁制武器、建筑构件以及货币等等"[5]，为确定高尔山山城遗址即高句丽北部重镇新城，提供了确凿有力证据，同文献印证，也十分吻合。同时，在发掘报告中，还详细阐述了高尔山山城的复杂布局、建筑结构特点、城防战略意义，以及构成高尔山山城7个城的先后建设次序等。

相比之下，吉林省对高句丽城址少有发掘，仅对少数城址做过试掘。在对集安高句丽国内城遗址试掘过程中，测得国内城周长为2686

[1]《博物馆研究》1990年第1期。

[2]《黑土地的古代文明》，远望出版社2000版。

[3]《辽海文物学刊》1994年第2期。

[4]《辽海文物学刊》1994年第2期。

[5]《辽宁抚顺高尔山山城发掘简报》，载于《辽海文物学刊》1987年第2期。

米,有6座城门,14个马面,发现了3处遗址,出土了铜器、铁器、陶片等物,并确认国内城是在战国时期旧城基础上重新建筑起来的。[1] 近年,吉林省文物考古研究所考古人员,对通化市王八脖子高句丽古城遗址进行了发掘,据说收获十分可观。其发掘报告,尚在编写中。

最近,集安市丸都山城的局部发掘工作也已经开始,我们期待着能有重大成果问世。

7.2 高句丽古墓类型的探讨

中国学者对高句丽墓葬进行深入系统研究,始于上世纪70年代末80年代初。多数学者仅就某一墓葬所表现出的某一侧面,进行专题式研究探讨。若将这些专题研究归纳起来,可谓包罗万象,少有遗漏,表现出对高句丽墓葬研究的群体优势。其中略有分歧和争议者,主要表现在对高句丽古墓类型划分上。

首先,最早对高句丽古墓进行类型划分的是李殿福先生。他根据自己多年的实地考察,将所得到的各种资料,进行详细对比分析,然后分成两类9式,撰写成《集安高句丽墓研究》,发表于《考古学报》1980年第2期上。其一,将凡以石为封的墓葬划为石坟类。此类分为5式:(1)积石墓;(2)方坛积石墓;(3)方坛阶梯积石墓;(4)方坛阶梯石室墓;(5)封石洞室墓。其二,将凡以土为封之墓葬,划为土坟类。此类分为4式:(1)方坛封土石室墓;(2)方坛阶梯封土石室墓;(3)土石混封石室墓;(4)封土石室墓。对上述9式古墓,分别绘出与之对应的图形,并逐一简要注释其外形特征和内部结构,作为划分类式的主要依据。此后发表的一些高句丽墓葬研究的论著,多采用李先生所划分的类式,称某墓为封土石室墓,某墓为方坛阶梯石室墓等。李先生在后来出版的《高句丽简史》一书中,对高句丽古墓类型的划分,继续延用两类九式划分法,并作出更进一步的分析论述。

---

〔1〕李殿福:《集安高句丽国内城址的调查与试掘》,载于《文物》1984年第1期。

此后,魏存成先生明确提出了划分高句丽墓葬类型的依据。魏存成先生将“既要注意墓葬外部结构的变化,又要注意墓葬内部结构的不同”,即将外形特征与内部结构变化,作为划分类型的两项主要根据,并在《考古学报》1987 年第 3 期上,发表了《高句丽积石墓的类型和演变》一文。该文将积石为封的墓葬总称为积石墓,共分为 5 种类型,分别称作:(1)无坛石圹墓;(2)方坛石土圹墓;(3)方坛阶梯石圹墓;(4)方坛石室墓;(5)方坛阶梯石室墓。同李先生划分的石坟 5 式,皆可一一对应,所不同者,李先生称为“积石”者,魏先生则称作“石圹”,而总称为“积石墓”。仔细推敲二者所言,愚以为无本质差异,李先生所称之“积石”,含有积石为“圹”之义;而魏先生所称之“石圹”,也必是指积石为“圹”,实为二者同义异词,只是前者似有省略,后者更为直接。

再后,方起东先生于 1996 年《辽海文物学刊》第 2 期上,发表了《高句丽墓葬研究中的几个问题》一文,同样将高句丽古墓分为石坟和土坟两类。所不同者,将石坟分为 4 式,土坟分为 2 式。称石坟 4 式为:(1)积石石圹墓;(2)基坛积石石圹墓;(3)阶坛积石石圹墓;(4)阶坛积石石室墓。土坟 2 式为:(1)石坛封土石室墓;(2)封土石室墓。此一划分模式,虽较李、魏二位划分模式简单,但似有遗漏,未能将全貌勾画出来,谈到具体墓式又显得重复累赘或不清楚,“基坛积石石圹”的称法,其中“基坛”是积石为坛,“石圹”是积石为圹,二者中间夹“积石”两字,系为何指,令读者捉摸不透。再者,只称“基坛”或“阶坛”,未能清楚概括出墓葬外貌,坛形或圆或方,省掉方或圆的限定词,不知所言“基坛”或“阶坛”是方的还是圆的。

此外,1994 年,魏存成先生看到日本田村晃一先生的《高句丽的积石墓》的译文[1],促使其又撰写出《再谈高句丽积石墓的类型和演变》[2]一文,就同田村先生在划分高句丽墓葬类型标准等问题的分歧

[1]《博物馆研究》1992 年第 2 期。

[2]《博物馆研究》1994 年第 1 期。

展开讨论。魏先生明确指出,田村先生划分积石墓类型的方法,是沿着墓葬"本身的历史演变规律"及"以其内部设施的基准",并以此将高句丽积石墓划为石椁积石墓、有墓道的石椁积石墓、石室积石墓3大类,并没有把墓葬的外形作为划分类型的标准之一,"因此从内部结构划分的3种类型,各与外部结构的对应关系及其所要说明的问题,并不清楚"。对于田村先生称魏先生在划分时,使用石圹,而没使用石椁名称,"只是用语不同",魏先生也表示并非是用语不同,而"是对墓葬结构的理解不同",石椁、石棺、石圹,各有特定含义,使用哪一个字,必须依墓葬自身特征而定,不可混同,对四壁以石砌筑的墓葬"还是称为石圹为妥"。言外之意是田村先生没有弄清石椁与石圹的各自含义。

7.3　高句丽壁画墓分期的探讨

迄今在中国境内共发现高句丽壁画墓23座,其中有22座在吉林省集安市境内,辽宁省仅在桓仁县米仓沟发现1座。中国学者对高句丽壁画墓的研究,目前仍处于专题研究状态,仅就其中的某一侧面加以阐述,缺乏由局部到整体,由微观到宏观,甚至将在朝鲜半岛上所发现的60余座高句丽壁画墓的材料,一并加以全面系统研究,并形成专著的研究状态。尽管大家都认为这种综合性的研究十分必要,但又都感到材料不足,而且很分散,目前很难办到。在现有的一些相关的论述中,对同一个问题的探讨,多数是仁者见仁,智者见智,很少互相交叉争论,其论据论点比较接近,唯在壁画墓分期上有分3期和分4期的不同。但是这种不同,似无本质上的差别,双方立论标准大体一致,举例几乎完全相同,只是在强调重点上各有侧重。现将李殿福先生划分的3期,同陈相伟与方起东二先生划分的4期,作一番对照比较,便可略见一斑。

1980年,李殿福先生发表了《集安高句丽墓研究》[1]一文,文中将

〔1〕《考古学报》1980年第2期。

高句丽壁画墓分为早、中、晚3期，对各期所含墓名、封土情况、石材、墓的形制、壁画内容、残存随葬物品等，分项列表，或以文字注释，或绘图显示，令人一目了然。1990年，李先生又在《高句丽简史·古墓壁画》[1]一节中，对高句丽壁画墓所划分的早、中、晚3期，增添较多例证，作进一步阐述。1982年，陈相伟与方起东二先生，共同执笔发表了《集安长川一号壁画墓》[2]一文，文中将高句丽壁画墓的发展分为4期。

李先生在论述高句丽早期壁画墓特征时，除以角觝、舞踊墓的穹窿式墓室结构为例证外，还征引了位于朝鲜半岛上的安岳三号墓，作进一步说明。该墓"有墨书榜题，为永和十三年。永和十三年为东晋穆帝的年号，十三年为公元357年，恰为4世纪中叶"[3]，故而将早期断为3世纪中叶迄4世纪中叶。陈、方两先生将第一期断为4世纪末至5世纪前叶，其出现的时间较李先生早期晚一个世纪还多，而在时间跨度上也很短，为李先生中期的前半段，并认为此一期的古墓除方形墓室外，有横向偏长的做横券顶的前室。

李先生认为在所发现的高句丽壁画墓中，绝大多数属于中期壁画墓，其形制特点是"在墓顶藻井开始使用平行叠涩内收多层，有的出现象征性的小抹角，在平行叠涩内收多层之后，再抹角叠涩一至二层，然后再以巨石盖顶，这是一种新的做法"。此一期，在绘画内容上，佛教题材明显增多，出土的随葬陶器釉陶，具有四五世纪中原釉陶特征，是高句丽人生活中的典型器物，因此将中期断为4世纪中叶至5世纪中叶。其绘画题材丰富，技法纯熟，是高句丽壁画墓重要发展阶段。陈、方二先生定第二期为5世纪中叶，约当李先生中期的后半段时间，其特征是"将第一期的前室改成为耳室或龛室，墓室藻井仍作多层叠涩，虽然有的夹施小抹角石，使结构形式显得异常丰富，但总的轮廓却大致呈四阿式"。绘画内容"出现了一种纯以花纹图案装饰墓室的做

[1]《高句丽简史》，汉城三省出版社1990年版，韩文与中文手稿合刊。

[2]《东北考古与历史》1982年第1期。

[3]《高句丽简史》，汉城三省出版社1990年版，韩文与中文手稿合刊。

法"等。

李先生将高句丽壁画墓的晚期定于5世纪中叶到6世纪末。其特点是建筑石材修琢工整平滑,墓室结构十分严谨,平面多呈方形,且单室,四壁上撑梁坊,再上作抹角叠涩两重,形成斗四斗八藻井,最上以巨石盖顶,其壁画是用矿物颜料在光滑平整的石面上直接作画,而且四壁分绘四神,代替早、中期墓主起居等社会风俗画等,出现了始创于晋代的头戴莲花冠的伎乐仙人,并有与齐永元元年(199)铭文砖相仿的忍冬纹。陈、方二先生将第三期定在5世纪末至6世纪初,约当李先生晚期的前半段时间,认为"这一期墓葬平面为双室或三室,藻井构造大致与第二期相似,但在顶部出现了以较大石材错角叠涩的简洁形式"。壁画题材开始出现四神,佛教色彩非常浓厚。其第四期定为6世纪中叶,其特点是均为单室墓,藻井层次减少,并变成纯以大块石材错角叠涩的构造,生活图像完全绝迹。

上述两种分期法,按通常事物由发生到发展再到繁荣的普遍规律,每一阶段既不能很快过渡完毕,又不可能截然分开或终了。因此分为3期,似乎更科学一些,而分为4期,显得有些机械。

7.4 好太王碑研究的不断深入

在高句丽史研究领域里,中国学者取得成就最大者,莫过于对好太王碑的研究。新中国成立后的30余年间,由于诸多内外因素困扰,中国学者对高句丽史很少问津,甚至对某些不尊重史实、违背常理的现象,亦任其流布,漠然置之。

上个世纪50年代,国际上出现了与好太王碑相关问题的争论,就辛卯年记事问题的诠释、石灰涂抹作战问题的认定、任那日本府的真伪等等,展开热烈讨论。客观地讲,这场争论,对严肃史实、纯洁学风、推动研究、促进交流等,大有裨益。但是争论各方,在对问题的理解、认定上始终难达成共识,长期相持不下,各守己见,一直延续到上世纪80年代。

为打破僵局，有些人希望冷眼旁观的中国学者参加争论，发表见解，并把这种信息不断传递给中国学者，表示愿意提供方便，开展交流。诚然，为繁荣人类文化，这些信息被中国学者视为宝贵的善意之举，更何况好太王碑就在中国大地上，责无旁贷，当仁不让，理应就有关问题展开研究讨论。恰在此时，中国进入改革开放年代，封禁之门大开，学术研究空前活跃起来，对高句丽史研究不再是禁区。

随着机会的出现，人人跃跃欲试，顿时掀起一股好太王碑研究热潮。当然，毋庸讳言，大潮涌起，泥沙俱下，个别追名逐利之徒，冒充行家，混迹于研究者行列，巧用便利，掠夺窃取，授人以柄，被彼利用，借机造势。其赞成者，拍手叫好，举杯相庆，立刻翻译出版，待为上宾。而反对者，当面诘难，群起围攻，令其颜面大跌，尴尬无光。如此一正一反的闹剧，不久便曲终人散，大家所关注的始终是历史的真实，谁把历史的真实呈现给人们，谁就会得到真正的永垂不朽。

1981年，刘永智、朴真奭二先生分别发表了《好太王碑"辛卯年"记事初探》[1]和《试论广开土王碑文的"辛卯年记事"》[2]的论文，揭开了中国学者重新研究好太王碑的序幕，将有关好太王碑争论作了简要介绍，并表明了自己的初步认识。此后，王健群、耿铁华二位先生，不仅有论文陆续发表，并有专著面世，标志着中国学者对好太王碑研究已取得显著成果。

1984年，王健群先生的《好太王碑研究》出版。首先应予肯定的是，该书的出版，在中国史学领域，具有填补空白和引玉之功，文中可取者也随处可见。第一，该书融汇了以往各家许多研究成果，进行比较归纳，概括成个人结论，具有较强驾驭资料的功力。第二，为验证日本特务是否曾"石灰涂抹作战"，不仅引述了前人诸多著录，对各家拓本进行比较对照，还亲自调查了拓碑者的后人及碑旁健在的老者，记录下有关当年涂抹石灰的有关情节，最后得出涂抹石灰是拓碑的初氏父子

[1]《学术研究丛刊》1981年第2期。
[2]《朝鲜史通讯》1981年第3期。

所为的结论,其目的是为了获利,不是有人造伪。第三,全面介绍了国外对好太王碑研究的历史和现状,并对各家研究成果作出坦诚评价,开阔了中国学者的眼界,促使其思考更多问题,将研究引向深入。第四,经过作者对碑文的实地调查辨认,“新识读的字89个,各家有争论、此次重新肯定的字62个,查出过去认为有字在释文中以方格代替而实际是无字的29个,总共解决文字180个”[1]。果真如此,可谓功莫大焉!

诚然,由于作者仓促应命,临阵操刀,难免力不从心,轻下结论,有欠公允,不够严谨。比如所谓“解决文字180个”,后经他人核实,水分过高,招致言过其实、贪功掠美之讥,令人为之惋惜!

1994年,研究好太王碑的后起之秀耿铁华先生出版了《好太王碑新考》一书。该书实际是作者研究好太王碑论文集,各组每节皆独自成篇,有的已先期单独发表,之所以名曰“新考”,是对前人诸说多有质疑,重作考证,得出新的论断,即推翻旧说,别创新论。特别是对王健群先生的《好太王碑研究》,作了较多订正。字里行间又透视出作者在研究过程中,曾历尽艰辛磨难,遭受过挫折不公,大有文王拘、孔子厄之叹!从而激励自己恪遵严谨求实学风,不苟合,勿妄断,成为书中闪光亮点。在对他人研究成果评价上,有的地方要求过严,表现得言辞犀利,有失待人宽和的忠恕之道。

《好太王碑新考》各篇中的“新”,分别简要地记录在《好太王碑研究札记》一节中。读了这些简要记述,再详阅有关篇章,便可知“新”之所在。该《札记》,即为读王健群先生《好太王碑研究》之札记,每有所得,则集成书稿,是为撰成《好太王碑新考》之滥觞。作者也称自己“对于好太王碑研究的不断深入,得益于王健群先生大著不少”[2],可谓实事求是之言。正因如此,王先生的《好太王碑研究》,则成了《好太王碑新考》的放矢之的,有感必发。同时,耿先生对王先生的研究成果,在

[1]王健群:《好太王碑研究》,吉林人民出版社1984年版,第135页。
[2]耿铁华:《好太王碑新考》,吉林人民出版社1994年版,第242页。

《好太王碑新考》中也多有肯定和称赞。如能将两位先生书中的各自精华汇聚起来，去其瑕疵，补缀遗漏，便可完成一部代表当今研究好太王碑最高水平的著作。下面试举两例，以示殷殷之情。

其一，在对碑文识读上，王先生称总共解决180个字。经过耿先生再次到碑前逐字辨别、比较、考索，并将自己的识读同前人15家的识读，分行逐字对照，一目了然，发现王先生所称解决的180个字，其中有113个字说法不确，“只好算67个字”[1]。尽管这67个字，其中有的还“有待商量”，尚不能作为定论，但毕竟可作为一家之言，发前人所未发。如果再加上耿先生在碑的第一面和第二面所识读出的“岂、每、道、为、倭”5字，难道不是当今最高水平吗？

其二，在对“石灰涂抹作战”问题的核查认定上，王先生称“涂抹石灰和用石灰修补文字的是初家父子……最终目的就是获利”，[2]排除了对日本陆军参谋本部特务的怀疑。耿先生则对此结论感到不够周严或有点轻率武断，提出了4点质疑。一是从1903年初家父子涂灰拓碑，至1918年日本人黑板胜美赴现场拍照，至少已有15年之久了，“从照片上看，石灰很白，很新鲜”，为何“拓了十几年却仍然洁白，令人疑惑”。二是王先生同林志德先生两个访问笔录，皆称是在“有沟有洼的地方”涂抹石灰。但从黑板所拍照片上看，非是局部涂抹，而是全面涂抹，与只是在有沟有洼处涂抹的证词不符。三是黑板照片反映出碑面“白灰抹得十分有规律，整面全抹字外空边，不抹或很少抹到字，形成整齐的白色方格，黑字在白格中，黑白分明，照片似乎是抹白灰不久拍下来的”，同第一点怀疑类似。四是黑板照片所显示出的涂抹白灰程度，“使原本平整的石碑平添了高于平面的白框”，“只会给上纸和捶拓带来麻烦”，[3]言下之意，照片上所反映出来的涂灰情况，非是拓碑者为拓碑而涂抹，不能排除日本人为拍照，曾涂抹过石灰。总之，对在好太王碑上涂抹石灰问题，日本人还难脱干系，有待进一步查证。因此，

[1]耿铁华：《好太王碑新考》，吉林人民出版社1994年版，第239页。
[2]王健群：《好太王碑研究》，吉林人民出版社1984年版，第34页。
[3]耿铁华：《好太王碑新考》，吉林人民出版社1994年版，第40～41页。

将王先生的调查结论,再加上耿先生的4点怀疑,进行综合论证,才是科学的实事求是的,也是他人所不曾做到的,堪称是最新最有说服力的研究结论。

通过上述几个问题的简要叙述,我们可以看到中国学者对高句丽考古研究的不断发展深入,一些有价值的论著相继面世,同世界各国同行们一道,为人类文化的繁荣,必将作出更大的贡献。

(原载韩国《高句丽研究》第12辑,韩国学研究文化社2001年版;又载于《中国东北边疆研究》,中国社会科学出版社2003年版)

8 曾巩对高丽世次十问

8.1 《请访问高丽世次》奏疏

2003年10月,中国社会科学出版社出版的《古代中国高句丽历史续论》(以下简称《续论》),继续引领高句丽历史研究的深入发展。特别是针对中国古籍中将高句丽历史同王氏高丽历史混同为一的错误,作了详尽的分析和稽考,对学界同仁多有启迪和帮助。其论述[1]中首次征引了北宋史馆修撰曾巩向宋神宗呈递的《请访问高丽世次》的奏疏,对高丽世次提出十问,也即对王氏高丽是否承袭高句丽提出质疑。同时,又征引了《续资治通鉴长编》卷323宋神宗元丰五年(1082)二月己巳(上海古籍出版社《宋史要籍汇编》本《续鉴长编》为丁卯)纪事,将曾巩所提出的问题和处理结果,一并记录在案。

该两则史料的发现,无疑对高句丽历史研究有重要贡献,启迪人们去探讨更深层次的相关问题。按《续论》所引该两则史料,照录如下,而后再逐一剖析。

《请访问高丽世次》曾巩《元丰类稿》卷31:

臣窃考旧史,高句丽自朱蒙得纥升骨城居焉,号曰高句丽,因以高为氏,历汉至唐。高宗时,其王高藏失国内徙。圣历中,藏子德武得为安东都督,其后稍自为国。元和之末,尝献乐工,自此不复见于中国。

五代同光、天成之际(923—929),高丽王高氏复来贡而失其名。长兴三年(932),乃称权知国事王建遣使奉贡,因以建为王。建子武,武子昭,昭子伷,伷弟治,治弟诵,诵弟询,相继立。

[1]马大正等:《古代中国高句丽历史续论·研究篇》三,中国社会科学出版社2003年版。

盖自朱蒙至藏可考者一姓九百年,传二十一君而失国。其后复自为国,而名及世次兴废本末,与夫王建之所以始,皆不可考。王氏自建至伷,四王皆传子,自治至询,三王皆传弟。询自天圣八年(1030)来贡,至熙宁三年(1070),今王徽来贡,其不见于中国者,盖四十有三年。

今陛下仁圣,文武声教之盛,东渐海外,徽所遣使方集阙下。盖高句丽文字之国也,其使者宜知其国之君长兴坏本末、名及世次。欲乞诏谕典客之臣,问:自德武之东也,其后何以能复其国?何以复失之?尝传几君?其名及世次可数否?王建之所以兴者,何繇其兴也?自建始欤?自天圣至熙宁四十三年之间而徽复见于中国,其继询而立者欤?岂其中间复自有继询者欤?徽与询为何属?如其言可论次,足以补旧史之阙,明陛下德及万里,殊方绝域前世有不能致者,慕义来庭。故能究知四夷之事,非声教之所被者,远不能及此。取进止贴黄,欲乞谕毕仲衍,因话从容访问,或来使未能尽时,即谕以候归本国,讨寻记录,因向后别使人附来。

《高丽世次》:

高句丽,其先出夫余。王得河伯女,因闭于室,感日而孕,生朱蒙。及长,夫余之臣谋杀之,朱蒙走得免,至纥升骨城居焉,号高句丽,因以高为氏。

朱蒙死,子如栗立。如栗死,子莫来立。驺立。光武建武八年(32),高句丽遣使朝贡,复其王号。莫来裔孙宫立。宫死,子遂成立。遂成死,子伯固立。伯固死,子伊夷模立。伊夷模死,子位宫立。位宫死,元孙乙弗利立。弗利死,子钊立。安立。钊曾孙琏立。琏死,孙云立。云死,子安立。安死,子延立。延死,子成立。成死,子汤立。汤死,子元立。元死,弟建武立。建武死,弟之子藏立。藏子德武为安东都督。同光、天成间,高丽国王高氏累遣使朝贡。

高丽国王王建立。建死,子武立。武死,子昭立。昭死,子伷立。伷死,弟治立。治死,弟诵立。诵死,弟询立。

《续资治通鉴长编》卷 323 宋神宗元丰五年(1082)二月己巳(丁卯)纪事:

史馆修撰曾巩言:"窃考旧史,高句丽自朱蒙得纥升骨城居焉,号曰高句丽,因以高为氏,历汉至唐。高宗时,其王高藏失国内徙。圣历中,藏子德武安东都督,其后稍自为国。元和之末,尝献乐工,自此不复见于中国。五代同光、天成之际,高丽王高氏复来贡而失其名。长兴三年(932),乃称权知国事王建遣使奉贡,因以建为王。建子武,武子昭,昭子伷,伷弟治,治弟诵,诵弟询,相继而立。盖自朱蒙至藏,可考者一姓九百年,传二十一君而失国。其后,复自为国,而名及世次兴废之本末,与夫王建之所始,皆不可考。王氏自建至伷,四王皆传子。自治至询,三王皆传弟。询自天圣八年(1030)来贡,至熙宁三年(1070),今王徽来贡,其不见于中国者盖四十有三年。今陛下仁圣,文武声教之盛,东渐海外,徽所遣使方集阙下。盖高句丽文字之国,其使者宜知其国之君长兴坏本末、名及世次。欲乞诏谕典客之臣,问:自德武之东也,其后何以能复其国?何以复失之?尝传几君?其名及世次可数否?王建之所以兴者,何繇其兴也?自建始欤?建之先已有兴者欤?自天圣至熙宁四十三年之间,而徽复见于中国,其继询而立者欤?岂其中间复自有继询者欤?徽与询为何属?如其言可论次,足以补旧史之阙,明陛下德及万里,殊方绝域前世有不能致者,慕义来庭。故能究知四夷之事,非声教之所被者,远不能及此。"下毕仲衍,仲衍以所与使人崔思齐、李子威语来上:其所知不详于巩所论著也。所可纪者,新罗、百济内乱,王建遂合三韩,易高氏姓。诵与治为远宗。王徽,询之子也。又云:高氏圣历、元和间事,皆有记录。三韩自有史,元和中献乐两部,盖唐乐、乡乐也。

8.2 质疑王氏高丽承袭高句丽

曾巩(1019—1083),是北宋著名的文学家,也是备受尊崇的史馆修撰。一生中所撰诗文遗稿无数,朝野争相传诵。故而于其死后第二年,即神宗元丰八年(1085),后人将其所撰诗文、书序、传论、诏策、制诰、表状、奏疏等,加以分门别类整理,辑成《元丰类稿》50卷。《请访问高丽世次》的奏疏,载于该书卷31《劄子编》。

宋仁宗嘉祐二年(1058),曾巩进士及第,先是外放,任太平州司法参军,嗣"召编校史馆书籍,迁馆阁校勘、集贤校理,为实录检讨官"[1]。因其淡泊名利,不屑流俗,久稽外徙,历判数州。神宗时,召巩回京,留判三班院,并用其所长。元丰四年(1081)七月,"诏曾巩充史馆修撰,专典史事"[2],掌修国史,稽考旧籍等。正因职司所系,曾巩当时对史馆旧藏史书,特别是北宋以来所修成的《旧五代史》、《新唐书》及《新五代史》等,详加校勘。从而发现内中《高丽传》所记史事不清,前后抵牾。特别是对《新唐书·高丽传》所载:高句丽末王"藏以永淳初(682)死","由是高氏君长皆绝"。接下来却又称,圣历二年(699),"以藏子德武为安东都督,后稍自国,至元和末(820),遣使者献乐工云"。显然是前后矛盾,既已绝嗣,焉能复国,何以遣使?故而曾巩发出"自德武之东也,其后何以能复其国?何以复失之?尝传几君?其名及世次可数否"等一连串之问。而《旧五代史·高丽传》所载,几乎皆为旧史所载之高句丽史事,仅末尾两句为王氏高丽遣使后唐之纪事,但仍未言明是王氏高丽所遣,将高句丽与王氏高丽混同为一。《新五代史·四夷附录第三》所载高丽纪事,仍分不清高句丽与王氏高丽,继续将二者混为一谈。其中虽记载了王氏高丽建、武、昭三世,而其错乱多多。再者,至宋时,朝廷所知王氏高丽的世次,仅为"自建至伷,四王皆传子,自治至询,三王皆传弟。询自天圣八年(1030)来贡,至熙宁三年(1070),今王徽来贡。其不见于中国者盖四十有三年"。这些已知的王氏高丽世次,尚未经过核实确认,难免会有遗漏和不确,许多相关问题,仍是未知数。故而曾巩对王氏高丽世次提出:"王建之所以兴者,

---

[1]《宋史》卷319《曾巩传》。

[2]《宋史》卷16《神宗纪》。

何繇其兴也？自建始欤？抑建之先已有兴者欤？自天圣至熙宁四十三年之间，而徽复见于中国，其继询而立者欤？岂其中间复自有继询者欤？徽与询为何属？如其言可论次，足以补旧史之阙。”所谓旧史，即指《旧五代史》、《新唐书》、《新五代史》中《高丽传》之阙，并足以纠正这三《传》中的错误记载。

综观曾巩对高句丽和王氏高丽世次所提出的上述十问，归结到一起，无非是要搞清高句丽是怎样过渡为王氏高丽、二者到底有无承袭关系，只要搞清两者世次，问题便会迎刃而解。可以说曾巩是中国首位对高句丽和王氏高丽世次提出质疑的史官，也是唯一的一位，既显示了他注重调查的科学态度，也体现了他严谨求实的精神。遗憾的是，由于受到时代和生命的局限，曾巩的十问未能得到答案。随着他的逝去，十问不了了之。其后各代史官，仍是互相因袭，无人继续追问下去，而王氏高丽为高句丽之继的谎言，进一步扩散、泛滥于世。今日获读曾巩此篇劄子，内心不无景仰和遗憾之情，一个900余年前就可揭穿的骗局，却一直续命至今，而在谎言下生活的人，既无奈又悲哀。试问，难道还要继续维护这种骗局吗？

8.3 《高丽世次》非使臣提供

《续论》所引曾巩此文，将两篇融为一篇，并认为《高丽世次》是“王氏高丽之后派遣来的使者所呈上的”。实则前半部分是《请访问高丽世次》奏疏的正文，后半部自“高丽世次”以下，为奏疏的附录。而且《高丽世次》也出自曾巩之手，非王氏高丽使臣所提供。

《四部备要》之《元丰类稿》，将《请访问高丽世次》和《高丽世次》作为前后相连的两篇，载于卷31《劄子编》。宋时规定，人臣所上奏疏，如果意犹未尽，欲使皇帝全面了解所奏内容，可将余下的内容书于另纸，附于奏疏之后，谓之“贴黄”，一并呈奏。文中称“取进止贴黄”，相当于现在行文中所说的“请见附录”或“详见附录”之意。故《高丽世次》为《请访问高丽世次》的附录，皆出于曾巩之手，非王氏高丽使者所提供。

据所引《续鉴长编》所载此事经过，典客之臣毕仲衍接过访问高丽世次指示后，遂向“方集阙下”的高丽使臣崔思齐、李子威进行询问，并将询问结果向宋神宗作了汇报，即“以所与使人崔思齐、李子威语来上”。但是，“其所知不详于巩所论著也”，即未能提供曾巩所要询问的高丽世次。而“所可知者”，仅为“新罗、百济内乱，王建遂合三韩，易高氏姓。诵与治为远宗。王徽，询之子也”，又称“高氏圣历、元和间事，皆有记录。三韩自有史。元和中献乐两部，盖唐乐、乡乐也”。显然，这些回答，非曾巩所列访问的内容，也未对《高丽世次》所列诸王提出置评，而是刻意回避，足以说明《高丽世次》为曾巩所整理者，不是高丽使臣所提供。

除崔思齐、李子威以外，毕仲衍是否还向其他高丽使臣访问过呢？抑或《高丽世次》为其他使臣所提供？曾巩在奏疏中明确提出：“或来使未能尽对，即谕以候归本国，讨寻记录，因向后别使人附来。”据文献记载，无此可能。奏疏中称“熙宁三年(1070)，今王徽来贡”。王徽为高丽第11位王文宗，是年为其即位第24年，为响应宋朝“结之以谋契丹”的动议，打破时隔43年不朝宋的冷漠局面，“遣民官侍郎金悌等百十人来”[1]，进行沟通。《高丽史·文宗世家》，将金悌朝宋系于文宗二十五年(1071)三月，即宋神宗熙宁四年，在宋留居一年有余，于文宗二十六年六月回国，与曾巩所说错后一年。但是，不论是熙宁三年，还是四年，此时曾巩仍在地方任通判，尚未被召回京师任史馆修撰，不可能去做职责以外之事，典客之臣也不可能向金悌询问高丽世次。

据《高丽史·文宗世家》记载，自金悌归后，至文宗于其三十七年(1083)七月病逝前，尚有三次遣使如宋。一是三十年(1076，宋神宗熙宁九年)秋八月丁亥，“遣工部侍郎崔思谅如宋谢恩，兼献方物”。二是三十四年(1080，宋神宗元丰三年)三月，“遣户部尚书柳洪、礼部侍郎朴寅亮如宋谢赐药材，仍献方物”。此两次高丽使臣到来时，曾巩同样

---

[1]《宋史》卷847《高丽传》。

尚未提出《请访问高丽世次》的奏章。三是三十五年(1081,宋神宗元丰四年)四月庚辰,“遣礼部尚书崔思齐、吏部侍郎李子威如宋献方物、兼谢赐医药”。此时,高丽文宗身患重症,宋神宗曾派医官前往诊治,并赐其药材。故而文宗遣崔、李二臣来谢。据《续鉴长编》卷323宋神宗元丰五年(1082)二月丁卯纪事,此刻崔、李二人尚未回国,并接受了典客使臣毕仲衍的询问。《宋史·毕仲衍传》对此事有隐约记载,称“高丽使入贡,上元夕,与使者宴东阙下,作诗诵圣德,神宗次韵赐焉”。此一纪事,虽未言明高丽使人姓名,也未言明是哪年之上元夕,但参照《宋史·神宗纪》所载,元丰五年正月丙申,“御宣德门观灯”。“丙申”为正月十四日,非上元夕。而宋礼《三元观灯》规定:“上元前后各一日,城中张灯,大内正门结彩为山楼影灯,起露台,教坊陈百戏。天子先幸寺观行香,遂御楼,或御东华门及东西角楼,饮从臣。四夷蕃客各依本国歌午列于楼下。”[1]将上述诸史记载综合分析,可以断定毕仲衍所陪使臣为崔思齐和李子威,“上元夕”为元丰五年之上元夕,崔、李在宋留居将近一年。至元丰八年(1083)四月,曾巩逝世,七月,高丽文宗病殁。因此,可以判定:曾巩提出《请访问高丽世次》是在元丰四年七月以后至元丰五年二月之前,正是高丽使臣崔思齐、李子威“方集阙下”之时,更可断定《高丽世次》出于曾巩之手,既不是崔、李所提供,也非是“因向后别使人附来”,无任何迹象可证明《高丽世次》是高丽使臣所提供。

8.4 《高丽世次》与文献记载的异同

为进一步证明《高丽世次》出于曾巩之手,非高丽使臣提供,还需对《高丽世次》内容作些分析。

《高丽世次》的前半部为高句丽世次,所列出的21王,均可在中国史籍中找到出处。其中前19王,除遂成见于《后汉书·高句丽传》等

[1]《宋史》卷115《礼志十六》。

史书外，其余则集中载于《北史·高句丽传》，最后两位则见于《旧唐书·高丽传》等。晚出的朝鲜史籍《三国史记》载有高句丽28王，其中无《高丽世次》所载之驺。而《后汉书·高句丽传》等所载高句丽侯驺，不见于《三国史记》，又恰在琉璃王时，即中史所称之如栗，为高句丽第二代王，在同一时期内，高句丽不可能有两王并存，故而所谓的侯驺，当为高句丽将驺。《三国史记·高句丽琉璃王纪》则称其为"将延丕"，即是明证。《高丽世次》所列高句丽21王，有20位可与《三国史记》所载高丽王一一对应。《高丽世次》所缺少的8位高句丽王，恰为中国史籍所失载者，分别是闵中王、慕本王、东川王、中川王、西川王、烽上王、小兽林王和故国壤王。此外，《高丽世次》所载高句丽诸王名讳及相互关系，或父子相承，或祖孙相继，或兄死弟袭，亦皆与中国史籍所载相符，而与《三国史记》所载多有歧异，说明这是曾巩据中国史籍所整理出来的《高丽世次》。兹将《三国史记》所载高句丽28王，同《高丽世次》所载高句丽21王列表对照，一览即明。

表8－1 《三国史记》所载高句丽28王同《高丽世次》所载高句丽21王对照表

《三国史记·高句丽纪》	《高丽世次》
1.东明王　朱蒙	1.朱蒙
2.子　琉璃王　类利	2.子　如栗
3.子　大武神王　无恤	3.子　莫来 4.驺
4.弟　闵中王　解色朱	
5.大武神王子　慕本王　解忧	
6.琉璃王孙　太祖王　宫	5.莫来孙　宫
7.弟　次大王　遂成	6.子　遂成
8.弟　新大王　伯固	7.子　伯固
9.子　故国川王　武男	8.子　伊夷模
10.弟　山上王　延优	9.子　位宫
11.子　东川王　忧位宫	
12.子　中川王　弗然	

续表 8－1

《三国史记·高句丽纪》	《高丽世次》
13. 子　西川王　药卢	
14. 子　烽上王　相夫	
15. 西川王孙　美川王　乙弗	10. 孙　乙弗利
16. 子　故国原王　斯由	11. 子　钊
17. 子　小兽林王　丘夫	
18. 弟　故国壤王　伊连	
19. 子　广开土王　谈德	12. 安
20. 子　长寿王　琏	13. 钊曾孙　琏
21. 孙　文咨明王　罗云	14. 孙　云
22. 子　安臧王　兴安	15. 子　安
23. 弟　安原王　宝延	16. 子　延
24. 子　阳原王　平成	17. 子　成
25. 子　平原王　阳成	18. 子　汤
26. 子　婴阳王　元	19. 子　元
27. 弟　荣留王　建武	20. 弟　建武
28. 侄　宝藏王　藏	21. 弟之子　藏

《高丽世次》后半部所载王氏高丽世次，其中“建死，子武立。武死，子昭立”，可在《新五代史·四夷附录第三·高丽》中找到出处。而以下之“昭死，子伷立。伷死，弟治立。治死，弟诵立。诵死，弟询立”，以及开头所称“今王徽”，当是双方使臣互访时所了解到的情况，尚未经过官方核实、确认，但在宋朝史馆中备了案。《宋史·高丽传》所载上述诸王，同《高丽世次》所载完全相同，只是有的称“袭”或称“权知国事”等，但意思相同。故曾巩所列王氏高丽诸王，一是有所遗脱，二是相互关系不甚精确，仅是根据所能了解到的资料列出。现据《高丽史·世家》所载高丽世次，将太祖王建至文宗王徽，共 11 王的相承关系，同曾巩《高丽世次》所列高丽王加以对照，便可看出《高丽世次》确实出于曾巩之手。《世家》称：太祖王建薨，长子惠宗武立。武薨，王建第二子

立，即武异母弟定宗尧立，非子昭立，而且《高丽世次》中无定宗尧。尧死，则母弟光宗昭立，昭非继武而立。昭死，子景宗伷立。伷死，堂弟成宗治立，治为王建子戴宗旭之子。治死，伷子穆宗诵立，非弟诵。诵死，堂叔显宗询立，非弟询，询为王建子安宗郁之子。询死，子德宗钦立。钦死，弟靖宗亨立。亨死，弟文宗徽立，即"今王徽"也。《高丽世次》无钦、亨。其中，钦即位于宋天圣九年（1031），亨即位于宋景祐元年（1034），徽即位于宋庆历六年（1046）。宋熙宁三年（1070），已是徽在位24年。故而钦、亨在位时间，恰在宋天圣八年至熙宁三年"四十有三年之间"。双方互无来往，无从得知谁死、谁立，也正是曾巩所要询问的"其继询而立者欤？岂其中间复自有继询者欤？徽与询为何属？"由此，则进一步证明《高丽世次》确实出于曾巩之手，非高丽使臣所提供。为廓清眉目，现据《高丽史・世家》，将高丽前11王继袭关系，同《高丽世次》中所载王氏高丽世次，分别造图比较，以见异同。

图8-1 《高丽史・世家》前11王继袭关系

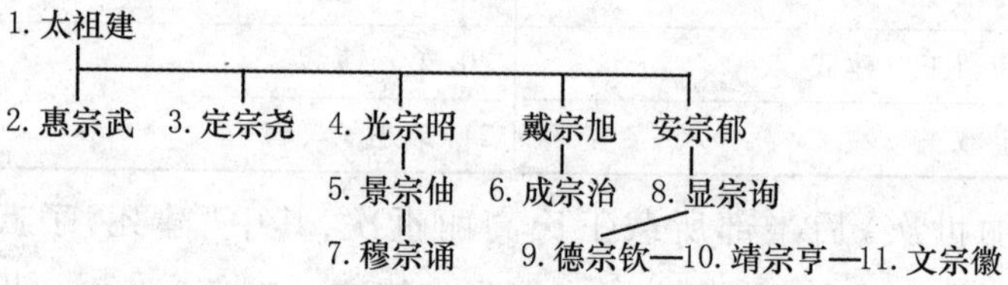

图8-2 《高丽世次》中王氏高丽诸王继袭关系

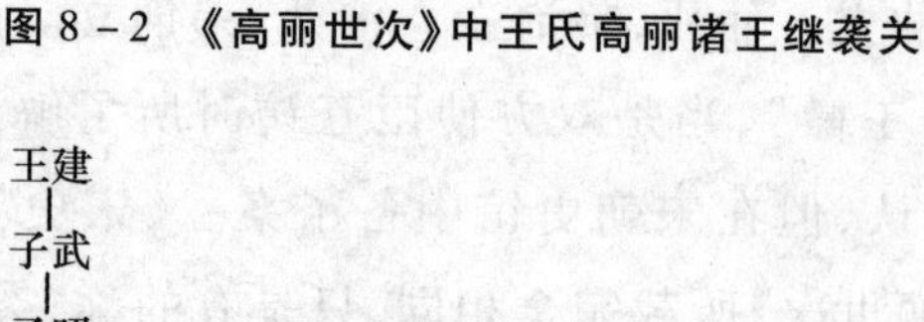

8.5 高丽使臣的遮掩回避

细绎《续鉴长编》所载毕仲衍所上高丽使臣崔思齐、李子威之语，纯系外交辞令，有意对曾巩所要访问的问题进行遮掩回避，不敢实话实说，唯恐戳穿谎言、骗局，有损国家尊严。故而以“不详于巩所论著”加以搪塞，并用“皆有记录”进行蒙混，拒绝回答曾巩所提出的十问。

实际上，崔思齐与李子威二人，皆为高丽文宗时的重臣、名士，颇具外交才能，先后出使辽、宋，正如曾巩所言，其“宜知其国之君长兴坏本末，名及世次”，对一般性的常识问题，皆可随问而答之。特别是崔思齐，他饱读诗书，学贯古今，通晓经史，荣“登文宗八年(1054)科，官至守司空、门下侍郎、同中书门平章事、监修国史、判吏部事、上柱国”。[1]其名至显，其识当博，有如此高深造诣者，岂能不晓“其国之君长兴坏本末，名及世次”欤？对于王建为何定国号高丽，也当了如指掌，岂能不知王氏高丽与高句丽有无继袭关系。然而一旦将高句丽和王氏高丽世次合盘托出，真相立刻会大白于天下，这是崔、李二人万万不敢不能为之者。故而连近在眼前的钦、亨二王的世次，也一并隐而不答，故意装呆卖傻，愚弄毕仲衍和敷衍曾巩。尤其是“王建遂合三韩，易高氏姓”一句，对王建定国号为高丽的意图心照不宣，竭力维护王氏高丽继高句丽的骗局。对王建为何定国号为高丽，拟另以专文论之，在此暂不详论。

一场人为的骗局，几经数代刻意误导，得以维系上千年，确实需要有如崔思齐、李子威这样有权威的知名人士的蒙混遮掩，对于普通的广大民众而言，经过上千年潜移默化的熏陶、灌输，已经形成根深蒂固的错误认知和情结，白素之驱，已被五颜六色所毒化，要想纠正过来，谈何容易！有识之士，仍须努力，不可无视继续拿骗局说事。

(原载《东北史地》2006年第3期)

[1]《高丽史》卷95《崔思齐传》。

9 王建为何定国号为高丽

隋唐之际,对其所属高句丽一律简称高丽。668 年,高句丽政权灭亡,民族解体,"高氏君长遂绝矣"[1]。其后,高句丽旧疆一分为三:朝鲜半岛大同江和龙兴江以南之地落入新罗,辟为汉、朔、溟三州。余者或为渤海辖域,或为唐朝府州。其遗民的绝大多数,也分别成为上述三者的编户,并很快融入所在民族中。特别是高句丽人中的骨干成员,被唐朝迁往内地,分散杂居,使其彻底失去复兴的基础和可能。

经过两个半世纪的漫长岁月,高句丽的往事渐去渐远,早已在人们记忆中被淡化或抹掉。然而昔日半岛仅存的新罗政权,此刻正面临盛极而衰的窘境,改朝换代的风暴日渐逼近。至其景明王二年(918),北部松岳郡人王建称王,国号高丽,俨然以复高氏高句丽而自居,重新勾起人们对昔日高句丽旧事的记忆,并借以鼓动人们为恢复高句丽旧疆而奋斗,史学界为使其与高氏高句丽相区别,称其为王氏高丽。

王建为何定国号为高丽,难道是已熄灭 250 年的高句丽死灰真的又复燃了吗?对此,尽管王建本人讳莫如深,而其属下却有直言不讳者。对于高句丽与王氏高丽到底有无继袭关系的问题,虽然早在宋神宗元丰五年(1082)前后,北宋史馆著名的撰修官曾巩曾提出质疑,连发十问,试图搞清其始末缘由,并通过宋神宗命典客之臣向高丽使臣直接进行询问。但是,其使臣不敢直言,只好托词遮掩,曾巩所问,未能得到回答,不了了之。1083 年,曾巩死后,再无人过问此事,一直沉寂了 900 余年,成了地道的历史积案。[2]

近世,此一历史问题虽已大白于天下。王氏高丽同高氏高句丽毫无继袭关系可言。然而天下之人,并未尽持此论,称王氏高丽为高氏高

[1]《旧唐书》卷 199 上《高丽传》。

[2]详见史长乐:《曾巩对高丽世次的十问》,载于《东北史地》2006 年第 3 期。

句丽之旧者仍大有人在,故而不得不旧事重提,以探明究竟。

9.1　王建身世与高句丽无涉

要厘定王氏高丽与高句丽有无继袭关系,以及王建为何定国号为高丽,有必要先从王建的身世谈起,以究明其是否与高句丽存在某种渊源。

李氏朝鲜时期的正宪大夫郑麟趾,在其领衔修撰的《高丽史》卷首之《高丽世系》中称:"高丽世系,史阙未详。"接下来引《太祖实录》称:"即位二年(919),追王三代祖考,册上始祖尊谥曰元德大王,妣为贞和王后。懿祖为景康大王,妣为元昌王后。世祖为威武大王,妣为威肃王后。"总计为3行65字,便是所谓的高丽世系。至于其考之名讳、妣之姓氏、籍贯生平、品德功业等,一概不知,只好用"史阙未详"4字回答世人的疑惑。作为一国之开国之君,其身世如此"史阙未详",实属世所罕见。更何况此时新罗久已进入封建文明的辉煌时期,非是远古"只知其母、不知其父"的原始氏族社会,焉有不知所从来?

郑麟趾为了吊起人们追问的胃口,继续迷惑世人,于3行65字之后,大段引录金宽毅《编年通录》所载王建先人的荒怪传说,将其先祖追至第六代。称"有名虎景者,自号圣骨将军,自白头山(今长白山)游历至扶苏山左谷,娶妻家焉",并"以猎为业"。后虎景遭遇猛虎,斗而脱险,又遇山神寡妇,结为夫妻。但"虎景不忘旧妻,夜常如梦来合,生子曰康忠"。康忠成人后,娶西江富人女具置义为妻,生二子,长曰伊帝建,次曰宝育。宝育出家修道,"尝梦登鹄岭,向南便旋,溺溢三韩山川,变成银海。明日,以语其兄伊帝建曰:'汝必生支天之柱',以其女德周妻之"。又有新罗术士,见宝育所居木庵曰:"居此必大唐天子来作婿矣。"后德周生二女,长名失载,次曰辰义。唐玄宗天宝十二年(753),时为太子的唐肃宗,曾隐姓潜游至松岳郡,投宿宝育家,自称为大唐贵姓。宝育"认是中华贵人",令其女辰义"荐枕,留期月,觉有娠",生作帝建。王建称王后,尊宝育为国祖元德大王,其女辰义为贞和王后。作帝建遇西海龙王，遂纳龙王长女翥旻义为妻，生四男，长曰龙建，后改曰隆。后王建追作帝建为懿祖景康大王，龙女翥旻义为元昌王后。隆路遇一女子，貌似梦中所见之美人，"遂与为婚，不知所从来，故世号梦夫人，或云以其为三韩之母，遂姓韩氏"，生子名曰王建。后王建追尊父隆为世祖武威大王，母韩氏为威肃王后等等。

按上述金宽毅所记，王建之曾祖母为辰义，曾祖父当为"大唐贵姓"者，而王建非姓王，宝育为曾祖父之岳父，不当追尊为国祖。王建之名，按金宽毅所记，是在其未出生之前，为新罗桐里山祖师道诜所赐，所谓仙人指点的产物。郑麟趾虽然作了上述引录，自知其说荒诞不经，遂又引录高丽后期名臣李齐贤对金宽毅所记提出的质疑和评论，予以全盘否定。李齐贤称："金宽毅云圣骨将军虎景生阿干康忠，康忠生居士宝育，是为国祖元德大王。宝育生女，配唐贵姓而生懿祖，懿祖生世祖，世祖生太祖。如其所言，唐贵姓者，于懿祖为皇考，而宝育皇考之舅（岳丈）也，而称为国祖，何也？又言太祖追尊三代祖考，及其后妃。考为世祖武威大王，母为威肃王后。祖为懿祖景康大王，祖母为元昌王后。曾祖母为贞和王后，曾祖母之父宝育为国祖元德大王，略曾祖而书曾祖母之父，谓之三代祖考，何也？"明确指出未追尊曾祖，而以曾祖之岳父为国祖的荒唐世系。

最后，郑麟趾在卷末《论曰》中称：金宽毅所记唐肃宗等事，"皆无所据，不足信也。况龙女之事，何其荒怪若是之甚邪"，又贬斥金宽毅"乃毅宗时微臣，且去太祖二百六十余年，岂可舍当时实录而信后代无稽杂出之书邪"，完全持否定和轻蔑之态度。这种既引述之，又否定之，不外乎是强调"史阙未详"，徒劳追问。在《高丽史·太祖世家》中，郑麟趾仅称太祖姓王氏，讳建，字若天，松岳郡人，其父为松岳郡沙粲，母韩氏。余者一概无从知晓，继续令人如坠云海烟雾之中，百思不得其解。

郑麟趾无从考稽王建先世，而金宽毅所记王建先世的荒怪神话传说，显然是新罗人或王氏高丽人的传说，与久已灭亡的高句丽人不沾边际。退一步讲，按金宽毅所说，虎景自长白山游历到扶苏山，即由高句丽故地到新罗。但至王建时，已是第七代人，即虎景—康忠—宝育—

辰义—作帝建—隆—王建。王建生于新罗宪康王三年(877),按通常30年为一代计算,王建生前180年前后,为虎景生活年代,相当于新罗圣德王执政时期(702—737)。此时长白山已为渤海国疆域,仍与高句丽无涉。况且按封建社会以父系为主体的血统观,辰义为王建的曾祖母,而宝育、康忠、虎景三世,皆为王建的外家,或称作外戚,非父系血统,岂有以外家为祖宗者欤!而"唐之贵姓",当是其曾祖父,如此这般,王建又非姓王。真是越细追究,越显混乱,越与高句丽不沾边。

王建身世为何如此扑朔迷离,难道真的无人知晓,还是有意避讳,从其定国号为高丽来看,是在尽量摆脱与新罗的统属关系。此前,虽有的学者根据松岳郡的地望和历史演变过程,推测王建及其先世,很可能是乐浪郡的汉人。但因缺乏相关证据,难成定论。同时,按金宽毅和郑麟趾所记王建先世,皆不言其姓氏。古有避其名而无讳其姓的通例,为何不言其姓?姑且按金宽毅所记,其曾祖为"唐之贵姓",而其祖则为未婚而孕的私生子,故而不知其父姓。在封建礼教制度下,此为难以启齿之事,故而出现"史阙未详"的尴尬局面。但是,这也是一种揣测,不足采信。按金富轼《三国史记》所载,王建生于新罗,长于新罗,称王于新罗。归根到底,只能将王建及其父辈认定为新罗人,非是高句丽遗民。

9.2 弓裔未曾称后高丽王

新罗末期,国弱政衰,雄豪竞起,俱欲取而代之。其中势力较大者,南有甄萱,北有弓裔。每一个举事者,为了取得胜利,都尽可能地选取与新罗势不两立,而又极具号召力的政治口号,借以振奋精神,鼓舞斗志,去夺取胜利。

甄萱原为新罗裨将,乘乱扯旗造反。为争取民心,声言百济被新罗联合唐军所灭,深仇大恨,不共戴天,"以雪义慈宿愤"为号召,誓与新罗血战到底。900年,甄萱"遂自称后百济王"。[1] 但其自身与昔日的

[1]《三国史记》卷50《甄萱传》。

百济历史毫不相干,同新罗亦无仇恨可言,所谓的“以雪义慈宿愤”,仅是借口造势而已。

弓裔则与甄萱不同,他原为新罗王室子弟,生而被弃,流落民间,备受屈辱,孤苦无依,无奈遁入佛门,祝发为僧,自号“善宗”,发愿与新罗政权势不两立,从骨子里仇视新罗,走向反叛之路。又由于受佛门熏染,其思想深处逐渐迷恋上神佛感应的谶纬之术。891 年前后,弓裔认为“乘乱聚众,可以得志”,遂投竹州贼首箕萱,落草为寇。892 年,又改投北原梁吉后,其势力日趋壮大。896 年,王建随其父王隆投奔弓裔。898 年,弓裔以王建为精骑大监,使之转战四方,席卷州郡,弓裔势力空前壮大。901 年,弓裔称王,并效法甄萱造势策略,声称“往者新罗请兵于唐,以破高句丽,故平壤旧都鞠为茂草,吾必报其仇”。[1] 同样,此一悠久往事,与弓裔毫不相干,只是借以骗取民心而已。904 年,弓裔立国号为摩震,饱含东方佛国之意,同他曾为僧人相关连。随着势力壮大,野心日益膨胀。911 年,弓裔又改国号为泰封,自称弥勒佛,并“以长子为青光菩萨、季子为神光菩萨”[2],再一次打上佛门印记。918 年,王建发动兵变,驱逐弓裔,取而代之,自立为王,国号高丽。

王建为何定国号为高丽,曾有学者认为:以高丽为国号不是始于王建,而是始于弓裔。其根据有二:一是《高丽史·地理志》称“后高丽王弓裔”,或弓裔“自称后高丽王”。二是《三国遗事·王历》中,有“后高句丽”一栏,并称弓裔“辛酉(901)称高丽”。[3] 再参以弓裔起事时,曾扬言为高句丽报仇,其所都铁圆又为高句丽故地,弓裔确实有称后高句丽王或后高丽王之可能。但是,记载弓裔史事最详尽而又最权威的《三国史记·弓裔传》和《高丽史·太祖世家》,皆无弓裔称后高句丽王或后高丽王的记载。因此,对《高丽史·地理志》和《三国遗事》有关弓裔称后高句丽王的记载,须进一步辨析,以明真伪。

---

〔1〕《三国史记》卷 50《弓裔传》。

〔2〕《三国史记》卷 50《弓裔传》。

〔3〕马大正等:《古代中国高句丽历史丛论》第一编之八,黑龙江教育出版社 2001 年版,第 131 页。

第一,《三国史记·弓裔传》称:“天复元年(901)辛酉,善宗自称王”,而无国号。抑或当时尚不具备立国条件,只不过是绿林首领、山寨王之类的王,非是一国之王。891年落草为寇时,他仅是一名不被重视的小喽啰,没什么政治资本,不得不改换门庭,渐成拥兵自重的战将,终于在901年成为另立山头的山大王。

第二,《弓裔传》称,904年“立国号为摩震,年号为武泰”。显然,901年称王时未有立国号,亦即未称后高句丽王,否则,此时不应称立国号,而应称改国号。同样,911年弓裔“改国号为泰封”,即改摩震为泰封,而不称立国号为泰封。先立而后改,已立不当再称立,只能称改,此为常理。说明弓裔未曾立国号为后高句丽王,摩震为其始立之国号,后改为泰封。

第三,弓裔所要取代的是新罗政权,故而904年立国时,虽所“设百官依新罗制”[1],但由于仇恨新罗,其衙署、吏员名称,皆为其独创,不与新罗同。尽管如此,仍看不到有高句丽官制的影子。

第四,王建取代弓裔,对泰封政权是叛变行为,说得好听一点是革故鼎新,绝不会继续沿用弓裔所称国号,更不会将弓裔早已弃用的国号再拾回来,只有另立国号才合乎情理。

第五,《三国遗事》和《高丽史》所载弓裔称后高句丽王的纪事,应视为王建称王后,世人对其为何定国号为高丽的一种附会和解说,并非有何依据,否则金富轼在《弓裔传》、郑麟趾在《太祖世家》中,都不会将此重要史事遗漏,定会据此对王建为何定国号为高丽,作出明确交代,足以说明弓裔未曾称后高句丽王。

9.3 王建定国号为高丽的用意

王建身世之谜和他为何定国号为高丽,或许皆同当时历史背景及其政治意图有关。877年,王建生于新罗北部的松岳郡,其父是新罗松

[1]《三国史记》卷12《新罗孝恭王纪》。

岳郡沙粲，为一郡之首。896年，王建随父以郡投降弓裔，凭着年轻气盛，英勇善战，很快在军中成为弓裔之下、众将之上的核心人物，逐渐形成了对弓裔取而代之之势。但是，弓裔造反，是因被新罗王室抛弃，自幼怀恨在心，誓不两立，以为高句丽复仇为号召，决心推翻新罗政权。王建父子为何参加造反，受何驱使，皆无从谈起。其父王隆既然为一郡之长，自然会与新罗政权有较深之渊源。其参与造反，对新罗而言，是属于大逆不道的乱臣贼子行径。故而极需隐瞒自己的身世，避免在新罗人中产生不忠不义的恶感，防止丧失民心和号召力。其定国号为高丽，既是利用新罗与高句丽的旧怨，并借助昔日高句丽之威望为号召，又表明欲占有整个高句丽旧疆的意图，展望自己未来的发展，不仅局限于半岛上。

据《三国史记·弓裔传》所言，后梁贞明四年(918)三月，王建发动兵变之前，采用图录谶纬之类的骗术，为其兵变、立国大造舆论，蛊惑人心。据说有位名叫王昌瑾的唐朝客商，在铁圆市廛，从一位状貌魁伟、鬓发尽白、着古衣冠的老者手中购得一面古镜。拿回去后，发现镜面上隐约有细字，读之若古诗。略曰："上帝降子于辰马，先操鸡后搏鸭。于巳年中二龙见。一则藏身青木中，一则现形黑金东。"接着，王昌瑾认为此镜非常物，遂告知弓裔。弓裔也感到蹊跷，则"命有司与昌瑾物色求其镜主，不见，唯于敦飒寺佛堂有镇星塑像如其人焉"。弓裔叹息良久，只好命文人宋含弘等三人予以解释其意。宋含弘等私相谓曰："上帝降子于辰马者，谓辰韩、马韩也。二龙见，一藏身青木，一显形黑金者，青木，松也。松岳郡人以龙为名者之孙也，今波珍飡侍中之谓欤?"据金宽毅《编年通录》云：王建之父出生后，取名龙建，后改曰隆。弓裔于其水德万岁三年(913)癸酉，以王建"为波珍飡侍中"。[1] 故宋含弘认为藏身青木者暗喻王建。又称"黑金，铁也，今所都铁圆之谓也。今主上初兴于此，终灭于此之验也"，谓指弓裔。"先操鸡后搏鸭者，波珍飡侍中先得鸡林，后收鸭绿之意也。"宋含弘等对镜文的此番私房解释，是对王建发动政变的预报

---

〔1〕《三国史记》卷50《弓裔传》。

和长远政治意图的揭示。然而这一切又当出自王建本人的预谋。随后，宋含弘等又相谓曰："今主上虐乱如此，吾辈若以实言，不独吾辈为菹醢、波珍飡亦必遭害。"于是，宋含弘等将真意隐瞒起来，乃饰辞以告弓裔，以使自己和王建均能躲过劫难。

同年六月，王建部将洪儒等人，夜诣其私宅，请王建"行汤武之事"，除暴安民，发动兵变，取代弓裔。称"今之德望未有居公之右者。况王昌瑾所得镜文如彼，岂可雌伏，取死独夫之手乎"![1] 由此可见。镜文歌谣经过三个月的散布、流传，早已人为设计好的天机，被洪儒等人一语道破，起到了舆论先导作用，使兵变的前因后果，皆与镜文相符，制造王权天授的骗局。终于，靠强势，在众将推拥下，王建取代了弓裔，一帆风顺地完成了政权转换，王氏高丽政权在镜文歌谣声中诞生了。

王建为何定国号为高丽，同样在镜文中也有所暗示，所谓的"先操鸡后搏鸭"，就是具体说明——不仅要夺取新罗政权，还要占有高句丽的旧疆。以何名义为号召去占领高句丽旧疆，最简捷而又最具迷惑力的策略，莫过于定国号为高丽，使其真真假假，便于浑水摸鱼，鼓动缺乏历史知识的人们为恢复高句丽旧疆而奋斗。甚至高丽第 26 世忠宣王（1308—1313），仍念念不忘"操鸡搏鸭"的谶语，盛赞王建复高句丽之旧的宏大志愿。称"我太祖即位之后，金傅（新罗敬顺王）未宾，甄萱未虏，而屡幸西都（平壤），亲巡北鄙。其意亦以东明旧壤为吾家青毡，必席卷而有之，岂止操鸡搏鸭而已哉？"[2]一语道破王建定国号为高丽的意图，而且对王建的"搏鸭"又有进一步发挥，不只限于鸭绿江流域，既然是"以东明旧壤为吾家青毡"，那么，全部高句丽旧壤，皆在所要恢复之内。众所周知，广阔的辽东之地，也曾为高句丽之旧壤，当是其"必席卷而有之"的终极目标。正由于王建的梦想与误导，俨然以昔日高句丽王化身、再世，其属下臣僚也极力以王氏高丽冒充昔日高句丽。高丽成宗十二年（993）闰十月，因"契丹萧逊宁攻破蓬山郡"，"遣徐熙请

〔1〕《三国史记》卷 50《弓裔传》。
〔2〕《高丽史》卷首《太祖世家 · 李齐贤赞曰》。

和,逊宁罢兵"。[1] 在徐熙同萧逊宁议和过程中,萧逊宁对徐熙说:"汝国兴新罗地,高句丽之地,我所有也,而汝国侵蚀之。又与我连壤而越海事宋,故有今日之师。若割地以献而修朝聘,可无事矣。"徐熙则反驳说:"非也,我国即高句丽之旧也,故号高丽,都平壤。若论地界,上国之东京(辽阳),皆在我境,何得谓之侵蚀乎?且鸭绿江内外,亦我境内。"[2]徐熙此番告白,姑且不论其以假乱真,与史实相去甚远,而所表达的意思是明确的,即"我国即高句丽之旧也","上国之东京,皆在我境","鸭绿江内外,亦我境内"。再参以忠宣王所说:"东明旧壤,为我家青毡,必席卷而有之,岂止操鸡搏鸭而已哉!"两者将王建定国号为高丽的意图,说得明明白白。

王氏高丽冒充高句丽之旧,始作俑者是王建。其属下臣僚亦步亦趋,随声附和,并有进一步发挥,未曾有敢于直言而违逆者。某些文人墨客,推波助澜,著书立说,将高句丽历史同新罗、百济的历史并列,一并称作王氏高丽的先祖先民的历史,拉近同高句丽的距离。仁宗时的金富轼奉王命而撰进《三国史记》,虽然金氏在主观上明确认定王氏高丽继新罗而兴,不承认其与高句丽有承袭关系,但在客观上却将高句丽历史纳入了王氏高丽先世的历史体系中,成为"三国鼎峙"说的创始者,对后世的作用与影响,丝毫不逊于王建的冒充高句丽,表明其忠于王氏高丽,也有趋炎附势的一面。有关此节,将另撰专文论之。此外,忠烈王时的学问僧一然也不甘寂寞,又助金富轼"三国鼎峙"说一臂之力,著成《三国遗事》。从而该说在半岛上落地生根,后世年复一年传承繁衍,时有拿高句丽历史说事者,对王建的冒充、忠宣王的称赞、徐熙的直白等,更有全新的发挥,恢复高句丽旧疆的梦想,仍在困扰着那些不愿正视历史真相的人们,号称高句丽是其国最强盛时期,而不知其可悲哉。

(原载《东北史地》2006 年第 6 期)

[1]《高丽史》卷 3《成宗世家》。

[2]《高丽史》卷 94《徐熙传》。

10　唐明宗披露了高丽太祖王建的族籍

朝鲜古代历史，自箕氏朝鲜至李氏朝鲜，各代王朝的演变与发展，似乎与中国相应的诸政权，无不发生过某种联系。

10世纪初期，王建所创立的高丽政权，主要是半岛历史发展的必然结果。但是，王建并非是半岛土著新罗人的子孙，而是来自中国淮河流域的汉人的后裔。有关此一问题的谜底，曾被后唐明宗李嗣源所披露，并由宋太宗赵光义所佐证。二者披露与佐证，又皆被郑麟趾载入《高丽史·太祖世家》、《成宗世家》中。但是，郑麟趾却称“高丽之先，史阙未详”[1]，因而在阐述《高丽世系》过程中，对唐明宗和宋太宗所言王建之祖籍，进而由其祖籍，可确定其族籍，均未置一词，令人大惑不解。如若将此一问题，同王建为何定国号为高丽，一并进行深入探讨，便可寻出其端倪。但是，朝鲜历代的史学家们，除了郑麟趾作了载录而外，余者对唐明宗和宋太宗的披露、佐证，皆避而不谈，讳莫如深。

10.1　王建先世乃长淮茂族

据史书记载，后梁贞明四年（918），王建取代弓裔称王后，其所建立的高丽政权，尚未同后梁建立隶属关系，后梁便于王建称王六年（923）就灭亡了。至王建称王九年（926）、十年和十五年（932），高丽相继三次遣使后唐，贡献方物。在第三次遣使过程中，后唐明宗正式宣布：“以权知高丽国事王建为检校太保，封高丽国王”[2]，双方正式确立了隶属关系。翌年三月，唐明宗命王琼、杨昭业为册封使，到达高丽，直接向王建宣诏

[1]《高丽史》卷首《太祖世家》。

[2]《旧五代史》卷43《唐明宗纪》。

授封。《高丽史·太祖世家》十六年(933),详载了此册诏的内容。兹就册诏中有关王建祖籍的两段内容,择录如下,而后再逐一阐释。

其一,咨尔权知高丽国事王建,身资雄勇,智达机钤。冠边城以挺生,负壮图而间出。山河有授,基址克丰。踵朱蒙启土之祯,为彼君长;履箕子作蕃之跡,宣乃惠和。俗厚知书,故能导之以礼仪;风骁尚武,故能肃之以威严。提封于是谧宁,生聚以之完辑。

其二,又诏曰:卿长淮茂族,涨海雄蕃。以文武之才,控兹土宇;以忠孝之节,来禀化风。贞规既篆于旗,常宠数是,覃以简册。如伦如綍,已成虎穴之荣;宜室宜家,足显鹊巢之美。

第一段诏文中,一个"踵"字和一个"履"字,直接将王建的称王建国,比喻成朱蒙之"启土"称王,箕子之"作蕃"立国,是朝鲜半岛历史上继此二者之后,又一位来自中国的统治者,创立了一个新的高丽政权,成为高丽君长,并带去幸福与和乐。

第二段诏文,孤立地看,不易立刻理解其意。由于有第一段诏文的提示,只要对几个关键词稍加训释后,便可理会其全部含义。首先,"卿长淮茂族"一句,"卿"显然是指王建本人。长淮茂族则有两层含义,一是说其祖籍在长淮,二是说其先祖为长淮的名门望族,属于官宦之家。同时,又可根据其祖籍,确定其族籍。如果长淮为新罗所属地界,则王建为新罗人子孙。反之,如长淮在中国,王建当为汉人后裔。

为究知长淮所在,首先对朝鲜古籍进行检索。在高丽以前的有关《地志》中,无"长淮"这一地名,不可能是新罗或百济之地。依据接下来"涨海雄蕃"一句含义,显然是说王建自半岛以外地方渡海而来,并称雄于半岛。一个"蕃"字,恰好反证王建非半岛土著族人,对王建来说,半岛是"蕃域"。再结合前段诏文中的"踵"、"履"二句之意,应到半岛以外的中国去寻找长淮所在。

从中国古籍中获知,在唐明宗之前,唐玄宗时期的著名诗人王维,曾于其《送方城韦明府》一诗中,就已用过"长淮"二字。诗云:"高岛长淮水，平芜故郢城。”[1]句中的“长淮水”与“故郢城”相对仗，“郢”为楚国都城，“故”为“郢”的修饰词。由此可知“淮”字为实词，“长”为修饰词。唐明宗以后，仍多有用“长淮”二字者，南宋词人张孝祥在其很有影响的《六州歌头》一词中，也曾将“长淮”二字入词。词云“长淮望断，关塞莽然平”。余者无须赘举。总之，唐明宗册诏中的“长淮”为通用词，意指淮河或淮河流域。“长”字为广远辽阔之义，为修饰词，不可理解为长江之代词，古时皆以“江”字代表长江，称为江淮，如孟子所言：“水由地中行，江淮河汉是也。”[2]由此可以断定：王建的先祖为淮河流域的名门望族，王建本人为淮河流域汉人的后裔。

再者，“足显鹊巢之美”，是一句双关语，典出《诗经·召南·鹊巢》篇，诗云“维鹊有巢，维鸠居之”。本意是歌颂女子出嫁后，以夫家为家，即所谓的“宜室宜家”。但后世往往以此诗讽喻某些人强占他人居处，称为“鹊巢鸠占”，即鸠不筑巢，专占鹊之巢。唐明宗的此句诏文，一是赞扬王建在半岛上建功立业，二是与“涨海雄蕃”相呼应，含有鹊巢鸠占之意，进一步指出王建为半岛外来者后裔的身世。

王建祖籍长淮，不独唐明宗知晓，宋太宗也有所掌握。宋太宗太平兴国七年(982)，封高丽成宗为“检校太保、玄菟州督都，充大顺军使，封高丽国王”。雍熙二年(985)，又加封成宗为检校太傅，遣翰林侍书王著、侍读吕文充使，前往高丽宣诏加封。[3] 加封诏书上称：“贤臣是宜均洒，泽以畴庸。遣皇华而锡命，尊为汉傅，进彼侯封。常安百济之民，永茂长淮之族。”[4]句中的百济，系指高丽，以故代新。盛赞王氏祖孙使高丽民众得到长久安居乐业，也使祖籍长淮的宗族永远繁茂昌盛。宋太宗此句诏文的出现，恰好与唐明宗诏文中的“长淮茂族”互相印证、前后呼应，使主证有了旁证。从而使王建祖籍在中国淮河流域成为铁案，毋庸置疑。

---

〔1〕《全唐诗》卷126。

〔2〕《孟子·滕文公下》。

〔3〕《宋史》卷487《高丽传》。

〔4〕《高丽史》卷3《成宗世家》“四年”。

据《高丽史·太祖世家》二年(919)和六年(923)的记事,先后有吴越国文士酋彦规、朴岩投归高丽。吴越国乃唐朝末期兴起于淮海一带的地方势力,其魁首钱镠。唐天祐四年(907),"梁太祖即位,封(钱)镠吴越王兼淮南节度使"[1]。该地文士,于王建立国日浅、脚跟未稳之际,毅然来投,不能排除这些文士与王建有着同乡之谊的因素,是慕名而来,互为借重,也可反映王建与祖籍始终保持着某种联系与沟通。

10.2 王建先人的荒怪传说

由于各种历史因素,朝鲜半岛古代诸政权,崇慕华风,多有仿效。特别是对汉唐礼仪典章,皆有所颁行。但是,王建立国后,无立祖庙,谒祖陵的祭奠仪式。在封建时代,祀与成为治国首要大事,人们对王建的无祀先祖,怎能不产生疑问?其孙成宗尚知"邦家之本,宗庙为先"[2],难道王建会不知此一道理?唯独曾在幼年受到王建召见的崔承老,替王建开脱说:"创业之初,致平日浅,宗庙社稷,且未光崇;礼乐文物,犹多阙乏。"[3]此番开脱,也证明了王建不曾有过祭祀先人之举,而崔承老所说"致平日浅",似乎又不能成为不祭的真正理由。其称王二年(919),王建曾追尊三代祖考谥号。令人不解者,三代祖考皆无名讳,也无行状,而妣之姓氏也无从可知,焉有如此追谥者!倍感耐人寻味。

据《高丽史·景宗世家》所载,景宗于光宗二十六年(975)嗣位后,迅即"加上六代考妣尊号"。景宗为王建之孙,其六代祖为王建的高祖,即王建所追尊之曾祖考始祖元德大王之父。虽然仍不载景宗所加上六代考妣名讳、姓氏,但景宗当是知道的,否则就没有追加尊号的意义了。为何王建与其孙追谥的先祖,皆不知其名讳和行状?究其原委,不外乎内有隐情,不宜对外人道也,有意讳莫如深。

按《高丽史·高宗世家》记载,高宗十九年(1232),为避蒙古铁骑入

---

[1]《新五代史》卷67《吴越世家》。

[2]《高丽史》卷3《成宗世家》"十一年"。

[3]《高丽史》卷93《崔承老传》。

侵之乱，权臣崔瑀“胁王迁都江华”，随之“移葬世祖、太祖二梓宫于新都”。三十年(1243)，“移葬世祖、太祖于江华盖骨洞”。由此可知，王建之父死于高丽，梓宫尚在。其卒年当在896年投奔弓裔之后，至919年王建追尊谥号之前，共计22年中的某一年。如此重大事件，为何也秘而不宣？此前，在显宗二年(1011)春，由于“契丹主入京城，焚烧太庙、宫阙，民屋皆尽”，遂移安太祖梓宫于负儿山香林寺。至七年(1016)正月，“奉太祖梓宫，复葬显陵”。九年(1018)十二月，契丹侵扰又烈，复“奉太祖梓宫，移安于负儿山香林寺”。[1] 在此两次移安与复葬太祖梓宫过程中，对世祖的梓宫是作如何处置的？也是秘不可知，可谓保密至极。

自高丽成宗时起，对先人陵庙祭祀礼仪渐趋完备，祭祀频率也日益增多。其嗣位七年(988)，按汉唐诸侯王礼仪，“始定五庙”。翌年四月，“始营太庙”，十一年(992)十二月，“太庙成”，并对下教曰：“邦家之本，宗庙为先”，[2]将祭祀先人视为治国先行要务，引导人们重视对祖先的祭拜。但是，成宗及后世诸王，对太庙的立主情节，皆始于太祖，而无始祖、懿祖和世祖之祭。同时，也无拜谒其陵墓之祭奠。直至高丽末叶，第31世恭愍王嗣位后，曾一度大张旗鼓地祭祀宗庙，祈祷山川神灵，并令平壤府修箕子祠奉祀，[3]就是没有对王建先人陵庙的拜祭，始终令其先世“史阙未详”。

韩致渊《海东绎史·高丽世纪》卷首按语，称王建先人“世仕新罗”。而《新五代史·高丽传》，称王建“高丽大族也”。依据二者提示，或许会找到一些有关高丽王室先世的史事。但是，经过查阅，现存史籍中，找不到足以证明“世仕新罗”和“高丽大族”的足够证据。仅在《高丽史·太祖世家》中，有“世祖时为松岳郡沙粲，乾宁三年(896)丙辰，以郡归于裔”的点滴记载。既为松岳郡沙粲，便是仕于新罗，但不能证明为世仕。如果存在世仕背景，王建父子不太可能轻易背叛新罗，而改降反贼弓裔。况且当时，弓裔势力尚处于初期微弱阶段，还看不到必将

[1]《高丽史》卷4《显宗世家》。
[2]《高丽史》卷3《成宗世家》。
[3]《高丽史》卷38《恭愍王世家》。

取代新罗的趋势，怎会轻易舍弃“世仕”资本，而把赌注压在反贼身上？因此，世仕说尚需有新的史料来佐证。

在《高丽史》中，所记载的王建家族成员，也是屈指可数，还看不出是“大族”的迹象。王建自身，无兄无弟，仅有堂弟王式廉，于王建称王元年(918)，被任命为镇守平壤的都护，其父名平达，为三重大匡。另有王建称王八年(925)，以堂弟王信与甄萱外甥真虎，互换为质，两相抵押，其父之名也未可知。第三位堂弟王万岁，被封为宁海公，其生平失载，也不知其父名。其七世孙王珪，于神宗时拜门下侍郎、同中书平章事。《高丽史》中有《王珪传》。如果上述三位堂弟不是同父，王建当有二至三位叔父，即所谓大族成员。据《高丽史》后妃与宗室列传记载，王建的后妃、夫人，共有29位，生子25人，生女9人，以此则堪称“高丽大族也”。而《新五代史》所言之大族，似非指此。所有这一切，都无助于解开王建的身世之谜。

当代中国民族史学家杨保隆先生，于《古代中国高句丽历史丛论》一书中，在论述《王氏高丽非高句丽之旧》一节时，曾推论“王建的远祖极可能为乐浪郡的汉人”，颇有识见和启迪意义。嗣后，又有学者指出：“王建身世之谜和他为何定国号为高丽，或许同当时的历史背景及政治意图有关。”[1] 在杨保隆先生的基础上，又有进一步的发挥、探索。现在有了唐明宗和宋太宗所提供的史料，王建乃“长淮茂族，涨海雄蕃”，其祖籍与族籍终于大白于天下，也使其身世之谜露出头绪。

10.3 朝鲜古籍避谈王建先世

封建时代，王权至上，王的隐私，令人避讳。王建的身世，自己不说，他人何敢轻言！故而千载扑朔迷离，不为世人所知。对于唐明宗诏中所言其祖籍，不敢有谁据此而断其为汉人后裔，皆避而隐之。随之而来的，美化、遮掩王建身世的神话不胫而走，任其荒诞不经，怪异无边。

---

[1] 史长乐：《王建为何定国号为高丽》，载于《东北史地》2006年第6期。

首先，撰修《三国史记》的金富轼，当见过唐明宗册诏。因为他先后在高丽仁宗时的翰林院、宝文阁、集贤殿供职，充任过编修官、监修国史等，是高丽统治集团核心成员之一，曾参与了《睿宗实录》和《仁宗实录》的编修。保存于王室的档案，金富轼是有机会翻阅、掌握的。他是头一位在史书中谈及王建出生时间、地点的史官，也是第一位披露王建"操鸡搏鸭"谶语的官方发布人。先后在《三国史记》中，称"我太祖大王（王建）生于松岳郡"。[1] 松岳郡为新罗汉州所辖27郡之一，言下之意，王建为新罗人。对王建在称王前夕所制造的古镜刻字谶语，也清清楚楚记录在案，宣扬王建是"上帝降子于辰马，先操鸡后搏鸭"等神话。[2] 有的学者，根据此项记载，论证了王建为何定国号为高丽，是其不仅要取代号称鸡林的新罗政权，还要占领高句丽在鸭绿江两岸的旧疆。[3] 金富轼对于唐明宗所披露的王建祖籍，无一语道及，继续避免了因族籍的不同，而导致某些障碍的产生。但是，在《百济纪》结尾，金富轼论曰："秦乱汉离之时，中国人多窜海东，则三国祖先，岂其古圣人之苗裔耶？"此一发问，或许是有意引导人们去思考王氏高丽始祖的渊源，表明他对此有所知晓，唯不能明言。

其次，领衔编修《高丽史》的郑麟趾，既是高丽史权威，又是高丽政权的积极维护者。从王建声称"操鸡搏鸭"的918年，至《高丽史》修成的1451年，经历了漫长的500余年。由王建开始的高句丽情结，经过统治者们一再诱导，在广大民众心中，已成为一种极具凝聚力和号召力的精神武器，没人会指出王氏高丽不是高句丽的后继者，也不会有人说王建不是新罗人的后裔，郑麟趾也无法摆脱这种情感束缚。因此，在《高丽史·高丽世系》中的头一句话，郑麟趾就称："高丽之先，史阙未详。"短短几个字，便将王建的身世封锁起来，诱导与告诫人们，对此切勿探讨。接着，郑麟趾援引《太祖实录》即位二年，"追王三代祖考"的谥号。但是，所追尊的谥号，仍是令人摸不到头脑。既无考之名讳、行状，也无妣之姓

[1]《三国史记》卷11《新罗宪康王纪》"三年正月"。
[2]《三国史记》卷50《弓裔传》。
[3]史长乐：《王建为何定国号为高丽》，载于《东北史地》2006年第6期。

氏、籍贯，这样的记载，还能称之为《实录》吗？是谁将这些必要而又简单的内容删掉了？能说不是有意隐而不载吗？接下来更令人不解的是，既引述了金宽毅《编年通录》所载王建先世的无稽之谈，又全面加以否定、贬斥，称其“荒怪”、“怪异”、“不足信也”，其用意可谓良苦。

按金宽毅所说，王建第六世祖是颇具神奇色彩的圣骨将军虎景。第五世祖是虎景之子康忠。第四世祖是康忠之子宝育，被追尊为国祖元德大王。第三世祖是宝育娶其兄伊帝建之女德周所生之女辰义，追为贞和王后，由父系变为母系。祖为辰义“荐枕”于“中华贵人”所生之作帝建，“中华贵人”即指唐肃宗。父为作帝建娶西海龙王之女所生之隆，追为世祖。[1]

上述王建先世之离奇，自不待言，按其所述，回过头来自其父往上追溯，其父隆为龙女所生，加以“神化”。其祖作帝建当为“中华贵人”，即唐肃宗与辰义所生，是为“贵种”。其曾祖则为“中华贵人”，即唐肃宗，应是所追谥之始祖元德大王，辰义则为曾祖母。接下来，辰义之父宝育，宝育之父康忠，康忠之父虎景，三者皆为母系，属于外戚，非高丽父系之先世，不应以宝育为国祖或始祖。如此之高丽之先，不仅是“史阙未详”，又极为荒诞错乱不堪。郑麟趾作如此引述，无疑是替王建先世之谜打掩护。然而他又将唐明宗和宋太宗的诏书记载下来，证明他还有秉笔直书的美德，表现出封建时代史官忠与直的双重品格，将其记载，留给后人去认定评说，其功仍属不可没也。

至李氏朝鲜时期，王建所点燃的“操鸡搏鸭”欲火，非但未熄，而是更为炽烈，仍念念不忘获得高句丽旧疆，竟然成为朝野共同愿望。在此一形势下，无人会对王建的祖籍与族籍进行探讨。一旦身世的谜底被揭穿，谎冒高句丽戏台，必随之崩塌。因此，成书于1485年的徐居正《东国通鉴》卷12，以及成书于1823年的韩致渊《海东绎史》[2]卷13，

---

〔1〕《高丽史》卷首《高丽世系》。

〔2〕《海东绎史》未载其成书年月，其侄韩镇书在《海东绎史地理志考识》中称：“癸未年二月识。”而为该书作序的柳得恭生于1749年，为己巳年，往下推算，1763年为癸未年，但柳氏仅14岁。接下来，1823年之癸未年，柳氏74岁，故定该年为《海东绎史》成书之年。

两位作者皆当熟读过郑麟趾之《高丽史》,并都在书中记载了后唐明宗对王建的册封,但又皆将册诏内容一一删除,远比郑麟趾用心更良苦,笔削更干净彻底,丝毫不令他人知晓。特别是韩致渊在《海东绎史》卷54中,载有《后唐明宗册高丽太祖妃柳氏河东郡夫人制》,而不载唐明宗与此同时先册封王建为高丽王的诏书,实为本末倒置,删留不当。试问,未有对王建的册封,哪来的对柳氏的册封?无论是辞章文采,还是内容轻重,册封王建的诏书,都远比册封柳氏的制书更有意义和价值,其取舍的用意,也就不言自明了。

至李氏朝鲜中期以后,对高句丽旧疆的占有欲有增无减,试图通过对渤海旧疆的占领,而实现祖祖辈辈都要占领高句丽旧疆的愿望。1784年,名声显赫的柳得恭撰成《渤海考》,在其《序言》中,公开拿高句丽和渤海历史说事。大声疾呼:"为高丽计者,宜急修渤海史。执而责诸女真曰:'何不归我渤海之地!渤海之地乃高句丽之地也。'使一将军往收之,土门以北可有也。执而责诸契丹曰:'何不归我渤海之地!渤海之地乃高句丽之地也。'使一将军往收之,鸭绿以西可有也。竟不修渤海史,使土门以北、鸭绿以西,不知为谁之地,欲责诸女真而无其辞,欲责诸契丹而无其辞,高丽遂为弱国者,未得渤海之故地也。可胜叹哉!"柳得恭赤裸裸地发出领土要求的这声长叹,其由来已久,非是一朝一夕,同王建"操鸡搏鸭"战略一脉相承,是在新的形势下的继承与发展,从隐蔽而转为公开化,无需再用任何遮羞布掩盖。正是基于强烈的领土要求,柳得恭和他的前辈们,亦步亦趋,同声唱和,为隐匿王建身世,作出了同样"贡献"。不敢面对历史的真实,这才真正是"可胜叹哉"!

上述围绕王建祖籍、族籍所进行的点滴探讨,虽然以前鲜有专门论及者,但仍是对一个老话题的新求证而已。希望能有助于解开王建身世之谜,同时对其定国号为高丽的政治意图也能有更深的认识,敬请广大读者同志批评指正。

(原载《东北史地》2007年第3期)

11 金富轼的三国鼎峙说

《三国史记》,是金富轼奉王命而修撰的王氏高丽前朝国史。内中以新罗历史为主轴,附以百济历史,并将高句丽历史一并纳入其中,称三者“开基鼎峙,能以礼通于中国”[1]。又称朝鲜古史“年代绵邈,文字疏略,固莫得而详焉。至于三国鼎峙,则传世尤多”[2]。从而在立意上,将高句丽历史,一并视为王氏高丽的前朝国史,成为后世称古代朝鲜三国鼎立时代论之滥觞。

但是,金富轼在具体阐述过程中,仅以新罗传祚于王氏高丽,而百济为新罗所并,与王氏高丽无直接继袭传承关系。至于高句丽,则是半岛的外来入侵者,与古代朝鲜历史,不存在继袭传承关系。从书中所表达的内容,以及修书时的历史背景等可以看出,所谓的三国鼎峙说,不是金富轼本人孤立的创意,乃是奉王命的产物。其迎合曲从,相互矛盾,在所难免。他用抽象肯定和具体否定手法,以表达个人对王氏高丽前朝国史的认知。既体现出维护高丽王朝权威的忠诚,又展示了尊重客观史实的美德,是一位不朽的历史学家。

高丽王朝,是朝鲜高句丽情结形成期,对金富轼抽象提出三国鼎峙说,自然是欣然接纳,奉为至论。而对其具体否定三国鼎峙说,则置若罔闻,不肯思索。其流误至深,自不待言。故而本篇,仅据金富轼在书中的阐述,逐一品味:他既是三国鼎峙说的首倡者,又是三国鼎峙说的第一位质疑者;他否定的不是自己,而是否定以国王为代表的统治者的意图。

11.1 金富轼的显赫身世

金富轼在《三国史记》署名前,冠以“输忠定难靖国赞化同德功臣、

[1]《三国史记·进三国史记表》。

[2]《三国史记》卷29《年表序》。

开国仪同三司、检校太师、守太保、门下侍中、判尚书事、兼吏礼部事、集贤殿太学士、监修国史、上柱国、致仕臣”等封爵官职。高丽毅宗时,又加封其为“乐浪郡开国侯,食邑一千户”。死后,“谥文烈”。[1] 此一加封,因事在成书之后,故不得冠于署名前。如此一长串显赫封赏秩授,表明他是王氏高丽统治集团的核心成员,同朝廷荣辱与共,存亡相依。其文韬武略,咸集一身,是古代朝鲜历史上,不可多得的立德、立功、立言的不朽人物,颇值得后世称颂敬仰。

金富轼祖籍庆州,为新罗故都,颇有称其为新罗王室后裔者。高丽时,其曾祖为庆州一州之长,父为国子祭酒、左谏议大夫。金富轼与其兄富佾、弟富仪,皆“少力学,登第,直翰林院”[2],先后位列宰枢,参与朝政,职掌津要。如此深厚家世渊源,自然在金富轼身上打下明显烙印。尽管其对新罗历史,喜其盛而哀其弊,但对于敬顺王率群臣归降高丽的结局,则称其“虽非获已,亦可嘉矣”,“其有功于朝廷,有德于生民甚大”。[3] 不为新罗亡国而悲叹,完全是站在高丽王朝的立场上。

据《高丽史·金富轼传》记载,金富轼卒于高丽毅宗五年(1151),寿77岁,故当生于文宗二十九年(1075)。肃宗元年(1096),科举登第。[4] 经过肃宗、睿宗两朝20余年的官场历练,仁宗时期(1123—1146),是其大展宏图、建立丰功伟业的重要阶段,在官场和文坛上,其声望日隆,名闻天下。

仁宗即位时,金富轼官职,仅为宝文阁待制,侍从国王,列席朝议。因其刚直不阿,一身正气,对权臣误国乱常行径,敢于廷争面斥,深得仁宗倚重。自仁宗四年(1126)始,先后拜其为御史大夫、户部尚书、翰林学士承旨、平章事、守司空、知枢密院事、判三司、中书侍郎、判兵部事等。其职司一路飙升,肩负起朝廷重任。十三年(1135)正月,妖僧妙清等据平壤叛乱,另立朝廷。仁宗命身为判兵部事的金富轼为元帅,督

---

〔1〕《高丽史》卷98《金富轼传》。

〔2〕《高丽史》卷97《金富佾传》。

〔3〕《三国史记》卷12《新罗敬顺王纪》。

〔4〕马大正等:《古代中国高句丽历史续论》,第381页。

军戡乱。战场上,文士出身的金富轼,尽显军事指挥才能,勇于战阵,擅长运筹。历经年余,扫平贼寇,向朝廷献捷。仁宗在嘉奖其军功的诏书中称:“卿以文武之才”,“收万世之伟绩。非卿万全之策,不能至此”,遂拜其为输忠定难靖国功臣等。至十六年(1138),仁宗仍念念不忘其丰功伟绩,又加封为检校太师、集贤殿大学士、太子太师。二十年(1142),又加赐同德赞化功臣勋号。其荣崇再无以复加,鲜有可及者。

但是,金富轼是位荣辱不惊、进退有度的长者。仁宗二十年(1142),金富轼虽已年迈,而精神、体力尚佳,却“三上表,乞致仕”,终获仁宗“许之”。他卸去头顶桂冠拘压,摆脱周身庶务缠绕,唯独把监修国史重任继续担在肩上,遵照仁宗所托,专心致力于《三国史记》的修撰。三年(1145)后,终于完成此项伟业,修成《三国史记》。金富轼之名,也随《三国史记》而不朽。

11.2 王氏高丽拿高句丽说事

高丽成宗元年(982),为强化各项统治,“改百官号”,以健全内外官衙设置。国初所开置的史馆,也当于此时改名为春秋馆。其内所设属官,有监修国史、修国史和同修国史,分别以侍中和二品以上官员兼之,足见其重要性。其职司虽为“掌记时政”[1],而修撰前朝国史的职责,也当是春秋馆分内之事,由其属官的名称,即可知晓。

成宗时,曾以内史侍郎崔亮监修国史,当是高丽王朝首位兼任此职者。[2] 此后诸王,虽屡有监修国史者之任命,但高丽前朝国史,迟迟未能修竟。自高丽太祖称王之日起,发愿“操鸡搏鸭”,要占有高句丽旧疆。[3] 此后,每当高丽与契丹或女真发生疆土之争时,高丽上下,都要拿高句丽历史为由头,论事相争,将王氏高丽冒充为高句丽的后继者。诸如成宗十二年(993),契丹东京留守萧逊宁率兵攻破高丽蓬山

---

〔1〕《高丽史》卷76《百官志·春秋馆》。

〔2〕《高丽史》卷93《崔亮传》。

〔3〕史长乐:《王建为何定国号为高丽》,载于《东北史地》2006年第6期。

郡,成宗命内史侍郎徐熙与萧逊宁议和。交涉中,萧逊宁称:"汝国兴新罗地,高句丽之地,我所有也,而汝侵蚀之。"徐熙则反驳说:"非也,我国即高句丽之旧也,故号高丽,都平壤。若论地界,上国之东京,皆在我境,何得谓之侵蚀乎!且鸭绿江内外,亦我境内。"[1]既赤裸裸地造假,又念念不忘占有之。又如仁宗四年(1124),金太宗许诺将鸭绿江下游南岸的保州之地赐予高丽。仁宗在致金《谢宣谕表》中称:"保州城地,许属高丽,更不收复。切(且)以句丽本地,主彼辽山;平壤旧墟,限于鸭绿,累经变迁。逮我祖宗,值北国之兼并、侵三韩之分野,虽讲邻好,未归故疆。"[2]继续将高句丽旧疆,视为王氏高丽之地,大有得陇望蜀之诉求,幻想全部占有之。

高丽君臣这种空口无凭的争辩,公然当众扯谎,背离史实,在辽金面前,显得既无力又尴尬,非常需要有一部能将高句丽历史纳入其中的高丽古史。此一迫切需要,自然成为仁宗命金富轼修撰《三国史记》的直接因素,也是其三国鼎峙说的主导思想。

再者,此时高丽立国已200余年,为了确保江山永固,长治久安,十分需要从历史中吸取治国经验教训,以史为鉴。然而诚如金富轼在《进三国史记表》中所说,对于自己祖先之事,"却茫然不知其始末。甚可叹也"!宜将"君后之善恶,臣子之忠邪,邦业之安危,人民之理乱"等,"克成一家之史","以垂劝戒"。因此,金富轼修撰《三国史记》,具有明显的现实意义。

11.3 高丽前朝国史为何难产

高丽仁宗,14岁即位。权臣欺主年幼,贪恣擅权;奸凶跋扈凌弱,流毒三韩。幸得金富轼一班贤臣倾力辅佐,除暴平乱,才度过重重劫难。金富轼盛赞仁宗"自少多才艺,晓音律,善书画,喜观书",常命近

[1]《高丽史》卷94《徐熙传》。
[2]《高丽史》卷15《仁宗世家》。

臣讲解《春秋经传》等典籍,“专以德惠安民”,[1]是位仁慈国君。正因为仁宗尚文的爱好和情趣,也给金富轼著书立说创造了良好氛围,使之得以不辱使命,顺利修成《三国史记》。

据《高丽史·仁宗世家》记载,仁宗在位的24年间(1122—1146),十分重视国史修纂。特别是为应对北邻女真人的崛起,亟须拿含有高句丽历史在内的前朝国史,与金人讨价说事,多次授命大臣为监修国史,其迫切之情,实为形势所逼。睿宗十七年(1122)四月,仁宗嗣位。八月,即以金富轼为编修官,参与《睿宗实录》的编修。元年(1123)四月,以金缘判秘书省事、监修国史。五年(1127)十二月,以李公寿判吏部事、监修国史。八年(1130)十二月,以金富轼为政堂文学、修国史。十一年(1133)四月,以文公仁判尚书兵部事、监修国史。十四年(1136)三月,金富轼督师平乱得胜后,也被拜为监修国史之职。二十年(1142)十二月,金富轼辞官致仕后,又以判尚书吏部事任元敳为监修国史。

尽管仁宗如此关注国史修纂,多次任命重臣为监修国史,但高丽的前朝国史,却迟迟未能修成。如若从国初即已开设史馆,至此时已逾200余年,前朝国史何以如此难产?究其原因,不外乎主客观两方面因素。

主观上,自王建定国号为高丽时起,就将其视作高句丽政权的继承者。所修撰的王氏高丽前朝国史,必须将高句丽的历史纳入其中,以体现以王建为首的高丽统治者的意志。然而事实上,王氏高丽与高句丽无任何传承继袭关系。这样一来,令修史者在表达统治者的意志和尊重史实面前,处于两难的尴尬境地。如若遵从前者,便须捏造史实,弄虚作假,则为世所不齿,遗臭万方。如若坚守后者,秉笔直书,便有违背圣意之咎,大逆不道,轻则遭遇贬黜,重则获刑治罪。故而虽屡有受命监修国史者,却既无曲从迎合者,也无敢于秉笔直书者,使前朝国史屡难修成。

---

[1]《高丽史》卷15《仁宗世家·史臣赞曰》。

客观上,高丽前朝国史资料匮乏,积累不足,存世者甚少。诚如金富轼所言:中国古籍中的有关记载,“详内略外,不以具载”,可资采纳者有限。而自身的《古记》,“文字芜拙,事迹阙亡”。[1] 令修史者难为无米之炊。

因此,要修成高丽前朝国史,必须首先化解主观上的两难矛盾,接着再解决客观上的资料不足问题。金富轼以他超凡的才智,在《三国史记》中,采取二元定律法规:表面上,抽象地肯定;事实上,具体地否定。既体现了圣意,将高句丽历史纳入其中,又尊重了史实,不承认王氏高丽与高句丽有继袭传承关系。在解决客观难题上,尽其所能,广收博采,冶为一炉,以成各篇。

11.4　新罗发端于三韩

《三国史记》,以《纪》为主体,而《纪》之主体为《新罗纪》。在《志》与《传》等部分,也是详新罗而略百济、高句丽。金富轼之所以突出新罗历史的分量,无非是强化王氏高丽承袭新罗之意识。故而对新罗历史情有独钟,详予记述。

有关古代朝鲜国家起源的历史,金富轼认为:“海东有国家久矣。自箕子受封于周室,卫满僭号于汉初,年代绵邈,文字疏略,固莫得而详焉。”[2] 将箕氏朝鲜作为朝鲜有国家的开始。但是,新罗的历史,与箕氏或卫氏朝鲜,无直接关联,而是发端半岛南部的三韩。只是卫氏政权灭亡后,其遗民流入三韩地区,“分居山谷之间,为六村”,“是为辰韩六部”。而新罗始祖朴赫居世,出生于六村中的高墟村,“及年十余岁,岐嶷然夙成。六部人以其生神异,推尊之,至是立为君焉”。[3] 因此,朴赫居世极有可能是卫氏朝鲜遗裔。但是,有关朴赫居世的卵生神话、姓氏由来、名字特征、称王为居西干、国号为徐那伐等印迹,皆当为三韩属

[1]《三国史记·进三国史记表》。
[2]《三国史记》卷29《年表序》。
[3]《三国史记》卷1《新罗始祖赫居世居西干纪》。

性，与卫氏朝鲜有别。因此，朴赫居世又当是土著韩族后裔。同时，此段记述，也说明新罗立国之前，所谓的三韩诸国，仅是氏族部落而已，尚未形成真正意义的国家。至朴赫居世于前汉孝宣帝五凤元年（前 57），称王建国后，三韩之地始进入国家统治时期。此刻距卫氏朝鲜亡国仅半个世纪左右，由于成批卫氏朝鲜遗民的到来，使土著的三韩民众，吸收了较为先进的卫氏朝鲜文化理念，促进了新罗国家的诞生。

此外，在新罗近千年的历史中，共产生了 56 位国王。前 22 位国王中，分别是称王为居西干、次次雄、尼师今、麻立干，保留着浓厚的土著气息。自第 23 世法兴王后，则皆称王。同时，在前 17 位王中，国王姓氏，由第 3 代朴氏，传位于第 4 代昔氏，随后第 4 代昔氏，又传回第 5 代朴氏。至第 8 代朴氏，又传给第 9 代昔氏，至第 12 代昔氏，传给第 13 代金氏，第 13 代金氏，又传给第 14 代昔氏，至第 16 代昔氏传给第 17 代金氏后，直至第 52 代孝恭王金峣死后，传给第 53 代神德王朴景辉。至第 55 代景哀王朴魏膺被甄萱杀害后，又传给第 56 代敬顺王金傅。前后朴氏 10 王，昔氏 8 王，金氏 38 王。三姓诸王，虽几经传换，而其始祖一直是朴赫居世，并未因国王姓氏改变，而变更始祖，表明新罗前期，受中国文化影响较浅，尚保留浓厚的当地氏族自身的特征。

总之，今天对古代朝鲜历史的认知，得益于《三国史记》者甚多，金富轼功不可没。

11.5 高丽为新罗的继统者

《三国史记》中，详明地记载了王氏高丽承袭新罗的经过，强调新罗历史为王氏高丽前朝国史之正统，高丽为新罗的继统者。

其一，书中明确指出，王建生于新罗宪康王三年（877）正月，出生地为新罗松岳郡。[1] 真圣王时，投奔反贼弓裔，加入反叛新罗行列，并很快成为弓裔麾下名将，屡受重用。至景明王二年（918），王建取代弓

[1]《三国史记》卷 11《新罗宪康王纪》。

裔,自立为王,建立高丽政权。[1] 由此证明:王建为新罗人,他称王立国,完全是新罗自身历史发展的结果,宣告新罗改朝换代已不可逆转。

其二,王建称王后,将斗争的矛头主要指向甄萱的后百济,促成逐鹿之势。对于新罗,王建则采取慰纳招抚政策,逐一收复其郡县,瓦解其根基,不急于以武力夺取之。而新罗在高丽的强势面前,已失去任何抵御能力,唯能以交聘和好手段,同高丽周旋,以苟延存续。并在对抗甄萱时,常与高丽互为应援,形成一定的休戚与共、唇齿相依的利害关系。在此一形势下,许多城邑官吏,脱离新罗,举城归顺高丽,使新罗进一步弱不能支。而高丽势力与日俱增,渐成定鼎之势。

其三,至新罗敬顺王九年(935),"王以四方土地尽为他有,国势孤弱,不能自安,乃与群下谋,举土降太祖",哀叹"孤危若此,势不能全。既不能强,又不能弱,致使无辜之民,肝脑涂地,吾所不能忍也"。在如此内外交困形势下,敬顺王"乃使侍郎金封休赍书,请降于太祖"。王建接到新罗降表后,立即部署隆重迎接敬顺王到来。敬顺王随即"率百寮,发自王都,归于太祖","太祖出郊迎劳",[2] 上演一场和平交权的好戏,顺利完成改朝换代。

其四,为固结敬顺王归顺之诚,安抚新罗民众,王建遂"以长女乐浪公主妻之",并"封为正承公","改新罗为庆州,以为公之食邑"。[3] 随后,王建又主动向敬顺王请婚,敬顺王则欣然以伯父亿廉匝干之女荐之,王建遂娶之为妃,并生下王子郁,进一步强化了高丽对新罗的和平继统关系。早在新罗儒理王死后,就有以其婿为脱解王的历史,将朴氏的新罗政权,转为昔氏的新罗政权。[4] 此一历史经验,为王建及其孙子景宗所采纳,甘愿做昔日新罗之婿。景宗"聘正承公女,纳为王妃,仍封正承公为尚父令"[5],实为仿效西周封吕望为尚父之遗事,以表彰其有大功于国家。高丽与新罗两王室的联姻,有如儒理王以其婿

[1]《三国史记》卷50《弓裔传》。
[2]《三国史记》卷12《新罗敬顺王纪》。
[3]《三国史记》卷12《新罗敬顺王纪》。
[4]《三国史记》卷1《新罗脱解王纪》。
[5]《三国史记》卷12《新罗敬顺王纪》

脱解王为王，使新罗王统的血脉，得以世代相传。对广大新罗民众而言，是一种慰藉，在情感上较能接受这一亡国结局，化解亡国之痛，减少对高丽政权的敌意，一帆风顺地完成政权转换。诚如景宗所说："家国既归于一统，君臣宛合于三韩"〔1〕，这无疑会有助于高丽政权开辟千秋永固的大好局面。

其五，金富轼将其对新罗归顺高丽，所持之无奈同情和肯定赞赏的复杂情怀，一并表露于《三国史记》中。称"若敬顺之归命太祖，虽非获已，亦可嘉矣。向若力战死守，以抗王师，至于力屈势穷，则必覆其宗族，害及于无辜之民。而乃不待告命，封府库，籍郡县以归之，其有功于朝廷，有德于生民甚大"。又称"我太祖妃嫔众多，其子孙繁衍，而显宗自新罗外孙，即宝位。此后继统者，皆其子孙，岂非阴德之报者欤！"〔2〕这段话很有安慰力，新罗政权虽然不存在了，但新罗王室的血脉未泯，与高丽王室血脉融为一体，继续得以传承延续。

据《高丽史》诸王《世家》记载，其王位的传承，确如金富轼所言，该书《宗室列传一》所载为王建生有子嗣的妃嫔 13 人，可谓众多。共生 25 子，也堪称繁茂。但有机会继承王位者，毕竟是少数。至于同一母系子孙，代代相传为王，与国祚相始终，实不多见。王建纳新罗敬顺王伯父之女金氏为妃，生子郁。郁虽未能继承王位，但其子询得嗣王位，是为显宗，显宗则追尊父郁为安宗，祖母金氏为神威王太后。自显宗以下至金富轼卒时，他所知道的 10 位高丽王，皆为郁之一系子孙，也即金氏直系子孙。金富轼死后，他所称赞的"阴德之报欤"，仍在延续，共计 14 王，也皆是金氏之子郁的直系子孙，未有一位是王建其余 12 妃嫔或其余 24 子的子孙，使新罗金氏血统，同高丽王氏血统，生生不息，一同延续 450 余年。兹据《高丽史》所载，将高丽世系列表附后，以详其实。

总之，金富轼在书中，清楚地告诉人们，王氏高丽继统新罗，领有三韩，高丽前朝的历史，为新罗时代，非所谓的三国鼎立时代。

---

〔1〕《高丽史》卷 2《景宗世家》。

〔2〕《三国史记》卷 12《新罗敬顺王纪论曰》。

11.6 高丽间接继承百济

《三国史记》所载百济兴亡始末，为探讨百济历史，提供了系统的基础史料，迄今未有出其右者。

百济建国背景颇与高句丽雷同，称其始祖温祚王，是朱蒙建国后，娶卒本扶余王第二女所生。后来，朱蒙在扶余同原配礼氏所生长子类利来到高句丽，被立为太子。温祚恐类利不容，与其兄沸流率众出走，遂至汉山河南之地，温祚称王，"都河南慰礼城"。此河南为汉水之南，属乐浪郡地。"其世系与高句丽同出扶余，故以扶余为氏"，其王室为中国北方涉貊族系。但是，至其二十六年(8)，"潜袭马韩，遂并其国邑"，[1]自此百济强盛起来。故而在事实上，百济是兴于马韩之地，属于三韩历史范畴，其盛衰兴亡，是三韩历史发展演变的一部分。

百济东据高山，与新罗相邻。两个政权建立后，竞相拓境开边，斥大疆宇，扩展势力，争做三韩霸主，形成对峙之势。至第二代多娄王二十九年(63)，百济率先"拓地至娘子谷城，乃遣使新罗请会，不从"[2]。自此矛盾显现，芥蒂丛生。继之，相争不断，战事连绵。直至百济灭亡，对峙始告终结。所谓的三国鼎峙，唯新罗与百济的对峙，乃是千真万确。

新罗与百济的对峙、相争，按金富轼所记载，无论是从地域范围视之，还是以族籍关系而论，实属在三韩这一特定地域内，不同族群间的争雄而已。二者都把并吞对方，作为扩张势力的首要目标和终极目的，定为不变的国策，以期独霸三韩，雄居半岛。但是，二者皆力有不逮，无以彻底战胜对方而吞没之，只能是打打杀杀，相争不断，几历600年之久。最后，至义慈王二十年(660)，百济被新罗与唐朝联手灭亡，三韩之地开始恢复平静。

百济灭亡后，昔日所拥有的"五部、三十七郡、二百城、七十六万

[1]《三国史记》卷23《百济始祖温祚王纪》。

[2]《三国史记》卷23《百济多娄王纪》。

户”，并未立即归属新罗，而是由唐朝来直接管辖，“析置熊津、马韩、东明、金连、德安五都督府，各统州县。擢渠长为都督、刺史、县令以理之。命郎将刘仁愿守都城，又以左卫郎将王文度为熊津都督，抚其余众”。[1] 足见其措施周密，管辖具体，进行有效的统摄。在此一形势下，新罗要拥有百济旧疆，必须要从唐朝手中获取，矛盾发生转化。至新罗文武王十五年(675)，几经明里向唐朝谢罪求饶，暗中蚕食侵夺百济故地，以软硬两手策略，终于“多取百济地，遂抵高句丽南境为州郡”[2]。“抵高句丽南境”一语，标志百济故地已尽为新罗所占有，开创了三韩的统一局面。百济的最终归宿，彻底为新罗所并。至景德王十六年(757)，新罗重新划定州郡时，将所占百济故地厘为熊、全、武三州，占新罗全境的三分之一，是灭亡百济的最大和最终的获益者。

金富轼所记述的这些百济兴亡历史，也告诉人们，王氏高丽政权的建立，与百济政权无直接承袭关系，仅是在继承新罗的同时，间接地继承了百济的历史。或者说，百济为三韩历史的一部分，在高丽领有三韩的同时，自然也领有了昔时的百济历史，成为间接承袭关系。

11.7　甄萱和弓裔为新罗的叛逆

金富轼将甄萱和弓裔，一并称之为群盗，属于新罗的叛逆一类。其所建立的后百济和泰封政权，为新罗末年的割据势力，与所谓的鼎峙无关。

新罗孝恭王四年(900)，甄萱宣称：新罗与唐朝灭亡百济，令其义愤难平，要誓为百济义慈王雪耻，遂称王，建立后百济政权。[3] 但是，此后百济，与彼之故百济，二者无任何瓜葛，更非是故百济遗民之复兴，仅是甄萱的一种策略，借以进行号召和鼓动。

---

[1]《三国史记》卷28《百济义慈王纪》。

[2]《三国史记》卷7《新罗文武王纪》。

[3]《三国史记》两处记载甄萱称王时间不一致。一是新罗《真圣王纪》六年(892)，称其“据州称后百济”；二是《甄萱传》称孝恭王四年(900)“自称后百济王”，当以孝恭王四年为确。

甄萱本人，生于新罗尚州加恩县，该县一直是新罗故土。甄萱成人后，到王京从军，升为裨将。至真圣王六年(892)，新罗政衰，“群盗蜂起。于是，萱窃有觎心，啸聚徒侣，行击京西南州县，所至响应，旬月之间，众至五千人”[1]。因此，他所建立的后百济政权，纯系新罗末年的割据势力，属于叛逆一类。

后百济政权的出现，无疑加速了新罗政权的灭亡。景哀王四年(927)，甄萱纵兵攻入新罗王京，“剽掠公私财物略尽，入处宫阙”，恣意匪为。“逼令王自尽，强淫王妃，纵其下乱其妃妾”。[2] 无道之甚，令人发指，民心丧尽。加之甄萱齐家乏术，酿祸于萧墙之内，诸子争权，手足相残。长子神剑为夺取王位，幽囚萱于佛寺，杀弟金刚于萱侧。在新罗敬顺王归顺高丽前半年(935)，甄萱逃出佛寺，投降高丽，王建则待以厚礼。嗣后，神剑等被王建铲灭，甄萱亦忧懑发疽而亡，使王建终于独享逐鹿胜果。

据《三国史记·弓裔传》所载，新罗末年，最大叛逆魁首，非弓裔莫属。其父为新罗宪安王或景文王，总之出自王室，为王子之一。因其生于五月五日，生时天象异常，有紫光冲天如虹，日官遂奏称：“恐将来不利于国家，宜勿养之。”王听信日官妖言，“敕中使抵其家杀之”。幸得乳母庇护，窃捧逃窜，劬劳养育。年十余岁时，为防身世泄露，招致杀身之祸，遂入寺为僧。及壮，“见新罗衰季，政荒民散，王畿外州县，叛附相半，远近群盗蜂起蚁聚”。于是，弓裔认为“乘乱聚众，可以得志”，遂于真圣王五年(891)，“投竹州贼箕萱”，踏上反叛新罗之路。

至新罗孝恭王五年(901)，弓裔已坐拥一方，遂宣告称王，而未宣布立国，当是绿林中山寨王一类。《三国遗事·王历》称王建所建立的政权为后高句丽，更是子虚乌有。至孝恭王八年(904)，弓裔势力进一步强大起来，遂始立国号为摩震，年号武泰，并置官设治，以铁圆为京城，顿成割据之势。孝恭王十五年(911)，弓裔改国号为泰封，改元水

[1]《三国史记》卷50《甄萱传》。

[2]《三国史记》卷12《新罗景哀王纪》。

德万岁元年，推尊佛法，大行谶纬之术，装神弄鬼，蛊惑民心，走入歧路迷途。“尔后多疑急怒，诸寮佐将吏，下至平民，无辜受戮者，频频有之。斧壤、铁圆之人，不胜其毒焉”，搞得人人自危，众叛亲离。

至新罗景明王二年(918)，弓裔终于为自己的暴虐狂乱，付出惨重代价。众将为求自保，群起倒戈，拥戴王建为王，取而代之。弓裔闻此情景，“不知所图，乃微服逃入山林，寻为斧壤民所害”，为王建扫除取代新罗的最后障碍。

金富轼在《传》尾论曰中称：“新罗数穷道丧，天无所助，民无所归。于是，群盗投隙而作，若猬毛然。其剧者弓裔、甄萱二人而已。”又称“裔、萱之凶人，岂可与我太祖相抗欤”！此番论曰，大有胜者王侯，败者贼寇的味道，难道王建就不是“群盗投隙而作”？实为一类，只是立场不同，则论曰有别罢了。弓裔、甄萱虽未能亲手推翻新罗，新罗却因弓裔、甄萱造反而亡，唯胜利果实被王建所独获而已。

11.8 高句丽是半岛的入侵者

金富轼在阐明新罗为高丽前朝国史正统后，又详细阐明高句丽与古代朝鲜历史无任何传承继袭关系，也就是说，王氏高丽与高句丽政权无关，只是未直言不讳而已。

首先，金富轼在高句丽《始祖东明圣王纪》中，对朱蒙建国时间、地域、族籍等，作出明确交待，以表明与王氏高丽建国时间、地域、族籍等，相差甚远，不具有任何承袭和连带关系。称始祖朱蒙出自扶余王室，因其才能出众，遭太子带素妒忌，不能见容，欲暗中害之，迫使其避祸南逃。朱蒙涉险逃至卒本川后，聚众建国。“但结庐于沸流水上居之，国号高句丽，因以高为氏”。时间是在“汉孝元帝建昭二年(前37)，新罗始祖赫居世二十一年甲申岁也”。此卒本川，在中国辽东之浑江流域，属汉之玄菟郡高句丽县辖境，并由“高句丽令主其名籍”[1]，为西汉之

[1]《三国志》卷30《魏书·高句丽传》。

地方民族政权，同朝鲜半岛上的人和事无关。

其次，金富轼在《宝藏王纪》结尾论曰中，总结高句丽政权灭亡的历史教训时，再次强调："高句丽自秦汉之后，介在中国东北隅，其北邻皆天子有司。乱世则英雄特起，僭窍名位者也。"进一步明其所在，定其所属，为中国东北的僭窃名位者。又称"及其东迁，值隋唐之一统，而终于王降国灭而后止"。所谓东迁，系指迁都平壤，即由辽东迁入半岛，非是半岛土著，为半岛外来者。所谓一统，说明隋唐征高句丽，是为实现统一而进行的征战，属一国之内事务，高句丽始终未脱离与中国诸政权的隶属关系。同时，金富轼还认为：高句丽政权不具有古代朝鲜仁贤宽简、天性柔顺的特征，同号称礼仪之邦的新罗，有着天壤之别。其更多地表现为凶悍恃勇、与邻为敌。所谓"居多惧之地，而无谦异之意，侵其封场以仇之，入其郡县以居之，是故兵连祸结，略无宁岁"，最终导致灭亡。

再次，金富轼对高句丽占有半岛半壁江山始末，也有清楚记载。告知人们，高句丽是半岛的外来入侵者，非是半岛的土著政权，自有其产生与灭亡的轨迹可寻。朱蒙建国的卒本川，与半岛仅有鸭绿江一水之隔，近在咫尺，自然是高句丽向外扩张的目标之一。建国六年（前32）十月，朱蒙命将"伐太白山东南荇人国，取其地为城邑"，标志其已进入半岛沿江地带。[1] 至第三世大武神王九年（26）十月和十二月，高句丽接连征服了鸭绿江彼岸的盖马国和句荼国，"以其地为郡县"，"由是拓地浸广"。又于其二十年（37），"袭乐浪，灭之"，一度拓境至半岛腹地。但是，乐浪为东汉之边郡，岂容高句丽占有！至其二十七年（44），"汉光武帝遣兵渡海，伐乐浪，取其地为郡县，萨水以南属汉"。[2] 萨水为今之清川江，以南属汉，即收复了原乐浪郡，继续由东汉管辖，而高句丽势力被限定于萨水以北，在此后的漫长岁月中，乐浪郡一直掌控在汉、魏、晋诸政权手中，令高句丽继续南扩计划受挫，迟迟未能如愿。

---

〔1〕孙玉良：《高句丽向朝鲜半岛扩张始末》，载于《东北史地》2004年第1期。

〔2〕《三国史记》卷14《高句丽大武神王纪》。

至太祖王四年(56),高句丽"伐东沃沮,取其地为城邑,拓境东至沧海,南至萨水"[1]。标志图们江和鸭绿江以南,至萨水以北的半岛地区,此时已纳入高句丽的辖域,而对乐浪之地,只能望而生叹,等待时机。

至美川王十四年(313),经过257年的漫长等待,时逢西晋末年政衰,边力薄弱之际,高句丽抓住时机,"侵乐浪郡,虏获男女二千余口"[2],并占据了乐浪。金富轼对高句丽此次侵乐浪,只称其虏获人口,并未明确指出高句丽在此役中占据了乐浪。根据中国古籍的相关记载,可以断定乐浪郡在此时被高句丽夺得[3],始与新罗、百济二者接壤。

此后,又经过百余年与新罗、百济的争锋,高句丽将势力推进至汉江流域,稳稳据有半岛的半壁江山。至长寿王十五年(427),为牢固掌控在半岛上的既得利益,高句丽将王都迁至平壤,雄居于半岛,达240余年。

至宝臧王二十七年(668),唐朝联合新罗,一同兴兵灭亡高句丽。其遗民分投各地,融入所在民族中,高句丽族解体,消失于历史长河中,不复存在单一的高句丽族群。其故地被划为9都督府、42州、百余县,由唐朝任命官吏,直接统辖。此时,距王建立国称高丽,已逾250年之久,其称王之地铁圆,虽曾为高句丽故地,但更是乐浪郡地和新罗之地。新罗景德王十六年(757),划定所占高句丽大同江以南之地为汉、朔、溟三州。早在新罗圣德王三十四年(735),唐玄宗正式"敕赐浿江以南地"予新罗[4],使新罗所占高句丽及百济故地合法化,而浿江以北的高句丽疆土,新罗始终未能占有。

总之,金富轼所记述的高句丽历史,与古代朝鲜历史无任何承袭关系,与王氏高丽的建立也无任何渊源。高句丽向朝鲜半岛的扩张,在

[1]《三国史记》卷15《高句丽太祖王纪》。

[2]《三国史记》卷17《高句丽美川王纪》。

[3]孙玉良:《高句丽向朝鲜半岛扩张始末》,载于《东北史地》2004年第1期。

[4]《三国史记》卷8《新罗圣德王纪》。

313 年夺取乐浪之前，是同汉魏晋对乐浪的争夺，与古朝鲜无关，更不是与新罗、百济的鼎峙。此后与新罗、百济展开的争夺厮杀，继续南扩，就整个半岛地域和历史发展而言，高句丽纯系半岛或朝鲜历史上的外来入侵者。

11.9 迎和统治者的三国鼎峙说

金富轼称新罗、百济、高句丽三者"开基鼎峙"或"三国鼎峙"，明显是为了迎合高丽统治者的意志，而他所阐述的三国历史，并非如此，不能笼统地称之为鼎峙。

所谓"开基"，自然是指建国之谓也。但是，三者之建国，非是相互角逐的产物，而是各自历史发展的结果，相互之间不存在任何因果关系，不具备鼎峙的因素或势态。

其次，三者建国之后，高句丽与新罗、百济，因为有乐浪郡横亘期间，几近 300 年间，无任何接触往来，何谈鼎峙！按《三国史记》所载，高句丽与新罗的相争，始于东川王十九年（245）十月，"高句丽出师侵新罗北边"[1]。此时上距新罗建国是 302 年，距高句丽建国也已 282 年。百济与高句丽的交恶，始于责稽王元年（286），高句丽出师侵带方郡，带方向百济求救，责稽王"遂出师救之，高句丽怨"[2]。此刻距二者建国时间，分别是 304 年和 323 年。试想，在如此漫长的 300 余年间，彼此无任何利害冲突，完全处于老死不相往来的封闭状态，有何对峙可言，所谓的"开基鼎峙"，从何谈起？诚然，金富轼不会无视这种史实的存在，显然是另有隐情，他不能无视统治者的意志，用鼎峙之说，将高句丽历史纳入其中，以表达出统治者的意愿。

同时，在上述的 300 年间，半岛上一直存在汉魏晋的乐浪郡，以及从乐浪郡析置的带方郡，负责统领半岛事务，与三国并存，更谈不上鼎立，而是桌立，或五腿并立。

[1]《三国史记》卷 17《高句丽东川王纪》。
[2]《三国史记》卷 24《百济责稽王纪》。

自美川王十四年(313),高句丽袭取乐浪后,特别是长寿王十五年(427),迁都平壤后,高句丽为要称雄于半岛,同新罗、百济展开一系列争斗,三者之间,尚可称之为鼎峙。但是,此一局面的形成,是随着高句丽的扩张入侵而发生的,并非是固有的矛盾,无论是半岛的区域史,还是古代之朝鲜史,皆不是自身的各势力间的鼎峙,而是与外来势力构成的鼎峙。故而在三者对峙过程中,新罗与百济曾多次互为应援,联合抵抗高句丽的入侵,颇有一致对外之势,特别是高句丽迁都平壤以后,百济与新罗之间的矛盾,有所缓和,共同携起手来,以抗击高句丽的入侵。百济毗有王七年(433),主动“遣使入新罗请和”。八年(434)二月,又“遣使新罗,送良马二匹”。同年九月,“又送白鹰”给新罗。同年十月,“新罗报聘以良金、明珠”给百济。[1] 至新罗纳祇王三十九年(455),双方的和好,开始产生积极效果。“高句丽侵百济,王遣兵救之”[2],联合抵抗高句丽。至新罗慈悲王十七年(474),高句丽长寿王“率兵攻百济”,百济向新罗求援,“王出兵救之”。[3] 反过来,新罗照知王三年(481)三月,高句丽与靺鞨侵新罗北边,“取狐鸣等七城,又进军弥秩夫”,势不可当。危急时刻,百济援兵到来,“分道御之。贼败退”。六年(484)七月,高句丽复侵新罗北边,新罗再次“与百济合击于母山城下,大破之”。尤其是照知王后期,新罗与百济的盟好,足以联手战胜高句丽。其十五年(493),“百济王牟大遣使请婚,王以伊飡比智女送之”,使二者更加同心协力抗击高句丽。十六年(494)七月,高句丽围攻新罗犬牙城,“百济王牟大遣兵三千,救解围”。十七年(495)八月,“高句丽围百济雉壤城,百济请救,王命将军德智率兵救之,高句丽众溃”。[4] 如此一方有难,另一方救之,使高句丽屡犯屡败,毫无取胜可言。此种二对一的形势,仍不是鼎峙,非三者相互间的对峙。

遗憾的是,新罗与百济联合抗击高句丽的一致对敌策略,未能长

---

[1]《三国史记》卷25《百济毗有王纪》。

[2]《三国史记》卷3《新罗纳祇王纪》。

[3]《三国史记》卷3《新罗慈悲王纪》。

[4]《三国史记》卷3《新罗照知王纪》。

久贯彻下去，只是一种暂时的权宜之计。二者之间的固有矛盾，与生俱来，难于调和，其联合十分脆弱，受到利益驱动，随时都有瓦解的可能。特别是新罗真兴王十四年(553)七月，出兵“取百济北鄙，置新兴(州)，以阿湌武力为军主”。十五年(554)，“百济王明浓与加良来攻管山城，军主角干于德、伊湌耽知等逆战失利，新州军主金武力以兵赴之。及交战，裨将三年山郡高于都刀急击，杀百济王。于是，诸军乘胜大克之，斩佐平四人，士卒二万九千六百人，匹马无反者”。[1] 百济遭此天塌重创后，与新罗的旧恨新仇交织一起，矛盾不共戴天，无法继续联合抗击高句丽，三者始进入所谓的三国鼎峙阶段。又经过百余年的角逐，至百济、高句丽相继灭亡后，所谓的鼎峙终结，外来的高句丽在半岛的舞台上被消灭。

总之，所谓的三国鼎峙，在三者建国后的300余年间，相互无任何往来，不具有鼎峙之势，况且此300余年间，半岛上一直有乐浪郡存在，制约着三方。在高句丽迁都平壤前后的200余年间，新罗、百济曾一度联合抗击高句丽，是二对一之势。只是最后百余年间，三者形成连环对峙之势，尚可称之为三国鼎峙。而这一鼎峙，先后受到中国诸政权的制约。

11.10 金富轼不认同高丽承袭高句丽

在《三国史记》中，金富轼具体记载了王氏高丽政权的诞生经过，以进一步强调高丽对新罗的继承关系，高丽的前朝国史为新罗时代，非是高句丽情结所衍生的三国鼎峙时代。

新罗景明王二年(918)，王建为取代新罗，占有高句丽旧疆，实现“操鸡搏鸭”战略，故而定国号为高丽。[2] 在此一策略诱导下，有些高丽官员，竟公开宣称王氏高丽乃“高句丽之旧也”。[3] 并用此类虚妄不

[1]《三国史记》卷4《新罗真兴王纪》。

[2]史长乐：《王建为何定国号为高丽》，载于《东北史地》2006年第6期。

[3]《高丽史》卷94《徐熙传》。

实之词，与外人交涉，强作辩解。又经过统治阶级的累代误导，广为传播教化，至金富轼修撰《三国史记》时，非但高丽人对此真伪莫辨，就连中国新、旧《五代史》修纂者欧阳修和薛居正等，也深受高丽统治者诱导的影响，随着人云亦云，不辨真伪。两书皆将王氏高丽与高句丽历史混为一谈，前后相继，足见其流误至深且广。虽然中国宋代史官曾巩对此有所察觉，并使人向高丽使臣询问，但由于被问及的使臣有意遮掩，搪塞过去，未能得到及时纠正。[1] 其后中国古籍的相关记述，沿袭旧说，照谬照误，实为可悲。

但是，金富轼严肃地将王氏高丽与高句丽历史区别开，实事求是表述二者不具有前后承袭关系。为防止某些人随意张冠李戴，拿高句丽历史当王氏高丽历史，金富轼在采用中国典籍中的史料时，对南北朝以来，凡简称高句丽为高丽的史料，一律改为高句丽，弃用简称。对此，有的学者诬指金富轼是在"篡改史料"，意在"阻断高丽王朝与古代高句丽之继承关系，进而确立高丽乃古代新罗王朝之继承的历史意识"。[2] 所谓"篡改"，是指那些为了某种企图，采取作伪手段，改动原文字句，使文意随之改变，以达到所需要的效果和目的。金富轼将高丽改为高句丽，仅是将简称恢复繁称，一未作伪，二未改变文意，何谓篡改！乃欲加之罪也，只是触到了将王氏高丽视作高句丽的痛处而已。至于"阻断"与"确立"，说对了，金富轼本意就是如此。不能因此对金富轼进行责难，强加金富轼承认高丽王朝与古代高句丽之继承关系。他用繁称，恰好是用史实阻断了某些人虚假的梦幻。他所确立的王氏高丽继承新罗的历史意识，是千真万确的历史事实。

金富轼虽然将高句丽历史纳入《三国史记》中，称之为三国鼎峙，在一定程度上，是为了迎合高丽统治者的意图。但不等于他本人承认王氏高丽与高句丽是继承关系，也不等于他本人承认高句丽历史是古代朝鲜历史的组成部分。只是在讲述新罗历史时，必然要涉及百济和

〔1〕史长乐：《曾巩对高丽世次十问》，载于《东北史地》2006年第3期。
〔2〕马大正等：《古代中国高句丽历史续论》，第411页。

高句丽的人和事,这是必须体现的秉笔直书的美德。由于他的三国鼎峙说,立意不够严谨,缺乏一定的科学性,为后世主张王氏高丽继承高句丽者所利用,加以任意发挥,创造出一个古代朝鲜三国鼎立时代,而对金富轼具体阐述的史实置之不顾,背离了实事求是的史学原则,也不是金富轼的本意,所谓的三国鼎峙说,是其内心矛盾的无奈表达,应予谅解。

表 11-1　王氏高丽世系表

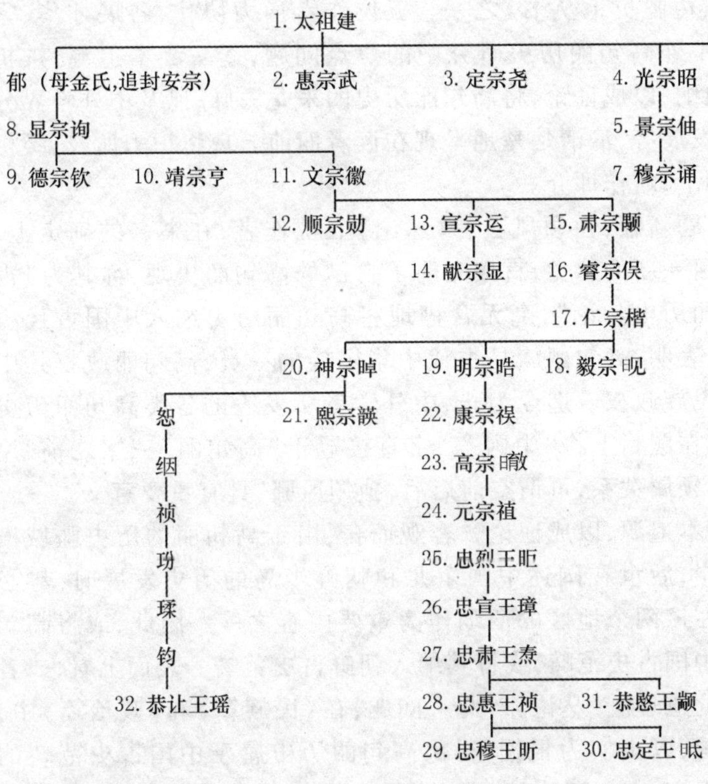

注:恭愍王于其二十三年(1374)遇弑,其养子辛禑为王,王统旁落。十四年(1389)后,辛禑被废,恭让王瑶立,王祚复归。其四年(1392),瑶被废,高丽世系终了。大将李成桂取而代之,是为李氏朝鲜太祖王。

(原载《东北史地》2007 年第 6 期)

12　溯本追源　以成证论

——评《古代中国高句丽历史丛论》

2001年6月初，在参加东北疆域历史与现状研究工作座谈会期间，读到了会议赠送的马大正、杨保隆等五位先生合著的《古代中国高句丽历史丛论》(以下简称《丛论》)一书。该《丛论》为黑龙江教育出版社出版的《边疆史地丛书》之一。五位作者通力协作，各展才华，紧紧抓住当前中外高句丽历史研究中的焦点问题，逐一溯本追源，辨析真伪，阐释归纳，以成证论，将高句丽历史的来龙去脉，以及中外学界分歧的由来与发展等，清清楚楚地呈现在读者面前。现将识力所及，缕析数端，简述如下，略作评介。

其一，立题新颖，独领风骚。《丛论》五位作者，在书名的确定上，大有令人耳目一新的感觉，直接亮明了自己的高句丽史观，称其为“古代中国高句丽历史丛论”，毫无含糊地将高句丽历史纳入中国古代史范畴，向世人表明：高句丽族是古代中华民族的一员，高句丽政权是中国古代地方民族政权。迄今为止，中外学者所发表的各类高句丽历史论著中，无一在题目上将“中国”二字直接冠于“高句丽”三字之前，用作定语，表示领属关系，可谓空前启后，独领风骚，具有重要意义。

其二，溯本追源，以成证论。客观而言，由于高句丽的历史疆域横亘鸭绿江两岸，后世在阐述中国东北和朝鲜半岛的历史发展时，势必要将高句丽在该两个地区的活动作为重要内容之一。因此，或将高句丽历史纳入中国古史范畴，或将其纳入朝鲜古史范畴。表面上看，二者皆各有自己的道理。《丛论》对此一问题，在《民族篇》和《政治篇》中，经过溯本追源，以史实为根据，得出高句丽历史属于中国古史范畴的结论。明确指出，高句丽建国前，为栖息于浑江流域的涉貊族的一支，以朱蒙为首的扶余人南下，与高句丽人汇合，建立了高句丽政权，无论是其建都纥升骨城，还是后世迁都国内或平壤，均在中国汉魏等政权所辖郡县之内。[1] 诸如汉“以高句丽为县,使属玄菟”[2],“常从玄菟郡受朝服衣帻,高句丽令主其名籍”[3],“为两汉王朝的侯国”[4],即汉朝皇帝属下的一个封国,也即现代人所说的汉之地方民族政权。此后,直到高句丽政权灭亡之前,始终未能改变与中国诸政权的这种隶属关系。

此外,《丛论》还进一步指出,高句丽同新罗、百济在朝鲜半岛的争霸,是从“三世纪中叶”[5]和“三世纪末四世纪初”才开始,“在此之前,史无有交往的记事”。[6] 这两个时间断限,上距高句丽建国,已是二三百年之久,而且新罗、百济是以半岛土著的韩族为主体建立的古国,就半岛来说,二者是本乡本土的主人,而高句丽则是外来的入侵者。高句丽政权灭亡之后,领有半岛北部高句丽旧壤的渤海政权,以及继新罗而兴起的王氏高丽政权,同高句丽无任何承袭关系,前者是以“粟末靺鞨为主体”[7]建立的国家,后者“主体居民是世代生活在那里的民众,统治集团成员是新罗人”[8]。概言之,“王氏高丽非高句丽之旧”[9],《丛论》对此作了详尽辨析引证。

其三,纵观天下,一览无遗。《丛论》第三编之《研究篇》,将近百余年来,中朝韩日四国学者对高句丽历史研究情况,作了全面归纳概括和评述,大有纵观天下,一览无遗之势。

关于中国学者对高句丽历史的研究,毫无隐讳地承认,在上世纪50至70年代,“对高句丽族或高句丽国的历史定位显得含糊,乃至混乱”[10],并在客观上找出两点致乱原因。至于主观原因,虽然未能明

---

[1]马大正等:《古代中国高句丽历史丛论》,黑龙江教育出版社2001年版,第256页。以下注简为《丛论》。

[2]《后汉书》卷85《高句丽传》。

[3]《三国志》卷30《高句丽传》。

[4]《丛论》,第184页。

[5]《丛论》,第104页。

[6]《丛论》,第101页。

[7]《丛论》,第61页。

[8]《丛论》,第144页。

[9]《丛论》,第129页。

[10]《丛论》,第300页。

言，但在字里行间，也可以看出，同样也是受到非学术因素的干扰，自觉或不自觉地偏离了马克思主义的唯物史观，教训是深刻的，不仅授人以柄，也干扰了我国学界对高句丽历史研究的正常发展，出现了所谓的“研究的冷落期”[1]，大大落后于其他民族史的研究。

关于《朝鲜半岛学者对高句丽历史研究评述》一节，堪称详尽精彩，显示出作者对朝、韩学界的研究情况了如指掌，为中国学者提供了大量的宝贵信息。评述中，对朝韩民族主义史学进步性一面，给予了充分肯定，曾在反对帝国主义殖民统治、争取民族独立斗争中，具有不可磨灭的功绩。然而随着形势的变化，其局限性暴露无遗，一些狭隘虚幻的假象，成了当今新的国粹主义史学[2]，将高句丽历史作为妄自尊大的资本。因此，对高句丽历史的研究，有些史实被扭曲，有些事件被夸大，不能实事求是地反映出历史的真相，因而也未能真正总结出高句丽的历史教训，只能是有害无益。

关于《近百年来日本学者的高句丽历史研究概况》一节，着重介绍了日本学者，将高句丽历史作为朝鲜史三国时代的一部分的高句丽史观。特别是从19世纪80年代起，为配合军国主义对大陆侵略政策的需要，开始了对高句丽好太王碑的研究，制造出日本曾以百济、新罗为臣民等神话，鼓吹“皇国史观”、“日鲜同祖论”等谬说。到20世纪50年代以后，韩、朝学者相继对日本学者制造的神话提出质疑和批判[3]，“皇国史观”破产，神话破灭。然而批判者自己又在编织新的神话，使高句丽历史又出现新的错位。此外，从作者的介绍中可以看出，日本学者对高句丽历史的研究是多方面的，在反思过去的同时，不无迎合与讨好之嫌，因而也影响了对高句丽史的客观评述。

其四，以史为鉴，面向未来。《丛论》在阐述高句丽历史发展过程中，谨遵以史为鉴古训，面向未来，认真总结历史经验教训，力求对今人有所启迪和裨益，以促进边疆地区的繁荣与巩固。在高句丽同中国古

---

〔1〕《丛论》，第296页。

〔2〕《丛论》，第390页。

〔3〕《丛论》，第394页。

代诸政权关系各节中,详细论述了高句丽政权,何以能延续700余年,成为中国历史上存在时间最长的少数民族政权,其关键在于高句丽始终与中国诸政权保持了较融洽的隶属关系。尽管双方曾有过多次矛盾尖锐时刻,然不足以动摇这种隶属关系的根基,无法改变原本一家的久远历史。隋唐时期,强大的中央统一政权,容不得高句丽有半点“心在不宾”的举动,而高句丽接连制造摩擦,穷兵黩武,不听朝命,一意孤行,不仅引起内讧,也招致讨伐,是其终于灭亡的主要原因。随着政权的灭亡,高句丽族也解体了,分别融入其他民族之中,再也无一支高句丽族了,其教训是深刻的,对后世不无借鉴意义。因此,加强民族团结,促进边疆共同繁荣,是世界各国的永恒主题。

此外,《丛论》还针对以往对高句丽问题的研究重视不够,甚至出现许多“乱点”,再加上缺乏正面宣传,使乱点具有一定市场,相当一些人对高句丽历史知之不多,或者是含糊不清,闹出不少笑话。因而对“高句丽、高丽和朝鲜族不能混同”[1]等问题,作了专题论述,指出“王氏高丽非高句丽之旧”[2],“现在居住在中国东北地区的朝鲜族是移民民族”[3],非高句丽之遗裔,把历史的真相交给民众,使之对某些人利用高句丽历史做文章的现象,无疑会增加免疫力和识别的能力。

其五,高屋建瓴,总揽全局。《丛论》诸作者,供职于中国边疆史地研究中心,在其所从事的研究领域内,同地方具有一定引导与协调之职责,有关对高句丽历史研究的诸多构想,自然是高屋建瓴,起到总揽全局的作用,促进上下形成一盘棋,共同搞好相关研究。《丛论·前言》,对我国学者以往的研究,进行了归纳总结,点明了研究中所出现的问题,并找出了产生这些问题的原因,对今后研究很有借鉴意义。《管见》一节,对今后研究如何引向深入,提出了五点具体建议,诸如史料考辨,信息收集,优化选题,加强协作,成果转化,解放思想等,既在宏观上把握全局,又在微观上指出具体措施。《后记》部分,对管理部门

[1]《丛论·前言》,第8页。

[2]《丛论》,第129页。

[3]《丛论·前言》,第11页。

也提出了四点建议，并诚恳地期待管理部门予以采纳，期待着高句丽历史研究呈现繁荣景象。

其六，锦上添花，再创辉煌。《丛论》在结构上，仅由三编组成，因而在内容上略显单薄，希望五位作者锦上添花，撰写续编，将高句丽的经济、文化、军事等内容纳入其中，形成一部内容丰富完整的《丛论》，再创辉煌。并建议吸收考古学者参与，充分利用考古资料。目前有关高句丽军事的论述不多，应给予关注，开辟专篇。史称高句丽"习战斗，好寇抄"[1]，是一个好战的古政权。按《三国史记·高句丽纪》所载，在28位王的纪事中，有三分之一的篇幅是战争纪事，有纪事的年份是357年，其中有111年有战事，大有论述之必要。

关于对学者和管理部门的各项建议，要想得到落实，关键在于加大财力投入，按目前的国力和需要，完全有能力也应该多投入一点。据报道，朝鲜仅高句丽壁画墓，先后发掘了30余座，我们发掘了几座，很不相称，致使研究工作大大落后于人，应该奋起直追，莫再令学者们为无米之炊了。

上述所言，仅为泛泛之论，不当之处，还望识者匡正。

（原载《社会科学战线》2001年第6期）

〔1〕《后汉书》卷85《高句丽传》。

13 高句丽始祖朱蒙

朱蒙,姓高氏,一名邹牟,又名东明或朱明。原为扶余人,后因联合高句丽人创建了高句丽政权,被后世称为高句丽始祖,谥号东明圣王。

朱蒙之世,高句丽人还未进入有文字历史时代,他本人的历史无法真实记录下来。后世子孙为了颂扬他创业的丰功伟绩,并借以巩固高句丽的奴隶制统治,把朱蒙的身世加以神化,因而流传下来不少有关朱蒙的神话历史故事。根据故事内容,可知朱蒙生于汉宣帝神爵四年,即公元前58年。其母名柳花,是何伯女神的女儿。在一次出游时,柳花遇见一名男子,自称是天帝之子解慕漱,也是一位扶余人的酋长。解慕漱将柳花诱至室内私通,而后抛下柳花,一去不返。柳花父母责怪女儿与人无媒私通,做了丑事,将她赶出家门,谪居优渤水边。扶余王金蛙出巡时,在优渤水边遇见柳花,将她带回王宫,囚闭室中。柳花在室中受到日影的追逐,感而有孕,生下一个肉卵。金蛙见柳花所生非人,将卵弃之野中,猪狗遇之不食,牛马躲避不踏,群岛则用羽翼覆盖其上。于是金蛙又将卵拣回来解剖,要看个究竟。但无法剖开,遂交还柳花。柳花把卵包裹好,放在暖处。忽有一男孩破卵壳而出,长相十分英俊奇伟。这男孩长到7岁时,已经非常高大健壮,能够自制弓箭,每射必中。扶余人俗语称善射者为朱蒙,故而将柳花所生的这个男孩叫朱蒙。

金蛙有7个儿子,他们常与朱蒙一起玩耍游戏,比试武艺高低。结果,他们都比不上朱蒙的智慧和能力,即产生嫉贤害能的念头,由长子带素向金蛙提出:"朱蒙非人所生,又很勇敢,如果不早做图谋,恐怕会留下后患,请赶快把朱蒙除掉。"金蛙对带素的建议不以为然,置之不理,让朱蒙去养马。朱蒙很有鉴别马的本领,在饲养过程中,他暗地用了心计,对骏马减食,令其消瘦;对驽马精心饲养,使之肥壮。待金蛙前来选马时,见了肥壮的驽马非常喜欢,取来骑乘;并将瘦弱的骏马赐予朱蒙,上了朱蒙的当而又不能察觉。

后来,朱蒙随同金蛙出猎时,因为他擅长射术,金蛙分给他的箭矢很少,但射中的野兽却很多。这使王子和诸大臣都感到朱蒙可怕,好像时时都在危及他们的安全,于是合谋要杀害朱蒙。不料这个秘密事前被柳花知道了,她告诉朱蒙赶快远走高飞,并鼓励他凭着自己的本领,到任何地方都可以大有作为,千万不能坐以待毙,蒙受屈辱。在母亲的催促下,朱蒙与乌伊、摩离、陕父等人一同向南出逃。中途遇到一条大河,欲渡无桥,隔断去路。扶余人马从后面紧紧追来,情况十分危急。朱蒙用剑击水祷告说:“我是天帝之子,河伯的外孙,今日逃难到此,身后追兵甚急,如何得以渡过河去!”水中鱼鳖听到朱蒙呼救,纷纷浮上水面,联结芦苇成桥,让朱蒙等顺利通过。随后鱼鳖散去。待追兵赶到时,被隔在对岸,无法穷追,只好退回。朱蒙脱险后继续南行,到达普述水(今吉林通化的浑江),遇见身上分别穿着麻衣、衲衣和水藻衣的三位贤人。朱蒙非常高兴,对大家说:“我现在受上天之命,创基立业,得遇此三位贤人,这是天赐给我的啊!”然后又根据三人的各自能力,分别委以重任,带领他们来到浑江边上一处土壤肥美、山河险固的地方,修起茅屋,定居下来。汉元帝建昭二年,即公元前37年,朱蒙宣布建立政权,国号高句丽,并以高为氏。后来又在所居之地的山上修起城郭、宫室,号为纥升骨城(今辽宁桓仁县五女山城),成为高句丽最初的都城。周围的高句丽人听到朱蒙立国消息以后,纷纷前来归附。

这个故事中的很多情节,实难令人置信,几乎是每一个故事情节,都可在朱蒙出生以前的中国古史传说中找到原始出处,也可以说是把扶余始祖东明的神话,原封不动地加到高句丽始祖朱蒙头上。在生产力极度低下,人们十分迷信神的力量的时代,这个故事可以安在任何一个创业始祖的身上。剔除其中的糟粕以后,大体可以断定,朱蒙出身于扶余王室。他降生时,扶余人既有保存鸟图腾卵生的氏族残余,又有母系氏族社会的痕迹,只知朱蒙的母亲是柳花,而不知其父是何人。根据故事情节判断,柳花当是金蛙侍婢,朱蒙是他们两人的儿子,属于庶出。为了躲避嫡长们的迫害,朱蒙南逃到浑江流域,定居下来。那里很久以来就居住着高句丽人，早在公元前108年，汉武帝灭古朝鲜后，开置四郡，其中的玄菟郡，于公元前82年，徙置于高句丽县，在今日辽宁省新宾县附近。这些高句丽人与扶余人同是涉貊族的后裔，因而朱蒙很容易同他们联合起来，组建政权，成为高句丽人的首领。

高句丽北邻肃慎，经常侵扰高句丽部落，为害较深。朱蒙立国后，首先领导高句丽人加强北面防御力量，使肃慎人不敢轻易来犯，赢得了一个较稳定的发展局面。随着内部力量的进一步发展，开始积极进行统一高句丽各部的斗争。在朱蒙立国之前，高句丽按东西南北中的方位，分为五部，并已开始由原始社会末期的部落联盟制，向世系奴隶制过渡，其势力渐渐强大起来。

朱蒙在统一高句丽各部进程中，首先征服了沸流部。有一天朱蒙见到浑江水中有菜叶从上游缓缓流下，估计那里必是有人居住。乘出猎之便，溯江而上寻找，果然到达高句丽沸流部。其酋长松让见有陌生人到来，感到很突然。于是迎上去对朱蒙说："我这里地处偏僻，视听闭塞，不曾见过您。今日偶然相遇，很是令人高兴，但不知您是从什么地方来？"朱蒙回答说："我是天帝之子，到这里找个地方居住。"松让接着说："我在这里世代为王，地方很狭小，无法容纳下两个主人，您来这里居住时间不长，可否作我的部下？"朱蒙听了这话，心里感到不是滋味，因而气愤地同松让争论起来，又较量起射箭的武艺，要比出个高低。结果，松让根本不是对手，输给了朱蒙。

公元前36年夏，松让以失败者的心情，率领沸流部归降朱蒙。随后朱蒙以其地为多忽部，封松让继续为多忽部酋长。

公元前34年秋，朱蒙在取得初步胜利以后，开始修筑王都纥升骨城的城郭，建造宫室，使之成为高句丽政权的政治中心。

公元前32年冬，朱蒙命令乌伊扶芬奴率兵南伐，征服了长白山以南的荇人部，在那里建立城邑，直接纳入高句丽政权管辖下。

公元前28年冬，朱蒙又命令扶尉猒率兵向东出击，征服了北沃沮，在那里也开城置邑。沃沮人属于另一支涉貊族的后裔，对沃沮部的征伐，表明此时朱蒙统一高句丽各部的斗争取得了一定胜利，有能力开始向涉貊族别部伸张，扩大其势力范围。

公元前24年秋，朱蒙母亲柳花死于扶余，扶余王金蛙以太后礼仪埋葬了柳花，并建立神庙奉祀。同年冬，朱蒙派人前往扶余，赠送高句丽方物，以报答金蛙的大恩大德。

公元前19年夏，朱蒙长子儒留从扶余逃来。朱蒙从扶余南逃前已经成亲，娶妻礼氏。南逃时，礼氏正怀有身孕，不能同行，被留在扶余。临行前，朱蒙对礼氏说："将来你一旦生下男孩，待长大时告诉他，我有一件遗物藏在七棱石上松下。他能找到此物，才配做我的儿子。"礼氏牢记朱蒙的话，后来果然生一男孩，取名儒留，又名类利。待儒留长大以后，有一天在田野中弹石打雀，不小心把一位提水妇人的瓦罐给打碎了，妇人骂他是无爹的顽皮孩子。儒留听后很羞愧，回家追问母亲。礼氏告诉他父亲在南方开国称王，并把朱蒙临行前说的话也告诉了他。儒留为了早日去见父亲，赶忙到山谷中去找有七棱石的地方，每天累得筋疲力尽，吃了很多苦头，可是始终不见七棱石的踪影。有一天儒留正在堂屋内休息，忽然感到房屋的柱石之间好像有一种响声传来。他急忙走近察看，眼睛顿时一亮，见础石恰好为七棱，其上立有松柱，立即在柱下寻找起来，果然找到一节断剑。儒留得到父亲留下的信物以后，立即带领母亲礼氏等人一同逃出扶余，去找朱蒙。儒留到达纥升骨城后，见到朱蒙，取出断剑奉上，朱蒙把自己保藏的另一段断剑也拿了出来，两段一合，恰好连成一剑，众人见了无不欢喜，于是父子相认，夫妻团聚。朱蒙立即宣布立儒留为太子，确立为自己的继承人。

公元前19年秋，朱蒙40岁，便死去了，被葬于龙山（今已不能确指），谥号东明圣王，其子儒留继嗣王位，号琉璃王，又称儒留王。

公元3年，儒留王迁都国内城（今吉林省集安县）。公元20年，第三代大武神王在国内城为朱蒙建立东明王庙。自此以后，高句丽人世世代代崇拜朱蒙，他所创立的高句丽政权一直延续了700多年。

（原载《东北历史名人传》上卷，吉林文史出版社1986年版）

14　高句丽太祖高宫

高句丽太祖王，又称国祖王，是高句丽第六世王。姓高，名宫，小名於漱。其父名再思，官古邹加，是高句丽第二世儒留王的小儿子。母为扶余人。

相传高宫生下来就能睁开眼睛视物，人们都感到很奇怪。长大以后，勇壮凶虐，经常驱使高句丽人四处攻掠，老百姓都很惧怕和怨恨他。

高句丽第五代慕本王，是个暴戾不仁的奴隶主总头目。他坐着时，经常把人当坐垫。躺着时，以人为枕头。如果被坐枕的人稍一动，立刻就会被他杀掉。臣下见他如此残忍，偶有劝谏，他便用箭射击，拒绝臣下意见。结果，搞得天怒人怨，在他执政第六个年头时，被身边的侍臣杜鲁杀死。

公元 53 年，慕本王被杀死以后，高句丽统治集团争夺王位的斗争再次掀起。这一斗争的起因，可以追溯到公元 44 年，当第三代大武神王死后，身为太子的慕本王并未能及时嗣位。臣下以其年幼，不能即政为名，拥立闵中王即位。但是，闵中王短祚，很快就死去了。慕本王重新夺回王位后，对过去反对他为王的人加以报复，斗争日趋激烈。慕本王被杀以后，太子也被人认为品行不肖，难以主持社稷。最后年仅七岁的娃娃高宫被抬了出来，当上第六代高句丽王。事实上，七岁的娃娃同不肖者一样，都难以主持社稷，只是更便于受别人摆布罢了。最后由太后垂帘听政，掌握实权，王宫成了地道的小傀儡。至此，高句丽统治集团内部的争权斗争，才暂告一段落。

王宫执政期间，是高句丽前期重要历史发展阶段。他即位以后，高句丽统治阶级奉行积极向外扩张政策，同东汉政权的矛盾日渐紧张。一方是东汉要巩固旧有的势力范围，一方是高句丽要抢占新的地盘。公元 44 年，东汉派祭肜任辽东郡太守，积极厉兵秣马，加强武备，使周围各族相继宾服，只有高句丽仍抗拒不服，并于公元 55 年，在西境修筑十城，防御东汉的一旦来攻。

公元 44 年，东汉光武帝与高句丽划定了萨水（今朝鲜清川江）以南属汉的界限。此时，高句丽还无力逾越这一界限，因而只能向东展开攻势。王宫执政第四年，高句丽一举攻占了东沃沮，设置城邑，征收租税和鱼盐等海中食物，使高句丽的疆域扩展到日本海沿岸，并为王宫以后的统治奠定了有力基础。东沃沮原是东汉乐浪郡辖地，由于改属高句丽，使乐浪郡地盘缩小。

公元 68 年，王宫 22 岁，随着高句丽势力的强大，王宫先后派兵征服了曷思部、藻那部和朱那部等，使高句丽政权发生了质的变化。自公元 74 年征服朱那部，以其王子乙音为古邹加以后，高句丽各部酋长不再继续独自称王，一律按高句丽王所封官号，改称古邹加、沛者、皂衣或于台等。各部之间的互相争斗，也基本结束，使整个高句丽人形成统一的政治力量，王宫成为第一个全体高句丽人的最高首领。因此，后世称王宫为高句丽太祖王或国祖王，其中包含有统一各部的意思。在中国有关的古史书籍中，对高句丽诸王的历史纪事，也基本上是从王宫时才有具体记载。

公元 96 年，王宫亲自到东部重镇栅城（一般定在今吉林省珲春县）巡视。那里是沃沮人聚居的地方，他们对高句丽人的统治时有反抗。为了安抚沃沮人，王宫亲临栅城，同其官吏宴饮，分别赐予织物，借以缓和矛盾，并刻石纪功于山岩上，炫耀高句丽的势力，以使人畏服，进一步巩固了对沃沮人的统治。

102 年，王宫又派人前往栅城，继续安抚沃沮人，表明王宫十分关注对沃沮地区的统治。105 年，东汉政治开始走下坡路，国力日渐衰微，而高句丽的力量有了相当增长和聚积。于是，王宫开始向西部扩张势力范围，派兵入侵辽东郡，掠夺辽东六县。辽东太守耿夔率兵反击，斩其渠帅，余众大败而回。

108 年春，高句丽发生大旱，赤地千里，百姓大饥。王宫派人赈济灾民，延缓了向外扩张的步伐。109 年，又借着汉安帝登基的机会，派人前去祝贺加冕，以软化东汉政权对高句丽的强硬政策。

111 年，王宫再一次向东汉派遣使臣，贡献方物，并请求归属玄菟郡就近统辖。后来的事实证明，这仅是王宫的缓兵之计，是表面现象，而暗中他却在积极谋划攻取玄菟郡。

118 年夏，王宫又联合涉貊部落的兵力，分兵两路，向东面和南面出击，进攻玄菟及华丽城。同年秋，王宫为了更好地配合向外扩张的需要，积极加强内政建设，命令部下选拔贤良孝顺者为官，加强吏治。并救济鳏寡孤独及老弱贫穷的人，给予衣物食粮，安定民心，使其对外用兵免生后顾之忧。

121 年春，汉安帝对王宫的进犯，组织强大力量进行反击，使幽州刺史冯焕、玄菟太守姚光、辽东太守蔡讽等，就近联兵出战。三太守通力合势，一举扑斩了涉貊渠帅，缴获大批兵马财物。王宫遭到失利以后，又派遣其弟遂成率领 2000 余人，迎战冯焕等三太守。遂成派人向冯焕等施用诈降计，拖延时间，使冯焕放松了对遂成的警惕，并放慢了进攻速度，高句丽兵乘势占据了军事要地，挡住汉兵进军道路。同时，又暗中另派 3000 人马去攻取玄菟、辽东二郡，放火焚毁二郡城郭，汉兵 2000 多人被杀，使高句丽兵转败为胜。

同年夏，王宫与辽东鲜卑 8000 人马联合，进攻汉辽东郡所属辽队县，杀掠吏民，抢劫财物。辽东太守蔡讽亲自督兵出战，由于孤军穷追，至新昌(今辽宁海城县附近)时战死，全军覆没。其部将功曹耿耗、兵曹掾龙端、兵马掾公孙酺等人，曾以自己身体卫护蔡讽，因而也一同遇难战死，汉兵先后战死 100 余人，受到一次重创。

同年秋，王宫又联合朝鲜半岛南端的马韩及涉貊等数千骑，围攻玄菟郡，双方的战争再次升级。东汉没有单独取胜的把握，不得不求助于其他属国兵力。正当玄菟受困，危在旦夕之际，扶余王派遣其子尉仇台率领 2 万多扶余人，驰援汉兵，解救玄菟之围。共同合力拒战，高句丽兵大败，有 500 多人被斩首。但是，此时双方仍是势均力敌，各有胜负，谁都不能使对方彻底屈服。

122 年，王宫的统治已进入第 70 年，复与马韩及涉貊联兵，再度进犯辽东。扶余王又一次派兵援助，与汉兵共同打败王宫的侵犯。王宫经过这次失败以后，自知难以在短期内占领整个辽东地区，采取暂时与东汉和解的策略，交还掠夺来的东汉人口，到玄菟郡请降。自此以后20余年间，王宫基本上忙于高句丽内部事情，没有四处用兵，东汉也随之出现了“东陲少事”的局面。

123年，王宫已是77岁高龄，难于承担繁重的政事，开始设置左辅和右辅，协助处理军政要事。又使其弟遂成参知政事，王权开始逐渐旁落。

124年，王宫继续派人向东汉朝贡，履行臣属义务。

146年，王宫成了百岁老人。在这一年秋天，他又发动了一次大规模军事行动，派兵袭击东汉西安平，杀死带方县县令，并掠获了乐浪郡太守的妻子，取得了一次战略性的胜利，同东汉的关系又开始紧张起来。

自123年，遂成被王宫委以重任之后，仰仗手中权势，纵情欢乐，戏谑无度，个人野心也日渐膨胀，积极谋划早日夺取王位，怨恨王宫老而不死，而他自己也渐渐老耄，唯恐不得为王。于是，秘密与部下合谋篡位，146年冬，右辅高福章觉察到了遂成的谋反行为，请求王宫先发制人，将遂成处死，以免贻害子孙。但是王宫不听劝谏，反而立即宣布将王位让给遂成，自己退居别宫。

遂成当上高句丽第七任王以后，对异己分子毫不留情，首先拿右辅高福章开刀，于即位翌年三月，除掉高福章，以杀一儆百。结果，远近无不愤恨遂成。148年，遂成又杀害了王宫长子莫勤，逼迫次子莫德自缢，企图以此巩固王位。

165年，王宫119岁时，老死于别宫。接着遂成也被人杀死。由王宫三弟伯固接替了王位。

（原载《东北历史名人传》上卷，吉林文史出版社1986年版）

15 高句丽好太王高谈德

高句丽好太王，又称广开土王，是高句丽国冈上广开土境平安好太王的简称。姓高，生于374年，名谈德，是高句丽第19世王，始祖朱蒙的第13代裔孙。其父伊连，是高句丽第18世故国壤王。386年，故国壤王立谈德为太子。391年夏，故国壤王薨，18岁的谈德嗣位，号称永乐太王。

在高句丽历史上，好太王因武功显赫，赢得统治阶级高度赞誉，称他雄伟有奇才，威震四海，使老百姓安居乐业，国家变得富强。

好太王执政初期，把百济作为他向外扩张的主要进攻目标，先后从百济人手中夺得六七十座城邑，使朝鲜半岛浿水以南，汉江以北的广阔地域被高句丽所占领，为以后进攻其他地区奠定了胜利基础。

自371年至391年，高句丽在小兽林王和故国壤王兄弟两人20年统治期间，一改以往诸王单纯军事扩张政策，把主要精力用于治理内政和发展经济上，使高句丽国力逐渐强盛起来，为好太王对外扩张提供了必要物质条件。与此同时，东晋势力正在日渐衰落，辽西慕容氏政权也内讧叠起，无力向外发展，周围的形势，给高句丽的发展带来了良机。好太王执政后，充分利用各种有利条件，掀起了一系列大规模对外扩张的军事行动，成为高句丽历史上武功最辉煌时期。

高句丽同百济为了争霸朝鲜半岛，互相时有攻伐，仇怨较深。371年，百济近肖古王率3万大军进攻高句丽平壤城，好太王祖父故国原王率兵迎战，不幸中矢身亡，自此双方之间的矛盾愈益恶化。好太王即位同年秋，便对百济采取军事行动，一举攻占百济10城。接着于同年冬，又兵分7道，围攻百济北部咽喉重镇关弥城。经过20日力战，关弥城陷落，从而使高句丽打开了通往百济的进军道路。392年秋，百济王为了夺回失地，发兵攻打高句丽南界，围攻被高句丽占领的关弥城。好太王命令部将顽强抗击，婴城固守。百济兵以粮饷困乏而退回。394年秋，百济再次对高句丽发动进攻，好太王亲率精骑 5000 迎敌。结果，百济兵大败，乘夜逃回。随后好太王在高句丽南境筑起 7 座城邑，加强对百济的防御。395 年秋，百济又发兵进攻高句丽，好太王亲率高句丽 7000 人出战。两军在浿水流域相遇，展开激战，百济再次大败，阵亡 8000 多人。自此以后，百济已经丧失主动进攻高句丽的能力，转入被动防御状态。

好太王在南面取得初步胜利以后，转而挥师北进，向契丹发起进攻。早在 378 年时，契丹人曾攻陷高句丽北面 8 个部落，掠走大批高句丽人。395 年，好太王以讨还高句丽陷落人口为名，亲自率兵进攻契丹，一直打到盐水流域，攻占契丹 3 个部落六七百营，夺得无数牛马羊群，从而巩固了高句丽北境。

在取得对契丹作战胜利以后，好太王又集中全力，再次大规模进攻百济。396 年，好太王亲统水军，攻入百济，所到之处，纷纷陷落，一路无阻地进抵百济王都城下。百济阿莘王率兵出战，被好太王击败，退回城中固守。高句丽兵从四面紧紧把百济王都围住，攻势越来越猛。阿莘王见大势已去，只得出城请降，献给好太王男女生口 1000 人，细布千匹，并跪在好太王面前发誓说："从今以后，甘愿永远做你的奴仆。"他归顺的诚意，取得了好太王的宽恕，赦免了他以往侵犯高句丽的罪过。在这次战争中，好太王共夺得百济 58 城、700 多个村落，并将百济王弟弟和 10 名大臣作为人质，带回高句丽。398 年，好太王派兵到边境上巡察，又乘机夺得百济两个城中的男女 300 多人，逼使百济王向好太王称臣纳贡，听从高句丽的旨意，丧失了与高句丽的平等地位。

百济在遭到好太王毁灭性打击以后，为了寻求外来援助，以增加抗击高句丽的力量，采取了引狼入室的错误方针。397 年夏，百济王使太子腆支渡海到倭国为质，与倭人结成联盟，倭人乘机拥入朝鲜半岛。至 399 年时，倭人不仅遍布百济各地，而且侵入新罗全境，到处攻占城邑，抢夺财物，并直接威胁到高句丽的安全，迫使好太王亲自到南方去观察形势。这时，新罗派出使臣，向好太王控诉倭人在新罗境内的罪行，表示愿意归顺好太王，请求好太王赶紧想办法解救新罗。好太王被新罗人的忠诚情意所打动，把自己驱逐倭人的秘密计划告诉给使臣，并特意把使臣打发回去向新罗王报告，以便密切配合。400年，好太王派出5万步兵和骑兵，前去援救新罗。高句丽士兵到达新罗境内后，倭人立即全线撤退，高句丽兵从后面穷追不舍，一直追到半岛的最南端，解放了新罗各被占领城邑，并交还给新罗派兵驻守，使入侵的倭人在半岛上第一次遭到打击和失败。404年，倭人再度来犯，侵入带方地界，同百济串通一气，攻占许多城邑。好太王为了维护高句丽的切身利益，亲自率兵征讨，指挥高句丽士兵四处堵截追杀。结果倭人再次大败，死伤惨重，被全部驱除出去，使半岛上各族摆脱了倭人的践踏和奴役。

当高句丽南方稍得平静之后，好太王便把对外用兵的矛头转向辽东地区。高句丽从太祖王宫以来诸王，对辽东虽屡有攻伐，但往往招致中原或北方政权毁灭性的打击。好太王执政前期，因把主要力量用于攻打百济上，对主宰辽东的后燕慕容氏政权称臣纳贡，接受册封。396年，慕容宝嗣位以后，曾以好太王为平州牧，封辽东、带方二国王。好太王也派出使臣入燕朝贡，双方关系比较和顺平静。400年，慕容盛借口好太王傲慢无礼，对燕不够恭顺，亲自统兵3万人，以大将军慕容熙为前锋，袭击高句丽。好太王无力分兵抵御，燕军连拔新城、南苏两城，拓地700余里，掠走5000多高句丽人。401年以后，形势发生了变化，好太王一反对燕的屈辱忍让政策，开始主动向辽东出击，派兵攻打宿军。燕平州刺史慕容归吓得弃城逃走。402年，好太王又出师侵燕。燕军全线溃败，辽东城为高句丽占领。404年，燕王慕容熙为收复辽东城，率兵攻打高句丽，遭到好太王还击，无功而还。405年，慕容熙再次轻兵突袭高句丽，攻打木底城，也无功而还。好太王取得辽东以后，那里先进的经济、文化，丰富的物质资源和有利的自然条件，为高句丽的发展开辟了广阔前景。好太王在世时，高句丽就出现了国富民殷、五谷丰熟的繁荣景象。

407年，好太王回过头来，又一次派遣5000人马，攻入百济。高句丽兵用包抄合围的战术，使百济出战的将士全军覆没，无数军资器械被高句丽士兵掠走，仅铠甲就有1万多领。从此，百济更加无力与好太王抗争了。

好太王先后取得对百济、契丹、辽东等战役胜利之后，高句丽在军事上进入了全盛时期。401年，好太王乘其方兴之势，又亲自率兵进军扶余，攻占60余城，1400余村，使扶余归降高句丽，变为其附庸。

至此，高句丽四境已无敌手，短期内不会再出现威胁，好太王戎马征战的生涯才告歇止，在他临死之前，未有再向外出兵。

好太王执政期间，对内极力维护高句丽奴隶制统治，驱使无数奴隶大兴土木，增修宫阙，以炫耀威严，尽情享乐。在对外用兵杀掠的同时，又积极提倡佛教，用以麻痹高句丽人的思想，巩固其统治。393年，仅在平壤城就创建9座佛寺，僧侣们的佛事活动空前活跃。为了加强对南部新占领地区的控制，增修平壤城，并向平壤移民，壮大人力，使之成为高句丽南部的政治、经济和文化中心。好太王对各地奴隶主贵族守墓奴隶的户数多少，也都一一亲自过问，并作出具体规定。又亲自在祖宗先王坟墓上建立石碑，刻上守墓奴隶户数，严令不得互相转卖，使之永远被固定在墓旁做奴隶。对自己死后所应选用的守墓奴隶，他也留下了遗嘱，让用他在战争中亲自掠来的新罗和百济人为其守墓，改变以往诸王用各地高句丽人守墓的做法。这表明好太王的对外战争，使高句丽的奴隶来源扩大了，大量战俘变成了奴隶，任其役使。

412年冬，好太王39岁时便死去了，在位22年。太子琏即位，是为长寿王。长寿王遵照好太王遗言，选取220户韩涉人为其守墓，担心这些韩涉人不懂法度，又选择110户高句丽人掺杂其间，既负责守墓，又起到带领和监督韩涉人的作用。

经过好太王的开拓，高句丽的疆域空前扩大，南抵汉江，北至第二松花江，西到辽河，东部濒临大海，是高句丽境域最宏阔时期。因而，好太王是高句丽历史上名副其实的广开土王。

（原载《东北历史名人传》上卷，吉林文史出版社1986年版）

16　高句丽名将泉盖苏文（附：男生）

泉盖苏文，唐代高句丽人。姓泉（一作渊），名盖苏文，号盖金，世居今吉林省集安县。

盖苏文自称生于水中，是水中神灵化身。他的父亲名太祚，是高句丽西部大人，在高句丽第27代荣留王时，为大对卢，又称莫离支，官比一品，总掌国家大事。太祚死后，盖苏文以伪善欺骗手段，嗣父爵为西部大人。

642年冬，盖苏文为了独揽高句丽大权，削除异己分子，在王都平壤发动了一场骇人听闻的宫廷流血政变。事先盖苏文假借阅兵之名，邀请高句丽达官显宦前来观礼赴宴。一百多名文臣武将应邀前来，对盖苏文的阴险毒辣计谋一点也没能察觉，没有任何提防。人到齐后，盖苏文立即下了毒手，全部杀掉。接着，盖苏文又令部下放火烧毁仓库，引起城中一片慌乱。盖苏文乘城中混乱之际，率兵驰入王宫，杀死荣留王高建武，并宣布立建武侄子高藏为王，自立为莫离支。

唐以前，称莫离支为大对卢。按照传统惯例，大对卢的任期为三年，三年过后，如果称职，可以连任。在进行新老交替时，不由国王决定任免人选，而由各部大人勒兵相攻，夺取此职，由胜者接任。或有对新任者不服时，国王也不加干预，闭门不出，任其自相争斗。不管由谁接任，都得向国王负责。盖苏文发动政变之后，改变了高句丽王室的这一传统规定，凭着自己的势力，实行封建的父死子继制度。在盖苏文死后，其子泉男生继为莫离支。

盖苏文生来躯体硕壮，身上佩有五口飞刀，周围的人对他都不敢正面仰视。他得势以后，靠严刑苛法树立威势，巩固统治地位。经常使属下臣僚俯伏于地，供他蹬踏上马下马。每当出行，必先布列队仗，大呼小叫，驱散行人，命令躲避，吓得百姓四处逃窜。在他的高压下，高句丽内部危机四伏，灭亡的征兆越来越明显。

643年，盖苏文为了进一步巩固自己的政治权势，效仿唐朝统治者尊崇道教，利用道教知足云止、清静无为的思想，任意摆布国王和麻痹百姓。当时在高句丽人中，主要是盛行儒学和佛教，道教势力比较微弱。而盖苏文的倒行逆施，在表面上与儒家思想和佛门的教义都相违背，唯有道教大可利用。于是，盖苏文向王藏建议说："儒佛道三教好比鼎足，缺一不可，现在国内儒佛并兴，唯有道教不盛，这不是齐备天下之道的做法，应该向朝廷派遣使臣，求取道教东来，以便用来教育百姓。"王藏听了照办无误，派人入唐朝奏请。唐太宗得到高句丽陈请之后，也想用道教来约束盖苏文的暴行，立刻满足了高句丽使臣的申请，派遣道士叔达为首的八名道徒，前往高句丽王都平壤传道，并带去《老子道德经》，使道教在高句丽全面传开，这同盖苏文的提倡是分不开的。

盖苏文作为高句丽主要统治者之一，在处理与唐朝隶属关系问题时，基本上承袭了老祖宗的传统旧制。一方面承认唐朝的宗主地位，岁时遣使朝贡，接受朝廷册封，听从诏命。另一方面又很想扩张地盘，发展势力，从朝廷手中争得更多的权益，这就必然同朝廷发生利害冲突。历来每当高句丽稍有积聚，力量发展起来之后，总是要与中原王朝产生摩擦，直至演成兵戎相见。但是，不管矛盾多深，冲突多大，高句丽都不曾表示脱离与中原的隶属关系，断绝来往，宣布独立，始终表现为一国之内的统治者之间的和民族之间的矛盾。盖苏文同唐朝的矛盾，是这种历史上形成的矛盾的继续。

高句丽统治者经过隋朝连续讨伐，多次受到沉重打击，破坏较为严重。唐朝统一强大起来之后，荣留王建武积极与朝廷缓和矛盾，搞好关系，频繁遣使朝贡，奉献封域图，送还隋朝失落的士卒，毁掉集体掩埋隋朝将士尸骨而积土如丘的所谓京观，不再炫耀抗击隋兵的往事，以便减少对唐朝统治集团情感上的刺激。所有这些忠诚善意行动，博得唐朝好感，使唐朝继续册封建武为上柱国、辽东郡公、高丽王。但是，唐朝的友好态度，并不能减轻高句丽统治者忧虑唐朝迟早要来征讨的心病。迫于形势，高句丽统治者积极备兵积谷，作出物力上的安排。同时，在外交上遮断新罗、百济与唐朝的联系，进犯二者疆界，削弱二者力量，企图消除二者与唐朝的策应。又用了16年的长时间，在辽东西部封疆上筑起千里长城，切断与内地交通，以防唐兵长驱直入。盖苏文积极参与了这些旨在与唐朝抗衡的准备活动，642年春，王建武命令盖苏文亲自去督责修筑长城之役。

643年，唐太宗得知盖苏文发动宫廷政变，杀死高建武，独专国政，残害吏民的事件以后，便计议举兵兴讨。在群臣建议下，觉得高句丽统治集团内部屈服于盖苏文的高压政策，尚保持着统一，暂时还没有出现裂痕，出兵的时机还不够成熟。但是，盖苏文怙恶不悛，加紧对新罗的侵犯，向半岛南部发展势力。同年秋，新罗遣使向唐朝告急求援，揭露盖苏文联合百济侵略新罗的罪恶和阴谋。

644年秋，唐太宗应新罗使臣恳请，命令司农丞相里玄奖前往高句丽制止。相里玄奖到达高句丽时，盖苏文正在率军攻打新罗，并占领了新罗两座城邑。王藏无法违抗朝廷使命，只得将盖苏文召回，相里玄奖对盖苏文宣谕了不能侵犯新罗的旨意。盖苏文听后辩解说："高句丽同新罗的矛盾、仇怨由来已久。过去隋朝进攻高句丽时，新罗乘机夺取高句丽疆域，使方圆五百里以内的城邑，全部被新罗占领。倘若新罗不肯归还这些被占领的土地和城邑，恐怕高句丽是不会停止对新罗的用兵。"相里玄奖对盖苏文的强词夺理，当即驳斥道："过去的事情，怎么可以揪住不放呢！现在辽东地区的所有城邑，起初都是中原的郡县，朝廷对此都不来追论讨还，高句丽怎么可以违抗朝廷的诏命，执意要恢复旧有的领地呢！"盖苏文听了相里玄奖这番话，虽然自知理亏，但是根本听不进朝廷的劝告，一意孤行到底，不肯停止对新罗的进攻。

相里玄奖回朝以后，将盖苏文的顽固立场和强硬态度，如实向唐太宗作了报告。唐太宗听后，愤愤地说："盖苏文杀其王，残害大臣，欺压百姓，怨声载道，罪大恶极，不可以不讨伐，这难道还能说是师出无名吗！"此时，新罗也不断遣使向唐朝求援，促使唐太宗下决心立刻讨伐盖苏文，命令工匠造船运粮，调兵遣将，并征发契丹、奚、靺鞨等东北各族兵丁，做好讨伐准备。盖苏文听到唐太宗备战消息之后，心里十分恐惧,急忙向朝廷遣使纳贡,奉献金银,并派遣50名官员入朝宿卫,试图软化唐太宗的决心。唐太宗看穿了盖苏文用心,斥责前来的使者说:"你们身为高建武的臣下,听任盖苏文篡权逆行,不能死节守义,为王报仇,反来替盖苏文委曲求情,要弄阴谋,罪不可赦。"结果全被囚禁下狱,表明唐太宗讨伐盖苏文的决心已不可更改。

645年,唐太宗亲统大军,东渡辽河,直指高句丽腹心地区。经过数月艰苦攻战,收复辽东10城。设置辽、盖、岩三州,迁徙高句丽7万人入内地安置,并将褥萨(相当唐朝都督)以下3500名酋长迁往内地,使其元气大丧。

这场战争,在名义上唐太宗是打着吊民伐罪、除暴安良的旗号,实际上是唐帝国统一中国战争的继续。高句丽是中国的一部分,每当中原出现统一和强大的政权以后,总是要加强对高句丽的经营与辖制。因此,二者之间的斗争纯属中华民族内部矛盾。唐太宗征东没有彻底打败高句丽,盖苏文更加肆无忌惮。经常窥伺边隙,蓄意挑起事端。对新罗依然侵夺不已,置朝廷制止敕命于不顾。因此,朝廷与高句丽政权的矛盾有增无减。

高句丽在盖苏文执掌政权的后期,四面出击,到处树敌,促使各方面的力量都与唐朝联合起来,共同反对高句丽。654年,高句丽以重兵北攻契丹,被得到唐朝支持的契丹兵打败,死者相藉,积尸如丘。655年,又南侵新罗,夺取36城,新罗向唐朝求援,朝廷派营州都督程名振等率兵攻打高句丽。660年,唐朝灭掉百济。翌年,命大将苏定方及时移兵高句丽,进围平壤。盖苏文仍顽抗到底,派遣其子泉男生率领精兵数万,保守鸭绿江险要,阻挡唐兵渡江,结果被唐大将契苾何力率兵突破,唐兵逼近平壤。

662年,盖苏文亲自率兵出战,与朝廷大将庞孝泰战于蛇水,使庞孝泰全军覆没。在高句丽历史上,盖苏文虽然恶名远扬,残暴无道,但蛇水一战,足显其仍不失为高句丽人心目中的一位杰出将领。只可惜此战胜利,不过是一束回光返照,666年,盖苏文便死去了,他所铸成的灾难,留给了后人去承担。

盖苏文有子三人，长子泉男生，次子男建，三子男产。男生字元德，秉性敦厚知礼，不同于其父盖苏文。而且奏对敏捷，武艺高强，尤其精于射箭。9岁时，男生因其父的威势，当上了先人（当属十二级的最末一级）。15岁时升为中里小兄（当属第八级），犹唐朝的通事舍人之官，主管宾礼事宜。18岁时，又升为中里大兄（当属第六级），开始参与政事，主掌高句丽政令颁行等。23岁时，晋升为中里位头大兄（当属第四级），执掌军政要事，成为高句丽政权的核心人物之一。

666年，盖苏文死后，泉男生代行莫离支兼三军大将军。不久，正式加号为大莫离支，总管高句丽各部。就在此时，高句丽统治集团内部，随着盖苏文的死去，争权夺势，演成内讧，给唐朝灭亡高句丽提供了可乘良机。当泉男生离开平壤，到各部巡察时，留其弟男建、男产代行处理政事。素日间男生就与两个弟弟多有不和，各树党羽，互相攻击，都想独揽高句丽权柄，两个弟弟对男生当政，经常表示不服气。这种事态，很久以来就被外人所知。因此，当男生出巡在外，有人乘机挑拨离间，向男建、男产说："男生怨恨你们对他的逼迫，要杀掉你们。"最初两人听到这番话，并没有完全相信，因而矛盾还不到一触即发的程度。后来又有人跑到男生面前挑拨说："你的两个弟弟害怕你回去后罢他们的官，夺他们的权，要拒绝你回去。"男生听了之后，半信半疑。于是，暗中派人回去秘密探察。派去的人办事粗心大意，男建有所发觉，立刻将来人拘捕下狱，供出实情，使谣言得到所谓的证实。于是，男建和男产伪传王藏命令，召男生立刻回京，以便乘机除掉。男生自知事情已经暴露，矛盾公开了，回去后凶多吉少，只好继续留在外边躲避。男建乘势夺了哥哥大权，并杀了男生儿子献忠，兄弟间彻底决裂。王藏也被逼任命男建为莫离支，兼管内外兵马诸事，承认既成事实。

男生失掉了权势，有家难归，只得逃往故都国内城（今吉林省集安县城），纠集力量自保，暂作喘息停留。随后率领部下，会同契丹和靺鞨兵众，一道宣布归附唐朝，并派遣其子献诚速赴长安，向朝廷申诉冤情，请求朝廷出兵援助。盖苏文弟弟净土也因不满男建篡权，而自动向朝廷请降求封。至此高句丽政权完全四分五裂，再也不堪唐兵一击。

唐高宗得到泉献诚报告后，感到实现父皇遗愿的时机到了。首先，对泉献诚深加抚慰，予以重赏，封其为右武卫将军，赐给车马、瑞锦、宝刀等物，使他感到朝廷的关怀和恩德，以便更诚心诚意地效命朝廷。又派大将契苾何力率兵前去救援接应，任命契苾何力为辽东道安抚大使，庞同善、高偘分别为行军总管，薛仁贵、李谨行等将领殿后，再次挥师辽东。

泉男生得到唐兵救援，形势立刻大变，积极同朝廷合力讨伐，以报前仇。同年秋，庞同善大破男建兵，男生率部与庞同善会师。朝廷正式任命男生为特进、平壤道行军大总管，兼使持节安抚大使，封玄菟郡公。这实际上是继续承认泉男生对高句丽的统治权力，而视男建为非法，理应受到惩治讨伐。泉男生倒向朝廷以后，使高句丽在辽东的哥勿城（在今吉林省通化县境内）、南苏城（在今辽宁省抚顺市境内）、仓岩城（在今吉林省集安县境内）等，相继自行归附唐朝，进一步瓦解了男建的抵抗力量。唐高宗为了嘉奖泉男生的义举，鼓舞归降将士，特派西台舍人李虔绎往男生军营中慰劳，赐予袍带、金扣等物。又任命李勣为辽东道行军大总管兼安抚大使，与契慈何力、庞同善等并力讨伐。

李勣等唐朝将领，得到男生为内应，对男建兵力部署情况了如指掌，指挥唐兵攻城略地，所向必克。667 年春，李勣率兵攻克高句丽西部重镇新城（在今辽宁省抚顺高尔山上），随后连拔 16 城。新城失守后，高句丽鸭绿江以西全线动摇，平壤形势更是岌岌可危。为了挽回败局，泉男建遣兵攻夺新城，同守将庞同善、高偘展开激战。薛仁贵率兵救援高偘，战于金山，转败为胜，守住新城。泉男生也率兵来会合，声势大震。

泉男建见新城不可收复，另打主意，以 5 万大军从鸭绿江下游渡江，绕道救援另一个重镇扶余城（在今吉林省四平市一带）。兵至薛贺水（今辽宁省丹东市境内赵家沟河），遇到李勣率兵拦击，男建兵再次大败，阵亡 5000 余人。随后李勣率军渡过鸭绿江，进抵平壤城下。

泉男生与唐兵会合后，曾一度奉召入朝，亲见唐高宗。途中所过州县击鼓奏乐，列仗迎送，盛况空前。男生被朝廷任命为辽东大都督，而后又返回军中,协同李勣围攻平壤。

668年秋,高句丽傀儡王藏见败局已定,先命泉男产领着98名官吏,手持白旗,向李勣投诚。此时泉男建仍独自闭门拒守,负隅顽抗,接连遣兵出战,均遭到失败。泉男生暗地使人潜入城中,与男建手下大将僧信诚约为内应。信诚打开城门,李勣挥军蜂拥而入,放火烧城。男建临危自杀未遂,被官兵俘虏。高藏虽在城陷之前投降,也未能免于囚禁,被一并解往长安。至此,结束了高句丽王朝延续705年的历史。

高句丽灭亡后,唐高宗下令将高句丽旧地划为9府42州,设安东都护府于平壤,以薛仁贵为都护,总兵镇守9府42州。为了安抚高句丽遗民,赦免了高藏和泉男产等人罪恶。委任高藏为司平太常伯(即工部尚书),成为唐朝重要官吏之一,掌管全国百工营造、屯田山泽之事。任命泉男产为司宰少卿(即光禄寺少卿),主管酒醴膳羞之事。以僧信诚为银青光禄大夫,官比从三品。泉男生有功于朝廷,得到厚封,授其为特进、右卫大将军兼检校右羽林军仗内供奉、上柱国,封汴国公,并赐予宝器、宫女、马匹等物。其子献诚为司卫卿(即卫尉寺卿),掌管全国军械器物等。唯泉男建冥顽不化,罪孽昭著,被流放黔州(今四川彭水县),亦属从轻发落。

唐朝在高句丽旧地置官设治以后,一些高句丽遗民,不安于直接受唐朝统治,多想恢复旧制,时有反抗。677年,唐高宗派泉男生回到辽东,安抚遗民,增设郡县,加强行政管理,招还流散民户,使之恢复生业。下令减免赋税,停止徭役,以利于生产发展。老百姓既然得到了泉男生带来的好处,也就渐渐稳定下来,缓和了与朝廷的矛盾。

唐高宗仪凤四年(679)正月二十九日,泉男生死于安东府官邸,终年46岁。唐高宗为之举哀,降诏追悼,优赙厚葬,追赠为并州大都督,谥曰襄,充分肯定其对唐朝的历史贡献。并勒石刻铭,功昭后世。

武则天时,先后授泉男产上护军,封辽阳郡开国公,又迁营缮监大匠。701年卒,终年63岁,归葬洛阳邙山泉氏墓地。

(原载《东北历史名人传》上卷,吉林文史出版社1986年版)

渤海国历史研究

17　车书本一家

——订正一则有关唐代渤海史料的传讹

疆理虽重海，车书本一家。
盛勋归旧国，佳句在中华。
定界分秋涨，开帆到曙霞。
九门风月好，回首是天涯。

——温庭筠

这是唐代诗人温庭筠写的一首《送渤海王子归本国》诗，历来被研究渤海历史的学者们所看重，各有关专著和论文中曾反复引用。但是，几乎在所有引录中，都存在一些共同的错漏。第一，是将诗题中的"本"字漏掉；第二，是将"车书本一家"误成"诗书本一家"；第三，将尾句的"是天涯"误成"即天涯"。

征引一首小诗，漏误何以如此之多，首先当然要想到版本问题。这首诗，最早见于宋朝李昉等人编辑的《文苑英华》卷279。但所载该诗不误。后世如清朝康熙三十六年秀野草堂刻印的《温飞卿诗集笺注》，康熙四十六年编辑的《全唐诗》以及《四库全书》和《四部备要》的《温飞卿集笺注》，都收录了这首诗，而且均不误。1980年上海古籍出版社印行的重新校订的《温飞卿诗集笺注》，所引此诗也与上述诸集相同。由此可见，各家致误，不是版本不同造成的。

可是另一系统，即由我国学者编撰的渤海史专著，对温庭筠这首诗的引录，都具有上述三点同样漏误。如：1919年唐晏撰辑的《渤海国志》，1929年黄维翰撰辑的《渤海国记》，1934年金毓黻先生撰成的《渤海国志长编》。近年诸史家引录此诗，其误皆与前述三家雷同，如：戴逸主编的《简明清史》第一册，黑龙江省文物工作队编著的《黑龙江古代文物》，《求是学刊》1980年第3期所载朱国忱等《关于唐代渤海的文学艺术》一文等。

如此错漏,显系前人误引,后人照搬,疏于核校,以讹传讹所致。

为了准确理解这首诗的含义,且先诠释一下诗中关键词句。首先,诗题中"本国"二字,与第三句的"旧国"相呼应,是两个同义词。中国古籍中,"国"字通常指诸侯封地、郡国或指城郭、都邑。温庭筠诗中的"本国"、"旧国"也是指的都邑、城郭,即王子的故乡。具体是指渤海最初"据东牟山,筑城以居"[1]之地。渤海三徙都城,迁都后,称原来的都城为"旧国",有所谓"上京直旧国三百里"[2]之说。所以诗中的"本国"、"旧国"的含义十分清楚,丝毫没有独立国家的概念。

第二,首句"疆理虽重海"的"疆理"二字,古籍中用得也很广泛,其意是指对所辖疆土加以治理的意思。全句是写唐帝国所辖疆域之辽阔广大,极言诗人与王子居住之地,相距是那么遥远。

第三,"车书本一家",是全诗主句,温庭筠选择"车书"一词入诗,说明他既有中国文学、历史知识,又熟知唐与渤海的统一关系。历来都把"车书"二字作为国家的代名词。《礼记·中庸》有"今天下车同轨,书同文,行同伦"的记载,秦始皇统一中国后,下令"一法度衡石丈尺,车同轨,书同文字",表明对全国实行集中统一领导。温庭筠之前,杜甫已将"车书"二字入诗,有"天下车书正一家"[3]之句。温庭筠的"车书本一家",正是从杜甫诗脱化而来,全诗八句都紧紧围绕渤海与唐"本一家"的主题。此外,从渤海与中原的交通联系上,也可为"车书本一家"找到依据和解释。从长安到渤海,辟有两条"同轨"之路,即营州道和鸭绿道,王子是乘船东归,显然将经山东,水行过海入鸭绿江,故诗中有"重海"一词,并用一"虽"字,说明二者"本一家"的关系。"车书"一旦误为"诗书",这些深刻含义都失去了。

第四,"定界分秋涨"一句,很容易引起歧义,特别是"定界"二字,往往被误为划定边界之意。其实"定"是约定,"界"为诗人送行地点,"分"为二人分别之意。"秋涨"喻指黄河,古时黄河一年有春夏秋三

[1]《旧唐书》卷199下《渤海靺鞨传》。

[2]《新唐书》卷219《渤海传》。

[3]《全唐诗》卷226,杜甫《题桃花》。

汛,每至汛期,河水盛涨,故有春涨、夏涨、秋涨之说。全句之意为:两人约定好在黄河渡口分别。

第五,“九门风月好”一句,“九门”一般泛指天子所居之皇城,这里具体指长安城。骆宾王的《帝京篇》云:“山河千里国,城阙九重门。不睹皇居壮,安知天子尊”[1],所以“九门”喻指长安。说明诗人是从长安送王子到黄河边上,然后王子乘船东归的。

作了以上五点解释,全诗大意也就明白了。其意为:渤海王子要离开中原了,将回到远在祖国边疆的故乡去。我们两人居住的地方,不管相隔多么遥远,毕竟是生活在同一个统一的国家里。为国家立下了功勋的王子,虽然离开了中原地区,但是他那美好的诗篇,还继续流传在这里。当秋汛到来的季节,我们分手在黄河岸上,转眼间,船只就把王子载到朝霞升起的东方。天子居住的长安城,风景是那样的美丽,可惜王子已经走远,回到故乡去了。

远在千年以前,温庭筠对渤海的历史,作了真实的记录,为后代研究渤海历史,提供了宝贵资料,特别是为我们指出了唐与渤海是“车书本一家”的统一关系,这首诗的史料价值和意义也就在于此。而引用中的错漏,不仅降低了此诗的史料价值,也削弱了论著的说服力。

(原载《历史研究》1982 年第 1 期)

---

[1]《全唐诗》卷 77,骆宾王《帝京篇》。

18 渤海高王大祚荣

大祚荣,粟末靺鞨人,是唐代渤海国的创始人,也是我国历史上少数民族中一位骁勇善用兵的良将,曾受到周围各族的拥戴。

大祚荣的父亲乞乞仲象,是粟末靺鞨部落酋长,世居长白山北麓,松花江上游一带。在粟末靺鞨被高句丽役使期间,大祚荣还担任过高句丽的官职,即所谓高句丽旧将。

6世纪后期,中国经数百年长期分裂混战,终于在隋朝时又重新走向统一。中国境内各少数民族纷纷归附隋朝,有些地区是靠着武力征服,完成统一。自598年起,隋朝统治者为了收复辽东地区,接二连三对高句丽大举兴兵征讨,使高句丽势力受到极大削弱。包括粟末部在内的靺鞨各部,乘高句丽衰弱之机,纷纷挣脱高句丽的束缚,直接归属中原王朝管辖。唐朝建立以后,承袭了隋朝对高句丽的讨伐政策,于668年灭亡了高句丽政权。为了彻底铲除高句丽政权复辟的可能,以及解决充实内地人口的迫切问题,将大批高句丽人特别是奴隶主贵族阶级中的骨干分子,纷纷迁往内地,并设置安东都护府,加强对东北地区的直接控制。在高句丽人大批内迁浪潮中,大祚荣父子率领家属部众,西迁至营州(今辽宁省朝阳市一带)地区,同那里的汉人等杂居一地,并同隋朝时内迁到该地区的粟末靺鞨人会合,有更多机会直接受到汉人先进文化的洗礼和熏陶。经过将近30年的时间,这批靺鞨人在政治、经济、文化等各方面都逐渐成熟起来,已经具备了创建本民族政权的条件和管理国家的能力,营州地区成了孕育粟末靺鞨人创建渤海政权的摇篮。因此,大祚荣等率部内迁,在靺鞨人的发展史上具有划时代的意义。

唐朝时,营州辖境内还居住着一个较强大的契丹人部落,大祚荣的父亲乞乞仲象曾担任过契丹大舍利之官职,为管辖军队的头目,并含有酋领、大人之意。后来大祚荣由于直接受到营州地区汉人文化的影响，以其父官名首字大氏为姓，取名祚荣，深深带有汉人封建地主阶级思想烙印，其原有名字已无从可考。

696年，由于唐朝地方官吏残酷的民族压迫，营州地区爆发了以松漠都督李尽忠为首的契丹人反抗官府暴政的斗争。乞乞仲象及另一名首领乞四比羽带领居住在营州的靺鞨人，积极起来响应，并率领他们乘机东归，摆脱营州官府的羁绊和压迫。此时唐朝所设安东都护已内迁，并因缺少名将镇守，唐朝在辽东地区的统治力量受到削弱，也为大祚荣父子东归创造了十分有利条件。

以武则天为首的唐朝统治者，一方面对契丹人所掀起的这股强劲的反唐风暴，毫不迟疑地调集重兵，大举围剿。另一方面对靺鞨人的反抗，在暂时还无力分兵镇压的情况下，采敢了封官拉拢的政策，试图使靺鞨人平息下来，继续置于唐朝的直接辖制之下。于是，武则天向靺鞨反抗者颁发诏书，赦免其罪，封乞乞仲象为震国公，乞四比羽为许国公。但是，乞四比羽等拒挺绝武则天的收买，继续率领靺鞨人与朝廷抗争，使武则天大为恼火。恰好此时李尽忠死去，契丹人的反抗斗争，已基本上被官兵镇压下去，武则天可以抽调兵力，讨伐靺鞨的抵抗者，并利用投降的契丹兵将一道进讨。

697年夏，契丹将领李楷固投降，武则天授其为玉钤卫大将军。不久，他就被任命为讨伐靺鞨的主要将领，同中郎将索仇一道率兵进讨。一部分靺鞨兵被李楷固打败，乞四比羽不幸阵亡。此时乞乞仲象也已死去，形势对靺鞨人十分不利。正当困境重重、险象环生之际，大祚荣显示了卓越的领导和指挥才能。他迅速率领残败部众，采取战略转移，避开官军正面兵锋，向天门岭（今吉林省敦化县境老爷岭山脉）以东奔去，暂作喘息调整。李楷固借助初战获胜势头，率领官兵对大祚荣穷追不舍，也随后越过天门岭。大祚荣重振旗鼓，充分利用靺鞨人比官兵更熟习当地环境的优势，凭借山河之险，同官兵展开顽强的抵抗。结果，官兵大败，李楷固狼狈逃回。

天门岭之役，是大祚荣获得成功的关键一战，不仅使靺鞨转危为安，而且铺平了通往胜利的道路，也显示了大祚荣本人是靺鞨人完全可以信赖的杰出领导者。此后契丹又暂时投靠东突厥,彼此结成联盟,与朝廷作对,切断了朝廷通往辽东的陆路通道,自然形成一道阻挡官兵进讨的防线,这对大祚荣来说,又是一次天赐良机。

大祚荣利用唐兵不能进讨的机会,加紧建设巩固的基地,率领靺鞨与高句丽人等,依靠奥娄河(今称牡丹江)的险要地势,修筑城邑自卫,定居下来。并于698年,凭借路途荒远,兵马难行,朝廷奈何不得的有利条件,宣布建国称王。根据朝廷对乞乞仲象的封号,大祚荣自行将震国公晋为震国王。接着遣使突厥,结为盟好,求得外界的支持和声援。

大祚荣创建震国政权以后,经过短时期的巩固与发展,终于站稳了脚跟。于是,将王都从树壁自固、形势险绝的东牟山山城(一般认为敦化县城南20余里处的城子山山城遗址为东牟山城),迁到平原地区(即敦化县城南郊的敖东城遗址),以便更有利于农业生产和向四周发展。后世将大祚荣称王建都之地,号称旧国,其中包括山城与平原城。

705年,平庸无能的唐中宗复位以后,心无远图,整天困于统治阶级内部争权夺势的倾轧之中,全力应付武则天丢下的烂摊子,对远离京城的边事自然是鞭长莫及,唯有维持而已,只要不危及皇位,一切都听之任之,这对大祚荣巩固其刚刚诞生的政权十分有利。因此,当唐中宗遣侍御史张行岌前来招慰时,大祚荣欣然接受了朝廷招安,归顺唐朝,从而卸掉了担心朝廷讨伐的重压,其政治地位和权力都得到了朝廷承认。同时,对于朝廷说来,也总算是达到了固边安民的目的,由以大祚荣为首的靺鞨人上层分子,替代朝廷管理本民族。正因为对双方都有好处,所以二者容易达成妥协。大祚荣为了表示效忠于朝廷,履行属下的职责和义务,遣其子门艺随张行岌入朝谢恩为质,留备宿卫,换取朝廷的信任。大门艺留在长安数年,后来成为唐玄宗的忠实得力将领,为维护双方的统一关系,曾作出显著贡献。

701年,唐睿宗即位以后,又很快让位于唐玄宗,唐朝的政治又出现新的起色。随着突厥向唐朝求和内附,内地与辽东地区陆上交通恢复正常,因交通梗塞而使朝廷对大祚荣的册命不达的矛盾得以解决。

713年,唐玄宗遣郎将崔忻摄鸿胪卿,充任敕持节宣劳靺鞨使,前往册封大祚荣为左骁卫员外大将军、渤海郡王,并以大祚荣所管辖的地域为忽汗州,加授大祚荣为忽汗州都督,掌领一州诸事。不久,又册封大祚荣嫡子武艺为桂娄郡王,确立其王位继承人的地位。

大祚荣正式接受朝廷册封以后,不再继续称其所建立的政权为震国,而按照朝廷的封号,专称渤海国,并去掉原有的靺鞨族名,自此称为渤海人,使靺鞨族的历史,揭开了新的一页。这个政权既是靺鞨人自己管理自己的行政机构,又是唐朝管辖内的一个州,唐朝的地方行政机构;大祚荣本人既是靺鞨人的最高首领,又是唐朝委任的地方军事行政长官。这一历史事实至今昭然若揭,铁证在案。714年,崔忻西归复命,途经今日旅顺黄金山下,凿井两口,刻石题名,永作纪念。该刻石被日寇掠窃到日本东京,藏于内府。其题名全文为:

敕持节宣劳靺鞨使鸿胪卿崔忻井两口永为记验开元二年五月十八日

共计3行29字,成为后世确认渤海与唐朝隶属关系的可靠依据。

大祚荣所创建的渤海国政权,一是靺鞨人历史发展的必然;二是民族大起义后,进而割据的结果;三是唐朝少数民族政策与招安的产物。自唐朝初年,就先后在四境少数民族聚居地区划疆设治,建立府州,任命少数民族上层人物为都督等,渤海国仅是其中的一州,大祚荣也仅是其中的一位都督。

自唐朝正式册封以后,大祚荣深知要想求得渤海自身的发展与强大,进一步巩固其统治地位,必须在政治、经济和文化等各方面,加强与朝廷的交往合作,尽可能地取得朝廷各方面的支援,并通过各种渠道和纽带,把渤海与朝廷紧紧连在一起。在他执政期间,先后6次派遣其子或属臣入唐朝拜,贡献方物,领取赏赐。713年冬,大祚荣遣其子朝唐,向朝廷奏请就市交易,换取渤海所需物品,并要求到内地佛寺顶礼膜拜,进行佛事交往活动。从这项请求中可以得知,佛教在靺鞨人中早有传播,大祚荣称王以后,也在积极效法唐朝统治者的办法,利用宗教作为统治工具。唐玄宗对大祚荣的这些请求,都一一给予满足,使双方的交往逐渐频繁起来,从而奠定了渤海与唐朝在各个领域中互相依存、共同发展、和睦团结、不可分割的隶属关系。

719年春天,大祚荣死后,其子大武艺袭封为王。以大武艺为首的渤海统治者们,为了颂扬和纪念大祚荣的创业开基功勋,仿效中原王朝的封建礼仪,谥其为渤海高王,充分肯定了他在渤海历史上的杰出贡献和崇高地位。唐玄宗接到渤海使臣的告丧消息之后,深为哀悼,下诏追赠其为特进,赐物500段,并派遣左监门率上柱国吴思谦摄鸿胪卿,持节充使,前往吊祭,昭示哀荣。

大祚荣是位长寿和多子女的渤海王。他的一生基本上分为三段,至少在20岁左右以前,就已是靺鞨人中有影响的人物,并担任过高句丽的武将,以英武少年著称。668年以后,侨居营州近30年,正是养精蓄锐、增长才干时期。696年,率部东归,进而割据一方,创基立业,统治了22年。三段时间加到一起,死时当在70岁左右,已属寿高勋著,而且其子女众多,人丁兴旺。除了嫡子武艺以外,仅见于史书记载的尚有门艺、述艺、昌勃价、宝方、胡雅、琳、朗雅、蕃等兄弟8人。他们都先后多次奉命朝唐,贡献方物,留备宿卫。他们分别被朝廷授予高官显位,厚禄荣秩,备受恩崇,为沟通内地同边疆的联系,维护长期稳定统一的局面,都作出了应有的贡献。

渤海国经过大祚荣20多年的统治,在他临死的时候,已成为一个多民族的融合体,拥有一支强大的武装力量,所谓胜兵数万,为渤海后世的发展奠定了坚实的基础,开创了东北境内各民族大融合、大发展的历史新阶段。因此,大祚荣在中华民族发展史上,特别是对推动东北地区的早期开发,留下了不朽的足迹,是少数民族中的一位杰出统治者。

(原载《东北历史名人传》上卷,吉林文史出版社1986年版)

19 大武艺在渤海历史上的作用

任何一位历史人物的作用,都同他生活的时代相关联。大武艺是渤海15王中继大祚荣之后的第二代郡王,是渤海历史上一位较有影响的开拓者。历史所赋予大武艺的使命,是如何使渤海政权更加巩固,并扩大其影响,为后世的发展繁荣奠定基础,开辟道路。

古籍中所载大武艺纪事,多数和他的对外扩张政策有关。对于这个问题的探讨,既可揭示出大武艺在渤海历史上的作用,又将有助于把握渤海政权发展的全过程。

19.1 大武艺的生平

大武艺当是大祚荣的嫡长子。

大祚荣是位长寿、多子女的靺鞨族酋长。除了长子大武艺之外,另有8个儿子因先后受大祚荣和大武艺派遣朝唐,而被记载在册。

在大祚荣之世,继大门艺之后,大祚荣又遣其子大述艺入唐宿卫。大武艺执政以后,又先后遣弟大昌勃价、大宝方、大胡雅、大琳、大郎雅、大蕃朝唐,或请备宿卫。《旧唐书·渤海靺鞨传》称大门艺为大武艺母弟,从名字特征上来分析,大述艺也当是大武艺的母弟,而其他6位或许为庶出的弟弟。

大武艺的生辰年代,《旧唐书·渤海靺鞨传》称:"高丽既灭,祚荣率家属徙居营州。"《三国遗事》所引《新罗古记》云:"高丽旧将祚荣,姓大氏,聚残兵立国于太白山南,国号渤海。"可见,至晚在668年唐朝灭亡高句丽之前,大祚荣就已经是一位可以统兵打仗的将领了,当然此时不会是孩童之龄。到719年大祚荣死时,其享年应在70岁左右。大武艺作为大祚荣众多子女的长兄,应当是生于大祚荣的青壮年时期,确切一点来说,应该是生于高句丽灭亡时的前后。假如前人判定不误，大氏一姓的由来是因大祚荣之父乞乞仲象曾官契丹大舍利之职，后世子孙以其官的首字为姓。又从大武艺、大门艺、大述艺兄弟三人的名字特征来看，显然同汉人名字的规律一样，也当是在徙居营州以后受到汉人文化思想影响的结果。通过上述几点分析，可以初步认定大武艺出生并成长在营州地区。他所受的启蒙教育，也当然主要是唐代汉人的文化思想，并影响到后来对渤海的统治。

705年，大祚荣遣其子门艺随朝廷使臣张行岌入唐宿卫〔1〕，得以熟知朝廷内外形势，说明此时大门艺已经长大成人。而大武艺的嫡长子大都利行于大武艺嗣位翌年，很快被朝廷确认为大武艺的王位继承人，封为桂娄郡王。726年，大都利行充使朝唐，留备宿卫，被授予左武卫大将军员外置，也当是一名成丁。根据以上两点判断，大武艺嗣位时的年龄，应是30岁开外的中年人，在各方面都已经成熟，是渤海统治集团的主要决策人物。

《旧唐书》载大武艺以嫡子桂娄郡王身份，继袭王位。唯不详唐朝何时册封大武艺为桂娄郡王爵位。考大都利行被朝廷册为桂娄郡王，是在大武艺即位后的翌年。那么，大武艺应当是在713年朝廷册封大祚荣为渤海郡王等职以后不久，就被册为桂娄郡王，而此一爵位为渤海王储所独占。

719年春，大祚荣病殁。唐玄宗遣使吊祭，并册立大武艺袭父爵为左骁卫大将军、渤海郡王、忽汗州都督。大武艺即位后，自行建元仁安，以示渤海在政治上具有一定相对的区域自主性，并使其统治深深打上中原儒家政治思想的烙印。

737年，大武艺死后，渤海统治集团按照中原王朝礼仪惯例，谥封大武艺为渤海武王。谥法称克定祸乱、威强睿德曰武。史书中记载大武艺统治期间，“斥大土宇，东北诸夷畏臣之”〔2〕，说明大武艺是位能征善战、武功显赫的统治者，为扩大渤海疆域作出了不可磨灭的贡献。

---

〔1〕近读魏国忠《大祚荣“遣子”侍唐时间考》一文，载于《北方文物》1985年第4期。该文根据背景材料分析，断定大祚荣首次遣子入侍时间为707年。

〔2〕《新唐书》卷219《渤海传》。

19.2　大武艺的对外扩张

目前,对大武艺的扩张政策,还无法作出全面的描述。例如大武艺执政后,在向外扩张中都征服了哪些地区,还很难具体地揭示出来。《新唐书》称其“斥大土宇,东北诸夷畏臣之”,乃是对此项政策所作出的一种笼统的评述,也可称作是这一政策所取得的结果。至于同这项政策相关的各方面情况,只能从与大武艺有关的一些历史事件中去探索。

自大祚荣称王立国,到大武艺嗣位执政,虽然经历了20余年,但是作为渤海的创业时期还远未结束。此时渤海不仅所辖地域偏僻而且政治影响也有限,多半是恃荒远乃得存。

大武艺的扩张政策,是大祚荣巩固渤海政权措施的继续。实际上,大祚荣自705年取得朝廷承认以后,就已开始使渤海的势力向外扩张。《新唐书·渤海传》在记述大祚荣的历史时,称其“尽得扶余、沃沮、弁韩、朝鲜海北诸国”。显然这个记载有些夸大不实,非是大祚荣时就已全部达到的。但是也说明大祚荣立国之后,并没有株守东牟山一地,而是积极向四境进取,扩大渤海地盘。

大武艺执政后,继续完成大祚荣未竟的事业,到他执政的前期,经过父子两代的艰苦创业和锐意开拓,已使渤海的疆域初具规模。727年,大武艺在致日本圣武天皇的国书中称:“武艺忝当列国,监总诸蕃,复高丽之旧居,有扶余之遗俗。”[1]这段话的重点在前两句,后两句是对前两句的具体说明。“列国”一词在我国古籍中,一直作大国之义解释。可见大武艺是俨然以大国君主自居,统治着许多其他民族,其中包括昔日的高句丽、扶余,并占有它们以往居住的地方。由此可以得知:在大武艺执政的前期,渤海在南面和西部,已经扩展到鸭绿江两岸和松花江流域的广阔地区。而东部则濒临大海,并可通过海路与日本友

〔1〕《续日本纪》卷10,圣武天皇神龟五年条。

好往来。在这种情况下，大武艺要想使其扩张政策继续推行下去，必须另辟蹊径，选择新的进攻目标。

726年，大武艺自恃兵强士勇，一意孤行地发动了对黑水靺鞨部的进攻。黑水部地处黑龙江下游两岸，在靺鞨七部中，黑水部“尤为劲健”[1]，力量最强。渤海兴起之后，大有统一靺鞨诸部之势。但黑水部为了避免接受渤海役属，并能获得与渤海同等的政治地位，于722年开始，避开渤海，自行朝唐，积极向唐朝靠拢。在短短的4年之中，上自大酋长，下至首领，先后凡7次朝唐。计有：开元十年(722)闰五月癸巳，“黑水酋长倪属利稽来朝，授勃利刺史”；十二月戊午，“黑水靺鞨大酋长倪属利稽等十人来朝，并受中郎将”；十二年(724)二月丙辰，“黑水靺鞨大酋领屋作箇来朝”；十三年(725)正月辛丑，“黑水靺鞨遣其将五郎子来贺正，且献方物，授将军”；三月丙午，“黑水靺鞨大首领乌素可蒙来朝”；四月甲子，“黑水靺鞨诸固蒙来朝”；五月，“黑水部落职纥蒙等二人来朝，授中郎将”。[2] 黑水部通过这些积极主动的频繁往来，极大地密切了与唐朝的隶属关系。725年，安东都护薛泰为了加强对黑水部的统辖，“请于黑水靺鞨内置黑水军”[3]。唐玄宗采纳了这一建议，于726年以黑水部最大部落置“黑水州都督府”[4]，“仍以其首领为都督，诸部刺史隶属焉。中国置长史，就其部落监领之”[5]。黑水靺鞨取得了与渤海忽汗州平行的政治地位。这对渤海一心想统一靺鞨诸部，进一步扩张自己势力的计划是个很大的打击，并对渤海的安全构成直接威胁，成为心腹之患。大武艺为了不使黑水部任其坐大，解除北顾之忧，继续去实现统一靺鞨诸部的夙愿，以黑水部自行通唐，“必是与唐家通谋，腹背攻我”[6]为理由，于唐朝设置黑水州都督府的同一年，发动了对黑水部的军事进攻。

---

〔1〕《隋书》卷81《靺鞨传》。

〔2〕《册府元龟》卷975。

〔3〕《旧唐书》卷199下《渤海靺鞨传》。

〔4〕《新唐书》卷43下《地理志七下》。

〔5〕《旧唐书》卷199下《渤海靺鞨传》。

〔6〕《旧唐书》卷199下《渤海靺鞨传》。

大武艺进攻黑水靺鞨的战争，史书中虽然未明确记载其结果，但从730年黑水部仍先后两次自行遣“阿布思利来朝，献方物”，以及“大首领倪属利稽等十人来朝，并授中郎将”[1]等事件来看，大武艺并没有取得对黑水部战争的胜利。一直到大武艺死时，渤海也未能完成统一靺鞨诸部的使命。《新唐书·黑水靺鞨传》在叙述靺鞨各部与唐朝的交往时，将时间止于唐德宗贞元(758—804)年间。此后则概括成：“后渤海盛，靺鞨皆役属之，不复与王会矣。”贞元末年为804年、渤海第六代康大王嵩璘正历十一年。这就是说最早也得到大嵩璘执政后期，黑水部才被渤海所征服。但这已是大武艺死后数十年的事了。

大武艺进攻黑水部失败的主要原因，可概括为以下几点：一是渤海立国日浅，力量积聚不够。当时渤海的兵力仅是昔日高句丽30万大军的“三之一”[2]，约有10万人左右，还不足以吞并劲健强大的黑水部。二是黑水部通过与唐朝的密切交往，设置了都督府以后，得到唐朝的支持与保护，政治力量有所增强，无论是在行动上，还是在心理作用上，唐朝对渤海进攻黑水部都是一种潜在的掣肘力量。自然会使渤海某些人认为：“黑水请唐家官吏，即欲击之，是背唐也。唐国人兵强，万倍于我，一朝结怨，但自取灭亡。”[3]唐玄宗在给大武艺的敕书中，严厉斥责了他的一意孤行，坚决保护反对派大门艺，这无疑是对大武艺进攻黑水部持反对、批评态度，使其不能不有所顾忌。三是渤海统治集团中存有强硬的反对力量，竭力反对进攻黑水部，特别是被大武艺任命为攻打黑水部的主要将领大门艺，带头反对出兵。他对当时形势的分析，头脑很清醒，向大武艺冒死陈词，痛陈危害，指出这是“自取灭亡”之道。因此，双方未等交兵，大武艺的锐气已经受到瓦解。大门艺领兵进至边境，再次“上书固谏”。大武艺夺易主帅，另选大壹夏接替大门艺统兵，并准备诛杀大门艺。大门艺出逃避难，再一次起到了动摇军心的作用。总而言之，主客观条件都决定了大武艺无法取得这场战争的

〔1〕《册府元龟》卷975。

〔2〕《新唐书》卷219《渤海传》。

〔3〕《旧唐书》卷199下《渤海靺鞨传》。

胜利。

19.3 大武艺与唐朝的冲突

渤海在长达200余年的历史中，始终与唐朝保持着和睦友善、互相依存的一体关系。双方唯一的一次冲突，发生在大武艺执政的后期。732年，大武艺在其扩张政策的驱使下，曾向山东、河北边境地区出兵侵扰。由于唐朝及时加以防御和还击，迫使大武艺撤回渤海，上表悔过，重修旧好，换取朝廷宽宥。此后双方再无类似事件发生，局势一直比较稳定。

732年秋，大武艺沿着渤海通往唐朝的两条主要道路，发起对山东、河北东部边境地区的进攻。一路由大将张文休率水兵出鸭绿道，从海上攻打登州，并杀死登州刺使韦俊。另一路出营州道，向山海关北面的马都山一线进击。据《新唐书·乌承玼传》云："武艺遣客刺门艺于东都，引兵至马都山，屠城邑。"《乌氏庙碑铭》也称："渤海王武艺出海滨，至马都山，屠陷城邑。"[1]从这两段文义来看，此路渤海人马似乎是由大武艺亲自率领。事实上，大武艺不可能远离渤海，甘冒孤军深入的危险，率兵出征，这从进攻黑水之役中即可取得旁证。

事件发生后，唐玄宗立即组织起10万大军进行讨击。一面"令太仆员外卿金思兰往新罗发兵，以攻其南境"[2]，使渤海鸭绿道面临被唐罗联军切断之险。一旦失去退路，就有全军覆没的可能，迫使此路不得不及早撤军。另一面"诏遣门艺往幽州征兵以讨之"[3]，平卢先峰乌承玼"领所部兵塞其道，堑原累石"，筑起一道"绵四百里，深高皆三丈，寇不得进"[4]的坚固防线，挡住渤海军的去路。与此同时，"黑水、室韦以骑五千来"[5]援唐军，声威大振。在唐朝有力的反击下，大武艺两路人

[1]《昌黎先生集》卷26《乌氏庙碑铭》。
[2]《旧唐书》卷199下《渤海靺鞨传》。
[3]《旧唐书》卷199下《渤海靺鞨传》。
[4]《昌黎先生集》卷26《乌氏庙碑铭》。
[5]《昌黎先生集》卷26《乌氏庙碑铭》。

马皆无功而返。

事件平息以后，大武艺经过这场与朝廷较量的实际教训，向外扩张的野心遂有所收敛。在他临死以前，不曾再度向外用兵。同时，他也深知与唐朝的隶属关系不能轻易改变。所以733年兵回渤海之后，遂遣大诚庆等入朝，上表谢罪，并向朝廷通报了“突厥遣使求合，拟打两蕃”[1]一事，以示对朝廷“动必以闻”，将功补过，比过去更显得忠顺。唐玄宗在回复大武艺的敕书中，软中透硬，有褒有责，晓以大义，指明利害，令大武艺心悦诚服地就范。唐玄宗一面责其“不识逆顺之端，不知存亡之兆”，“往年背德，已为祸阶”，一面又称赞其“近能悔过，不失臣节，迷复非远，善又何加”，并明确告知大武艺既往不咎，勿再生事端，声言“朕记人之长，忘人之短，况此归伏，载用嘉叹，永祚东土，不亦宜乎！”[2]正是在双方互为谅解和共同努力之下，彼此和好如初。737年，大武艺遣大首领多蒙固朝唐，“送水手及承前没落人等”[3]，归还唐朝。此项“没落人等”，很可能为大武艺与朝廷战争中所掠获的俘虏。唐玄宗再一次肯定了大武艺“无所不尽”的输诚行动，希望他“长能保此，永作边捍，自求多福，无以加也”。[4] 从唐玄宗这段话中，可以看出渤海对唐朝起到了固边安民的重要作用，成为一道牢固的边防线。

尽管大武艺曾经挑起与朝廷的武装冲突，由于他能知错悔改，并没有影响朝廷对他的美好印象。大武艺死后，唐玄宗在册立大钦茂和吊祭大武艺的诏书中，对大武艺的功过给予高度的评价。他深情地向大钦茂指出：“念卿亡父，素励诚节，与善无征，奄至殂谢，兴言求往，轸念良深”，一再强调“昔在尔考，忠于国家”，希望大钦茂能“宜全忠孝，以继前踪”，“爰逮尔躬，当兹负荷”。[5] 因此说，大武艺也是渤海与唐朝和睦友好关系的奠基人之一，在中华民族大团结的历史中占有值得称道的一页。

---

[1]《曲江集》卷5《敕书》。

[2]《曲江集》卷5《敕书》。

[3]《曲江集》卷5《敕书》。

[4]《曲江集》卷5《敕书》。

[5]《册府元龟》卷964。

以往史学界对大武艺挑起与唐朝冲突的原因,多归结为:"盖武艺屡上书请诛门艺,既不得请,乃发兵越海攻登州,杀刺史。"[1]从而掩盖了大武艺向外扩张的真实意图,把因果关系倒置了。事实上,大武艺与大门艺的矛盾之所以不共戴天,正是因为大门艺一再阻止和破坏了大武艺的扩张计划。前者瓦解进攻黑水部,后者奉命讨击大武艺进攻马都山,使得大武艺接连败北,导致"武艺怀怨不已,密遣使至东都,假刺客刺门艺于天津桥南,门艺格之,不死"[2]。因此,大武艺挑起事端的原因,并非是由于朝廷保护了大门艺,而是与其扩张政策有关。在当时的历史条件下,大武艺任何一次向外扩张,都直接涉及与朝廷的利害关系,必须认真对待来自朝廷的压力。大武艺所以要冒以卵击石之险,直接与朝廷发生武力冲突,无非是想削弱来自朝廷的压力,以便使其扩张政策得以顺利实行。

19.4　大武艺同新罗的矛盾

渤海"南比新罗,以泥河为境"[3],双方很少接触,矛盾较深,令人大有鸡犬相闻,而人无往来之叹。这种局面的形成,既有历史的远因,又有现实的缘故。特别是大武艺的扩张政策,是双方关系紧张的重要因素之一。

历史上,渤海先民累代侵扰新罗,世仇难解,积怨日深。据《三国史记》记载,远在新罗初期祇摩王时,靺鞨人的祖先就开始大举袭击新罗(金富轼在《三国史记》中,多将肃慎、挹娄或勿吉统称作靺鞨)。125年春,"靺鞨大入北境,杀掠吏尽。秋七月,又袭大岭栅,过于泥河"[4]。此时新罗尚无力单独抵御靺鞨的入侵,只好移书百济求救,在力量对比上靺鞨一直把新罗作为弱者来欺凌。

---

[1]金毓黻:《渤海国志长编》卷19《丛考》,社会科学战略杂志社1982年版。

[2]《旧唐书》卷199下《渤海靺鞨传》。

[3]《新唐书》卷219《渤海传》。

[4]《三国史记》卷1《新罗祇摩尼师今纪》。

高句丽政权后期，同新罗争雄日益激烈，常与靺鞨联手，袭击新罗，使新罗损失较重，矛盾越来越大。655 年，高句丽联合靺鞨大举入侵新罗。仅此一役，就夺取新罗北境 36 城[1]，迫使新罗王向唐朝上表求援，严惩高句丽。668 年，虽然新罗与唐朝联盟，共同灭掉高句丽。但是，靺鞨也乘势崛起，继续威胁新罗北境安全，使其成为多事之地。671 年，靺鞨重新入侵新罗，引兵围攻舌口城。[2] 672 年，又与契丹、唐兵配合，共同袭击新罗。[3] 675 年春，唐朝复以靺鞨兵浮海略新罗南境，"斩获甚众"[4]，使战线扩大。同年秋，靺鞨又攻新罗七重城、赤木城等地[5]，伤亡惨重。如此频繁侵扰劫杀，使新罗举国上下，一致形成对靺鞨的仇恨心理，伺机讨还旧账，并想从根本上解除来自靺鞨的威胁。

渤海立国后，迅速占有了鸭绿江两岸高句丽旧地，高句丽遗民也多数归服渤海，其势力陡然高涨，成为新罗北方更具威胁力的劲敌。大武艺的扩张政策，严重地危及着新罗的生存，昔日新罗对靺鞨和高句丽的仇火，一并转嫁到渤海头上。正是在这种历史背景下，721 年，新罗圣德王下令"征何瑟罗道丁夫二千，筑长城于北境"[6]，修起一道抵抗大武艺扩张的防线。另一方面，新罗积极主动调整与唐朝关系，频繁朝贡，通报信息，取得唐朝的信任和支持。以往唐朝与新罗联兵，先后灭掉百济和高句丽，受益最大者莫过于新罗，由三足同在，转为一家独存，使其人地俱增，国力大振。而今渤海兴起，新罗好景难长，很想一决雌雄，昭雪前耻，巩固既得的利益。732 年，当大武艺把向外扩张的战火引向唐朝的时候，新罗欣然应唐朝之命，迅速发重兵，掩袭渤海南境，借以炫耀实力。但天时不祐，"山阻寒冻，雪深丈余，兵士死者过半，竟无功而还"[7]，使新罗削弱渤海的愿望落空。而大武艺对新罗的敌意

---

〔1〕《新唐书》卷 220《高丽传》。同书《新罗传》作"三十城"，《三国史记·高句丽宝藏王纪下》作"三十三城"。

〔2〕《三国史记》卷 7《新罗文武王纪下》。

〔3〕《三国史记》卷 7《新罗文武王纪下》。

〔4〕《新唐书》卷 220《新罗传》。

〔5〕《三国史记》卷 7《新罗文武王纪下》。

〔6〕《三国史记》卷 8《新罗圣德王纪》。

〔7〕《旧唐书》卷 199 下《渤海靺鞨传》。

又加深几分,双方很难出现和解友好的气氛。

此后,新罗统治集团,继续图谋借助唐朝力量灭掉渤海,重演高句丽灭亡的历史,毫无和缓紧张关系的诚意。734年,新罗王金兴光从弟金忠信自唐回新罗之前,再次代替金兴光上书唐玄宗,申奏讨伐渤海的决心,建议唐玄宗"除恶务本",切莫"纵敌患贻于数代",希望"尽将天旨,再宣殊裔","倾其巢穴,静此荒隅"。字里行间充满对渤海的轻蔑和敌意,视其为"蠢尔夷俘",是十恶不赦的"凶残"。[1] 新罗统治集团的野心和顽固,同样阻碍着双方敌对关系的改善。

另一方面,以大武艺为首的渤海扩张势力,对新罗的威胁、侵扰,始终是客观存在的。在唐玄宗致金兴光的敕书中透露:大武艺在进攻登州等地失败之后,仍"以抄窃作梗道路"为务,破坏新罗同唐朝的密切来往。即便是唐玄宗对金兴光"欲多有寄附",也因"实虑此贼抄夺,不可不防,岂资穷寇",而不得下达。嘱托金兴光对渤海"当随近伺隙,掩袭取之",并许诺"奇功若有所成,重赏更何所爱","待荡灭之后,终无所惜"。[2] 同时,唐玄宗对金兴光"欲于洪(浿)江置戍"的防御渤海计划,予以充分肯定和支持:"既当渤海要冲,又与禄山相望,仍有远图,固是长策。且蕞尔渤海,久已逋诛,重劳师徒,未能扑灭,卿每疾恶,深用嘉之。警寇安边,有何不可处置讫。"[3] 从这段文字里,可以看出唐朝与新罗对渤海深恶痛绝的共同立场。实际上是双方联合起来,共同反对大武艺的扩张政策。唐玄宗对双方的矛盾,不仅没起到任何排解作用,反而助长了新罗对渤海的仇视,充当一个火上浇油的角色。直到10世纪初,渤海同新罗先后灭亡时,双方的矛盾才随之结束。大武艺对渤海与新罗的矛盾应负有一定的历史责任,而这种矛盾的存在,使双方的人民蒙受着共同的灾难。

---

[1]《册府元龟》卷973。

[2]《唐丞相曲江张先生集》卷8;卷9。

[3]《唐丞相曲江张先生集》卷8;卷9。

19.5 大武艺和日本的交往

大武艺在向外扩张中,其策略颇有点远交近攻的色彩。为了更有利于实现其扩张计划,大武艺事先曾向外寻求同盟者的支持和声援。但是,在当时的历史环境中,渤海四邻皆是大武艺扩张政策的受害者,关系一个比一个紧张,对大武艺的扩张政策谁都不会给予任何形式的支持。大武艺为了打破失道寡助的局面,唯有向大海彼岸的日本传送睦邻友好的愿望,双方不存在任何利害矛盾,很有可能结成亲善友好的邻邦,以便在各方面互为声援。

当时,日本经过7世纪后半期的大化革新运动之后,封建制取代了奴隶制,开始了奈良封建统治时期。日本的封建统治阶级积极向西方先进的大唐帝国学习,也很想与渤海交往,以便获得更快的发展。因此,渤海与日本的友好交往是历史发展的必然结果,大武艺顺应了这一总趋势,成为双方友好关系的弄潮儿和奠基者。

早在大武艺嗣位后的翌年(720),日本元正天皇即派遣"渡岛津轻津司从七位上诸君鞍男等六人于靺鞨国,观其风俗"[1],彼此正式开始了官方交往,并为后来渤海使节前往日本打通了航道,显示了日本与渤海通好的愿望。727年,日本使臣到达渤海后的第七年,大武艺第一次派出以高仁义为首的24人代表团,怀着"亲仁结援"[2]的强烈愿望出使日本,受到日本多方热情的接待。从这个使团骨干人员的官职来看,除了高仁义为宁远将军之外,还有游将军果毅都尉德周、别将舍航、首领高齐德等。无疑这是一支由军人组成的使团,这样一个代表团的派出,可作两点分析:一是在大武艺执政期间,由于对外扩张战争的需要,一切官吏皆由武职军人担任,形成武官当政、左右形势的格局。其统治机构还很简单,很不健全,文官统治还没能提到日程上来。二是清一色的军人使团,必然带有一定军事使命,"结援"二字就是具体的自

[1]《续日本纪》卷8,元正天皇养老四年条。

[2]《续日本纪》卷10,圣武天皇神龟五年条。

白。但是，远水难解近渴，在当时的历史条件下，双方都无力在军事上结援。就日本而言，残酷的封建剥削，束缚了生产力的发展，使之仍处在国弱民穷之中，渤海无法在政治和军事上得到日本的接济。高仁义等人这次出使，只是互相作了一番问候，增进一些实地了解。因此，后来大武艺对同日本的交往不再抱有奢望，表现得颇为消极淡漠，直到他临死前的10年之间，不曾再向日本派遣使节。

从历史发展的眼光来看，高仁义等人出使日本，还是有着深远的意义和影响的。通过这次交往，渤海送给日本300张貂皮。日本回赠渤海“彩帛一十四、绫一十四、絁二十四、丝一百绚、绵二百屯”〔1〕。从此开始了渤海与日本长达200余年的经济文化交流，成为中日两国人民友好往来历史的重要篇章。

（原载《北方文物》1986年第4期）

〔1〕《续日本纪》卷10，圣武天皇神龟五年条。

20 略述大钦茂及其统治下的渤海

大钦茂是我国唐代渤海政权15世王中的第三代王。尽管古文献中对大钦茂的政绩，仅作了只言片语的记载，但从大钦茂执政期间渤海所发生的历史事件中，仍可看到大钦茂在渤海历史中的承先启后作用。对大钦茂统治时期渤海的政治、经济和文化等各方面加以研究，也会使我们进一步认识到，"海东盛国"的出现，亦属历史发展之必然。

20.1 大钦茂所处的时代

737年，渤海第二代王武王大武艺死后，因世子大都利行先于武王九年而卒于唐都长安，故由中子大钦茂继嗣王位，改元大兴元年（以往定大兴元年为738年，现据贞孝公主墓志改之）。翌年六月，唐玄宗"诏遣内侍段守简往册钦茂为渤海郡王，仍嗣其父为左骁卫大将军、忽汗州都督"[1]。762年，唐代宗又诏以渤海为国，晋封大钦茂为国王，加检校太尉[2]，仍受唐朝辖制。793年三月大钦茂病卒，地点当在东京龙原府宫邸，为今吉林省珲春县城东，在位57年。大钦茂即位时，当是个二十几岁的青年，这有两则史料可资证明：一为唐玄宗在册立大钦茂为渤海郡王的诏书中，称赞其"代承绪业，早闻才干"，"岂惟立嫡，亦乃择贤"。[3] 证明大钦茂即位时已经具有一定政治经验和才能，并为世人所知晓，所以不会是太年幼；二是《贞惠公主墓志》云，贞惠公主死于大钦茂"宝历四年夏四月十四日乙未"，即777年，死时"春秋四十"。那么，贞惠公主出生当在738年，即大钦茂嗣位第二年，而且又是第二个女儿，足可说明大钦茂即位时至少已经是有两个女儿的成年人了。

[1]《旧唐书》卷199下《渤海靺鞨传》。

[2]《新唐书》卷219《渤海传》。

[3]《册府元龟》卷964《封册二》。

所以大钦茂死时,应是七八十岁的老人。

大钦茂死后,靺鞨人谥其为文王。谥法云:经天纬地曰文。从这个盖棺论定,可以知道大钦茂执政期间,以推行文治而著称。《贞孝公主墓志》中,称颂他是“配重华而肖夏禹,陶殷汤而韬周文”,甚至达到了“对越三五,囊括成康”的境界。[1] 这些比喻虽然未免言过其实,但也反映了大钦茂在靺鞨人心目中有着崇高的地位这样一个客观事实。

从渤海的局部而论,大钦茂正处于渤海历史的转折时期。698年,高王大祚荣拥兵恃荒远而建国后,历经武王的盛烈戎功,征战近40年,才使渤海的政治地位确立下来。但是,渤海作为地方割据政权,要想求得进一步巩固和发展,单靠武力征服是做不到的。因为落后的渔猎采集经济,无法继续维持对所征服诸夷实行有效控制;同时,由于战争频仍,人财耗竭,生业荒废,国力衰微,不要说巩固统治,就是维持统治,也是有一定困难的。所以,大钦茂必须改变前代的征战政策,致力于渤海各项事业的建设和发展,才能适应新的历史形势。这就是大钦茂推行文治的根本原因,也是他在位期间采取一切改革的出发点和归宿。

从唐帝国的全局而论,大钦茂正处于中国封建社会盛极而衰的大转变时期。大钦茂即位时,正当唐玄宗开元二十五年,唐帝国的封建繁荣已达顶峰,对周边各少数民族的影响很大,渤海与唐在政治、经济和文化上的往来相当频繁,进一步密切了“车书本一家”的关系。大钦茂把唐朝作为他统治渤海的模式,正是在唐朝的支持和影响下,渤海才很快发展起来,成为“海东盛国”。但是,由于唐玄宗个人的过失,原被掩盖着的社会矛盾公开化了,以致爆发了安史之乱,唐帝国开始从兴盛的顶峰跌落下来。在大动乱中,民族关系紧张起来,特别是安禄山又身兼押渤海经略使,这就会直接影响到渤海的切身利益。为了自身的长治久安,在安史之乱爆发的同一年,大钦茂将王都迁至易守难攻的上京龙泉府,远离祸源,凭借山河之险,早为拒守之计。同时,大钦茂对唐帝国和安禄山均采取小心谨慎、两不得罪的策略,当唐朝将领请求

---

〔1〕延边博物馆:《渤海贞孝公主墓发掘清理简报》,载于《社会科学战线》1982年第1期。

渤海发兵助唐平乱时,大钦茂采取拖延之术,不肯轻易发兵,并对来使"疑其有异心,且留未归"[1],足可看出大钦茂的行动,是受唐朝正反两方面的影响支配着。

20.2 统治机构的改革

古文献中关于渤海社会各项事业发展情况的记载,似乎多起源于大钦茂之世。而大钦茂的主要功绩,在于他顺应渤海的历史潮流,革新统治机构,保证渤海社会各项事业,沿着政治上的同一方向,迅速地发展起来。

武王之世,渤海的国家机构还是比较单一的,文献记载中,仅有将军与首领官职,军政合一的特点体现得比较充分。特别是首领一职,更带有国家初创的痕迹,犹如氏族社会的酋长、头目之类的称谓。兹将见于文献记载的有关武王之世的官吏及其职别,列成一表(见表 20 - 1),以资说明。

表 20 - 1 文献记载渤海大钦茂时期的官吏及职别

姓名	职别	年代	出处
乌借芝蒙	大首领	武王仁安七年	《册府元龟》卷 971
谒德	首领	武王仁安七年	《册府元龟》卷 974
高仁义	宁远将军、郎将、遣日本使	武王仁安九年	《续日本纪》卷 10
德周	义游将军、果毅都尉、遣日本使	武王仁安九年	《续日本纪》卷 10
舍航	别将、遣日本使	武王仁安九年	《续日本纪》卷 10
高齐德	首领、遣日本使	武王仁安九年	《续日本纪》卷 10
张文修	大将	武王仁安十四年	《新唐书》卷 219《渤海传》
聿弃计	首领	武王仁安十八年	《册府元龟》卷 974
木智蒙	大首领	武王仁安十九年	《册府元龟》卷 971
多蒙固	大首领	武王仁安十九年	《册府元龟》卷 971

仅此 10 人,如不避以偏概全之嫌,从上表中可以看出当时渤海政

[1]《续日本纪》卷 21。

治机构的确非常简单，这同渤海斥大土宇、畏臣诸夷后的形势很不相称。因此，改革国家机构一事，终于被大钦茂提到日程上来了。

据《新唐书·渤海传》详载，渤海中央政权机构设置，“大体宪象中国制度”，仿照唐朝，设有三省、一台、七寺、一院、一监、一局、十卫等。其设置时间，虽无确指，但从文献记载有关官吏所出现的时间，完全可以断定，是始于大钦茂执政时期。现将见于文献记载的大钦茂时期的渤海官吏及职别，再列一表（见表 20－2），以便对照。

表 20－2　文献记载渤海大钦茂时期的官吏及职别

姓名	职别	年代	出处
胥要德	若忽州都督、忠武将军、遣日大使	文王大兴三年	《续日本纪》卷 13
已阏弃蒙	首领、遣日大使	文王大兴三年	《续日本纪》卷 13
已珍蒙	云麾将军、遣日本副使	文王大兴三年	《续日本纪》卷 13
慕施蒙	辅国大将军、遣日本大使	文王大兴十六年	《续日本纪》卷 18
杨承庆	辅国大将军、行木底州刺史、兵署少正、开国公、遣日本大使	文王大兴二十二年	《续日本纪》卷 21
杨泰师	归德将军、遣日本副使	文王大兴二十二年	《续日本纪》卷 21
冯方礼	遣日本判官	文王大兴二十二年	《续日本纪》卷 21
高南申	辅国大将军、玄菟州刺史、押衙官、遣日大使	文王大兴二十三年	《续日本纪》卷 22
高兴福	遣日本副使	文王大兴二十三年	《续日本纪》卷 22
李能本	遣日本判官	文王大兴二十三年	《续日本纪》卷 22
解臂鹰*	遣日本判官	文王大兴二十三年	《续日本纪》卷 22
安贵宝	遣日本判官	文王大兴二十三年	《续日本纪》卷 22
王新福	紫绶大使、政堂省左允、开国男、遣日本大使	文王大兴二十六年	《续日本纪》卷 24
杨怀珍	遣日本判官	文王大兴二十六年	《续日本纪》卷 24
达能信	著绯品官	文王大兴二十六年	《续日本纪》卷 24
壹万福	青绶大夫、遣日本大使	文王大兴三十五年	《续日本纪》卷 31
慕昌禄	遣日本副使	文王大兴三十五年	《续日本纪》卷 31
×××	著绿品官	文王大兴三十五年	《续日本纪》卷 31
乌须弗	遣日本大使	文王大兴三十七年	《续日本纪》卷 32
史都蒙	献可大夫、司宾少令、开国男、遣日本大使	文王大兴四十年	《续日本纪》卷 34

续表 20 - 2

姓名	职别	年代	出处
高禄思	遣日本大判官	文王大兴四十年	《续日本纪》卷 34
高郁林	遣日本少判官	文王大兴四十年	《续日本纪》卷 34
高淑源	遣日本判官	文王大兴四十年	《续日本纪》卷 34
史道仙	遣日本大录事	文王大兴四十年	《续日本纪》卷 34
高珪宣	遣日本少录事	文王大兴四十年	《续日本纪》卷 34
张仙寿	献可大夫、司宾少令、遣日本大使	文王大兴四十三年	《续日本纪》卷 35
高洋粥	押领、遣日本大使	文王大兴四十三年	《续日本纪》卷 35
高说昌	遣日本通事	文王大兴四十三年	《续日本纪》卷 35
李元泰	遣日本大使	文王大兴五十年	《续日本纪》卷 39
杨吉福	押使	文王大兴五十六年	《唐会要》卷 96

*金毓黻先生《渤海国志长编》将"解臂鹰"或"解臂"作官职解。愚谓人名，同李能本、安贵宝皆为判官。理由有二:(1)渤海遣日本使臣官职，皆仿日本而名之，考日本遣唐或渤海使臣中，无解臂鹰或解臂一职;(2)日本国史大系本《续日本纪》于判官李能本、解臂鹰、安贵宝三者之间，各有标点，并列为判官，亦作人名解。

从上列两表中，可以得出以下四点认识:

第一，大钦茂执政初期，渤海政治机构一仍前世，看不到变化的迹象，继续由武官执掌国家权力。唯一不同的地方是，从大钦茂时起，渤海遣日本使臣，仿照日本任命大使、副使、判官、录事等，这是武王时代所不曾有的，但是这些官职，对渤海的政治机构没什么实际影响，仅是出使期间，临时任命的对外职称，随着使命的完成而自然废止。日本政府的接待规格，也因渤海这些官员原有职务不同而不同。

第二，首领一职，从大钦茂执政之后，即行废止，《续日本纪》虽然称已阏弃蒙为渤海首领，但因是在大钦茂即位第二年出使，可能日方是沿用武王时的旧称。《册府元龟》中记载渤海贡使朝唐最详，自武王末年大首领木智蒙和多蒙固朝唐后，再没有称渤海首领来朝的记载，其他中国古文献也如此，足可证明自大钦茂执政后，已无首领官职。唯日本古籍中，于大钦茂死后，还多处有称渤海首领的记载，如《类聚国史》卷193载,796年,日本桓武天皇致渤海康王国书末尾称:“王及首领、百姓平安好!”《日本纪略》前篇14载:810年,“渤海使首领高多佛脱身留越前国”,而《日本后纪》卷22则称“渤海国人高多佛”,不称其为首领。又《续日本纪》卷19载,849年,仁明天皇宴见渤海大使王文矩等时,称“大使以下首领相共拜舞”,“自余品官、首领等授位有阶”。以上诸例,从文义上观之,“首领”一词已失去原有的职别含义,仅是对渤海官吏的习惯称法。这从《类聚国史》卷193中所载,798年,桓武天皇再次致渤海康王国书中,看得很清楚。书的末尾称:“惟王清好、官吏百姓并存问之。”显然,首领与官吏是同一个含义,互为代名词,不是指某一个特定官职,而是一种统称。首领官职的消逝,说明渤海社会已经跨出氏族酋长时代,随之而兴的是真正的国家统治时期,并由于积极接受唐朝先进制度的影响,使其统治机构迅速健全起来,更加适应渤海社会发展的需要。

第三,表中自大钦茂执政中期以后,所出现的官职,同《新唐书·渤海传》中所载的官职基本一致起来,其中杨承庆当是中正台的属官少正,王新福是政堂省的属官左允,史都蒙和张仙寿当为宣诏省的谏议之官,渤海称作献可大夫。司宾少令,是七寺中司宾寺的副职。达能信应为“五秩以上服绯”之官,而著绿品官则与“八秩绿衣”的记载吻合。此外紫绶大夫、青绶大夫、辅国大将军、押领、衙官、开国男等职,表明渤海官职设施,在大钦茂时已相当完备,附有文武散阶,内官杂职,勋级爵位等,这些又为《新唐书》所不载。最晚在大钦茂执政中期,这些官职就已设置,渤海中央统治机构基本改革完毕。

第四,表中自大钦茂大兴二十六年(762)起,完全改变了以往遣日本主要使臣皆由武官担任的惯例,而改由文官充当。这标志渤海社会纯由武官统治国家的历史已经结束,文官的重要性被突出出来了,这在渤海是具有划时代的历史意义的。大钦茂死后,各世遣日本主要使臣,也基本上由文官充任,大钦茂所推行的文官制得以继续下去。

从以上四点分析,可以得知大钦茂执政期间,对渤海的统治机构作了重要改革。这一改革的高潮当在大钦茂执政中期以后,其中一个重要迹象，是774年，大钦茂不用原来的年号，改大兴三十八年为宝历元年。这在《贞惠公主墓志》上，作了间接记载。历史上帝王改年，从来都不是无缘无故的，多数是同当时所发生的重大事件相联系，以祈求国运吉祥永祚。大钦茂改元宝历的原因，可在《续日本纪》卷34中，找到一点线索。777年，日本光仁天皇在致渤海的国书中，有"庆宝历于维新"这样盛赞大钦茂的话。显然，这是将"改元"与"维新"联系起来了，说明大钦茂革新成就一定很大，否则不会被远隔大海的日本所知，并表示庆贺。

20.3 经济文化的繁荣

经过大钦茂的改革，渤海仿照唐朝吏、户、礼、兵、刑、工六部，建立了忠、仁、义、礼、智、信六部。为适应经济发展需要，还设立了管理经济的机构，分别掌管全地区的土地人口、钱粮贡赋、山泽屯田、工匠营造、仓储积累、财货廪藏、经商贸易等等。如管理农业的部门，就仿照唐朝的司农寺和太府，而设立了大农寺和司藏寺。

大钦茂很注重农业的发展，他在位期间一再迁徙王都，可能就与此相关。在不到40年的时间里，他先后将王都迁徙3次，即天宝中都于中京显德府[1]，天宝末徙上京龙泉府，贞元时又东南徙东京龙原府[2]。表面上看似乎与其游猎习性有关，细分析起来则不然。故都旧国原"据东牟山，筑城以居之"[3]，地处丘陵多山地区，适合狩猎采集经济，而不利于农业生产的进一步发展。但中京、上京、东京三处，皆位于平原或盆地，其土壤肥沃，靠近河流，灌溉便利，宜于农耕，是渤海的三个主要农业地区。中京所辖卢州以产稻著称，为史书所载。东京栅城之豉，也因产豆而驰名。上京与东京也都适于种植水稻。

大钦茂时期，经济领域里另一个比较活跃的部门是对外商业往

---

〔1〕《新唐书》卷43《地理志七下》

〔2〕《新唐书》卷219《渤海传》。

〔3〕《旧唐书》卷199下《渤海靺鞨传》。

来。由于大钦茂在政治上采取积极靠近中原皇朝政策，所以渤海与唐朝之间每年贡使、商贾往还不断。到唐代宗大历（766—779）年间，山东青州一带，已发展成与渤海市易繁华之地。另外，大钦茂积极发展同日本的贸易关系。在大钦茂执政的57年里，先后12次派人出使日本。渤海以大虫皮、熊皮、豹皮、人参、蜂蜜等[1]，每次从日本换回绢、帛、丝、绵之类的物品。渤海在同唐朝和日本往来时，均取水路。据日本古籍所载，在渤海与日本的35次通使交往中，规模最大的3次，皆在大钦茂时期。746年，"渤海人及铁利总一千一百余人"[2]到达日本，如果20人乘一只船，需船50余只。771年，壹万福等325人，驾船17只，出使日本。[3] 779年，高洋粥等359人渡海到日本，所用船数也不会少于17只。人船之多，不像是友好访问使团，倒很像是规模宏大的贸易船队。看来，渤海的造船手工业，规模之大，技艺之高，都已达到一定水平。上述这些，都反映出此时渤海的经济实力已很雄厚。

渤海的文化发展，也当是在大钦茂时期奠定的基础。大钦茂即位的第二年，便派人到长安"求写《唐礼》及《三国志》、《晋书》、《三十六国春秋》"[4]，积极倡导学习中原的先进文化。迄今所知渤海的第一位诗人，就是大钦茂时的杨泰师，此人又是身居武职的归德将军。在他同杨承庆出使日本归国时，日本曾以"当代文士赋诗送别，杨泰师作诗和之"[5]。他在出使日本期间所作的另外两首诗，至今仍保存在日本古诗集《经国集》卷13中。其中《奉和纪朝臣公咏雪诗》，是一首规范的五律，构思精巧，意境开阔。诗云："昨夜龙云上，今朝鹤雪新。只看花发树，不听鸟惊春。回影疑神女，高歌似郢人。幽兰难可继，更欲效而嚬。"

反映大钦茂时期渤海文学发展成就的作品，还有骈体文。在《续日本纪》中，保存了大钦茂致日本圣武天皇和淳仁天皇的两封国书，渤

〔1〕《续日本纪》卷10。

〔2〕《续日本纪》卷16。

〔3〕《续日本纪》卷31。

〔4〕《唐会要》卷36《蕃夷请经史》。

〔5〕《续日本纪》卷22。

海中台省致日本政府的函牒,史都蒙致光仁天皇的信笺。我国近年还出土了大钦茂两个女儿的墓志碑文。通过这几件文字史料,可以看出渤海同唐朝一样,都十分崇尚四六句的骈体文,骈体文成为官方通行的文体。翻开《唐大诏令集》,对照渤海这些信牒、碑文,简直如出一人之笔。试以《贞孝公主墓志》为例,内中称赞贞孝公主的品行是:"妇德昭昭,誉名期于有后;母仪穆穆,余庆集于无疆","柔恭且都,履慎谦谦";其容仪是:"容姿稀遇,晔似琼树之丛花;瑞质绝伦,温如崑峰之片玉";其教养是:"早受女师之教,克比思齐;每慕曹家之风,敦诗悦礼"等等。这确实是一篇很好的四六文作品。大钦茂时,渤海的绘画、音乐、舞蹈艺术,也取得较高成就。最近在贞孝公主墓中,首次发现渤海壁画,绘画技法几与唐朝相同。据发掘者对此壁画的鉴定:画上 12 人,其中 3 人是乐伎,她们分别穿着艳丽的彩服,手持形似琵琶、箜篌、拍板之类的乐器。在同日本交往中,"渤海乐"还登上了日本的大雅之堂。《续日本纪》卷 10 载:740 年,圣武天皇御中宫阁门,请在场的渤海副使已珍蒙等奏本国乐。同书卷 34 也载,777 年,光仁天皇召请渤海大使史都蒙等观看日本骑射,并请史都蒙等"亦奏本国之乐"。所以,在大钦茂时期,渤海乐已传入日本,并在一些重要集会上演奏。该书卷 17 载,749 年,孝谦天皇率群臣百官,咸会于东大寺,"请僧五千,礼佛读经,作大唐、渤海、吴乐"。像这样庄严隆重的盛会,同堂演奏大唐与渤海乐,说明渤海乐具有较高的艺术水平,为日本统治集团中的上层人物所雅好。与此同时,日本音乐舞蹈艺术也传进了渤海,759 年淳仁天皇"敕赐女乐"给渤海,777 年大钦茂遣使向唐朝"献日本国舞女一十一人",[1]为中日文化交流写下了光辉的一页。

总之,在强大的唐朝封建势力的直接影响之下,作为地方政权的渤海在政治、经济、文化各个方面均有了显著进步和发展。在大钦茂统治的中期以后,渤海即开始步入封建社会。但是,大钦茂统治时期渤海的繁荣,仍然掩盖不了其社会固有的阶级矛盾。据《新唐书·渤海传》

[1]《册府元龟》卷 972《朝贡五》。

记载,在大钦茂死后不久,“族弟元义立一岁,猜虐,国人杀之”。这条记事说明,在大钦茂的晚年,渤海社会阶级矛盾就已相当尖锐。渤海人民的斗争,间接地对大钦茂的功过,作出了公允的评价。

以上,限于史料贫乏,谬误之处定会很多,切望读者予以纠正,更有待于今后渤海地下遗物发掘加以检验。

(原载《社会科学战线》1982 年第 4 期)

21 渤海纪年订补

我国史学界,对渤海纪年的研究,是有很大成绩和贡献的,先后编制出多种渤海纪年表。其中较有代表性的,是金毓黻先生《渤海国志长编》中的渤海《年表》。近两年出版的方诗铭编《中国历史纪年表》[1],陆峻岭、林幹合编的《中国历代各族纪年表》[2],其关于渤海的纪年,几乎同金先生所编渤海年表完全一样,只是根据《贞惠公主墓志》,对大钦茂的纪年,增加了"宝历"的年号。这些年表,由于史料缺乏,难免判断失误,致使与史实不符。

日本史学界在 20 世纪 40 年代初期所再版的《世界历史大年表》[3]中,关于渤海的纪年,更是错漏较多,不足为据。

由于贞惠、贞孝公主《墓志》的发现,使渤海纪年,增添了新的内容,对渤海纪年的考订,有了确凿的依据,使以往渤海年表中的错误得以纠正。

《贞孝公主墓志》记载了贞孝公主死于大钦茂"大兴五十六年六月九日壬辰",葬于"其冬十一月二十八日己卯"。核对陈垣所编《二十史朔闰表》等历史纪年表,该年为壬申年,即唐德宗贞元八年,公元 792 年。据此往前推算,可确切推知大钦茂大兴元年,当是丁丑年,即唐玄宗开元二十五年,公元 737 年。又据《旧唐书 · 渤海靺鞨传》载:唐玄宗开元"二十五年,武艺病卒,其子钦茂嗣立"。那么,此年既是武艺仁安十八年,又是文王大钦茂大兴元年。金先生等所编渤海年表,定大兴元年为戊寅年,开元二十六年,公元 738 年,与《贞孝公主墓志》所反映的大钦茂纪年恰好移后一年,当据《墓志》这一史实改之。

---

〔1〕该表原为《辞海》附录:1980 年由上海辞书出版社刊印单行本。该表(九)中附渤海纪年。

〔2〕该表于 1980 年由内蒙古人民出版社印行。

〔3〕该表为铃木俊等人于 1936 年据当时日本各家历史年表汇编而成,1938 年初版,1943 年改订重印。

在《渤海国志长编》中，前后有两处，可以找到金先生定文王大兴元年于戊寅年的理由。

其一，该书卷6《世系表》，武王仁安元年一栏里载："渤海王卒，当年改元或翌年改元，史无明文可考，兹用翌年改元之例。"各王均按此例，于即位翌年系其元年，所以定文王大兴元年为即位翌年的戊寅年，而不是即位当年的丁丑年。

其二，该书卷19《丛考》中，对为什么按翌年改元之例编制渤海纪年，金先生又作了具体阐明，认为"自三代以来，嗣君皆逾年改元，此孝子不忍遽改其亲之号也，考之日本，犹用此法，渤海习于唐风，当不能违"。显然，这纯属主观推断，缺乏史实作为依据。

金先生对渤海纪年，按翌年改元，所作的两点解释，考于史实，也不尽然。在中原诸王朝中，个别的也有即位当年改元的。在渤海之前，东汉灵帝于中平六年四月丙辰崩，戊午，皇子辩即皇帝位，改元为光熹。[1] 晋武帝"太熙元年四月己酉，武帝崩，是日皇太子即皇帝位，大赦，改元为永熙"[2]。北魏献文帝皇兴五年"八月丙午，皇帝(孝文帝)即位于太华殿，改皇兴五年为延兴"[3]元年。与渤海同时期的唐玄宗，于睿宗延和元年八月庚子即位，"甲辰，大赦天下，改元为先天"[4]。唐肃宗于唐玄宗天宝十五年七月甲子即位，当天就宣布改元至德[5]。作为同中原"疆理虽重海，车书本一家"[6]的渤海，当然也不必死守惯例，或当年改元，或逾年改元，均有选择余地，谈不上"违"或"不违"。

至于日本，历代天皇即位后，当年改元者，更是不乏其例。从日本出版的《世界历史大年表》中，清楚地看到，仅与渤海同时期的诸天皇中，当年改元和翌年改元者，几近各半。从697年到930年，日本嗣君19位，即位当年改元者8位，逾年改元者11位，而在这19位天皇的前

[1]《后汉书》卷8《灵帝纪》。

[2]《晋书》卷4《惠帝纪》。

[3]《北史》卷3《魏本纪·高祖孝文帝纪》。

[4]《旧唐书》卷7《睿宗纪》。

[5]《旧唐书》卷10《肃宗纪》。

[6]《温飞卿诗集笺注》卷9《送渤海王子归本国》。

10 位中，当年改元的却占有 7 位的绝对多数，逾年改元的仅 3 位。这与金先生“考之日本，犹用此法”，相去甚远。由于渤海与日本双方频繁的经济贸易往来，在其他方面，也不可能不互为影响。

以上史实，说明“自三代以来，嗣君皆逾年改元”的论断是失实的，而据此所编制的渤海纪年表，也就难免与史实不符。

《新唐书·渤海传》，对渤海 15 王中的 9 王改元，作了这样的记载：“武王立，斥大土宇，东北诸夷畏臣之，私改元曰仁安”；“钦茂立，改年大兴”；“华玙为王，复还上京，改元中兴”；“嵩璘立，改年正历”；“元瑜立，改年永德”；“言义立，改年朱雀”；“明忠立，改年太始”；“仁秀立，改年建兴”；“彝震立，改年咸和”。这 9 个改元、改年，无一注明是翌年改元，也未注明是当年改元。但从文势上看，即位和改元是紧连在一起的，似乎是同时发生的事情，均有立而改元之意在其中。由于《贞孝公主墓志》的发现，对渤海改元，长期“史无明文可考”的局面终于打开了，无可辩驳地证明了，大钦茂是即位当年改元大兴，而不是即位翌年改元大兴。同时，据此我们可以推断：既然大钦茂是即位当年改元，那么《新唐书》中对和大钦茂即位、改元作了同样记载的其他 8 王，也无疑是同大钦茂一样，均是即位当年改元。因此，金先生等人按翌年改元之例所编定的渤海纪年表，当据《贞孝公主墓志》中文王纪年，加以修订。

《贞惠公主墓志》中，记载了贞惠公主死于大钦茂“宝历四年夏四月十四日乙未”，对照朔闰表，其年为丁巳年，即唐代宗大历十二年，公元 777 年。从而可以推算出大钦茂改元“宝历”，是在甲寅年，即唐代宗大历 9 年，公元 774 年。又按《贞孝公主墓志》，可以推知 774 年，是大钦茂大兴三十八年，而不是《中国历史纪年表》和《中国历代各族纪年表》所定的大兴三十七年。“宝历”年号的发现，改变了渤海诸王只有一个年号的历史记载，使渤海纪年更加丰富多彩。

关于大钦茂改用宝历年号，还可以在《续日本纪》中，找到一点蛛丝马迹。该书卷 34，载有日本光仁天皇，于大钦茂改元宝历不久，在致大钦茂的国书中，称赞大钦茂：“王修朝聘于典故，庆宝历于维新。”说明大钦茂改元宝历时,隔海相望的日本,都知道此举,故有"庆宝历于维新"的赞美。唐代宗于大钦茂改元宝历前9年,改广德三年为永泰元年(765),其改元诏书云:"今将大振纲维,益明惩劝,肇举改元之典。"[1]说明改元永泰是为了要"大振纲维"。永泰二年,唐代宗又改元为大历元年,其改元诏书云:"建元发号,革故惟新。"[2]参考唐代宗两次改元诏书,可以断定光仁天皇国书中的"庆宝历于维新"一语,指的是大钦茂改元宝历这件事,同时,对大钦茂改元宝历的原因,也一并找到了答案,无非是想通过改元,达到"大振纲维"、"革故惟新"的目的。

《贞孝公主墓志》的发现,确实证明了大钦茂在晚年,废止宝历年号,复称大兴年号,与日本《类聚国史》等史籍中所载,大钦茂死于大兴五十七年三月四日,完全相符。据史书记载,在大钦茂之前,中原诸王朝中,也有废止现用年号,复称旧年号的。西汉哀帝建平二年六月,改元太初元将,八月,废止太初元将,复称建平二年[3];东晋安帝隆安六年正月改元元兴,三月复称隆安六年,接着改元大亨,次年又复称元兴二年[4]。《中国历史纪年表》,在不知大钦茂何时停用宝历年号的情况下,将宝历从元年一直系至大钦茂死时,虽注明大钦茂"可能晚年不用宝历年号,仍用大兴年号",但按《贞孝公主墓志》所载,似嫌欠妥,实际上大钦茂晚年不用宝历年号。《中国历代各族年表》中,将宝历年号,标于大兴三十七年旁的办法,较为好些,待有定论后,再确切标出。

此外,金先生所编的渤海年表和《中国历史纪年表》中,都不载大元义的纪年,按《新唐书·渤海传》载:"钦茂死,私谥文王。子宏临早死,族弟元义立一岁,猜虐,国人杀之,推宏临子华玙为王。"显然,在大钦茂和大华玙之间,当有大元义一世,应在渤海纪年表中,有所反映。

根据《日本逸史》载,大嵩璘致日本国书,告文王之丧,可知文王死

[1]《旧唐书》卷11《代宗纪》。

[2]《唐大诏令集》卷4《帝王改元中·改元大历赦》。

[3]《汉书》卷11《哀帝纪》。

[4]《资治通鉴》卷112,晋安帝元兴元年(402)。

于大兴五十七年三月四日，即唐德宗贞元九年，公元793年。因文王死于春天，所以大元义“立一岁”，不会超出793年。那么，文王死、大元义立、国人杀之、大华玙立，四事皆发生在793年，而不是794年。

金先生根据唐德宗贞元“十一年二月，遣内常侍殷志赡册大嵩璘为渤海郡王”[1]一事，认为“于二月受封，远道告丧，行须经月，则华玙薨于去年可知”[2]。从而确定成王薨，康王立是在贞元十年，这是正确的。但是，大钦茂不是死于贞元十年，而是卒于贞元九年。那么，成王大华玙的立、卒，就不是在一年之内，而是立于贞元九年，卒于贞元十年，即中兴不只有元年，还应该有二年。而大嵩璘则即位于中兴二年，即唐贞元十年，公元794年。

又据《日本逸史》卷4和卷5载，大嵩璘于日本桓武天皇延历十四年(795)冬，派匡谏大夫吕定琳赴日本告文王之丧。在告丧书中，对未能及时告丧作了说明：“限以沧溟，所以缓告”，显然这是外交辞令。但从“缓告”二字中，可以断定，大嵩璘是在他即位后，拖了一定的时间之后，才向友好的邻邦日本，告文王之丧这件事。因此，定唐德宗贞元十年，公元794年，为正历元年，才是符合历史实际的。

按《资治通鉴》卷240载：唐宪宗元和十三年(818)二月，“渤海僖王卒，弟简王明忠立，改元太始；一岁卒，从父仁秀立，改元建兴”。又据《旧唐书·宪宗纪下》和《册府元龟》卷967载：宪宗元和十三年，册立大仁秀为王。由此可知，大言义卒，大明忠立、卒，大仁秀立，当皆在元和十三年，公元818年。大言义的纪年，当由朱雀元年，系至七年，而不是系至五年。大明忠纪年，不足一岁。

金先生在渤海《世系表》里，既于唐宣宗大中十一年载“虔晃嗣立”，又于大中十二年载“虔晃嗣位于是年”[3]，未免使读者产生混乱之感。《旧唐书·宣宗纪》载，大中十二年(858)二月，册封大虔晃为王。按前面所引金先生确定大华玙卒年的先例，同样，大虔晃之前一代

[1]《旧唐书》卷199下《渤海靺鞨传》。
[2]金毓黻：《渤海国志长编》卷6《世袭表》。
[3]金毓黻：《渤海国志长编》卷6《世袭表》。

王大彝震的卒年，当为大中十一年，即公元857年，是年“彝震死，弟虔晃立”[1]。又据《日本三代实录》载，大虔晃派政堂省左允乌孝慎赴日本，于清和天皇贞观元年(859)正月到达日本。由此可知，乌孝慎是于858年冬起程。其致日本国书云：“即此虔晃，蒙恩当国，间年使命……”这段话，既说明乌孝慎是在大虔晃即位后第二年出使日本，也证明大虔晃是于857年即位。

根据《日本三代实录》的记载，大玄锡派政堂省左允杨成规等105人赴日本，是在清和天皇贞观十三年(871)，当年十二月十一日到达日本。因此，大玄锡的即位时间，最迟也当在871年。

至于大玄锡的卒年，以及大玮瑎、大諲譔二世，因其立卒无考，只能仍依前人所定，暂无改易。

综观上述诸条，为括清眉目，将修订后的渤海纪年，同以往所编渤海年表，互为对照，顺次列简表附后，以备核对。

从以上所列史实中，完全可以看出，渤海的纪年，同中国历史上其他少数民族一样，当建立起政权之后，各建年号，按世纪年。如鲜卑族建立的前燕，氐族建立的前秦，契丹族建立的辽，女真族建立的金，满族建立的清等等。充分反映出这些少数民族，在各方面都同中原的汉族，有着根深蒂固的内在联系，处处体现出共同的特点。从渤海仁安、大兴、宝历、中兴、正历、永德、朱雀、太始、建兴、咸和10个年号的含义中，还可以看出，渤海建元和改元，同样是“以天瑞命”[2]，体现出“改元易号，增益漏刻，可以永安国家”[3]的王统思想，幻想国祚长久，世代昌隆。这种王统思想，同中原的皇统思想，保持着完全的一致。渤海的10个年号，其中有6个年号，先后被中原皇朝用过。在渤海之前，汉武帝用过太始，蜀后主用过建兴，晋元帝用过大兴，晋成帝用过咸和，齐和帝用过中兴。在渤海文王之后，唐敬宗也曾用过宝历。其余4个年号，也可以在中原皇朝的年号中，找到许多意思相近的。所有这些相同和

[1]《新唐书》卷219《渤海传》。

[2]《汉书·武帝纪》建元元年注云：“有司言，元宜以天瑞命，不宜以一二数推。”

[3]《汉书》卷11《哀帝纪》。

相近，绝非是偶然的巧合，而是长时间互相影响、互相融合的结果。

此外，贞惠、贞孝两公主《墓志》分别用“乙未”和“甲申”，“壬辰”和“己卯”，记载了贞惠公主和贞孝公主的卒年和举行葬礼的日期。显然，这是应用中原久已通用的干支记日、记年法，用来记录渤海的纪年。完全可以断定，渤海所使用的历法，定是唐代历法无疑。这还可以从渤海向外传播唐历的事件上，获得间接证明。大虔晃时的政堂省左允乌孝慎，于虔晃初年，出使日本过程中，将唐代《长庆宣明历》传到了日本，为日本一直使用800多年。[1] 日本学者津田左右吉，在其《渤海史考》一书中，对此事也认为：“渤海大使既传之于日本，则渤海国之用此历也可知。”[2]渤海使用同中原统一的历法，对促进其经济发展，加强同中原的政治联系，都是十分需要的。据史书上记载，渤海几乎每年都到中原“贺正旦”，有的还参加科举考试，有的陪皇帝到泰山封禅等，这些都是时间性要求很强的政治活动，由于渤海使用唐历，大大方便和加强了在各方面同中原的密切联系。

总之，我们研究渤海纪年，目的是恢复其历史的本来面貌。经过多方面的考证，无论从其内在因素，还是外在联系，都可以看出渤海纪年是中国纪年的组成部分。

表21－1　渤海纪年对照简表

公元	干支	唐代纪年	《渤海国志长编》渤海纪年表	《中国历史纪年表》渤海纪年表	修订后的渤海纪年表
698	戊戌	武后圣历元年	大祚荣元年	大祚荣元年	大祚荣元年
719	己未	玄宗开元元年	大祚荣二十二年	大祚荣二十二年	大祚荣二十二年 大武艺仁安元年
720	庚申	玄宗开元八年	大武艺仁安元年	大武艺仁安元年	大武艺仁安二年
737	丁丑	玄宗开元二十五年	大武艺仁安十八年	大武艺仁安十八年	大武艺仁安十九年 大钦茂大兴元年
738	戊寅	玄宗开元二十六年	大钦茂大兴元年	大钦茂大兴元年	大钦茂大兴二年

〔1〕金毓黻：《渤海国志长编》卷10《乌孝慎传》。

〔2〕〔日本〕津田左右吉：《渤海史考》后编第三章第一节，陈清泉译，商务印书馆1935年印行。

续表 21－1

公元	干支	唐代纪年	《渤海国志长编》渤海纪年表	《中国历史纪年表》渤海纪年表	修订后的渤海纪年表
774	甲寅	代宗大历九年	大钦茂大兴三十七年	大钦茂宝历元年	（改元宝历）大钦茂大兴三十八年
793	癸酉	德宗贞元九年	大钦茂大兴五十六年	大钦茂宝历二十年	大钦茂大兴五十七年 大元义元年 大华玙中兴元年
794	甲戌	德宗贞元十年	大华玙中兴元年	大钦茂宝历二十一年 大华玙中兴元年	大华玙中兴二年 大嵩璘正历元年
795	乙亥	德宗贞元十年	大嵩璘正历元年	大嵩璘正历元年	大嵩璘正历二年
809	己丑	宪宗元和四年	大嵩璘正历十五年	大嵩璘正历十五年	大嵩璘正历十六年 大元瑜永德元年
810	庚寅	宪宗元和五年	大元瑜永德元年	大元瑜永德元年	大元瑜永德二年
812	壬辰	宪宗元和七年	大元瑜永德三年	大元瑜永德三年	大元瑜永德四年 大言义朱雀元年
813	癸巳	宪宗元和八年	大言义朱雀元年	大言义朱雀元年	大言义朱雀二年
817	丁酉	宪宗元和十二年	大言义朱雀五年	大言义朱雀五年	大言义朱雀六年
818	戊戌	宪宗元和十三年	大明忠太始元年	大明忠太始元年	大言义朱雀七年 大明忠太始元年 大仁秀建兴元年
819	己亥	宪宗元和十四年	大仁秀建兴元年	大仁秀建兴元年	大仁秀建兴二年
830	庚戌	文宗大和四年	大仁秀建兴十二年	大仁秀建兴十二年	大仁秀建兴十三年 大彝震咸和元年
831	辛亥	文宗大和五年	大彝震咸和元年	大彝震咸和元年	大彝震咸和二年
857	丁丑	宣宗大中十一年	大彝震咸和二十八年	大彝震咸和二十七年	大彝震咸和二十八年 大虔晃元年
858	戊寅	宣宗大中十二年	大虔晃元年	大虔晃元年	大虔晃二年
871	辛卯	懿宗咸通十二年	大虔晃十四年	大虔晃十四年	大虔晃十五年 大玄锡元年
872	壬辰	懿宗咸通十三年	大玄锡元年	大玄锡元年	大玄锡二年

（原载《社会科学战线》1982 年第 1 期）

22 渤海迁都浅议

我国唐代渤海,于其文王、成王两世,曾数易都城,先后四次迁徙。文献中对其四迁王都的原因和迁都后带来的影响,虽无直接记载,但从其他史料中,仍能找到可供参考的线索或间接的依据。探讨渤海迁都的原因和影响,对研究渤海社会发展诸问题,是一把不可缺少的钥匙。据《新唐书·渤海传》(以下简称《渤海传》)记载,渤海建立后,由于"其王数遣诸生诣京师太学,习识古今制度",获得唐朝多方面支持与鼓励,全面接受唐朝先进文化的影响,使其迅速强大起来,"遂为海东盛国"。在行政区划上,表现为仿唐设置京、府、州、县。京府辖州,州下领县,京府直接归中央统辖,形成四级中央集权管辖制度。史称渤海"地有五京、十五府,六十二州"[1],有数可计之县130个。

五京设置,并非是渤海首创,首创者是唐朝,渤海是仿效唐朝而设。据《旧唐书·地理志》可知,618年李渊建立唐朝后,以长安为京师,唐高宗显庆二年(657),以河南府为东都,武后天授元年(690),又以太原府为北都。至唐玄宗天宝元年(742),时当渤海文王大兴六年(本文所引渤海纪年,为据《贞孝公主墓志》订正后的纪年),以京师长安为西京,改东都洛阳为东京,改北都太原为北京,此时渤海王都仍在旧国,尚无京邑设置。至唐肃宗至德二年(757),渤海文王大兴二十一年,唐朝置凤翔府,号为西京,与成都府(南京)、京兆府(中京)、河南府(东京)、太原府(北京)为五京。因此,渤海文王前期,唐朝已有五京设置。渤海的行政区划既然仿照唐制,那么,其五京设置,也定是效法唐制。后世辽承渤海,金沿辽制,各以五府,设置五京,其称呼与唐和渤海完全一致。

渤海五京治所,同各府治所一样,多设于所辖诸州中的首州治所,

---

[1]《新唐书》卷219《渤海传》。

不另辟京城治所。如上京治所,与龙泉府的首州龙州治所同在一地,唯中京显德府治所设在首州卢州之后的显州治所,即第二州。在级别上京比一般的府高居一格,同王都统称为五京,当有王族或重臣镇守督管。五京并非皆曾是渤海王都,仅是行政区划,这与唐制也相符合,并为后世辽金所延续。渤海五京中,只有中京、上京、东京曾为王都,文献中未有西京和南京也曾为王都的记载。建国初的"旧国",也不包括在五京之内。《旧唐书·渤海靺鞨传》所载,698年前后,大祚荣"据东牟山,筑城以居之",史称此地为"旧国",是渤海早期的王都所在,多以为今吉林省敦化县城南敖东城遗址为渤海在旧国时的王都(一说为敖东城西南30里处的城山子山城遗址)。同书又载:"玄宗先天二年(713),遣郎将崔䜣(忻)往册拜祚荣为左骁卫员外大将军,渤海郡王,仍以其所统为忽汗州,加授忽汗州都督。"从"仍以其所统"一语可知,此时王都与忽汗州治所仍在旧国——"筑城以居"之地,迁都一事还未提到日程上来,这同其他记事也相吻合。

过去有些学者,由于将旧国敖东城误为中京显德府的治所,称作渤海最初的首府,因而认为渤海王都只有三迁,而不是四迁。朝鲜丁镛的《大韩疆域考》、日本津田左右吉的《渤海史考》等论著,皆有此误。近世由于考古工作的新进展,对中京治所已有确指,不在旧国,使四次迁都一说,又获得新证。同文献记载也统一起来,使三迁一说得以纠正。

第一次迁都。据《新唐书·地理志》引贾耽《道里记》云:"显州,天宝中王所都。"显州为中京显德府的治所,同为中京治所,此条记事甚明,天宝中以前王都不在显州,天宝年间为公元742年至756年,时当渤海文王大兴六年至二十年,如果用机械的办法取其中,当为天宝八年前后,即文王大兴十三年左右,此时王都已由旧国迁至中京显德府,其确切年代虽无法定指,但上下限不会超越天宝年间的前期,即文王大兴六年至十三年前后。过去对何处是渤海中京遗址争论较大,李健才、陈相伟的《渤海的中京和朝贡道》[1]，对和龙县西古城子为渤海中京显德府遗址，作了详尽考证，确信无疑，既合于文献记载，又在考古材料上独具王城规模和特点，无须赘举。

第二次迁都。《渤海传》中对渤海第二次迁都，仅作了时间和地点上的记载，即“天宝末，钦茂徙上京”，天宝末为公元756年，文王大兴二十年，大钦茂将王都又从中京显德府，北迁至上京龙泉府。以往对宁安县东京城为渤海上京龙泉府遗址，很少疑义，完全合于《渤海传》“直旧国三百里，忽汗河之东”，“肃慎故地”等记载，与贾耽《道里记》上的里数也相符合，而且考古发掘得到的物证尤为充分，故为学者们所公认。

第三次迁都。《渤海传》中对第三次迁都也仅作了时间和地点记载，大钦茂于唐德宗“贞元时，东南徙东京”，贞元元年为公元785年，文王大兴四十九年。大钦茂死于贞元九年(793)，文王大兴五十七年三月，故大钦茂东南徙东京时，当在唐德宗贞元初年。认定珲春县东八连城遗址为渤海东京的主要根据，是《渤海传》称“东南徒东京”，“龙原府，亦曰栅城府”，“龙原东南濒海，日本道也”，以及朝鲜《三国史记》引贾耽《古今郡国志》云，栅城是高句丽旧地，“自新罗井泉郡至栅城府凡三十九驿”。八连城不但合于上述方位和里数，而且又在考古发掘上获得直接物证，故对此分歧不大。

第四次迁都。又据《渤海传》载，大钦茂死后，“族弟元义立一岁，猜虐，国人杀之，推宏临子华玙与为王，复还上京”。成王大华玙在位不足两年，793年晚些时候即位，794年卒，即位之前尚有族弟元义也于793年立一岁。因此，成王是在793年末即位，迁都之举当在794年，才较合于情理。

史书中关于渤海迁都的记事，共有上述4条，而且集中于渤海社会的前期。在不到50年中，南迁北徙4次，而前3次皆完成于文王大钦茂执政时期，何以如此频繁集中？是同渤海社会内部发展以及当时的

〔1〕《北方论丛》1982年第1期。

历史形势有关。迁都既是社会矛盾尖锐的反映,又是解决矛盾的一种办法,从《渤海传》"钦茂死,私谥文王"的盖棺论定来看,按谥法规定,"经天纬地"曰文,可知大钦茂在位期间,对渤海前期的巩固和发展,定然是励精图治,政绩卓著,故此谥曰文王。他3次迁都,是其谋求发展,寻找出路的具体表现。但每次迁都的目的,除了共性之外,又各有原因,为了行文方便,从个性中找到共性,依次阐述于后。

第一,迁都中京,是大钦茂推行文治的实际步骤。首先,渤海高王、武王两世,把主要精力集中于以武力巩固政权,斥大土宇上,必然要形成一股军事集团势力,由武官把持政权的局面。至文王大钦茂时,创业阶段已经过去,文官地位必然上升,对国家要实行井然有序的管理,以求得更大的进步和发展。大钦茂顺应了渤海这样的历史潮流,改变路线,革新政治,通过迁都的办法,摆脱旧的武官集团的阻挠,放开手脚推行文治。从渤海派往日本的使臣中,可以看到向文官制过渡的影子,据日本古籍所载,在文王大兴二十三年以前,渤海历次派往日本的主要使节,皆由武官担任,自此以后改由文官担任,说明渤海官员的成分已发生了根本变化,终于完成了向文官制的过渡,以适应新的形势。

其次,以往渤海靠武力畏臣周边各族,大钦茂时,推行文治,不能专靠武力去控制各族,要发挥政治、经济、文化的威力,采取政治中心转移的办法,加强统治。将王都南迁中京,是要强化对高句丽遗民的控制。渤海疆域向南推进,早在建国前靺鞨时代就已开始。698年,大祚荣以粟末靺鞨为主,建立震国,后经唐朝册封,改称渤海。粟末部因依粟末水以居而名之,其南抵长白山脚下,即居住在今长白山北麓,松花江上游两岸。自668年,唐灭高句丽后,粟末部从高句丽役使下解放出来,并不断南移,填补高句丽灭亡后所出现的"真空"地带。到唐武后圣历元年(698)大祚荣建国时,"高丽旧户分散,多投突厥及靺鞨"[1],此为靺鞨人向南向西推进的明证,直至"南比新罗,以泥河为境"[2]。这一

[1]《唐会要》卷7。

[2]《新唐书》卷219《渤海传》。

概略记载,说明昔日高句丽旧地,多为渤海所占有。唐灭高句丽后,"分高丽地为九都督府、四十二州,一百县,置安东都护府于平壤以统之"[1],后来安东都护府不断西移,至唐玄宗开元二年(714),渤海高王十七年,曾一度徙于平州,即今河北省卢龙县。天宝二年(743),渤海文王大兴七年时,虽又徙于辽西故郡城,即今辽宁省义县,但原来所辖42州,"所存州止十四",因此到唐肃宗"至德后废"。[2] 唐朝所置安东都护府不断西迁和最后撤废的过程,正是渤海靺鞨疆域不断向西向南推进的过程,先后越过长白山抵达泥河北岸。泥河即今朝鲜龙兴江,其南距高句丽王城平壤,仅一二百里之遥,显然高句丽旧地,多为渤海据有,对这些新占有地区的经营,是渤海统治者的一项重要课题,构成王都南迁中京的因素之一,以加强对高句丽遗民的控制。因为高句丽亡国后,其遗民中的上层分子,曾数次鼓动其遗民,企图叛唐复国,唐高宗咸亨元年(670),"高丽酋长剑牟岑反、立高藏外孙安舜为主"[3],仪凤二年(677),高丽废王高藏"至辽东,谋叛,潜与靺鞨通"[4],渤海对高句丽遗民的这些往事了如指掌,不能不引起警惕,况且靺鞨人曾被高句丽役使,而今地位倒置,相比之下渤海又比唐弱小许多,想见高句丽遗民不会规规矩矩附属于渤海。所以渤海加强对高句丽的控制,乃是意中之事。据日本《扶桑略记》卷6记载,渤海高王十七年(715),"仍有一千七百多高丽人"逃居日本,不肯归顺新的统治者,迫使渤海必须加强对高句丽遗民的控制,政治中心南移,势在必行。

迁都中京原因之三,是为了进一步向农业经济发展。渤海旧国是座山城,所谓据东牟山,筑城以居之,说明靺鞨人是以采集、狩猎经济为主的游牧民族,此外,从向唐朝贡献的土特产品中,也可证明这一点。大钦茂实行文治,必须改变原有经济结构,发展农业经济。中京显德府位于今海兰江畔,土地肥沃,灌溉便利,适于农作。《渤海传》中记载的

[1]《新唐书》卷43《地理志七下》。

[2]《新唐书》卷43《地理志七下》。

[3]《资治通鉴》卷201。

[4]《资治通鉴》卷202。

“位城之铁，卢城之稻”，皆在显德府治内，具备发展农业的各种有利条件，是将王都由山城迁往平原地区的理想地方，以便进一步促进渤海农业经济的发展，巩固渤海已经出现的封建制度。

迁都中京原因之四，是为了加强对内对外联系，促进自身的发展。渤海中京较旧国距东京、西京和南京都近，唯距上京较旧国远些。因此中京比旧国便于同其他各京加强联系，从而形成以中京为核心，以四京为枝干，沟通各地，彼此呼应的统治管理体系，构成一个全国政治、经济和文化中心区域。同时，南京也便于对外交往，使通往唐朝的鸭绿道，通往日本的日本道，通往新罗的新罗道，都比旧国缩短了许多。迁都中京，是在大钦茂执政前期，正是他积极对外学习，同唐朝和日本交往频繁时期，特别是与唐朝，在政治、经济、文化等各方面，完全体现了“车书本一家”的同体关系。得天独厚地取得唐朝的支持，处处以唐朝为其治国蓝图，积极向中原学习，每年数次遣使朝唐，以尽臣子之职责。派人学习唐朝的先进制度和文化，保持经常性的联系。渤海至唐朝辟有水陆两线，即鸭绿道和营州道。由于陆路营州道地近契丹，契丹与“渤海世仇”，营州道常被其隔绝不通，经营州道至唐多遭阻碍，故改行水路鸭绿道，使鸭绿道上贡使来去，商贾往还，终岁不绝。同时，唐朝命官至渤海，从一开始也取此路，唐玄宗先天二年，遣郎将崔忻至渤海册封大祚荣时，即取此路归唐，并于归途旅顺登岸，凿井刻石，永为记验。崔忻归唐，定是取鸭绿道，顺路在旅顺停留。在古代交通工具落后的情况下，是不会舍近求远，不可能从营州道中途南折旅顺。此外唐朝在登州设有“渤海馆”和“尚书押两蕃使衙门”[1]，专为接待渤海官商，处理有关事宜。登州一带是渤海与唐朝进行贸易的重要场所，史书中有渤海携熟铜、名马来此贸易的记载，并称之为岁岁不绝，均可证明鸭绿道为渤海至唐的要路。渤海迁都中京以后，取鸭绿道至唐，殊实便利。因此，大钦茂迁都中京，也含有加强同中原联系的目的，进一步推动渤海前进。将上述各种因素综合起来推敲，中京是迁都最理想之地，而迁都

〔1〕《入唐求法巡礼行记》卷2，大日本佛教全书本。

又势在必行。

第二,迁都上京,主要是为了避开强敌,以为拒守之计。从天宝中至天宝末,渤海王都在中京也不过10年左右的光景,为什么又从中京迁至上京?主要是由于军事上的原因。大钦茂时期,对渤海构成威胁的外来力量有两支,而且又都来自西部。一是与之接壤的契丹。从辽太祖诏书中"渤海世仇未雪"一语,可以看出双方恩怨日久,不共戴天,因而渤海不得不在其与契丹比邻的扶余府,"常屯劲兵扞契丹"[1],随着岁月推移,契丹逐渐强大,对渤海威胁日增,渤海不能不早为拒守之策,作出长远的防御打算,自然要把远离契丹,加强防卫,作为王都北迁的重要因素来考虑。另一个使渤海感到不安的是唐朝野心勃勃的安禄山势力。天宝元年,即文王大兴六年时,唐玄宗命安禄山为平卢节度使,"兼柳城太守,押两蕃、渤海、黑水四府经略使"[2],统管东北各少数民族,独揽东北边疆大权,各少数民族皆为其辖制。安禄山用阿谀下流的手段,骗取了唐玄宗的信宠,任其为所欲为,以极其残忍狠毒的手段来对待少数民族。这必然引起渤海的愤恨和戒备。又加上安禄山拥兵自重,欲图篡逆,计取天下,常出兵攻打奚和契丹。所以天宝末年,在安禄山起兵叛乱的同一年中,渤海将王都由中京北迁至上京龙泉府,及时做好抵御安禄山的准备。当时就连隔海相望的日本淳仁天皇,听到安禄山起兵叛乱的消息后,也深感恐惧,害怕安禄山"更掠于海东",祸及日本,并立即下令日本太宰府等,"预设奇谋",[3]加强战备,早为拒守之策。由此也可以反证渤海的担忧,会更甚于日本,防卫措施也要大于日本。同时,安禄山反后,唐朝平卢留后事徐归道遣使至渤海,请大钦茂"发骑四万,来援平贼",助攻安禄山。但渤海狐疑不决,首鼠两端,迟迟不肯发兵攻打安禄山,也可以间接看出渤海对安禄山势力的惧怕,离之越远越好。

此外,上京龙泉府地处一盆地之中,四周有张广才岭与老爷岭群山

[1]《新唐书》卷219《渤海传》。

[2]《旧唐书》卷225上《安禄山传》。

[3]《续日本纪》卷21。

环抱，又有忽汗海与忽汗河绕城北流，形势险要，是一处理想的军事战略要地。因此迁都上京，具有重要的军事防卫目的和意义。同时，上京龙泉府是辽阔平地，也具备土地肥沃，灌溉便利，益于农耕的有利条件。在当时农业生产还很原始和落后的情况下，耕种几年之后，地力就会不同程度地遭到破坏，因此由中京迁往上京，也是为了寻求更有利于农业发展的地区。后来由上京迁都东京，恐怕也具有同样的目的和原因。

第三，迁都东京，是为了向海上发展，尽收鱼盐之利。渤海为了求得生存和发展，必须充分利用自己所具备的一切有利条件，努力发展经济，提高国力。但是向西发展，有强敌契丹掣肘，往北气候严寒，不利施展，朝南已到尽头，有新罗挡住去路，唯东临大海，出入无阻，又有取之不尽的丰富资源。早在我国南北朝时期，靺鞨人的祖先就经常乘船出海，"捕鱼充食"[1]，有时伸展到日本海岸，进行远海捕捞，海上渔业已有较高水平。渤海建国后，海上鱼盐之利，又获得进一步开发。龙原府所领盐州，地近海岸，当因产盐而得名。南海之昆布，为其俗所贵，在给唐朝贡献的海产中，有海豹皮、鲸鲵鱼睛、玳瑁制杯等，皆取自海中。东京龙原府，地处珲春河下游冲积平原上，四周也是群山环绕，其地理形势和自然条件，同上京相仿，但东京面向大海，别有资源可利用，比上京更为优越，因此迁都东京，对促进渤海的发展更加有利。

此外，文王大钦茂时，由于渤海经济的发展，有较多产品可供对外贸易。同日本的交往，正是繁忙时期。据日本古籍所载，终文王之世，先后 12 次派人出使日本，双方以赠送和回赐的办法，各自获得所需之物。因此，渤海在全心全意同唐朝保持"车书本一家"关系的同时，积极发展同日本的友好往来，进行政治、经济、文化上的广泛交流，促进渤海社会发展。史书上称"龙原东南濒海，日本道也"，可见迁都东京，对发展同日本交往，更方便了。因此，迁都东京，一可尽收鱼盐之利，二可继续促进农业发展，三可方便对外来往。这些对渤海社会发展，都会产生积极影响。

---

〔1〕《日本书纪》卷 19。

第四，复徙上京，是为了缓和阶级矛盾，恢复王都的中枢作用。文王死后，成王大华玙又急急忙忙将王都迁回上京，王都在东京的时间也不超过10年。前面已经提到，《渤海传》中记载了大钦茂死后，族弟元义立而被杀之事，反映出当时阶级矛盾异常尖锐。矛盾的双方，一个猜虐，一个起而杀之，反映出统治集团同"国人"的矛盾已无法调和，对渤海的前景已构成威胁。为了缓和这场尖锐的阶级矛盾，通过迁都的办法，摆脱造反的国人，所以元义被杀之后，成王即位不久，即将王都迁回上京。此外，上京在五京之中，虽然居北，不及中京与各京联系方便，但从渤海全局来看，乃居其中。渤海人毕竟是古代大陆民族，不可能在海上有更大的作为，主要还是靠陆地上的发展，以农牧、狩猎和手工业等为主。将王都设在边远靠海的东京，势必有与腹心地区脱离之弊，对其他边远地区会更远，造成鞭长莫及之势，更加不利于对渤海全境的控制。在当时社会生产力很不发达的情况下，从边远地区来实行对全国的有效领导，是很困难的，唯一的最好办法，是将王都内迁，回到上京龙泉府。到文王后期，由于日本考虑到维护自身的经济利益，便与渤海的交往渐渐冷淡下来，对渤海通使期限、入境地点、国书格式等，严加限定，因而双方通使次数越来越少，间隔时间越来越长。自文王大兴五十年，派遣李元泰出使日本后，终文王之世，未再派遣使臣赴日本。日本道上行人的减少，使东京龙原府的地理作用也随之降低。上京既地处渤海中心，自然条件又好，曾一度为王都20余年，有昔日的基础，具备继续作为王都的现成条件，故复徙上京是顺理成章之事。

随着时光的流去，渤海五京已经消逝，留给今天的是残砖断瓦，颓垣辙迹。然而就在这昔日王都的废墟上，依稀看到了渤海兴亡盛衰的痕迹。其王都经文王、成王两世的4次迁徙，最后定都于上京龙泉府，对保证渤海的长治久安，起了积极作用。渤海的劳动人民，用自己的才智和力量，创造了以上京为代表的渤海文明，发展成海东盛国。

迁都上京虽然起到了一时的积极作用，但也产生了作茧自缚之弊，使渤海越到后期，越无所作为。在数座宫殿的庞大遗址上，又可以看到王室豪华奢侈的宫廷生活，追求物质和精神享乐的一面，从而松懈了对西部强敌契丹的防卫与警惕。仅凭天险,忽视人力,加上远离中原,无法及时得到中原皇朝的军事和物质援助,而对契丹铁骑,束手无策,不堪一击。从契丹拔渤海扶余城,至上京陷落,仅历时7日。渤海的速亡,可谓是定都上京所带来的消极结局。假使将王都迁至辽河流域,避开北方艰苦环境,进一步向西发展,积极主动地面向强敌契丹,或者还可以生于忧患之中,避免死于安乐之地。

综上所述,渤海四迁王都,尽管原因不同,收效各异,但从整体上来看,只不过是大同小异。统治者用迁都办法,来推动渤海的发展,缓和社会上出现的尖锐阶级矛盾,解决国家所面临的危机,终于使渤海从山城的游牧时代,跨进了平原的农业发展时期,大钦茂把迁徙王都作为他推行文治的重要措施之一。每迁都一次,都使渤海的社会发展迈进一步,加强了对全国的控制,发展了对外联系,对巩固渤海政权,起到了积极的作用。但到后来,大饮茂的继任者,把上京作为享乐之地,已成为统治者肩上的庞大包袱,无法轻易卸掉离去,不再把迁都作为解决矛盾的办法和推动渤海发展的措施。随着契丹铁骑的席卷而来,上京城也在入侵者的大火中变为废墟。

（原载《北方论丛》1983年第3期）

23 渤海史料概论
——《渤海史料类编》[1]前言

23.1 绪 言

696年，正当唐朝武则天统治后期，东北边疆地区的少数民族，由于不堪忍受朝廷和地方官吏的残酷封建民族压迫，终于爆发了以契丹上层人物李尽忠、孙万荣为领导的少数民族起义斗争。同契丹相邻的粟末靺鞨部，在大祚荣父子等人领导下，也投入到起义者的行列，乘起义之机，率部东归，创立政权，拥兵割据，以便从同唐朝的隶属关系中，争得更多的政治、经济利益。

但是，这个政权始终未能独立于唐朝中央集权统治之外，而是继续置于中原皇朝管辖之下，先后接受了武则天和唐中宗的招安，并严格遵照朝廷册拜的封号，于698年始称震国，713年专称渤海，762年，朝廷又晋封其为渤海王国，历代诸王，一一归依中原皇朝。两唐书《渤海传》对此均作了记载。至926年，渤海被契丹攻灭，历时228年。其存在期间，对我国东北地区的开发，作出显著贡献，曾被誉为“海东盛国”，在中华民族发展史上，占有重要一页。

我国古籍中对渤海历史作了较全面记载，为渤海史研究提供了必要的史实根据。在日本和朝鲜的古籍中，对渤海同二者的交往，也分别有所记录。特别是日本古籍中的渤海史料，间接地反映了渤海社会各不同时期的发展情况，进一步验证了中国古籍中的有关记载。新中国成立以来，对渤海的考古工作取得很大成绩，丰富了对渤海史的直观认识。在前苏联和朝鲜境内的渤海领域，考古发掘工作也有所进展，进一步证明渤海所辖地域十分辽阔。

---

〔1〕孙玉良：《渤海史料类编》，吉林人民出版社1992年版。

自20世纪初以来,我国史学界前辈遍览中外史籍,对渤海史料进行了广泛的搜集、整理和研究,并撰成专著,影响很大。先后有唐晏《渤海国志》4卷,黄维翰《渤海国记》3篇,金毓黻《渤海国志长编》20卷。特别是金毓黻先生,对渤海史研究和资料整理工作,做了很多开创性的尝试。

当前,随着渤海史研究的深入展开,以及考古资料的不断涌现,有必要在前人的基础上,对渤海史料作一番重新整理,使之更加全面和系统化,给读者以较完整的概念,对于从事渤海史的研究者,更具有实用价值。只有在全面系统占有资料的基础上,经过科学的分析研究,才能还渤海历史的本来面貌。

23.2 中国古籍中的渤海史料

中国历代史官在撰修中国史书时,一直把渤海史作为修史的内容之一,而载入古籍之中。上自前代先世,下迄亡后遗裔,分别为之立传,据实加以著录。直接或间接载有渤海史实的古籍多达百余种,其中包括正史、编年史、纪事本末、别史、杂史、类书、总集、政典、地志、文选、诗集、小说、笔记等类。此外,还曾有过《渤海记》[1]一类的专著,使渤海许多重要史料赖以保存下来。尽管《渤海记》这部专著久成佚书,但在其他古籍中,仍可间接看到其中的部分内容。

在浩如烟海的中国古籍当中,有关渤海史的最基本文献资料,首先是《旧唐书·渤海靺鞨传》和《新唐书·渤海传》,以及散见于该两书《纪》、《志》、《传》中的渤海纪事,成为后世著述渤海历史的重要依据。通过对两唐书《渤海传》内容上的比较,明显看出新书应用了旧书所不曾采纳的史料,对渤海史内容作了重要扩充;而且对旧书在叙事上语意含混、言有未尽之弊,又作了必要弥缝。例如《旧唐书·渤海靺鞨传》开头称:“渤海靺鞨大祚荣者,本高丽别种也。”颇为费解,对渤海族

〔1〕《新唐书·艺文志》载“张建章《渤海国记》三卷”,而《东都事略》卷18和《张建章墓志》等,均作《渤海记》,无“国”字。

属到底是靺鞨人，还是高句丽人，很容易引起歧义，难于据此作出结论。只有看过《新唐书·渤海传》中"渤海，本粟末靺鞨附高丽者，姓大氏"的记载以后，才会豁然明了渤海政权为粟末靺鞨人所建立，历史上粟末靺鞨部曾依附于高句丽王朝。又如，对大祚荣父子参加契丹人发动的起义之后率部东归，以及接受朝廷招安，建立震国的始末，旧书也不如新书记载得详尽清楚。

但是，新书记载朝廷对渤海的册封以及渤海对朝廷承担的义务，反而不如旧书详细，或者因已有旧书在前，为避免过繁而有意简略。就渤海史整体而言，新旧两书恰好互为补充，相得益彰，使有关渤海史的纪事，更接近于完整、准确。近年来，由于唐幽州卢龙节度使张建章的墓志发现以后，确切地获得了《渤海记》的内容概要，为"备尽岛夷风俗、宫殿、品官"[1]等，以及《渤海记》成书后，广泛传播于世的盛况。这就说明了宋代欧阳修等人在撰写《新唐书·渤海传》时，很容易见到《渤海记》这部专著，并根据该书所记有意对《旧唐书·渤海靺鞨传》的内容作了新的补充和订正。金毓黻先生在比较两唐书《渤海传》内容的异同时，曾论及新书，"详于追谥、年号，又载地理、官制、物产、品秩之事，取材视旧书为多，盖取材于张氏"[2]。这一论断，同《墓志》中反映的《渤海记》内容完全相符，表现出金先生对渤海史研究的真知灼见。最近，佟柱臣先生在考证《张建章墓志》时也指出："《新唐书·渤海传》赖张建章《渤海记》而丰富，张建章《渤海记》以《新唐书·渤海传》而得存，从《新唐书·渤海传》中可以窥见张建章《渤海记》原貌。海东盛国的历史也因张建章《渤海记》而得传，所以张建章《渤海记》对于保存渤海国史料，是作出了巨大贡献。"[3]这段论述对《渤海记》的史料价值以及同新书《渤海传》的关系，给予充分肯定。

《新唐书》全部写成时为1060年，虽然距渤海亡时已是130多年，但张建章却是渤海历史的直接见证人，并将他所了解到的史实载入

〔1〕徐自强：《张建章墓志考》，载于《文献》1979年第2期。
〔2〕金毓黻：《渤海国志长编》卷19《丛考》。
〔3〕佟柱臣：《〈渤海记〉作者张建章墓志考》，载于《黑龙江文物丛刊》1981年创刊号。

《渤海记》中。从《墓志》上可知,张建章曾于唐文宗朝以瀛州司马身份衔命渤海,自“癸丑秋,方舟而东,海涛万里”,至“九年仲秋月复命”,即从唐文宗大和七年秋至九年秋(833—835),在渤海作了首尾两年的实地考察,所收集要到的资料“盈溢缃帙”。足见《渤海记》是在作了长期考察之后,并占有大量史料的基础上写成的,堪称是渤海史的第一手资料。因此,《新唐书·渤海传》虽然成书较晚,但它取材于《渤海记》的史料却出于渤海同时期,是完全可以信赖的。在现今所保存下来的渤海史纪事中,《新唐书·渤海传》是权威性的著作。

既然断定《新唐书·渤海传》中的诸王年号、追谥源于《渤海记》所载,那么,自第11代王大彝震以后5王无追谥,自第12代王大虔晃以后4王又无年号,据此可以断定《渤海记》成书于大彝震之世,更确切一点说,当在835年秋张建章从渤海回幽州后的一两年时间内。对此后的渤海史事,《渤海记》中不可能有所记载,而《新唐书》也只好从其他文献中去取材。

以往有的学者,依据《新唐书·渤海传》记载,认为渤海至第13代王大彝震时(830—857)才发展成海东盛国。在当时历史条件下,所谓盛国的含义,无非是指经济较以前有明显发展,领域较以前有所扩大,但该传所载渤海疆域已到了极限,物产已很丰富,并被认为是取材于《渤海记》,所以在大彝震时或之前,渤海已具盛国规模,较大玄锡时代要早。考于其他古籍所载,这些盛况自大钦茂时就已奠定了基础,开始走上繁荣时期,因此在他死后谥为文王,反映出当时渤海社会有较大的进步和发展。至第10代王大仁秀时期,当为渤海的鼎盛时期。《新唐书·渤海传》载:“仁秀颇能讨伐海北诸部,开大境宇,有功。”按一般历史规律,凡对外大举用兵,必须有强大的经济条件作保障,大仁秀讨伐的是诸部,不是一部两部,其规模一定很大,也当有雄厚的物质基础,说明渤海在大仁秀时经济会有较大的发展,财富会有一定积聚,并在对外战征中取得了开大境宇的胜利,具备称为盛国的政治、经济条件,不可能是在大玄锡时渤海才发展成盛国。所以对《新唐书·渤海传》中的某些纪事,不可一律不作分析地机械理解,要把具体历史事件具体分析的原则贯穿始终，才能做到去伪存真，还历史的本来面貌。现今保存下来的渤海史料，属于直接出自唐代人之手的不多。我国第一部载有渤海纪事的古籍，为唐德宗贞元十一年，即795年，杜佑编纂的《通典》。但是该书为辑录前代掌故成篇，鲜有编者个人著述，因此对同时代的渤海纪事仅是在卷18，标注安东府方位时，才提到"北至渤海一千九百五十里"一语，其余不曾涉笔。与杜佑同朝为官的宰相贾耽，根据时人所述，亲作调查，著有《边州入四夷道里记》等书，保存在《新唐书·地理志》的某些段落中，详载了渤海至朝廷的朝贡道和营州道，所经路线、里程犹可确指，为后世标定渤海部分府州方位提供了可靠依据。晚唐时苏鹗所著《杜阳杂编》中，对渤海所献玛瑙柜和紫瓷盆作了描述，但也仅是如数家珍的寥寥几句。篇幅略长一点的是唐代保存下来的诗文，共有20首左右，其中尤以温庭筠《送渤海王子归本国》诗为珍贵，记载了渤海与朝廷"疆理虽重海，车书本一家"[1]的重要史实，证明双方始终共处于统一的国家之中，是检验两者关系的最有说服力的史料。

五代时，载有渤海史料的古籍，主要是《旧唐书》，该书完成于945年，距渤海亡时仅十余年。但是，因刘昫等人是在战乱中仓促成篇，对渤海史事更是无暇鉴别和收集，致使像《渤海记》这样重要著述，竟然不曾引录，同后来的《新唐书》相歧异，是必然的结果。

宋代是载有渤海史料的古籍大量涌现时期。在《新唐书》未编修之前，王钦若等人已于宋真宗朝编纂成《册府元龟》这部庞大类书，所载渤海纪事十分可观，多达240余目，并一一系以年月，分类辑录，将其汇集起来，完全可同两唐书《渤海传》相匹敌。这些史实记载，再现了渤海与唐朝"车书本一家"的亲密关系，共同创造了我国历史上的封建文明。此外，成书于宋代的《唐会要》、《旧五代史》、《新五代史》、《资治通鉴》、《文献通考》等重要历史著作，都从不同角度保存了部分渤海史料。至于像《松漠纪闻》、《宣和奉使高丽图经》等历史笔记，也是渤

[1]《温飞卿诗集笺注》卷9《送渤海王子归本国》。

海史料来源之一。

元朝时，对唐代历史很少有人撰述，因此与渤海史有关的古籍不多，只是在元朝宰相脱脱领衔编修的《宋史》和《辽史》中有所著录。尤其是《辽史》，对契丹攻灭渤海始末以及渤海地志等，较其他古籍所载为详，使对两唐书《渤海传》记载太略之憾，聊可为慰。明清之际的古籍，有关渤海史的著述均系转引、考证之作，一般不独立具备史料意义，但对渤海史研究却具有很多参考价值。

在探讨渤海史发展过程，弄清其来龙去脉时，往往要涉及其先世族源演进和亡后遗裔归向等问题，我国古籍中有关这些方面的史料也很丰富多彩。古籍中按照肃慎、挹娄、勿吉、靺鞨、女真、满族等序列，一脉相承下来，大致可归纳为以下几个历史阶段。

秦汉及以前的古籍称渤海的祖先为肃慎。上自《尚书》、《左传》、《礼记》，下至《史记》、《汉书》、《淮南子》等，皆载有肃慎纪事。其特点是这些古籍的编纂者对肃慎族的历史知之不多，仅就其与中原各族的关系掇其要而载之。从这些记载中可知：远在史前尧舜禹传说时代，肃慎族就已归附中原部族，肃慎之地已纳入中国版籍。《大戴礼记》卷11载："虞舜以天德嗣尧"，"肃慎来服"；《国语》卷5载：至周武王时，"肃慎氏贡楛矢、石磐"；《左传》卷22载：公元前533年，周景王重申肃慎"吾北土也"，足证渤海先世同中原的一体关系源远流长。

后汉至两晋时期，古籍中称肃慎为挹娄，并首先在《后汉书》中有了渤海先世的第一篇传记《挹娄传》，系统地叙述了肃慎的地理位置、风俗习惯以及经济、文化的发展概况。在《三国志》中也载有《挹娄传》，其内容与《后汉书·挹娄传》雷同。但是，《三国志》成书早于《后汉书》，所以《后汉书·挹娄传》当为因袭《三国志·挹娄传》而作。再后的《晋书》中，仍将挹娄称为肃慎，载有《肃慎传》，除了复述《三国志·挹娄传》所载内容之外，又记录了肃慎人与中原密切往来的史实。从后汉至两晋，古籍中常将肃慎与挹娄互称。

南北朝时，古籍中又改称挹娄为勿吉，《魏书》与《北史》中皆载有《勿吉传》，内容较以往古籍中的肃慎或挹娄传更充实。从中可以看出勿吉的社会结构已发生了历史阶段性的变革，有的部落已拥有武装力量，完成了向阶级社会的过渡，并经过长期武力兼并，最后形成7部，各有酋长，不相统一。此时勿吉与中原的往来更加频繁，规模也越来越大，据《魏书·勿吉传》记载：北魏孝文帝太和初年，勿吉曾贡马500匹，十七年（493），又遣婆非等500余人来朝献，这对加速各族的共同发展，无疑会带来促进作用。

隋唐时，古籍中又称勿吉为靺鞨，《隋书》中有《靺鞨传》，两唐书中除有《渤海传》外，又分别有《靺鞨传》和《黑水靺鞨传》。从两唐书中将渤海与靺鞨同时立传的事实来看，也证明渤海未能从始至终把靺鞨族统一起来。《新唐书·黑水靺鞨传》云："渤海盛，靺鞨皆役属之。"言外之意，未盛或盛而后衰时，靺鞨就不全为渤海所统辖。

总之，以上四个阶段的古籍记载为研究渤海先世及兴起的历史，提供了必要的史实依据和线索。

渤海亡后，古籍中对其遗裔的历史也有一些记载，主要见于宋元之间编修的古籍。诸如《三朝北盟会编》、《大金国志》、《辽史》、《金史》、《宋史》等等。这些古籍，一是记载了渤海遗民反辽复国、发动起义的斗争经过；二是记载了渤海上层人物及后裔仕辽为官、助金灭辽，成为辽金两朝统治集团重要支柱的史实；三是记载了宋朝统治者借助渤海遗裔力量同辽金抗争的情景。

在渤海遗裔反辽斗争中，声势较大的有：975年，燕颇据黄龙府起兵反辽，随后以乌玄明、乌炤度一族为首的渤海遗裔，保聚方隅，守节不降，前后建立起定安国、乌舍国，与辽抗争了七八十年。1029年，大祚荣的裔孙大延琳据辽东京起兵称王，建立兴辽国。1115年，又有古欲据饶州起兵称王。1116年，渤海右姓遗裔高永昌也据辽阳起兵，自称大渤海皇帝，旬日间连克辽东50余州，声势十分浩大，加速了辽朝的灭亡。《辽史》中对这些事件记载都比较详细。

古籍中所载渤海遗裔仕于辽金有姓名可考者百余人，其中辽金王室纳大氏后裔为妃者6人，位居卿相者9人，尤其是高模翰仕辽以后，屡建战功。《辽史·高模翰传》载，辽太宗曾亲谕高模翰曰："朕自起兵，百余战，卿功第一，虽古名将无以加”；并指高模翰对群臣说：“此国之勇将，朕统一天下，斯人之力也。”先后授高模翰加特进、检校太师，封悊郡开国公，迁镇中京、加开府仪同三司，召为中台省右相，后迁左相。据《金史》列传载，居住在辽阳的渤海遗裔张浩、张汝霖父子，先后为金宰相，一族数人，同居要职，成为金朝赖以实行统治的依靠力量。渤海遗裔对宋朝所产生的社会影响，虽然不如对辽金两朝那样重要，但宋朝统治者利用渤海遗裔对辽“俱怀杀主破国之怨”的仇恨心理，“使之怀恩”，“愿报私憾”，[1] 成为与辽抗争的借用力量。《宋史·定安国传》载：“太平兴国中，太宗方经营远略，讨击契丹，因降诏其国，令张掎角之势。其国亦怨寇仇，侵侮不已，闻中国用兵北讨，欲依王师以摅宿愤，得书大喜。”遂使辽北有后顾之忧，助长了宋对辽的对抗力量。总之，古籍中对渤海遗裔在历史上的作用和地位，都给予充分肯定。

元代以后，因渤海人已与东北各民族融为一体，古籍中很少还称某人祖先为渤海人。元代人陶宗仪《辍耕录》卷1氏族栏目里，将渤海同女真、契丹人等统称为汉人，成为汉人八种的组成之一。渤海遗裔，随着历史所赋予他们的使命之结束而在古籍中消逝了。至此，中国古籍对于唐代渤海的来龙去脉作了全面交代，为后世对渤海史研究准备了必要的史料。

23.3 日本古籍中的渤海史料

日本古籍中的渤海史料，久为我国史学界所熟悉和应用。迄今所能见到的载有渤海史料的日本古籍约有30多种，其中大部分已重新刊入日本现代出版的《国史大系》、《群书类从》和《续群书类从》三大类书之中，为研究者提供了很大方便。

渤海存在期间正是日本六部官修国史等古籍相继产生之际，对渤海与日本各时期的交往，分别有选择地载入相关的日本古籍之中。如

〔1〕《宋史》卷264《宋琪传》。

果按一日一事一纪的编年纪事法统算,有400余条,弥补了中国古籍记载的缺遗,是研究渤海史不可缺少的重要史料。

日本第一部官修国史《日本书纪》,是记载持统天皇朱鸟十一年(697)年八月以前的日本古代史。此时渤海尚未建立,只载录了渤海先世——当时日本仍称其为肃慎的7条史事。其中最早的一条是544年,肃慎人已与日本有了接触,他们经常驾船出没于日本北部佐渡岛附近的海面上"捕鱼充食",并"移就濑波河浦",[1]登上海岸,说明渤海先世在造船、航海、捕鱼等方面有了较高发展水平。

日本第二部国史《续日本纪》记载了文武天皇元年(697)至桓武天皇延历十年(791)的日本历史。在此期间,正是渤海与日本交往比较频繁时期,渤海先后13次遣使日本,日本也向渤海派出使臣达10次之多,有100多条与渤海有关的史事载于该书中。从这些记载上,清楚地看到了渤海社会由武官专政到文官统治的重要过渡。以往《渤海国志长编》卷10等,把727年渤海遣高仁义、高齐德等24人通使日本,作为"两国通聘之始"。实际上根据《续日本纪》卷8记载,两国友好往来是日本在先,渤海居后。早在720年初,日本元正天皇就已经"遣渡岛津轻津司从七位上诸君鞍男等六人于靺鞨国,观其风俗",是为双方友好交往之滥觞。《续日本纪》中关于渤海纪事,在用词上错误颇多,较明显的是把渤海称作高丽。出现这种现象的原因,客观上是对渤海的历史不甚了解;主观上是存有欲使渤海修属国之礼,将渤海纳入日本势力范畴的政治企图。后因遭到渤海拒绝,在其他古籍中才纠正了《续日本纪》中的这类错误。

日本第三部国史《日本后纪》,原书40卷,在现今残存的10卷中,记载了27条与渤海相关的史事,反映出从桓武天皇延历十四年(795)至嵯峨天皇二年(811),双方各有4次遣使互访。《日本后纪》所佚各卷中的渤海纪事,在其他日本古籍中作了转录,仍保留下来。

日本第四部国史《续日本后纪》,仅记载了与渤海两次遣使日本的

[1]《日本书纪》卷19,钦明天皇五年纪事。

有关史事25条。

日本第五部国史《日本文德天皇实录》,在其纪事时间内双方互无来往,只追述了两件与渤海相关的往事:一是渤海使臣精于相法,为日本显宦相面;二是日本致渤海国书,选名家书写,表明很重视与渤海的交往。

日本第六部国史《日本三代实录》,是记载文德天皇天安二年(858)至光孝天皇仁和三年(887)的日本历史。在这30年中,渤海同日本的往来又重新活跃起来,先后5次遣使日本,有70多条与渤海相关的史事被载入该书中。

日本载有渤海史料的古籍,除六国史外,首先是大政大臣菅原道真于892年奉敕纂辑的《类聚国史》,将六国史中前五史纪事,分部辑事,类编聚成。后世又将《日本三代实录》的纪事增补进去,共200卷,现今仅存60卷,不足原书三分之一。但是记载渤海史事的卷193和194幸好基本保存下来。唯卷194卷首小有缺佚,其余240余目,一一在册。除因《日本后纪》缺佚,有30余条纪事在六国史中找不到对应条目外,其余皆可在六国史中找到出处。由此,又恰好以《类聚国史》中的渤海纪事,补足《日本后纪》中所佚渤海纪事。而卷194卷首所缺纪事,考于起讫年代,可以断定是出自《日本后纪》卷20中的纪事,所幸该卷现今不缺,并恰好有渤海使臣高南容第二次出使日本的纪事,而《类聚国史》卷194卷首不载此条,无疑所缺者当为此一条。这样一来,日本六国史中的渤海纪事经过与《类聚国史》对照,完全可以确信至今全部保存下来,真是史料保存工作的一大奇迹。

六国史与《类聚国史》的纪事年代截止于光孝天皇仁和三年(887)八月,其后渤海与日本往来的历史事件,主要记载于《日本纪略》之中,该书大约撰于11世纪初,六国史中有关渤海纪事,也绝大部分抄略在该书前20篇中,并注明出处。后20篇又称《九代略纪》或《九代实录》,其纪事也属抄略,但不标出处。从光孝天皇仁和三年(887)至醍醐天皇延长八年(930)三月,先后有30多条纪事同渤海有关,分别载于该书前篇20的后半部和后篇1中。至此,渤海与日本友好交往的历史全部被记录下来，而保存在日本古籍中的渤海史料，也就比较完整无缺了。

此外，在《扶桑纪略》这部日本古籍的残卷中，所载渤海使臣裴璆两次出使日本的纪事，较《日本纪略》详细。《日本逸史》中的渤海纪事虽出于《类聚国史》和《日本纪略》，但个别条目为《类聚国史》所不载。见于《遍照发挥性灵集》中的僧空海代日本遣唐大使撰的致渤海王子书一事，因事情发生在唐朝，不一定为当时史官所知，故日本国史中漏载。《类聚三代格》和《延喜式》两部古籍中，还详载有日本接待渤海使臣的各种礼仪格式规定。在日本的一些古诗文集中，还保存有百余首与渤海有关的诗文，是研究渤海文化发展的宝贵史料，特别是渤海诗人的作品，至今还仅能在日本古籍中见到，可称之为渤海文学艺术中的稀世珍宝。成书较晚的一些日本古籍，对与渤海有关的史事虽也有叙述，但基本上是前代记载的复述，不独自具备史料价值。

日本古籍中所载数百条与渤海有关的纪事，其中绝大多数是历史的真实记录，反映出渤海社会不同时期的真实发展情况。但是，由于时代和历史条件的局限，有些记载不尽符合历史实际，其中或为误传，或为误记，甚至人为扭曲也兼而有之。十分明显的事例是对渤海致日本的书状，大多数作了处理，原样保存的很少。《续日本纪》卷 21 所载大钦茂致淳仁天皇的国书就比较典型，从其用词混乱不堪程度可知已非原貌，是经史官加工后的产物。书中将大钦茂、使臣和史官的话混为一谈。《日本后纪》卷 5，对日本史官的政治倾向性有所披露，称“渤海王所上书疏，体无定例，词多不逊”。但是，在日本古籍中所保存的渤海书疏，言词谦恭，格式划一，见不到有“体无定例，词多不逊”之处，显然是经过删削加工后载入史册。所以在运用这些史料时，也应有所分析和鉴别。

23.4　朝鲜古籍中的渤海史料

渤海史料见于朝鲜古籍的不多，而且像日本古籍中所特有之类的渤海史料,更是寥寥无几。尽管渤海与同时代的朝鲜古国新罗比邻,并同受唐朝封册、辖制,但彼此不发生横的联系,很少互相接触。因此,渤海的历史不为新罗所知,也就很难在朝鲜古籍中有所记载。同时,朝鲜古籍成书时间较晚,长期使用汉字,有关渤海纪事基本是从中国古籍中转引而来;在中国古籍中仍能找到出处,这就自然降低了反映在朝鲜古籍中渤海史料的价值。但是,朝鲜古籍中对渤海先世同新罗、百济和高句丽的互相交往、攻伐以及渤海亡后其吏民和遗裔流徙高丽的记载,却为其所独有,同样是研究渤海史的重要参考资料。

朝鲜第一部系统的古代史著作,是高丽王朝金富轼编纂的《三国史记》,成书于1145年,已是中国南宋时期,距渤海灭亡已有220年。该书所载与渤海有关的纪事11例,其中篇幅较长的6例,均为中国古籍所载的复述,余为出自朝鲜古籍的十分简短的一两句话,并经过分析判断后,才可以认定是与渤海有关的纪事。这11条纪事,共同反映了渤海与新罗敌对的紧张关系。自从渤海兴起以后,不时威胁新罗北境安全,迫使新罗采取必要的防御措施,一是“筑长城于北境”[1],阻挡渤海南犯;二是协助唐朝“发兵击靺鞨南鄙”[2],削弱渤海力量;三是遣使通好,缓和紧张关系。从《三国史记》纪事中可以看出,渤海与新罗的敌对关系是有其历史根源和现实因素的。该书中有60多条与渤海先世有关的纪事,其中多数是靺鞨入侵新罗、百济和高句丽的纪事,似乎在历史上渤海先世从未与新罗和睦相处过,而是征伐不已,积怨甚多。

13世纪末,僧一然在广泛搜求新罗、百济、高句丽逸闻逸事之后,编修成现今所存第二部朝鲜古代史《三国遗事》,可以视为《三国史记》的续篇,成书时已是中国元朝初年。书中有关渤海逸闻很少,只在卷1《靺鞨·渤海纪》内转引中国古籍《通典》、《贾耽郡国志》、《魏书》、《指掌图》以及朝鲜《三国史》,即《三国史记》中的有关段落,连缀成篇。其

[1]《三国史记》卷8《新罗圣德王纪》。
[2]《三国史记》卷8《新罗圣德王纪》。

中所引《贾耽郡国志》云:“渤海国之鸭渌、南海、扶余、栅城四府,并是高丽旧地也。自新罗泉井郡至栅城府三十九驿。”这段纪事有赖《三国遗事》保存下来,是朝鲜古籍中唯一价值较高的渤海史料。

在《三国遗事》一书附录《帝王韵记》中,也有一条渤海纪事,其中将渤海建国时间记为武则天甲申年,即684年,灭亡时为高丽太祖八年,即925年,“历年二百四十二”,显然无一准确,僧一然对渤海历史也不很了解。

15世纪中叶,是朝鲜文化大发展的历史时期。此时所编纂的《高丽史》和《高丽史节要》中,同渤海有关的史事,主要是记载从926年渤海灭亡后,部分吏民南迁高丽,一直到1117年,仍有渤海遗裔投奔高丽。在《高丽史·崔彦㧑传》中,记载了渤海宰相乌炤度及其子乌光赞,先后入唐应试登第,同中国古籍所载渤海宾贡纪事相呼应,证明渤海读书人可以通过参加朝廷科举,求取功名,晋身为官。

15世纪末编纂的《东国通鉴》和《朝鲜史略》,又名《东国史略》所载与渤海有关史事,均为中国古籍或朝鲜古籍的转引,基本上没有什么新的发现。

18世纪末韩致渊编纂的《海东绎史》,几乎将中国、日本、朝鲜古籍中的有关渤海纪事一一囊括其中,特别是在续篇中对渤海地志作了考证。但在引录删节时,往往加有己意,又不作说明,与原著颇显歧异,给人以信不过的印象,因此,无法将其作为史料加以引用。与此同时,为《海东绎史》作序的柳得恭撰成《渤海考》一书,书中所引渤海史实主要是出自中国古籍所载,名曰为考,实为抄袭,通篇无任何建树。但是,该书序言却别开生面,是关于渤海史的一篇罕见的奇文。柳得恭在序言中极力主张渤海与新罗是朝鲜历史上继百济、高句丽亡后的南北国时代,公开把渤海史纳入朝鲜史系统中,所谓“金氏有其南,大氏有其北,曰渤海,是为南北国”。斥责高丽王朝“宜其有南北国史,而高丽不修之非矣”,哀叹“几百年之后,虽欲修之,不可得矣”,毫无史实根据地声称“大氏者何人也,乃高句丽之人也;其所有之地何地也,乃高句丽之地也”,痛惜高丽王朝何不“使一将往收之,土门以北可有也”,“鸭绿以西可有也”,“高丽遂为弱国者,未得渤海之地故也”。柳得恭这种具有明显领土要求的唯心史观,是同朝鲜李朝末期的历史背景紧紧连在一起的。自从进入18世纪以后,朝鲜封建统治阶级加剧了土地兼并,随之而来的是失去土地的农民发动了起义斗争,使李氏王朝处于风雨飘摇之中。柳得恭企图用向外扩张领土的办法,转嫁因土地兼并造成的社会危机,并可以使统治阶级的贪欲得到进一步满足。正是在这种苦衷的驱逼下,才使他撰成一部不伦不类的《渤海考》。但是,柳得恭所寄托的虚妄思念,无法改变渤海的真实历史。

继柳得恭《渤海考》以后出现的朝鲜古籍,关于渤海史的著述也均为转引、考证之作,对渤海史研究有一定启发。

23.5 渤海的文物考古资料

渤海史料,除见于中外古籍所载;文物与考古资料也是其重要来源,尤其是在文献资料久经搜求、所遗无几的情况下,文物与考古资料的进一步挖掘,就更显得迫切和必要。今后渤海史研究要想取得新的突破,有赖于文物与考古获得新发现。

现今已有的渤海文物与考古资料,大致可归纳为以下几个方面。

石刻 同渤海历史有关的最早的一座石刻为《崔忻井阑题名》。唐玄宗开元元年,遣鸿胪卿崔忻向大祚荣宣谕朝廷册封其为渤海郡王等,翌年五月,于归途旅顺黄金山麓凿井两口,刻石留念,成为渤海受唐册封、归唐辖制的历史见证。清代陆增祥《八琼室金石补正》卷70载有《窦巩等残题名》,其中有“押新罗、渤海两蕃等使”9字,因首尾缺文,难以断定窦巩曾兼任此职,但《旧唐书·窦巩传》载其曾为平卢副使,极有可能也兼任押渤海使。张贲《白云集》所载《东京记》云:有人于东京城“掘地得断碑,有‘下瞰台城,儒生盛于东观’十字,皆汉文,字画庄楷,盖国学碑也”。说明渤海盛行儒家思想文化。新中国成立以来,发现了3座与渤海历史直接有关的石刻,即《张建章墓志》、《贞惠公主墓志》和《贞孝公主墓志》。这3座墓志的出土,再现了渤海某些重要史实，填补了文献记载中的空白，纠正了古籍中的误载，证明了渤海与唐朝是书同文字的统一国家。

壁画 很久以来，我国考古工作者在清理渤海墓葬和建筑遗址过程中，多次发现过一些渤海壁画碎片。直至1980年秋，在贞孝公主墓中，首次发现了完整的渤海墓室壁画。这一重要考古发现，不仅使渤海的绘画作品得见天日，展现了渤海艺术发展的重要成就，而且再现了渤海靺鞨人的仪容神态，反映出渤海社会发展的重要侧面。通过对壁画中12个人物艺术造型的分析研究，清楚看出大钦茂统治时，渤海的经济与文化都有较高发展，王室中的物质与精神享受已很讲究，既有佩剑秉杖、威风抖擞、任凭驱纵的武士，又有抚弦操琴、仪态娇媚、专供享乐的乐伎，给人一种豪华奢靡、歌舞为乐、作威作福的强烈印象，反映出唐代的封建繁荣已远及东北边陲。

城址 据古文献记载，在渤海地方5000里的广阔领域内，州县遍布，城邑林立，所谓地有5京、15府、62州、130余县。经考古调查，被确认是渤海古城遗址的有40多处。从其分布情况来看，在牡丹江、松花江和鸭绿江流域较为密集，其中包括了渤海旧国、上京、中京和西京等重要府州。说明这些地方为渤海政治、经济与文化的中心地区。此外，在临近东部和南部的沿海区域，朝鲜和前苏联的考古工作者，也发现了数座渤海古城遗址，当分别为渤海南京和东京所辖州县，显示出这里曾是渤海同日本交往的重要口岸，以及获取海上鱼盐之利的集散地，验证了文献记载的某些史实。

墓葬 墓葬是蕴藏考古资料最集中的场所之一，可以直接取得历史的确凿物证，现在已能确认是渤海墓群者，达20多处，有墓葬400余座。以往对渤海部分墓葬的发掘，出土了一批珍贵的渤海遗物，借助这些遗物的佐证，增添了渤海史许多重要内容。例如两唐书《渤海传》分别称渤海"颇有文字及书记"和"颇知书契"。但是，谁也未能说清渤海是通行汉字，还是创有本民族文字，或是二者兼而有之，拿不出任何有力根据，只能作一些判断性的推论，直至贞惠、贞孝两公主墓志出土后，才大白于天下。通过对墓葬的具体研究，证明了渤海靺鞨人对勿吉人的继承关系，进一步弄清了渤海人的族属，并看出在渤海社会结构中，一夫一妻制的个体家庭居于统治地位，这些都是文献中所不曾载录的重要内容。因此，人们把对渤海考古工作的希望，寄托在墓葬的发掘上。既然作为陪葬的贞惠和贞孝公主墓已经发现，那么被陪葬的“珍陵”和“染谷”也就有被发现的可能，时间将会回答渤海王陵是否已经找到。

基址　迄今为止，所发现的渤海建筑基址的类别较多，除各京城宫殿、坊肆建筑基址以外，还发现了渤海的桥梁、堡垒、寺庙、塔基、仓窖、窑址以及村落等遗址。通过对这基址的发掘和研究，可以看到渤海城建筑宏伟规模，经济发展的繁荣景象，各地往来畅通无阻，军事防卫的森严布局，佛教传播广泛深入，以及广大人民居住和生活情况等。还有些基址，虽然可以确定是渤海建筑基址，但不能确指系何建筑物，从旧国至上京沿线，已发现有5处“二十四块石”基址，当为同类建筑，唯不能确指，有待进一步发掘和探讨。

器物　地面上世代保存下来的渤海遗物仅有可数的几件，多数为新中国建立后得于考古发掘。矗立在东京城兴隆寺院内，用玄武岩雕琢而成的大型佛事用物石灯幢，是唯一保存比较完好的渤海遗物，其工艺之精巧、造型之壮美，都可称上乘艺术佳作。在该寺三圣殿内，还坐落一尊高达丈余的渤海大石佛，除头部已非旧貌，其余仍为原形，端庄魁伟的造象，给人一种气势磅礴的印象，表现了渤海匠人粗犷豪放的艺术情操和魅力。在贞惠公主墓出土的两座石狮，以及上京遗址出土的石龟趺，也展示了与大石佛的同样艺术风格。此外，在考古发掘中，采集到大量的渤海砖瓦、瓦当、釉瓦，有些砖瓦上还刻有汉字。尤为罕见的是层次套叠的舍利函，是渤海各种工艺集大成作品。至于陶佛、铜佛、铜镜、铜锁、铜饰、铁框、铁铧、铁镰、铁矛、铁镞、铁刀、铠甲、金钗、金钏、金环、金花饰件等器物，均有不同数量的发现。以上所列这些器物，虽然为渤海时期的遗物，但制作者不一定皆为渤海匠人，尤其是精美的金制器物，有可能是得自朝廷赏赐，出于中原匠人之手。

总的来说，渤海考古资料更真实地再现了渤海历史，为渤海史研究描绘出更美好的前景，只有把文献与考古资料综合起来，熔为一炉，才可以得出渤海史的准确答案。

23.6 《渤海史料类编》凡例

为了尽可能给广大渤海史研究者提供一点方便，将上述渤海史料，分题辑录，类聚成编。内中详于渤海纪事，而略于先世和遗裔见闻。

凡有关渤海自身纪事，皆据史立题，标于文首，以收见题晓义之利；凡先世和遗裔纪事，或以书目为题，或按朝代划分，不另立题目，免生琐碎零乱之弊。

同一纪事，见于不同古籍者，凡属元及元以前之人所撰，一并原文照录，以备互相对照。明清之际古籍，只载其前史中所不曾见者。

文物与考古资料，绝大多数屡见于报刊，选摘较为完整，并具代表性者录之，尽量减少重复。

所引书目，首次出现时注明作者和版本，重出时仍将书目与卷次重复标出，起到醒目作用。

凡历代纪年，皆加注公元纪年，干支加注日期；凡年号或纪年与引文不直接相连者，用方括号括之；凡编者所加注释按语，皆用小括号括之，以示与引文中原注相区别。

因时间仓促，条件所限，加上编者才力不逮，错漏之误，定然较多，深望读者指正。

1983 年 6 月抄

（原载《黑龙江文物丛刊》1984 年第 1 期）

24 日本古籍中的渤海史料[1]

有关渤海历史的文献资料,主要见于中国古籍之中,其次是散见于日本古籍之中。我国史学界有系统地利用日本古籍中的渤海史料探讨渤海的历史,约始于本世纪之初。1929年夏,黄维翰先生撰辑《渤海国记》,"网罗群籍,旁及海外"[2],用日本古籍中的渤海史料,充实了渤海历史的内容。

几乎与黄维翰先生撰写《渤海国记》的同时,金毓黻先生撰辑《渤海国志长编》(以下简称《长编》),"遍览中外载籍",广泛搜集了日本古籍中的渤海史料,"自谓过前人之所获,"[3]为渤海史文献资料整理工作,奠定了初步基础。

但是,金先生在征引日本古籍过程中,往往根据体例上的需要,对材料内容有所选择、取舍和编排,所谓"一段之文,分隶数篇"[4]。有些材料,甚至小有改写,伴有个人笔墨于其间。这样一来,不可避免地令人觉得烦琐和零乱,难于看清材料的原貌。同时,有些史料,尚须进一步作出概括性的科学论述和更深一步的探讨。

现在,我们试图在前人整理、研究的基础上,宁可再花一点重复性的劳动,下一番笨功夫,将日本古籍乃至中国古籍、朝鲜古籍中的渤海史料,全面地作一番新的整理,搞清其来龙去脉,给读者一个较完整、较清晰的概念,以期有助于对渤海历史的全面了解和深入的研究。

24.1 载有渤海史料的日本古籍

目前,所能见到载有渤海史料的日本古籍,约30余种。其中绝大

[1]本文为作者所辑《日本古籍中的渤海史料》书稿的前言。

[2]黄维翰:《渤海国记·自叙》,《辽海丛书》本。

[3]金毓黻:《渤海国志长编》卷2《总略下论曰》。

[4]金毓黻:《渤海国志长编》卷2《总略下论曰》。

部分，被刊入日本现代所编纂的《国史大系》、《群书类从》和《续群书类从》三大类书之中。

698年至926年，正当渤海国存在期间，恰好是日本官修的编年体“六国史”（即《日本书纪》、《续日本纪》、《日本后纪》、《续日本后纪》、《日本文德天皇实录》、《日本三代实录》，以下分别简称：《书纪》、《续纪》、《后纪》、《续后纪》、《文德实录》、《三代实录》）等日本古籍，相继产生时期。渤海同日本相互交往等事件，分别记载在与之相应的日本古籍之中。如果按一日一事一纪的编年纪事法统算，多达400余条，堪称渤海史料的宝库。其具体情况如下。

居六国史之首的《书纪》，是日本第一部官修国史，成书于元正天皇养老四年(720)，时值渤海武王仁安二年[1]，由舍人亲王奉敕撰修，记载了从神代迄持统天皇十一年(697)八月的日本国史。该书中载录了渤海先世——当时日本仍称之为肃慎人的史事，仅有7条。最早一条是钦明天皇五年(544)，日本已知与其隔海相望的彼岸，生活着一个古老的肃慎族，春夏之际，肃慎人常驾船出没于日本北部佐渡岛附近的海面上，进行“捕鱼充食”，并“移就濑波河浦”。[2] 说明渤海的先民，此时已经与日本有了接触。肃慎人能够泛海捕鱼，证明其航海、渔猎等已有相当的水平，而此方面材料，则为中国古籍所不载。

继《书纪》之后者，是《续纪》。全书40卷，最后完成于桓武天皇延历十六年(797)，时当渤海康王正历四年，记载了从天武天皇元年(697)，至桓武天皇延历十年(791)十二月的日本国史，为渤海高王大祚荣建国前1年至文王大钦茂大兴55年间。正是渤海与日本交往比较频繁阶段，共记载了与渤海相关的史事100多条。以往有些学者，将渤海武王仁安九年(727年，日本圣武天皇神龟四年)秋，派遣高仁义、高齐德等24人通使日本的纪事，作为“两国通聘之始”[3]。同样，据

[1]本文中的渤海纪年，均为根据渤海贞孝公主墓志订正后的渤海纪年，详见本书所载第21篇《渤海纪年订补》。

[2]《日本书记》卷19，濑波河浦今无定指，现日本佐渡岛对岸新潟县北海岸有濑村，是否因濑波河浦而得名，待考。

[3]金毓黻：《渤海国志长编》卷10《诸臣列传》。

《续纪》所载，两国友好往来，实际上是日本在先，渤海在后。元正天皇养老四年（720）正月，即渤海武王仁安二年正月，日本就已经“遣渡岛津轻津司从七位上诸君鞍男等六人于靺鞨国，观其风俗”[1]，是为两国友好交往之滥觞。

日本第三部国史是《后纪》，成书于仁明天皇承和八年（841），渤海大彝震咸和十二年。记载了桓武天皇延历十一年（792）正月，迄淳和天皇天长十年（833）二月的日本国史，时届渤海文王大兴五十六年至大彝震咸和四年。原书共40卷，多已亡佚，今本仅存10卷，即5、8、12、13、14、17、20、21、22、24卷。实际从时间上计算，第5卷起于延历十五年（796）七月，第24卷终于嵯峨天皇弘仁六年（815）十二月。因此，无论从卷数，还是从纪事时间上，今本仅是原书的四分之一。现存10卷中，仅记载了20余条和渤海有关的史料。所佚各卷中的渤海史料，可到其他日本古籍中去查找，下文将谈及于此。

接下去的《续后纪》，是日本第四部官修国史，成书于清和天皇贞观十一年（869），渤海大虔晃十三年，记载了仁明天皇天长十年（833）二月，迄文德天皇嘉祥三年（850）三月，仅仁明天皇一代的日本国史，时逢渤海大彝震咸和四年至二十一年。该书在这17年中，仅记录了与渤海两次遣使至日本有关的史事，共20余条。

第五部是《文德实录》，成书于阳成天皇元庆三年（879），渤海大玄锡九年。记载了文德天皇嘉祥三年（850）三月，至天安二年（858）八月，仅文德天皇一代的日本国史，总计八年半的纪事。时为渤海大彝震咸和二十一年至大虔晃二年。此期间，双方互无来往，该书只追述了两件与渤海有关的往事。

最后一部《三代实录》，成书于醍醐天皇延喜元年（901）八月，即渤海大玮瑎七年。记载了从清和天皇天安二年（858）八月，迄光孝天皇仁和三年（887）八月，是清和、阳成、光孝三代天皇时的日本国史，为渤海大虔晃二年至大玄锡十六年之间。在这30年间，双方往来又渐趋活

〔1〕《续日本纪》卷8

跃，共记载了与渤海相关的史事70余条，从数量上仅次于《续纪》。

除上述六国史外，应该首先谈及的是菅原道真于宇多天皇宽平四年(892)，奉敕纂辑的《类聚国史》(以下简称《类史》)。顾名思义，该书取材于六国史中前五史的纪事，将上起神代，下迄文德天皇的诸帝王纪事，分部辑事，类编聚成。后世又将《三代实录》的纪事，增补编入。故实际上纪事年限，截止于光孝天皇仁和三年。后来，该书虽因遭到"应仁以来，海内麻乱，祝融施灾，今古典籍，悉属乌有"(指1467年爆发的全日本大动乱，其时京城大火，一片废墟。因时逢后土御门天皇应仁元年，故史称"应仁之乱")的祸患，使原书本有200卷，仅存61卷。但是，所幸记载渤海史事的卷193和卷194，基本上被完好地保存下来，只是卷194开头小有缺佚。其中所载与渤海有关的240余条史事，除因《后纪》缺佚，有30余条找不到出处外，其余200余条，均可在六国史中找到对应的条目。卷193所载圣武天皇神龟四年九月庚寅至桓武天皇延历六年(787)二月甲戌，共计99条，只载纪年，而无纪事，可在《续纪》中找到相应的纪事。桓武天皇延历十四年(795)十一月丙申以下3条，以及延历十七年四月甲戌以下8条，当为《后纪》缺佚的卷1至卷4和卷7的纪事。卷194所注"卷首缺"三字，从纪事前后起止年代看，显然是指《后纪》卷20中的渤海纪事。今本《后纪》卷20，有弘仁元年(810)九月丙寅渤海纪事，而《类史》卷194中无，故曰"卷首缺"。弘仁七年至天长五年(828)四月，共28条纪事，当为《后纪》卷25至卷40中的纪事。除卷193和卷194外，在其他一些卷中，也零星载有与渤海相关的纪事，其中多数与卷193和卷194所载内容相同，属于重出。此外，六国史中渤海纪事，也有个别条目，为《类史》卷193或卷194所不载。但是，从《类史》中可以看出：六国史中，关于渤海的纪事，基本上没有缺佚。

六国史和《类史》的纪事年代，皆止于光孝天皇仁和三年(887)八月，此后至926年渤海灭亡，尚有40年。在这40年中，渤海和日本之间继续有所交往。有关这期间的渤海纪事，可在作为旧史之抄略的《日本纪略》、《扶桑略记》等日本古籍中查到。

《日本纪略》虽未注明成书年代和作者，但从纪事至后一条天皇延长六十九年(1035)，可判定此去成书之日不会甚远，而距“应仁之乱”，尚有400余年。因此，六国史中的纪事，皆被抄略于该书前20篇中。有关渤海纪事，也不例外，其来龙去脉比较清楚。后20篇，从醍醐天皇纪至后一条天皇，共9代天皇，故又称《九代略纪》或《九代实录》。其纪事未标所出，亦属抄略一类。从宇多天皇仁和八年(887)九月，至醍醐天皇延长八年(930)三月，有30多条与渤海相关的纪事，分别载于该书前篇20和后篇1中，使渤海后期40年里，与日本交往的史事，被简略地记载下来，而整个日本古籍中的渤海史料，也就比较完整了。

《扶桑略记》，为汇辑日本古史书籍和《僧传缘起流记》等书的纪事而成。其纪事上起神代，下迄堀河天皇宽治八年(1094)八月，原书30卷，今本存缺各半。该书中有关渤海的纪事不多，唯裴璆第一次和第二次出使日本的纪事，较《日本纪略》为详，故此也是十分难得。

《日本逸史》一书，是鸭祐之为补辑《后纪》缺佚，根据“《类聚》所载，而编次《后纪》时事，更条附他二书”[1]，撰修而成。内中所“条附他二书”，主要是指《日本纪略》等古籍。该书中有关渤海的纪事，其中也有的是《类史》中所不曾载录的，如嵯峨天皇大同四年(809)冬十月癸酉朔条，《类史》中就未记载。

由于有了上述六国史以外的几部古籍，就使得日本古籍中的渤海史料臻于完善，基本上被保存到今日。但是，六国史中，对渤海与日本之间往来的事件，也有失载之处，僧空海代日本遣唐大使藤原葛野麻吕撰写的与渤海王子大延广书一事，仅见于《遍照发挥性灵集》中，该书为空海的文集，记载了日本遣唐大使和渤海王子，于桓武天皇延历二十四年(805)，在唐登州有所接触的史事。

此外，还有记载渤海与日本交往时，各种礼仪格式的古籍《类聚三代格》和《延喜式》等。其中有些规定十分详尽，是研究双方友好关系不可缺少的宝贵参考材料，证明日本十分重视与渤海的友好关系，努

[1]〔日本〕浅井重远《题日本逸史》。

力维护两国的友谊。至于六国史产生时代和以后所出现的一些日本古诗文集中，也保存了上百首与渤海有关的诗文，是研究渤海文化的宝贵资料，特别是渤海赴日使臣，在日本所作的诗文，被保存下来十余首，成为渤海文学艺术中的珍品。

总之，我们应该有效地利用日本古籍中这些宝贵渤海史料，全面地探讨渤海历史，填补中华民族史研究中的空白。

24.2 日本古籍中的渤海国

日本古籍中的渤海史料，主要是围绕两国互派使臣，远涉沧波，相互礼聘的活动，记录了两国间友好交往的历史。这些纪事中所涉及的渤海出使目的、使臣的组成、在日本的活动等，直接或间接地反映出当时渤海社会各阶段和各方面的具体情况，使我们对渤海国的历史能有一个粗线条的认识，弥补了中国古籍中的缺遗。

渤海多次出使日本，随着内部形势的变化和需要，其目的也多种多样，任务各有侧重。历史上的国际性交往，多以经济、文化的交流为主要内容，渤海使臣出使日本，当然也不会例外。但是，每次出使并非都以此为主要或唯一目的，应依据古籍所载史实，从时事、政治、经济、文化诸方面进行综合的科学分析，使之更符合或接近历史的本来面貌。

金毓黻先生将渤海出使日本，列表归纳为35次[1]，其中包括裴璆于东丹国甘露四年（929）出使日本在内。对圣武天皇天平十八年（746），渤海及铁利1100人到达日本，以及醍醐天皇延喜年间（901—922），渤海名叫卌和卌的两名使臣到达日本，均未计算在内。所以实际上，见于记载的应为37次。从使臣的组成和所肩负的使命分析，大致可分为三个阶段，每个阶段又恰好反映了渤海社会不同时期的不同情况。

第一阶段，从727年至759年，渤海在这22年中，共6次派遣使臣

[1]金毓黻：《渤海国志长编》卷19《丛考》。

赴日本。特点是规模大小不一,任务比较单纯。有关这6次出使的纪事,除第三次只有人数记载,别无它记而外,其余5次都比较详尽。各次主要使节,均以武官充任。用现代外交语言表述,似乎都是军事友好代表团。例如第一次,是以“宁远将军郎将高仁义、游将军果毅都尉德周、别将舍航等二十四人”[1]组成。渤海派遣这些武官担任赴日使臣,是服从其使命需要的。从此次大武艺致日本天皇的国书中,可以清楚看出:这次出使的目的,是为了“亲仁结援”,“永敦邻好”。[2] 尤其是对“结援”二字的含义,应予足够注视。《新唐书·渤海传》载:渤海经大武艺“斥大土宇,东北诸夷畏臣之”。同《续纪》所载:大武艺“忝当列国,监总诸蕃”,是完全一致的。均说明大武艺时,渤海已征服了周边各部,取得了地域性的统一,迫切需要向外扩大影响,交好邻国,并积极吸取异国管理国家的经验,借以确立和巩固自身已取得的势力范围和政治地位。他甚至还设想,在必要时,求得外来援助,从后来所发生的历史事件中,也可以证明这一点。就在渤海第一次派遣使臣赴日本,同日本建立起友好关系不久,便发生了大武艺于仁安十四年(732),借机出兵,寇唐登州的事件,爆发了渤海史中唯一一次与唐的武装冲突。后来“安史之乱”时,渤海与日本,对安禄山都有戒心,共同感到安禄山是对自己的一种潜在的直接威胁。758年,日本小野田守从渤海归国之后,在向日庭奏唐国消息中谈道:渤海由于怀疑唐将有异心,不肯发兵助其平乱;日皇害怕安禄山“更掠于海东”[3],下令加强武备,制定防卫计划。双方的这些举动,无论是在主观愿望上,还是在客观效果上,都构成了彼此呼应之势。因此,渤海初期与日本互相靠近,是怀有互为倚重的意图,双方交往伊始,就阐明了“结援”的军事与政治目的。在后来的交往中,始终贯彻交好邻国的宗旨。

在第一阶段交往中,经济目的还不太明显,渤海首次聘使日本时,仅“附貂皮三百张奉送”给日皇,日皇赠给大武艺的礼品,也仅是彩帛

〔1〕《续日本纪》卷10。

〔2〕《续日本纪》卷10。

〔3〕《续日本纪》卷21。

10 匹、绫 10 匹、絁 20 匹、丝 100 絇、绵 200 屯。[1] 此后几次交往，日本赠送给渤海的礼品，也多为绢帛丝绵之类。如果说渤海与日本交往的主要目的是想从日本得到上项织物，那就没有必要甘冒丧生之险，远渡重洋，到日本去求得，完全可以利用与唐"车书本一家"的特定关系，随时都可以到内地去求得。唐与渤海的市易，从中央到地方，一直都比较活跃，曾被史家称之"岁岁不绝"。而渤海同日本的交往，平均六七年才通使一次。因此，初期的所谓经济交往，仅是政治交往的附带，说得更准确一些，是相互间作为一种友好表示的象征性的赠送。大武艺在送给日皇 300 张貂皮之前，加上一个"附"字，足以表明经济目的是次要的。

746 年，渤海及铁利 1100 多人到达日本。此次行动目的，由于纪事过于简略，无法作出确切论断。但是，如此大规模渡海到异国去，显然是一次有目的、有计划、有组织、有领导的行动，而绝不会是无目的的偶然盲动。这既是对渤海人的智慧、力量、勇气、才能的一次大检阅，也是与一定政治目的相联系着的。

759 年，大钦茂继续派遣武官第六次出使日本，任辅国大将军高南申为赴日大使，说明渤海社会前期，在大约 60 多年的时期内，由军人执掌政权，一些重要官职，均由军人把持着。这种局面的形成，同渤海靠武力创建和畏服诸夷、监总诸蕃分不开。天下由武官领兵打出来的，治理国家也得暂时由军人治理，向文官过渡尚需时日，条件一时还具备不了。其政权主要由军人控制，这就是渤海前期政治上的一大特点。

渤海出使日本第二阶段，大致是从 760 年至 881 年，正是渤海政治上安定，加强文治，繁荣经济，建设"海东盛国"时期。根据日本古籍所载，在此长达百余年间，渤海曾先后 25 次派出使臣赴日本。每次出使人员，其始多寡不一，后则渐渐保持在百人左右，似乎双方曾有所规定。主要使臣中，只有大昌泰和杨成规身兼武职，其余皆为文职官员，而且所涉及的文官面也相当广泛，从中央各部门，到地方州县官吏，皆可出

[1]《续日本纪》卷 10。

任赴日使臣。其目的与在日本的活动,更是多种多样。在继续执行"善邻寘礼"[1]、"结交贵国"[2]的对日政策基础上,进一步推动了经济和文化上的交流,使双方交往有了质的变化。

在经济交流方面,已由初期互相礼节性的赠送,发展到有目的性的官方"回易"、"交关",以及更广泛的民间"市易"。从《延喜式》上所载大藏省赠蕃客例的规定来看,日方每次赠送渤海王礼物,规定绢、絁各30匹、丝200绚、绵300屯,大使绢10匹、絁20匹、丝50绚、绵100屯。六国史中所记载的日本几次赠送,有的虽因阶品高下,职事显微,临时作了加减,但大体上保持在原规定的数目,变动不大,所以后来双方赠送的礼物名目,古籍中一般就不再载录了。日本赠送给渤海礼品最多的一次,是776年史都蒙出使归国时,赠给大钦茂绢、絁各50匹,丝200绚,绵300屯。又缘都蒙所请,加附黄金小100两、水银大100两、金漆1缶、漆1缶、海石榴油1缶、水精念珠4贯、槟榔扇10枚。因王后之丧,又赙赠王后绢20匹、絁20匹、绵200屯。[3] 这些都是以官方赠送的形式出现的,从"都蒙所请",到因"都蒙所请"日方给渤海礼物的名目、数量中,可以判定史都蒙此行是负有经济使命,说明渤海对贵重奢侈品和佛事用品的需求有了明显的增长,其经济发展和物质文明以及佛教的传播,已有了较高的水平。但是,赠送与索取,毕竟有限,不可能满足生产和生活日益增长的需要。于是,官方的回易、交关以及民间的市易,先后接踵出现,终于提到两国交往的日程上来了。828年,王文矩第二次出使时,显然是因双方的市易已有了相当规模,并对日本有所冲击,引起了官方的注意。日本对其人民喜欢渤海远物,争以贸易,进行了约束,下令"严加禁制,莫令更然"[4],违之者要重罚。但是,任何禁令都有它自身无法克服的局限,841年渤海赴日大使贺福延继续私献方物于日本,名曰私献,实为私易,因为礼尚往来,有献而必有

[1]《日本三代实录》卷2。

[2]《日本后纪》卷5。

[3]《续日本纪》卷34。

[4]《类聚三代格》卷18《夷俘并外蕃人事》。

赠,同样可达到一定的经济目的,同公开的市易,没有本质差别。871年,杨成规携载珍货赴日,日廷一反以往"禁制"态度,允许日本"内藏寮与渤海客回易货物","听京师人与渤海客交关","听诸市人与客徒私相市易",并以"官钱四十万赐渤海国使等,乃唤集市廛人,卖与客徒此间土物"。[1] 从日廷态度上的前后变化,说明在双方的经济交流中,日本已经尝到了甜头,因而官方予以积极的支持和鼓励,并为之提供方便条件,这无疑会有助于两国经济交流的发展。

上述这些记载,都一致说明渤海从文王大钦茂中期以后,政治上完成了向文官制的过渡,已不再全是军人执政了,各项政治制度和相应的统治机构,已经建立健全起来,社会经济有了长足的发展,与渤海前期社会相比较,各方面都发生了深刻的变化,是渤海政治和经济相对稳定与发展时期。

渤海同日本交往第三阶段,可自882年裴颋第一次出使日本时算起,从大使的任命,以及到达日本后的主要活动内容来看,此阶段双方是以文化交流为主要特色。据日本古籍所载,双方文化交流,自初期已经开始,此后也一直未间断。759年,杨承庆、杨泰师等离日归国时,日本派"当代文士赋诗送别,副使杨泰师作诗和之"[2],杨泰师在日本的其他诗作,至今还保存在日本古诗集《经国集》之中。814年,王孝廉出使时,互相以诗文赠答之事,尤为活跃,连日皇也参加了赋诗的行列,嵯峨天皇用诗歌来盛赞王孝廉高超的打球技艺。[3] 859年,乌孝慎将唐《长庆宣明历经》传到日本,并于861年在日本颁行[4],一直沿用820多年。到了后期,双方的文化交流又进一步推向高潮,成为彼此交往活动的主要内容。

从882年以后,渤海相继6次(其中包括裴璆于东丹国时第三次出使日本)派使臣赴日本。除一次史无详载而外,其余5次皆以文籍院

[1]《日本三代实录》卷21。

[2]《续日本纪》卷21。

[3]《经国集》卷18,载嵯峨天皇《早春观打毬》诗,并注"使渤海客奏此乐"。

[4]《日本三代实录》卷5。

少监充任大使。用现代官职比照,文籍院少监,相当于一国文化部副部长的职衔。裴颋到达日本时,受到日本高度重视,其接待礼仪极隆,盛况空前。所往之处,令"修官舍道桥,埋瘗路边死骸",并令沿途郡国,"送酒、肉、鱼、鸟、蒜等物",劳飨裴颋等。又组织107人的大乐队,排练节目,欲令裴颋观彼乐。[1] 并派出以"学行才名,鼓动京师"的菅原道真为首的文学博士等,盛情接待裴颋,多次到裴颋下榻的鸿胪馆进行劳慰。阳成天皇也亲自宴飨裴颋等。席间命"雅乐寮陈鼓钟,内教坊奏女乐,妓女一百四十八人递出舞"。[2] 接着,裴颋等又陪天皇观看骑射等。所有这些文化娱乐活动,给渤海使臣留下美好的印象,并对渤海产生深远影响。据《新唐书·渤海传》载,唐代宗年间(762—799),渤海曾"以日本舞女十一人献诸朝",日本《舞乐要录》上载,在举行各种节会时,常常奏舞《新靺鞨》或《渤海乐》。说明两国各自吸取了对方的文化艺术成果,用来繁荣、丰富本国的文化生活。

在裴颋与日本文人交往中,互相以文会友,以诗表情,结下了深厚友谊,并为后世留下了数十篇互相赠答的诗文,成为两国诗人间真挚感情的记录和写照。菅原道真是日本文坛公认的旗手,但他对裴颋极尽推崇和倍加敬重,在与裴颋饮宴对诗时,同诗人岛田忠臣一起将自己身上穿的衣服脱赠给裴颋,表达了甘苦与共、不分彼此之情,并声称:"座客皆为君后进,任将领袖属裴生"[3],甘做裴颋的学生,尊他为两国诗坛的领袖,虽是谦逊恭敬之词,但也足可证明裴颋是位颇有名望和造诣的渤海诗人。菅原道真称裴颋是"七步之才"[4],并经过实践,果然名副其实,裴颋也十分赏识菅原道真的诗才,称他"诗似白乐天"[5]。后来,裴颋之子裴璆先后三次充任大使,东渡日本,同日本文化界很多名人成为一见如故的世交,其往来也相当活跃,就连宇多天皇也置身于两国文人间交往中,曾投书于裴璆,请其转致于裴颋,倾诉自己对裴

〔1〕《日本三代实录》卷43。
〔2〕《日本三代实录》卷43。
〔3〕《菅家文草》卷2。
〔4〕《菅家文草》卷7。
〔5〕《本朝通鉴》卷39。

颋无限仰慕和思恋之情,并希望两国人民永远成为天下的知己。[1]

总之,渤海使臣同日本的文化交流活动,增进了两国间的相互了解和友好情谊,推动了各自文化发展,从而说明渤海后期,随着政治的安定,经济的发展,出现了文化的繁荣,产生了具有国际影响的大诗人裴颋,裴颋也成为"海东盛国"一颗闪闪发光的明珠。

24.3 对日本古籍中渤海史料的检讨

日本古籍中所保存下来的数百条渤海史料,其中绝大多数是渤海历史的真实记录,反映了渤海社会各方面的真实情况,有些记载同中国古籍中的记载互相印证,十分一致,有些则为中国古籍所未载,尤属珍贵。但是,还要看到,仍有相当部分,由于某些政治原因和当时条件所限,或为误传,或为误载,甚至有意歪曲,而与渤海历史的真实情况,有一定距离。

前面已经提到,日本的古史书籍,基本上皆为官修的史书,其史官同任何封建国家的史官一样,都患有自身无法医治的通病,即在为本国统治阶级树碑立传、撰修国史时,总是表现出明显的政治倾向性,尤其是涉及与邻国关系时,千方百计以天朝大国自居,宾主界限十分严格,褒贬损益,在所不惜,因而有意歪曲了某些史实。

第一,有的史官,对渤海致日本的封书牒状,大做手脚,或斩头掐尾,或字里行间夹藏私货,暗做处理,强加于人。我们今天在《续纪》卷21,所能见到的大钦茂致淳仁天皇的国书,就是被史官加工过了的典型一例。不妨刊录于此,略作分析。"帝临轩,高丽使杨承庆等贡方物。奏言:高丽国王大钦茂言:承闻,在于日本,照临八方,圣明皇帝,登遐天宫,攀号感慕,不能默止。是以差辅国将军杨承庆、归德将军泰师等,令赍表文,并常贡物入朝。"不难看出,这是一段混乱不堪的纪事,将大钦茂、杨承庆和史官的话,三者搅在一起,其中的"高丽使"、"高丽国王",

[1]《本朝文粹》卷7《书状》。

无疑是出自史官之口，而不是杨承庆或大钦茂自称。无论是中国古籍，还是日本古籍，都不曾记载渤海人称自己的国家为高丽国，王为高丽王。末尾一句里的“贡”字，也不会是大钦茂信中的原文，渤海一直不承认自己与日本存在进贡的关系，前文已经提到，从大武艺时起，就是一种礼节性的互相赠送，并仅作为附带。日本史官对渤海史事的人为加工，尽管很微妙隐晦，但总还留下一些痕迹，并从他们的某些自白中找到供词。《续纪》后20卷作者藤原继绳，于该书撰成之时，向桓武天皇上表陈述撰修经过和笔削原则中称：“一切诏词，非可为训，触类而长，其例已多，今之所修，并所不取。若其蕃国入朝，非常制敕，语关声教，理归劝惩，总而书之，以备故实”。[1] 说明作者对“蕃国入朝”之事，格外关照，所谓的“总而书之”，无非是经他的手，再进行一次加工。对天皇的诏词尚且如此，想见对渤海王的书疏，更可任意剪裁，信笔书之，以使其更加顺乎“声教”，遵乎“劝惩”。《后纪》卷5称：“渤海国王所上书疏，体无定例，词多不逊。”但是，保存在日本古籍中的渤海致日本的书疏，其言词找不到有“不逊”之处，基本上是按统一格调，句句不离“自古邻好，凭礼相交”[2]的原则，努力维护两国的友好关系，深谢日本对渤海使臣的多方关照。由此看来，渤海致日本书疏，经过史官“总而书之”以后，已非原貌。凡被视为“体无定例，词多不逊”之处，均已削去，弃而不载。这种传统陋习，一直影响着后世。

顺便指出一点，综观日本古籍所载渤海史料，在渤海与日本互相交往过程中，前者对后者的影响，要比后者对前者的影响大一些。政治上渤海较日本安定化一，其礼仪言行，更合儒家思想规范，给日本留下深刻印象；经济上，日本人很喜欢渤海远物，争以贸易；文化上，渤海对日本更有特殊贡献。这些千真万确的史实，曾弄得近代某些日本历史学者感到为难，1915年稻叶岩吉所著旧版《满洲发达史》第六章中，曾提到渤海大使李居正将唐僧段表所书梵文《尊胜咒》传到日本。但是，

〔1〕《日本逸史》卷3。

〔2〕《续日本纪》卷18。

显然是由于大家都晓得的原因，于1934年增订版《满洲发达史》中，将此条史料，连同第七章《满洲、朝鲜与日本之历史关系》一并删去。

第二，有的史官为维护日本某一时期的对渤海外交政策，故意颠倒史实，制造混乱。日本曾多次欲使渤海修属国之礼，于是史官就冥思苦想，密切配合，寻找所谓的历史依据，故意将渤海称作高丽，侈谈高丽王时"朝贡相继"，渤海大氏，也应如此。高丽与日本究属何种关系，姑且不论，至于高丽与渤海对日本关系是否应有连续性，当时日本方面是清楚的。从《书纪》开始，就记载了天智天皇七年(668)"冬十月，大唐大将军英公(李世勣)打灭高丽"。《扶桑略记》卷6和《帝王编年记》卷10，都载有元正天皇灵龟二年(716)五月，"高丽人一千七百九十九人来朝，移武藏国，始建高丽郡"，令其安居。《续纪》卷7也载：元正天皇养老元年(717)十一月，"高丽、百济二国士卒，遭本国乱，投于圣化，朝庭怜其绝域，给复终身"。此时上离高丽灭亡是48年，下距渤海建国已经18年，高丽遗民仍继续大规模外流，就足以说明连高丽人本身，也不承认渤海是自己的国家。日本也当从这些流入的遗民中，了解到渤海与高丽不存在继承关系。此外，从渤海使臣因表文不寻旧例，被日本拒回，禁止入京等事件中，也可以间接看出，渤海未能顺从日本欲修属国之礼的意愿，无疑也是纠正了日本对渤海的某些错误认识，否定了史官们的不合实际的幻想，始终坚持同唐朝保持一致和相对独立的对日政策。因此，《续纪》作者以后的史官们，一般不再坚持称渤海为高丽，而《扶桑略记》等书的作者，已将渤海使臣称之为唐客，说明后来日本已经了解并承认渤海与唐朝本一家的关系。这应该说是渤海外交政策上的一大成绩。

第三，由于历史条件的缘故，日本史官对渤海历史知识，较为陌生和贫乏，难免会有人云亦云，真伪交杂之弊。《续纪》卷10称"渤海郡者，旧高丽国也"，将二者之间用等号连接起来。实际上，高句丽灭亡后，其地一分为四，即西属大唐，东归靺鞨，北入突厥，南入新罗。而渤海郡者，则以唐置忽汗州为中心，高句丽盛时，其势力也未曾抵此，在地方五千里的渤海国内，高丽旧地仅是其中较小的一部分，无法能用高丽旧地来代表渤海郡。《类史》卷193所载，僧永忠对渤海国的描述，更是错漏百出。795年，吕定琳出使日本时，将日本在唐学问僧永忠的书信转致日本。信中称渤海延袤两千里，无州县馆驿，而且土地极寒，不宜水田。据《善邻国宝记》和《元亨释书》记载，"宝龟之初，释永忠入唐，延历之季随使归"。宝龟元年为770年，渤海文王大兴三十四年。延历十四年为795年，渤海康王正历二年。那么，永忠书最早写于770年，最晚写于795年，实际上当在795年或稍前一点时间内。此时渤海建立，将近百年，经过大武艺的斥大土宇，大钦茂的文治，渤海已今非昔比，不再是延袤两千里，而是地方五千里，已初具"海东盛国"规模。据贾耽《古今郡国志》云："自新罗井泉郡至栅城府，凡三十九驿。"栅城府即渤海东京龙原府，大钦茂时曾迁都于此。新罗井泉郡为"咸镜道南界即井泉郡，是为新罗分界处"[1]，在渤海南部边界上。栅城府至井泉郡即为渤海五大通道之一的新罗道。僧永忠致书日本时，此道久已开辟，渤海古制因袭于唐，凡30里一驿。在长达千里的通路上，就有39驿，怎么能说无州县馆驿呢？渤海对外既然有五大通路，其馆驿当遍全境各地。至于土地极寒，不宜水田，也不是对渤海自然地理情况的全面概括。"卢城之稻"，是其名产之一，载于《新唐书》本传中，可见永忠书对渤海历史的描述，多有不符，《后纪》作者不加考检，信笔载入史册，《类史》撰辑者也不加纠正，原样照抄，实为以讹传讹，给后世造成诸多麻烦。

上述三点，虽有苛求古人之嫌，但是，轻信往往看不到真理，只有经过一番扬弃过后，才会更加珍爱日本古籍中的这些宝贵的渤海史料，并从中找到渤海某些历史问题的正确结论。也只有这样，才会认识到：日本古籍中的渤海史料，是中日两国人民友谊的记录，是两国人民的共同财富。

（原载《学习与探索》1982年第4期）

---

〔1〕徐相雨《渤海疆域考》卷下。

25 唐玄宗对渤海的决策

远在东北边陲的渤海靺鞨国,虽然创建于武则天圣历元年(698),但是与唐朝和睦的隶属关系却始于唐玄宗朝,并牢固地奠定了渤海与中原王朝长达200余年的“疆理虽重海,车书本一家”[1]的历史。在这一历史过程中,唐玄宗对渤海所采取的一系列决策,起了关键性的作用。

唐玄宗在位期间,渤海历经三世。根据各时期的具体形势,唐玄宗对渤海先后采取了册封、制约和扶持的策略,使渤海牢固地置于唐朝管辖之下。

唐玄宗即位以后,励精图治,努力恢复被武则天搞乱了的祖宗旧制。对境内各族继续推行设置府州、封官赐爵政策。在东北地区,首先对靺鞨大祚荣进行册封。

《旧唐书·渤海靺鞨传》称:“睿宗先天二年,遣郎将崔訢(忻)往册拜祚荣为左骁卫员外大将军,渤海郡王,仍以其所统为忽汗州,加授忽汗州都督。”实际上,这道册命是唐玄宗颁发的,而不是唐睿宗的主意。细检两唐书玄宗纪所载,唐睿宗于景云二年(711)二月,已使唐玄宗监国,俾尔为政,干预册命。先天元年(712)七月,唐睿宗正式下诏让位,唐玄宗当了皇帝,“居武德殿视事,三品以下除授及徒罪皆自决之”[2]。对大祚荣实行册封,恰好包括在此诏书所限定的职权范围以内。而且,先天二年七月三日,唐睿宗又下一道诏命,凡军国政刑诸事,一概由唐玄宗自行处理,同年十二月改元为开元元年。再者,崔忻完成使命后回朝途中,于开元二年(714)五月,到达今日辽宁旅顺黄金山,山下至今尚留有其凿井刻石的物证。刻石全文为:“敕持节宣劳靺鞨使鸿胪卿

[1]《文苑英华》卷279,温庭筠《送渤海王子归本国》。

[2]《旧唐书》卷8《玄宗纪上》。

崔忻井两口,永为记验。开元二年五月十八日。"[1]从这一归期判断,崔忻东去时间很可能是在先天二年七月以后。因此,对大祚荣的册封,完全是唐玄宗执政后的决策。

大祚荣接受唐玄宗册封以后,积极加强与朝廷的交往,于受命同年十二月,即派人入朝,请求到内地市易,换取所需物品,并要求到内地寺院礼拜,参与佛事活动,一一得到唐玄宗的允许和支持。每年商贾继踵,贡使相寻,渤海方物源源献诸朝廷。朝廷赏物也一批批带回渤海,互相和睦依存的关系日益加深。

渤海初期,得到唐玄宗支持以后,其势力发展很快,积极以武力向外扩张势力范围。渤海顺利地占有了昔日高句丽、扶余、沃沮的旧地,迅速地发展到"地方两千里,编户十余万,胜兵数万人"[2]。

唐玄宗为使朝廷利益免受损害,对日益强大的渤海政权,采取了一系列制约措施,特别是对渤海周围各族势力,给予同样的支持,保持一定平衡。

首先,对渤海西部的奚和契丹部落,恢复了饶乐、松漠二都督府的设置和重新委任都督,并以宗室之女为公主,下嫁契丹和奚王,用和亲办法扶持奚和契丹势力的发展,阻止和缓冲渤海向西推进。由于契丹势力的发展,又直接威胁到渤海的安全,渤海不得不在西部边境扶余府"常屯劲兵,捍契丹"[3],这无疑会牵制和分散渤海的力量。

渤海南邻新罗,双方历来矛盾较深,为了争夺高句丽旧地,有着直接的利害冲突。新罗为了抗御渤海的扩张政策,积极靠近唐朝,借以自重,恰好为唐玄宗所利用。732年,当大武艺与朝廷挑起武装冲突,进攻登州时,唐玄宗令新罗王金兴光发兵攻击渤海南境,有力地配合唐朝反击,迫使大武艺立即撤退。从唐玄宗致金兴光的诏书中也可以看出,唐朝对新罗防御渤海的措施,给予全力支持。

渤海北面是靺鞨七部中最强大的黑水部。黑水部为免于受渤海

---

[1]《满洲金石志》卷1《唐·井阑题名》。

[2]《旧唐书》卷199下《渤海靺鞨传》。

[3]《新唐书》卷219《渤海传》。

辖制，于722年起，接连自行朝唐，贡献方物，希望能获得与渤海同等的政治地位。725年，安东都护薛泰奏请朝廷，建议于黑水靺鞨内置黑水军，以便加强对黑龙江流域的控制。726年，黑水部也派人向朝廷请求置官设置，正中唐玄宗下怀，唐玄宗遂于是年下令以黑水靺鞨最大部落置黑水州都督府，并以其首领为都督，朝廷置长史，就其部落监领，终于取得了与渤海忽汗州的同等政治地位。黑水部得到朝廷支持以后，必然使大武艺吞并黑水部的计划受到冲击，并成为渤海向外扩张的后顾之忧、心腹之患。为了及时铲除这个障碍，渤海只有趁黑水州都督府初设未稳之际，采取先发制人，主动出击的策略。

在这一事件中，唐玄宗理所当然地站在大武艺的反对者一边，共同制止大武艺的扩张政策。大武艺的对外用兵，由于受到唐玄宗的多方制约而接连碰壁。随后唐玄宗又致书大武艺，严加斥责，晓以理义，并循循诱导，阐明利害关系，终于使刚暴好战的大武艺渐渐醒悟，翻然改悔，上表谢罪。737年大武艺死后，因大都利行早夭，由中子大钦茂嗣位。

大钦茂即位时，正是唐朝开元盛世的顶峰时期。中原经济文化的大繁荣，必然影响边疆地区的发展。大钦茂一改父祖两代的武力开拓政策，集中全力加强内政建设，实行文治，亦步亦趋地照搬唐朝制度，建立健全统治机构，积极发展经济文化，得到唐玄宗的支持。凡大钦茂所请，一一应允，协助渤海走上富强道路。又经过后世的不断努力，终于使渤海成为东北最强大的民族，号称海东盛国。在客观上，唐玄宗是这个盛国的奠基人之一，他对渤海的决策，开辟了通往成功的道路，对后世很有借鉴意义。

（原载《光明日报》1985年10月2日3版）

26　名扬日本的渤海大诗人裴颋（附：子璆）

裴颋，唐代渤海官员。在渤海第13代王大玄锡时，裴颋以才学出众，风仪超群，而被委任为渤海文籍院少监，执掌图书经籍等事，官阶正四品，赐紫金鱼袋。至第14代王大玮瑎时，任文籍院监，升为正职。

裴颋从其姓氏特征上看，很像是汉族人，但究竟是汉族，还是靺鞨族，已无从可考。他不仅是位蜚英腾茂、名扬中外的唐代渤海大诗人，也是一位才华出众、风度儒雅的外交家，为增进中日两国人民的友谊作出过重要贡献，在中日友好交往史上写下了光辉的一页。

882年冬，裴颋受渤海国王大玄锡的派遣，担任出访日本大使，率领105人，海行东渡，历尽惊涛万顷、险浪千重的洗礼，于日本阳成天皇元庆六年（882）十一月二十七日，到达日本西海岸加贺着陆。加贺守臣弛驿飞报阳成天皇，奏明裴颋到来情状。

此时，渤海与日本已有150多年的友好交往，关系日益密切。同时，双方各自经过长时期接受唐朝先进文化影响，都创造出具有本民族特色的较高文化，很希望加强文化上的交流。由于双方都使用汉字，作为颁布政令，传播文化和交流思想的工具，有许多心意相通的情感。因此，以阳成天皇为首的日本政府，对裴颋所率渤海使团的到来，表现出前所未有的重视和热情，而对裴颋本人的才学造诣尤为敬重。为了表示对裴颋的盛情，阳成天皇给以隆重的接待礼仪。

首先，诏谕加贺守臣对裴颋等待为上宾，不可疏忽轻慢从事。翌年正月初一，阳成天皇任命少外记大藏善行、式部少丞高阶茂范为存问渤海客使，前往加贺劳慰。随后命令沿裴颋等从加贺入京所经各地，加紧修缮馆舍道桥，掩埋路旁骸骨，确保行程通畅；越前、能登、越中等北陆诸邑，分别奉献本地名产、酒肉佳肴，供裴颋等食用；召集林邑乐工107人，于大安寺进行排练，准备为裴颋等举行文艺演出。为预防来使感受风寒，阳成天皇又命大臣往加贺押送冬季时服，赐予裴颋等穿着。所有这些，在日本以往接待渤海或其他国家使臣中是十分罕见的，把双方睦邻友好关系，推向前所未有的高峰。

由于裴颋才高名盛，日本政府在接待人选上也作出特殊安排。把日本几位才学显赫的人物，临时授以要职高位，负责接待、酬酢事宜。

四月初，天皇任命右卫门大尉坂上茂树、文章得业生纪长谷雄为掌渤海客使，民部大丞清原常岑、文章得业生多治比有友为领客归乡渤海客使，升任日本文坛中学行才名鼓动京师的文章博士菅原道真权行治部大辅事，岛田忠臣权行玄蕃头事，全权负责接待裴颋。同时，为了表示对渤海客人们的敬意，天皇特下令开禁，在裴颋等于日京停留期间，允许诸司官人及杂色人等携带禁物，以崇观瞻。

四月二十八日，裴颋等入日京。阳成天皇敕令右近卫少将平正范出郭郊迎。在大藏善行陪同下，裴颋等被迎入鸿胪馆安歇。随后右大史家原高乡等前往鸿胪馆看望裴颋等人，以示慰劳之意。

五月一日，阳成天皇又遣右兵卫左源元赴鸿胪馆慰劳渤海客人。

五月二日，天皇召集王公大臣、文武百僚，咸集朝堂，隆重举行接见渤海使臣仪式。裴颋递交了渤海王致天皇的国书及附赠的礼品。

五月三日，天皇在丰乐殿隆重宴请裴颋一行。各亲王以下，参议以上的王公大臣于殿上座陪，五位以上百官就座于显阳堂，裴颋以下20名渤海客人就座于承观堂，百官六位以下者分别就座于观德堂与明义堂。宴会开始之前，天皇先行授予裴颋日本官阶从三位，副使以下数人也分别授位有差。并随其位阶各赐予相应的日本朝服，更衣入座，以示友善和优崇。席间宾主举杯畅饮，共叙友情。宫廷雅乐寮奏乐祝酒，内教坊也演奏起女乐助兴。148名日本舞女，相递起舞，一派欢乐融洽、情长谊深景象。酒过数巡，天皇又别赐裴颋御余枇杷子一银碗。宾主乐而忘返，宴会一直持续到日暮灯明。

五月五日，时值日本传统节会，天皇御武德殿，冒雨观赏四府骑射及诸路大臣所贡名马。特邀请裴颋等人一同观赏，并和诸位大臣们一道就座进餐，再次赐予裴颈以下续命缕和菖蒲缦。

五月十日，日本宫廷再次于朝集堂宴请裴颋等人，并挑选五位以上的百官品貌端庄者30人，侍座堂上相陪。大臣以下就座东堂，裴颋等就座于西堂。原定与裴颋同堂陪座者，因相貌欠雅，退避不出，另选有仪容者佐滕良积前来作陪。席间裴颋为酬谢主人盛情，乘着酒兴，索取笔砚，欲题诗相赠。遗憾的是佐滕良积不善于诗文，见状起座离去，竟使裴颋题诗未成。席间天皇为奖赏裴颋的高才丰貌，别赐御衣一袭，以示荣崇。

裴颋此次出使日本的目的，从他在日京的活动日程来看，主要有两点：第一，进行一次深入广泛的文化交流。渤海后期与日本的友好往来，主要是以文化交流为内容，尤其是裴颋的出访，把双方的文化交流活动推向了高峰。自裴颋以后，渤海多以文籍院长官担任出访日本大使，以加强文化上的交流。裴颋进入日京下榻鸿胪馆之后，在将近半个月的时间里，频繁地与日本文化界知名人士来往，互相酬酢，切磋诗艺，吟咏赠答，各抒情怀。今天保存下来的菅原道真和岛田忠臣等人赠答裴颋的诗文，真实地描绘了这生动感人场面。菅原道真的《鸿胪赠答诗序》中称：他与岛田忠臣都认为裴颋有七步之才，像曹子建一样，才思敏捷，行走七步，即可成篇。起初，菅氏与岛田等人私下相议，怀疑裴颋席间所赋之诗，是在事前有所准备。因此提议另设诗宴，届时各竭情怀，临场赋诗，不得事前准备，或事后另作。协议达成以后，每逢诗宴，互相解带开襟，频交杯爵，情感真挚火热，诗兴勃然大发。裴颋出口成章，不需要先打草稿，或是五言、七言，或是四韵、六韵，一概文不加点，默记全篇。在座的各位见了这一情景，无不瞠目结舌，纷纷竖起大拇指，表示叹服。而且对裴颋的推崇和称赞，完全是发自肺腑。在一次与裴颋对饮时，菅原道真等人为了表达对裴颋的敬重，以及不分彼此，情同手足，荣辱与共的深情厚谊，席间脱衣赠予裴颋，并高声朗诵“座客皆为君后进，任将领袖属裴生”。公认在座者无一人能抵得上裴颋的才华，只有裴颋堪称诸位的先生，应居诗坛魁首。

自四月二十九日，诗宴初开，先以行字为韵赋诗，你赠我答，竞相献艺。一连10余日，诗兴不衰，口不穷词，令阳成天皇也深深为之动情，于五月十一日，特向裴颋赠送御衣，表示祝贺。10余天中，菅原道真、岛田忠臣、纪长谷雄等5人先后赋诗59首，书写成篇，编为一轴，作为两国诗人友谊的见证。可惜，这轴诗并没有保存下来。今天散见于日本古诗集中的只有24首，不到二分之一。其中菅原道真17首，岛田忠臣7首，其余3人的具已失传。而这24首中，有的可能作于裴颋第二次出使日本时。特别令人遗憾的是裴颋在日本所作的诗文，一篇也未能保存下来，使后人无法去亲自领略他的诗艺才华。

裴颋这次出使日本的第二项使命，是同日本进行一次经济交易。很久以来，渤海与日本的交往，一直都以经济交往为主要内容，而且渤海远物很受日本人喜爱，日本人争相同他们交换货物，使双方都各自获得益处。自828年，渤海派王文矩第二次出使日本时，日本政府为垄断与渤海使臣经济交往的利益，严禁个人与渤海使臣私下交易，全由内藏寮负责交易货物。此次裴颋到达日本后，天皇仍明令禁止与裴颋等私下交换货物。翌年五月七日，才由内藏头和气彝范率僚属到鸿胪馆与裴颋交易货物。第二天，内藏寮继续与渤海客人交易，整整用了两天时间，其交易规模是可想而知了。

五月十二日，裴颋圆满地完成了出使任务，准备起程归国。阳成天皇遣右卫门督藤原诸葛、左近卫少将藤原远经、少内记多治比彦辅等前往鸿胪馆，向裴颋交付了天皇致大玄锡的国书及日本太政官致渤海中台省的牒状。交付仪式结束后，在领客归乡使清源常岑和多治比有友的欢送下，裴颋等出馆上路，踏上归途。

裴颋此次出使日本，在中日友好交往的历史上，是一件很值得称颂和纪念的事件。与日本文坛中有影响人物们的频繁接触，推心置腹的交往，对两国诗歌的发展，产生了深远的影响，并使两国诗人之间结下了深厚的友谊。岛田忠臣在酬答裴颋的诗中称："与君共是风云会，唯契深交送一生。"虽然只是暂短的偶然相会，却结下了至死不渝的深厚友情。岛田忠臣还在另一首诗中对裴颋表示："两乡何异照，四海是同家。"友情已使异城的概念在诗人的思想境界中消逝了，菅原道真深切感到："自送裴公万里行，相思每夜梦难成。"盼望裴颋再来，重新欢聚，共叙别情。

894年冬，裴颋又率领105人，第二次出使日本，于日本宇多天皇宽平六年十二月二十九日，于伯耆着陆。翌年正月，天皇任命备中权椽三统里平、明法得业生中原连岳为慰劳渤海客使，向裴颋等问候。五月，裴颋等进入日京，安歇于鸿胪馆。天皇照例在丰乐院和朝集堂等处，先后宴请裴颋等，再次授予其日本官位。菅原道真等日本老朋友，也都重到鸿胪馆与裴颋欢聚宴饮，赋诗酬酢。

裴颋第二次出使日本，给宇多天皇留下深刻印象，其敬慕之情，久久难忘。15年以后，当裴颋之子出使日本时，宇多天皇还想念不已，托其子裴璆传递书信，倾诉仰慕之情。信中说：每当翘首北望，激起无限怀恋，你那美好的才貌风姿，永远留在日本人的心中。由此可知，裴颋给日本朝野留下了难忘的印象，是中日友谊史上的一座丰碑。

裴颋之子璆，因其才华出众，被人称作千里驹。于渤海末王大諲譔时，先后出任文籍院少监、政堂省信部少卿及和部少卿等职。

907年冬，裴璆沿着父亲走过的道路，踏着父亲的足迹，奉渤海王大諲譔之命，出使日本。日本醍醐天皇很重视裴璆来访，其接待礼仪规模，不亚于其父在日本所受到的礼遇。此时菅原道真之子菅原淳茂被任命为掌渤海客使，也长于文辞，并与璆同龄，彼此久有所闻，一见如故，成为世交，格外亲热。相逢之际，互相感触万端，不知不觉泪如雨下。互相唱和之诗，情真意切，撼人心魄，继续发扬与加深了父辈之间所建立起来的友谊。

919年，裴璆第二次出使日本，也是渤海最后一次派遣使臣出使日本，再一次受到日本的隆重友好接待。醍醐天皇所授予裴璆的官位，由第一次的从三位，升为正三位，裴璆同日本文人的交往唱和，更加活跃、欢乐。

926年，渤海被契丹灭亡，裴璆投降了契丹，契丹在渤海旧地建立起东丹国，裴璆被任命为东丹国英绪大夫。

929年冬，受东丹国派遣，裴璆第三次到达日本。这时日本才知道渤海已经灭亡，而裴璆已不是渤海使臣，并认为裴璆仕于东丹，有失臣节。东丹与日本尚无外交来往，故对裴璆此次到来，不予接待，勒令还归。

尽管裴璆在第三次出使中，未能完成使命，但是裴璆不畏旅途艰险，多次往返于日本与渤海之间，光大了其父同日本建立起来的友谊，并给日本文化界以深刻印象和影响，鼓舞着后世，追寻前踪，使两国的友谊更加真诚。

（原载《东北历史名人传》上卷，吉林文史出版社 1986 年版）

27 唐朝对渤海的经营与管辖

27.1 渤海国的建立与唐朝的册封

我国唐代是个强大统一的多民族封建帝国,对其所辖疆域实行了卓有成效的治理。位于东北边疆的渤海靺鞨族,就是这个大家庭的重要成员。渤海在政治、经济、文化等各方面同中原有着密不可分的关系,表明它始终在唐朝的治理之下,二者互为依存,共同创造了中国历史上封建繁荣的鼎盛时期。

668年,唐高宗灭掉高句丽王朝后,一度被高句丽役属的靺鞨人粟末、白山等部落获得解放。一部分靺鞨人在酋长大祚荣等率领下,向内地迁移,"徙居营州"[1],同当地汉人、契丹人等杂处一起,直接受到汉人先进文化的影响,为后来脱离氏族部落制,完成向阶级社会过渡奠定了基础,即为渤海政权的建立准备了条件。

营州地近契丹,为今日辽宁省朝阳地区。早在唐太宗贞观二十二年(648),唐朝以内属契丹窟哥部置松漠都督府,隶营州都督。[2] 此时,大祚荣之父乞乞仲象"附于契丹,官大舍利",是为渤海大氏的由来。[3] 其在政治上,与契丹同受唐朝节度,而乞乞仲象等又兼归契丹统领。武则天万岁通天中(696),营州地区爆发了以契丹人为主要力量的反唐斗争。当时由于"国家频岁出师,所费滋广,西戍四镇,东戍安东,调发日加,百姓虚弊。……行役既久,怨旷亦多。……人不复业,则相率为盗"。[4] 小股起义几乎遍及各地,加上营州都督赵文翙刚愎骄横,任意侵侮部众,民族压迫日趋沉重。"契丹饥,不加赈给,视酋长

---

〔1〕《旧唐书》卷199下《渤海靺鞨传》。

〔2〕《新唐书》卷43下《地理志七》。

〔3〕金毓黻:《渤海国志长编》卷19《丛考》。

〔4〕《旧唐书》卷89《狄仁杰传》。

如奴仆”[1]，引起契丹松漠都督李尽忠及其妻兄、归诚州刺史孙万荣的极度不满，二人“即共举兵杀文翙，盗营州反”[2]。实际上这是一次由契丹族上层人物发动的，反对唐朝苦役和地方官吏封建民族压迫的斗争。“所向皆下，旬日兵至数万”[3]，使全国为之震惊。居住在营州地区的靺鞨人很自然地加入到起义的行列。乞乞仲象与另外一名“靺鞨酋长乞四比羽及高丽余众东走，度辽水，保太白山东北，阻奥娄河，树壁自固”[4]，借机割据称雄。

起初，以武则天为首的唐朝统治集团对这支起义队伍采取分化瓦解策略，一面调集重兵“命鹰扬将军曹仁师……等二十八将讨之”[5]，镇压契丹李尽忠和孙万荣的起义队伍；一面派遣使臣，以“封乞四比羽为许国公、乞乞仲象为震国公，赦其罪”[6]的办法，欲使靺鞨人平息下来。但是“比羽不受命”，武则天继之“诏玉钤卫大将军李楷固、中郎将索仇击斩之”[7]。此时乞乞仲象已死，其子大祚荣率领残部击败李楷固指挥的唐兵，并于698年在靺鞨故地“恃荒远、乃建国，自号震国王”[8]，仍以武则天对乞乞仲象的封号为国号。

705年唐中宗复位，继续推行武则天的招抚政策，于是“遣侍御使张行岌往招慰之”[9]。大祚荣终于屈服于朝廷的强大压力，正式接受唐中宗的招抚，遣子随使入侍，换取朝廷的承认和信赖。接着朝廷对大祚荣“将加册立，会契丹与突厥连岁寇边，使命不达”[10]。睿宗先天二年(713)，“遣使拜祚荣为左骁卫大将军，渤海郡王，以所统为忽汗州，领忽汗州都督。自是始去靺鞨号，专称渤海”[11]。至唐肃宗宝应元年

---

[1]《资治通鉴》卷205。
[2]《新唐书》卷219《契丹传》。
[3]《旧唐书》卷199下《契丹传》。
[4]《新唐书》卷219《渤海传》。
[5]《旧唐书》卷6《则天皇后纪》。
[6]《新唐书》卷219《渤海传》。
[7]《新唐书》卷219《渤海传》。
[8]《新唐书》卷219《渤海传》。
[9]《旧唐书》卷199下《渤海靺鞨传》。
[10]《旧唐书》卷199下《渤海靺鞨传》。
[11]《新唐书》卷219《渤海传》。

(726),朝廷才正式“诏以渤海为国”[1],晋封大钦茂为国王,成为唐朝对少数民族最高任命之一。

上述史实清楚地记录了渤海国的由来。它既是国内民族起义后进而割据的结果,又是唐朝招抚政策的产物,是在唐朝领域内兴起的地方势力。它所占据的土地,所领有的民族,一直是在唐朝管辖之下。

27.2 渤海与唐朝的隶属关系

渤海与唐朝的隶属关系主要表现在唐朝对渤海各方面的辖制上,据文献记载大致可归纳为以下几个方面。

27.2.1 渤海为唐朝的边州

渤海表面上称之为国,实际上乃是唐朝的边州。远在史前传说时代,渤海靺鞨人的先世肃慎族,就同中原形成一体。古文献中称:“昔虞舜以天德嗣尧。……海外肃慎、北发、渠搜、氐、羌来服。”[2]迄至夏禹、殷汤、周文,依次如是,可谓源远流长,历史悠久。周秦以降,肃慎族生息的地方已正式列入中国版籍。公元前12世纪周武王灭商,肃慎族“无忘职业”,向周朝“贡楛矢、石砮”[3]以示庆贺和归顺。前533年,周景王再次重申:“及武王克商,……肃慎、燕、亳、吾北土也”[4],后世相沿不改,并逐步巩固完善。

至唐代,先后在各少数民族聚居地方“列置州县,其大者为都督府,以其首领为都督、刺史,皆得袭封”[5],用少数民族来管理本民族,即所谓羁縻州。此类府州在唐朝四境多达800余个,占全国府州总数三分之二。渤海立国前,唐朝已在靺鞨族部分部落中置州,加强对其控制。唐高祖武德初年,在靺鞨族涑沫、乌素固部落内置慎州,隶营州都

[1]《新唐书》卷219《渤海传》。

[2]《大戴礼记》卷11。

[3]《国语·鲁语下》。

[4]《春秋经传集解》卷22。

[5]《新唐书》卷43下《地理志七》。

督。[1] 渤海立国后，唐以其所统为忽汗州都督府，又称渤海都督府，仍隶营州都督。渤海历代诸王均袭忽汗州都督之职，正与唐朝规定的"皆得袭封"制度相符。《新唐书·地理志》所载的856个边境少数民族府州，其中包括慎州和渤海都督府在内。[2]

此外，唐制规定诸王国府中置长史一人，"掌统府僚、纪纲职务"[3]，加强对地方势力的监督和控制。《旧唐书》渤海靺鞨传记载，唐玄宗开元十四年（726），"黑水靺鞨遣使来朝，诏以其地为黑水州，仍置长史，遣使镇押"，即派官镇守管领。唐文宗在给渤海王大彝震的敕书末尾称："妃及副王、长史、平章事各有赐物"[4]，此为唐朝在渤海都督府也置长史监领的明证，其地位仅在妃及副王之下，居众官之上。

27.2.2　渤海受唐朝册封

唐朝建国后，李渊父子"欲使子孙长久，社稷永安"，"封诸侯以为磐石之固"[5]，广封宗室、贵戚为王，以期"长为藩翰"[6]。在这一国策指导下，对边疆诸内附少数民族也推行了封王固边的办法，令其守土安民，永作边捍。唐玄宗在给渤海王大武艺的诏书中称"计卿既尽诚节，永固东藩"[7]；在册命大钦茂的诏书中希望他能像大武艺一样忠于国家，"永为藩屏，长保忠信，效节本朝"[8]。唐穆宗在授予渤海王侄大多英等为金吾将军并放还的敕制中，也鼓励其"用奋威卫，保尔恩荣，无怠无违，永作藩服"[9]。所有这些言词都表达了唐朝册封渤海的目的乃在于树国使为藩辅，这和封王固边的指导思想完全一致。

自大祚荣接受朝廷册封为渤海郡王起，在总共15任的渤海王中，先后有10位接受了朝廷的任命，袭封为王。但是，未经朝廷册命的诸

---

[1]《新唐书》卷43下《地理志七》。
[2]《新唐书》卷43下《地理志七》。
[3]《新唐书》卷49下《百官志四下》。
[4]《文苑英华》卷471。
[5]《旧唐书》卷63《肖瑀传》。
[6]《旧唐书》卷65《长孙无忌传》。
[7]张九龄《曲江集》卷9。
[8]《册府元龟》卷964。
[9]《元氏长庆集》卷94。

王，同样履行对唐廷的臣属职责。

唐朝封渤海为国，并不具有独立的国家含义。渤海故地汉代为郡，唐代为县，在今日河北省沧州地界，并非在忽汗州辖内。唐朝以某一地为号封王，并不领有此地，更不是与朝廷鼎足分立，即所谓“设爵无土，署官不职”，仅是“崇以爵等，食其租封而已”。[1] 而且同一封号可以赐予不同姓氏的人，非为一姓专有，在册封大祚荣之前，唐高祖李渊已于武德元年(618)封其侄子“奉慈为渤海王”[2]；后来唐宪宗元和元年(806)，又封兵部尚书高崇文为渤海郡王[3]；唐宣宗大中二年(848)，又封吏部尚书高元裕为渤海郡公[4]。封渤海大祚荣等为郡王或国王，同封李奉慈等是同样性质的荣衔爵秩，并不具有独立的含义，而且随时都可视其功过大小或加封或削爵。比如大钦茂时，因其政绩卓著，对朝廷素励诚节，礼仪恭谨，故而晋封其为国王、加检校太尉，位比三公。封其为国王，仅是一种荣誉地位，只有忽汗州都督才是具有实权的任职，而且专由渤海诸王承袭。所以渤海王实际为唐朝一州之都督。

通过册封使渤海诸王及其他人成为朝廷的官吏。据《册府元龟》记载，受封爵位及官职最多的是第三代王大钦茂，先后被册封为忽汗州都督、左金吾大将军、渤海郡王、特进、太子詹事、宾客、司空、太尉、渤海国王。[5] 这些官衔使大钦茂既是唐朝的文臣武将，又领有散官、爵级和勋位的荣封，和朝廷其他官员享有同等待遇。唐文宗在致大彝震的诏书中曾盛赞渤海：“遵礼义而封部和乐，持法度而渤海晏宁。”[6]这正是渤海祇章奉命，忠于职守的结果。

27.2.3 渤海向唐朝称臣

衡量渤海与唐朝关系的另一个重要标志是渤海始终向唐朝称臣。宋代洪皓《松漠纪闻》中载录一则渤海朝唐《贺正表》，为迄今仅存的一

---

〔1〕《唐会要》卷46。

〔2〕《唐会要》卷46。

〔3〕《旧唐书》卷15上《宪宗纪上》。

〔4〕《旧唐书》卷171《高元裕传》。

〔5〕《册府元龟》卷965。

〔6〕《文苑英华》卷471。

件渤海致朝廷的表文。该表文云:“臣幸际明昌,良深抃颂。远驰信币,用申祝圣之诚;仰冀清躬,茂集履端之庆。”这是渤海自己讲的它与唐朝的臣属关系。同时,现今所存的一系列唐朝给渤海的诏书也执君对臣的礼仪格式,对此渤海无任何歧义。唐玄宗在给大武艺的诏书中自称“朕教天下以孝友”,“宣喻朕意”,称大武艺“卿地虽海曲”,“诚惜卿名行”。[1] 在另外一封诏书中也称:“朕记人之长”,“卿往年背德。已为祸阶,近能悔过,不失臣节”。[2] “朕”和“卿”正是中国封建皇帝对自己和臣下的习惯用语。书中既有严责,又有鼓励。这些文字记载,共同反映出渤海向唐朝称臣的史实。相反,当日本一再要求渤海对其行属国之礼时却遭到渤海的拒绝,同对唐朝的态度形成鲜明的对比,也可以反映出渤海对唐朝称臣的关系。

中国自古列土封王,很多成为割据分裂的前奏,但是唐朝对渤海的册封却避免了这样事端的发生,其原因就在于渤海诸王自大祚荣时起,都借助向朝廷称臣求得册封来巩固自己的地位。每当一王死去新王即位时,便派人向朝廷告哀,并报告新王嗣立,讨取朝廷册封,得到合法地位。否则将会被视为背叛朝廷,随时都可能遭到内部的反对,取而代之,而朝廷也随时都可能加罪征讨。大嵩璘嗣位后,朝廷先是封其为渤海郡王,未按册封大钦茂为国王的爵封册拜。于是“嵩璘遣使叙礼”[3],第二次朝廷才封其为国王。因此,渤海同其他地方势力一样,都首先谋取朝廷承认,得到官爵,确立君臣名分,表示对朝廷的归顺,这样自己的统治才会更有力量。这构成渤海向唐朝称臣的重要因素。

27.2.4　渤海受唐朝节度

渤海国在其存在期间,自置文武百官,京府州县,招募兵卒,拓地筑城,自立律令法规,收缴租赋等等,事先得到朝廷默许,关键乃在于它仍受朝廷节度。

唐朝对渤海的辖制,一些重大事情如各王册命、排解纠纷等,直接

[1]《全唐文》卷285。

[2]《全唐文》卷285。

[3]《册府元龟》卷965。

由朝廷派遣命官亲赴渤海，晓谕处理。据史书记载，先后被指派去渤海的朝廷命官有：张行岌、崔忻、吴思谦、张越、李道邃、源复、崔寻邑、殷守简、韩朝彩、殷志赡、李重旻、王宗禹等人。他们为巩固边疆，长途跋涉，不避艰辛，在渤海大地上，留下光辉的足迹。此外，日常事务由唐朝就近府州的官吏节度，所谓"声教所暨，皆边州都督、都护所领"[1]，即渤海先隶营州都督，后隶幽州都督府，尔后又隶平卢淄青诸州节度。见于史书记载，也有10余人曾兼任渤海经略使等职。兹依次列举如下。

唐玄宗时，先以营州都督乌知义节度渤海。[2]

开元二十八年(740)，以平卢军节度使王斛斯加押渤海"经略处置使"。[3]

二十九年，以营州都督安禄山充渤海"经略使"。[4]

天宝十五年(756)，以柳城太守刘正臣押渤海经略使。[5]

唐肃宗乾元元年(858)，以平卢淄青观察使李正己为押渤海使。[6]

唐德宗建中三年(782)，以淄青等州节度使李希烈为渤海使。[7]

贞元八年(792)，以平卢淄青节度使李师古为押渤海使。[8]

唐宪宗元和元年(806)，以平卢淄青节度使李师道为押渤海使。[9]

元和二年，以淄青等州节度使建王李恪为押渤海使。[10]

元和十五年，以平卢节度使薛平为押渤海使。[11]

唐昭宗龙纪元年(889)，以平卢军节度观察使崔安潜为押渤海使。[12]

---

[1]《新唐书》卷43下《地理志七》。

[2]《全唐文》卷285。

[3]《唐会要》卷78。

[4]《资治通鉴》卷214。

[5]《旧唐书》卷145《刘全谅传》。

[6]《旧唐书》卷124《李正己传》。

[7]《旧唐书》卷145《李希烈传》。

[8]《旧唐书》卷124《李正己传》。

[9]《旧唐书》卷124《李正己传》。

[10]《旧唐书》卷175《宪宗十二子传》。

[11]《旧唐书》卷124《薛嵩传》。

[12]《旧唐书》卷20上《昭宗纪》。

大顺二年(891),以平卢军节度观察使王师范为押渤海使。[1]

实际上,这些地方官吏替代朝廷经营远略,直接节度渤海,使之有力地置于唐朝控制之下。同时,在客观上,又促进渤海与唐朝其他府州的交往。据日本和尚圆仁在山东所见,唐文宗时登州都督府"城南街东,有新罗、渤海馆"[2],专为接待渤海官商之用;又在登州青浦口岸见到,"更有渤海交关船同泊彼浦"[3],广泛进行经济交流活动。唐代宗大历年间,淄青一带"货市渤海名马,岁岁不绝"[4]。唐文宗开成年间,渤海运熟铜来货易,淄青节度使奏报朝廷"请不禁断"[5]。这些地域性的交往,促进了双方的经济发展,成为唐朝由地方节度渤海的又一收效。

27.2.5 渤海对唐朝的义务

渤海对唐朝承担宿卫和朝贡两项义务。自大祚荣接受朝廷招抚,遣子入侍为质,以后历代王子相继入朝,请备宿卫,履行地方政权对朝廷的职责。例如:开元六年(718),大祚荣又遣其子述艺入朝,"授怀化大将军,行左卫大将军、员外置。留宿卫"[6];十三年,大武艺遣其弟大昌勃价入朝,"授左威卫员外将军,赐紫袍金带、鱼袋,留宿卫",后封"襄平县开国男,赐帛五十匹";[7]十四年,又遣世子大都利行入朝,"授左武卫大将军、员外置。留宿卫",后卒于长安,朝廷追"赠特进、兼鸿胪卿,赐绢三百匹、粟三百石,命有司吊祭,官造灵舆,归蕃";[8]二十七年,大钦茂遣其弟大勗进入朝,皇帝"宴于内殿,授左武卫大将军,员外置同正,赐紫袍金带及帛一百匹,留宿卫"。[9] 唐穆宗在任命大定顺和大多英等为卫将军时称:"我有十二卫将军,以率其属。皆匡备左

---

[1]《旧唐书》卷20上《昭宗纪》。
[2]圆仁《入唐求法巡礼行记》卷2。
[3]圆仁《入唐求法巡礼行记》卷2。
[4]《旧唐书》卷124《李正己传》。
[5]《册府元龟》卷999。
[6]《册府元龟》卷974。
[7]《册府元龟》卷975。
[8]《册府元龟》卷975。
[9]《册府元龟》卷975。

右，为吾近臣，自非勋庸，不以轻授。以汝各贽琛赆，劳于梯航，俾耀远人，宜示恩宠。归抚尔类，知吾劝来。”[1]可见这些入朝王子，被皇帝视为近臣、勋庸，授予荣职，匡备皇帝左右，对巩固民族团结，维护国家统一，发挥了很好作用，并受到朝廷嘉奖，使朝廷对渤海的辖制，更有广泛和牢固的基础。第一位入侍宿卫的王子大门艺就是突出的代表。他曾在朝廷任职，后来曾不惜一切地反对大武艺违背朝廷意愿去攻打黑水靺鞨，始终站在朝廷一边，是历史上少数民族中识大体、顾大局的卓越人物。[2]

为了表示对朝廷的归顺以及满足皇室的需求，渤海经常向朝廷奉献贡物，即以实物缴纳赋税。在唐代各少数民族中，渤海朝贡次数为最多者之一。唐文宗在敕大彝震书中，盛赞其“梯航万里，任土之贡献俱来；夙夜一心，朝天之礼仪克备”[3]。渤海用实际行动表达了对朝廷的赤诚。几乎每年都有渤海的方物运抵长安，有时一年数次。唐代宗大历八年(773)，大钦茂于是年四月、六月、十一月、闰十一月、十二月先后5次遣使入朝，贡献方物。[4] 由于贡使往还不断，故而史家将从渤海王城经过海上到达长安的一条通路，名之为“朝贡道”[5]。所贡方物主要有：貂鼠皮、马、昆布、乾文鱼、鹰、玛瑙杯、紫瓷盆等等。开元二十六年，大钦茂一次遣使献貂皮1000张。[6] 在当时条件下，猎获千只貂鼠，非是一件易事。就其积极意义来讲，通过朝献和赏赐，毕竟还可以达到互通有无、各得所需的目的，既密切了相互关系，又促进了共同发展。

27.3 车书本一家的盛国

晚唐诗人温庭筠在《送渤海王子归本国》中有两句诗云：“疆理虽

[1]《全唐文》卷647。
[2]《新唐书》卷219《渤海传》。
[3]《文苑英华》卷471。
[4]《册府元龟》卷972。
[5]《新唐书》卷219《渤海传》。
[6]《册府元龟》卷971。

重海，车书本一家”[1]，指出唐朝对远在边陲的渤海进行着有计划、有秩序的治理，二者是车同轨、书同文字，不可分割的一个国家，为后世渤海史研究提供了借鉴。随着唐朝国力的发展，渤海在政治、经济和文化等方面也取得了辉煌业绩，成为“海东盛国”[2]，构成唐代的全面繁荣。

渤海统治机构的设置、官吏名称，既保持了本民族的传统特点，又照顾到与朝廷一致，故而被称为“大抵宪象中国制度”[3]。渤海是一个先靠武力征服周围各部，后来基本上由文官治理的地方政权。在唐朝直接影响下，建立起一套庞大的统治机构，设有三省六部、一台、八寺[4]、一院、一监、一局、十卫，分理各项事务。其属官也多称卿、相、令、长、监、史、丞、郎以及大夫、将军等等。为维护其统治，还根据唐朝卫军建制组织起一支强大的武装力量。按大门艺所述渤海兵力情况，“昔高丽盛时，士三十万……今我众比高丽三之一”[5]。那么，渤海在大武艺时，已有10万大军。从文献记载来看，渤海仅设十卫，即“左右猛贲、熊卫、罴卫，南左右卫，北左右卫”[6]。按唐玄宗开元十三年，“每卫万人”[7]的编制，渤海十卫之众，也当在10万人左右，仍相当于初期数量。但是，再往后来，渤海军备或许有所增强。唐文宗太和六年(832)，内养王宗禹从渤海使回，向朝廷奏报“渤海置左右神策军、左右三军一百二十司”[8]，对此，前人曾“疑即本传所载诸卫”[9]。但是，唐朝的神策军，原为镇守河西的边防军，不是京师诸卫禁军，始建于唐玄宗天宝年间，直到唐代宗时才变为天子禁军。不能排除渤海在大仁秀

[1]《温飞卿诗集笺注》卷9。

[2]《新唐书》卷219《渤海传》。

[3]《新唐书》卷219《渤海传》。

[4]《新唐书·渤海传》为七寺，但据《南唐书》卷18载，938年“东丹使兵器寺少令高徒焕书奉致贡”于南唐。又《续日本纪》卷21载渤海使臣杨承庆官兵署少正。东丹职官源于渤海，渤海源于唐朝，唐朝卫尉寺下设武器署，当为渤海兵署所仿，故知渤海必仿唐卫尉寺而设兵器寺，总计为八寺。

[5]《新唐书》卷219《渤海传》。

[6]《新唐书》卷219《渤海传》。

[7]《新唐书》卷50《兵志》。

[8]《旧唐书》卷17下《文宗纪》。

[9]金毓黻：《渤海国志长编》卷15《职官考》。

执政时期(819—831),因"讨伐海北诸部、开大境宇"[1]的需要,扩大了武装力量,很可能于十卫之外,又别立诸军,拓地略城,以壮声威。总之,渤海军事力量同朝廷的强大武装力量遥相呼应,彼此声援。早在安史之乱时,朝廷将领曾请大钦茂"发骑四万,来援平贼"[2],说明渤海的骑兵力量,为朝廷所倚重。在渤海官吏中,很多人授予各种将军的武散阶,而朝廷对渤海册封或授职时,也总是离不开某某将军的勋号,对渤海的习武风尚,给予鼓励和支持。

渤海所辖地域十分辽阔,广袤数千里,为了便于管理,根据唐朝的行政区划,采取京府州县体制,将唐朝所置忽汗州析为5京、15府、62州、130县。各级长官亦称节度使、都督、刺史、县丞。处处与朝廷保持一致,维护统一的局面。

渤海被称为盛国的主要标志,不单是地域辽阔广大,更重要的是经济昌盛,而这一繁荣景象的取得,除了自身始终安定,致力于经济开发外,还与朝廷的影响和支持分不开。自文王大钦茂将王都迁到平原地区以后,标志着渤海已完成了向农业经济过渡。考古发掘证明,渤海上京龙泉府出土的渤海铁铧,同现今农村仍在使用的铁铧,在形制上十分相像,说明渤海在农业上已有了犁耕。我国唐代农业生产的主要工具之一就是犁,在车书本一家的特定条件下,渤海的犁耕也一定会受到中原的启发和影响,使农业生产产生飞跃。

生产的发展,必然带动市场活跃,贸易繁荣。自大祚荣时起,就向朝廷"请就市交易"[3],后世以名马、熟铜与朝廷市易,这些正是朝廷所需之物。因此,渤海所贡、所市名马,为朝廷所仰赖,出现岁岁不绝的交易情景。唐朝对于铜的需要量也很大,仅官方铸钱一项,每年就耗去大量的铜。唐玄宗时,"天下炉九十九,……每炉岁铸钱三千三百缗,役丁匠三十,费铜二万一千二百斤,……天下岁铸三十二万七千缗"[4],

---

〔1〕《新唐书》卷219《渤海传》。

〔2〕《续日本纪》卷21。

〔3〕《册府元龟》卷971。

〔4〕《新唐书》卷54《食货志四》。

总计费铜 2098800 斤。后来官私滥铸,所费铜量,不可胜计,对铜的需求有增无减。因此,当渤海运来熟铜时,地方官吏“请不禁断”,以应所需。仅此两项不难看出,在经济上朝廷有求于渤海。另一方面,由于自然条件和生产发展的局限,渤海所需要的物品还达不到自给程度,自然更有求于朝廷。同朝廷发展贸易,对渤海格外必要。此外,渤海与朝廷其他府州进行经济贸易的同时,也互相以厚礼答聘。据《张建章墓志》载,唐文宗太和七年“大彝震遣司宾卿贺守谦来聘”,幽州府遣张建章往忽汗州答聘,受到“彝震重礼留之”。临别,又以“丰货、宝器、名马、文革以饯之”。[1] 正是在这种互求互惠、互送互赠的形式下,渤海从中原取得巨宗帛、锦彩、绢、彩练、粟、金银器皿等物资。因此长期以来,双方在经济上形成互相依存,共同发展的局面,成为政治上本一家的坚实基础。

靺鞨原是一支文化落后于中原的少数民族,渤海政权创建后,为适应政治经济发展的需要,历代各王大力提倡向中原文化学习。所采取的主要措施可归纳为两点:一是大量引进中原文化典籍,既奉为官方施治依据和参考,又可供民间习识之用。大钦茂即位后立刻派人到朝廷,“求写《唐礼》及《三国志》、《晋书》、《三十六国春秋》”[2]。唐代文人的诗句中,也曾讴歌过“渤海归人将集去”[3],“谁把‘刍荛’过日东”?[4] 渤海也自称将唐诗“皆以金书,列为屏障”[5],都说明中原的儒家经典和文史书籍,大量搬入渤海,并在其熏陶濡染之下,使渤海与唐朝有着共同的文化和思想。贞惠和贞孝公主两帧墓志,所表现出的一致的儒家思想情操、道德观念、礼仪规范等,都标志渤海彻底地接受了中原文化思想。唐穆宗曾称评渤海“与华夏同风”[6],这正是渤海积极向中原文化学习的结果。二是不断向朝廷派遣学生,进行实地学习

[1]徐自强:《张建章墓志考》,载于《文献》1979 年第 2 期。

[2]《册府元龟》卷 999。

[3]《全唐诗》卷 361,刘禹锡《酬杨司业臣源见寄》。

[4]《全唐诗》卷 709,徐夤《赠渤海宾贡高元固》。

[5]《全唐诗》卷 709,徐夤《赠渤海宾贡高元固》。

[6]元稹《元氏长庆集》卷 94。

和考察，由朝廷为其培养造就所需人才。据史书记载，唐制规定，各少数民族子孙“愿入学者，附国子学读书”[1]，渤海曾“数遣诸生诣京师太学，习识古今制度”[2]。这些学生一旦“事业稍成，请归本国”[3]，归后委以重任。唐文宗时，大彝震遣学生李居正等入朝学习[4]，李居正等回渤海后，仕途风顺，以至“位在公卿”，成为“才绮交新，犹有可爱”[5]的知名人物，受到日本的敬重。同时，渤海学生还可以通过参加朝廷的科举考试，求取功名。唐昭宗时，乌光赞入朝应宾贡试，进士及第，其父乌炤度，在光赞之前也登进士，并任大玄锡时的“渤海宰相”[6]。可见许多渤海学生经朝廷培养后，不但通晓中原文化，而且在政治上成为渤海的栋梁。

在广泛向中原文化学习的基础上，渤海自身也培养出一批造诣很高、名扬中外的文人，像永宁县县丞王孝廉，文籍院少监裴颋父子。他们所作的唐代格律诗，为日本诗坛所倾倒。日本宏法大师空海得到王孝廉赠诗后，“习之诵之，口手不倦。面即胡越，心也倾盖，一喜一惧，不知为喻矣！”[7]日本文坛名将菅原道真称赞裴颋“七步之才”[8]，并情愿“任将领袖属裴生”[9]。这都说明渤海在文化上取得了辉煌成就，并与唐朝的灿烂文化相互映发，共同为中华民族在东方赢得了地位和荣誉。

此外，渤海与唐朝，共同用汉字作为传播文化的工具。至今所见到的渤海表章、函牒、诗文，乃至碑刻、官印、瓦文等皆用汉字书写，而且篆楷齐备，功底深厚，与唐朝是神形皆似的书同文字，便于互相交流情感，推动文化发展，处处有共同语言，成为维护“本一家”的重要因素。

---

〔1〕《新唐书选举制下》卷45。
〔2〕《新唐书》卷219《渤海传》。
〔3〕《旧唐书》卷199下《渤海靺鞨传》。
〔4〕《册府元龟》卷999。
〔5〕《日本三代实录》卷5。
〔6〕《高丽史》卷92《崔彦㧑传》。
〔7〕空海《高野杂笔记》卷下。
〔8〕菅原道真《菅家文草》卷7。
〔9〕菅原道其《菅家文草》卷2。

综观上述所指，我们可以简要地得出以下结论：历史上，渤海国仅是唐朝中央封建集权下的一个地方政权。唐朝对渤海的经略和治理，涉及各个领域，包括方方面面，而且是成功的范例，这使双方在长达二百余年间，始终互为表里，共处一个封建统一体中。唐朝的许多情况，都在渤海有所反响，渤海的每一项事业发展都与唐朝分不开，从而共同创造了我国封建社会的全面繁荣。

按：本文发表后，在撰写《中国东北史》时，对《渤海受唐朝节度》一节，又作了进一步检索和补充，当有42位兼押渤海使者。详见《中国东北史》第二卷第二章第三节。

（原载《黑龙江文物丛刊》1983年第4期）

28 柳得恭与《渤海考》

朝鲜古代文史学家柳得恭所撰《渤海考》,曾在渤海史研究的某些方面产生过一定影响。但是,文章中的某些观点似有偏颇,值得商榷。以史实为依据,客观地评价历史过程乃是渤海史研究中的首要准则。为此,本文首先扼要地介绍柳得恭其人,并在此基础上对他所撰辑的《渤海考》作以分析,以期同仁赐教。

28.1 柳得恭其人

柳得恭,字惠风、惠甫,号冷斋、冷庵,堂号古芸斋(堂)。1749 年,生于朝鲜儒州(文化),是时为我国清朝乾隆十四年,朝鲜李朝英祖二十五年。其父琏,进士及第。柳得恭自幼就有良好的家学濡染,人称其"博学工诗,娴于掌故"[1],或"好古,工文词"[2],终于也进士及第。

柳得恭的老师,是赫赫有名的北学派大师朴趾源。他的实学思想主张,对柳得恭影响很深,使其也成为实学派重要人物。因此,柳得恭被誉为"东国文风","汉文新派四大家"之一,是李朝后期北学派的主要代表者。柳得恭具有较强烈的民族意识,这也是实学家们的共同特点。著有《冷斋集》、《盎叶集》、《古芸堂笔记》、《二十一都怀古诗》、《渤海考》、《四郡考》,编有《京都杂志》等。从这些著作来看,其文学造诣高于史学,特别是汉诗功底较深,其"词旨淹雅,书迹亦遒古可喜"[3],不愧为汉学家。

1778 年,柳得恭曾到中国沈阳书院游历,积累了有关图书业务方面的知识和经验,因而当王室图书馆"奎章阁"扩充后,柳得恭被任命

[1]柳得恭《渤海考》,朴趾源序。

[2]柳得恭《二十一都怀古诗》,赵之谦序。

[3]柳得恭《二十一都怀古诗》,赵之谦序。

为“奎章阁”四检书之一，从事古籍编纂和考据工作。其后出任过抱川、堤川、杨根等地郡守，并继续兼任检书之职，又以老人职佥知中枢府事及丰川府使，1801年罢归。

1790年，李朝正祖遣黄仁典为进贺上使，赴中国北京，向清朝献贡，柳得恭为从官随往。回去以后，写成《滦阳录》，追怀此行见闻和感受。李朝纯祖元年（1801）二月，柳得恭又随谢恩使李得臣等赴河北、热河一带考察，购得朱子书善本。六月归来，写下《燕台再游录》。这部记行，历述了此行经过途程及所办诸事。数次到中国内地考察，丰富了他对中国历史及汉学知识的感性认识，极大地影响着他的治学方法和政治态度。他积极传播汉文化，主张向中国学习，为朝鲜所用，于是成为名副其实的汉文新派首领。

28.2 情寓序中 意在考外

1784年，正当李朝统治困难重重之际，柳得恭撰成《渤海考》一书。全书不足2.4万字，前面载有他的老师朴趾源为该书作的序[1]，不足500字，自序如不加标点，也仅556字。其下为君、臣、地理、职官、仪章、物产、国书、国语、属国九考。与其称《考》，不如称《录》更名副其实，因为除了摘引古籍而外，很少有个人考据笔墨。

所开列的《引用书目》，仅22部。对浩如烟海，载有渤海史事的中国古籍，上自两唐书，下迄明清一统志，只引用15部，甚感褊狭。日本古籍中也多有记载渤海史事者，仅引用了《续日本纪》和《日本逸史》中的渤海史事，很多重要古籍上所载渤海记事被忽略了。朝鲜古籍征引了5部，无所遗漏。因所引资料有限，难免考据平平，鲜有至理新意。在九考中较为实事求是地尊重了渤海历史事实，颇有客观介绍，不作论证的性质。但是，在序言中，却一反考中的内容，使得考与序自相矛盾起来，似乎此序不是为该考所作，与考中史实毫无一致，不作任何呼

〔1〕《朝鲜群书大系》本柳得恭《渤海考》，未标示此序为朴趾源所作，从朴时亨《为了渤海史的研究》一文中得知。

应,使读者怀疑此序很可能不是作者的自序,而是他人假作者之名,强加于该书。然而这毕竟属于推测,以往有人称"柳氏颇具史才"[1],未必尽然,将《渤海考》"与胡恢、马令之书挈其长短"[2],也似有过誉。

为使读者得窥全豹,先将柳氏自序全文刊出,而后再作分析。序云:

高丽不修渤海史,知高丽之不振也。昔者,高氏居于北,曰高句丽;扶余氏居于西,曰百济;朴昔金氏居于东南,曰新罗,是为三国。宜其有三国史,而高丽修之,是矣!及扶余氏亡、高氏亡,金氏有其南,大氏有其北,曰渤海,是谓南北国。宜其有南北国史,而高丽不修之,非矣!

夫大氏者何人也?乃高句丽之人也。其所有之地何地也?乃高句丽之地也。而斥其东、斥其西、斥其北而大之耳。及夫金氏亡、大氏亡,王氏统而有之,曰高丽。其南有金氏之地则全,而其北有大氏之地则不全,或入于女真,或入于契丹。

当是时,为高丽计者,宜急修渤海史。执而责诸女真曰,何不归我渤海之地,渤海之地乃高句丽之地也!使一将军往收之,土门以北可有也。执而责诸契丹曰,何不归我渤海之地,渤海之地乃高句丽之地也!使一将军往收之,鸭绿以西可有也。竟不修渤海史,使土门以北,鸭绿以西,不知为谁氏之地。欲责女真,而无其词,欲责契丹,而无其词。高丽遂为弱国者,未得渤海之地故也,可胜叹哉!

或曰,渤海为辽所灭,高丽何从而修其史乎?此有不然者,渤海宪象中国,必立史官。其忽汗城之破也,世子以下奔高丽者十余万人,无(当作"有")其官则必有其书矣。无其官无其书,而问于世子,则其世可知也。问于隐继宗,则其礼可知也。问于十万人,则无不可知也。张建章唐人也,尚著《渤海国记》,以高丽之人,而

[1]金毓黻:《渤海国志长编·附录二》。

[2]柳得恭《渤海考》,朴趾源序,胡、马为我国宋代学者。

独不可修渤海之史乎。呜呼！文献散亡，几百年之后，虽欲修之，不可得矣！

余以内阁属官，颇读秘书，撰次渤海事，为君、臣、地理、职官、仪章、物产、国语、国书、属国九考。不曰世家传志，而曰考者，未成史也。亦不敢以史自居云。甲辰闰三月二十五日。

从以上序言内容可知，柳得恭撰《渤海考》，意在考外，情寓序中。此序大体可分六层含意。

首先，下笔伊始，便责难高丽王朝不修渤海史是一个重大错误，成为高丽王朝衰弱的重要因素。在柳得恭以后所有主张“南北国时代”论者，无不迷信修史的作用，似乎一部历史著作，可以决定国家的盛衰兴亡。因而指责金富轼撰写《三国史记》时，未把渤海史囊括在内。

第二，仅凭主观臆断，任意曲解历史事实，以服从自己的遐想。认为渤海占有高句丽，新罗占有百济，就形成“南北国”之势，并且是“三国鼎立”的继续，从而发明了“南北国时代”论，斥责高丽王朝未在这个问题上大做文章。同时，对唐朝灭亡高句丽，收复辽东故土，以及新罗受惠最大，疆域北移的史实，却避而不谈。这种混淆视听的笔法，很容易迷惑那些缺乏历史知识的人，听了柳得恭的话，会误认渤海疆域是以高句丽旧地为中心，高句丽旧地全部落入渤海人手中，高句丽遗民全变成了渤海的编户。而那些与柳得恭具有同样思想的人，也会积极响应。继《渤海考》晚出的一些朝鲜史书著作，纷纷把渤海史地纳入各自的著作中，如安鼎福第一个把《渤海国郡县考》，附在所著《东史纲目》一书中。接着，丁若镛《大韩疆域考》卷 2 为《渤海考》，卷 4 为《渤海续考》；韩致渊《海东绎史》卷 11 为《渤海世纪》；韩镇书《海东绎史续》卷 9 为《渤海地理考》；金正浩《东国舆地考》卷 31 有《渤海国方舆志》等等。而在《渤海考》以前问世的朝鲜旧籍，皆未立渤海专卷，如《三国史记》、《高丽史》、《东国通鉴》、《朝鲜史略》、《东国舆地胜览》等，皆不认为渤海史是朝鲜古代史的组成部分。把渤海史纳入朝鲜史，应该说是柳得恭所创导的新的朝鲜史学体系。

第三，柳得恭为了证明渤海史与朝鲜史为一体，列举了两条证据。

一是渤海大氏为高句丽人。但是在《君考》"震国公条"中,却又推翻了这个证据,明白无误地承认乞乞仲象是"粟末靺鞨人",对《臣考》中的60余人,无一能指出是高句丽人。二是大氏所居之地为高句丽之地。虽然承认渤海"斥其东、斥其西、斥其北而大之"的事实,却没有指出高句丽疆域"地方可二千里"[1],渤海乃"地方五千里"[2],无法将二者等同视之。况且渤海南境也是"斥"的结果,即高句丽旧地也在"斥"之内。避而不谈这一史实,就是有意绕开本质问题。因为一旦承认渤海领有高句丽旧地也是"斥"的结果,这就等于承认了渤海不是在高句丽旧地上建立起来的后继国。

第四,叹息高丽王朝未能尽得渤海之地。这层意思是全序的主旨,用墨较多,提出以往渤海所辖旧地,皆应归高丽所有。他认为如果高丽王朝撰修了渤海史,派一名将军,手拿这部史书,就可以从女真和契丹手中取得鸭绿江以西、图们江以北的土地。并再次强调高丽不修渤海史,是其弱小的主要原因。同时表明,他撰辑《渤海考》就是为了弥补这一过失,呼唤李朝从困境中摆脱出来,走上强盛的道路。

第五,继续哀叹高丽王朝错过了撰修渤海史的多次机会。承认要想写出一部符合"南北国"论观点的渤海史,已经时过境迁,不可能做到了,无意中承认了"南北国"论的证据不足。可贵的是他注意到了调查研究和搜集资料对史学家的重要意义,具有一定科学态度。同时提出"渤海宪象中国,必立史官",而不是宪象高句丽,没有史官。这一推测,有其合理因素,按照与渤海同期的日本文化发展情况相比,渤海文化并不亚于日本,很有可能设立史官。以上两点,是《渤海考》唯一可称道之处。

第六,结尾几句,似为炫耀与原谅自己之词。一是用"余以内阁属官,颇读秘书"的话,表明自己的立说是有可靠的根据。但是,只要翻开《引用书目》一看,所引22部书,皆非"秘书"。二是他本人似乎已察

---

〔1〕《梁书》卷54《高句丽传》。

〔2〕《新唐书》卷219《渤海传》。

觉到自己的观点与史实不符,“不敢以史自居”,用一个“考”字来加以掩饰,并让人们理解他的良苦用心,原谅他的不实之词。

28.3　因错袭谬　疏于考证

柳得恭虽号称汉文新派的首领之一,但从他的《渤海考》一书来看,此时对中国的考据之学,尚不甚精通,仅是作一次粗疏的尝试,下面依次对诸考加以具体剖析。

《君考》　该考基本上是根据两唐书《渤海传》的内容,对渤海的世系,依次作了介绍。概括地陈述了从乞乞仲象至大諲譔的继承关系以及各自的纪事,唯对大玮瑎一世,尚未考索出来。在历数乞乞仲象史事时,首先依据《新唐书 · 渤海传》的记载,断定渤海大氏的族属是粟末靺鞨人,而抛弃了《旧唐书 · 渤海靺鞨传》“高丽别种”的语意含混记载。遗憾的是,后世并没有坚持柳得恭这一点较为实事求是的学风,在“别种”问题上大做文章,称大氏为高句丽人。

此外,在《武王》一节中,对日本《类聚国史》卷 193 所载曾永忠书里的那段话,作了如下诠释:“因其俗不立馆驿,处处置村落,以靺鞨为民,大村置都督,次曰制(刺)史,其下曰首领。”可以想象到,柳得恭的文字理解力很强,用词较准确,擅长表述,后世有人硬把这段话中的“土人”说成是高句丽人,并全由高句丽人担任渤海官吏,显然柳得恭不赞成作这样的理解。

《君考》的不足之处,一是对所引古籍没有仔细互相对照,存在因错袭谬的弊病,把大武艺卒年定为开元二十六年,称大嵩璘为文王少子等,如稍加留意考证,很容易订正过来。二是笔下疏误甚多,称大祚荣“筑忽汗城以居”,有些纪年失准,错字也不少。三是基本未作具体考证,只是照抄古籍原文。四是把兴辽国大延琳、乌舍城浮渝琰府王,也列入《君考》,加以叙述,并在按语中称:“渤海未尝亡也”,“渤海之亡在何时未可考”,延长了渤海自身的历史。这种不同的理解,是明显地疏于考证所致。

《臣考》 该考上从大门艺、大壹夏，下至遗裔大鸾河、李勋等，共记述了83人，占已知渤海及遗裔众臣的三分之一。记述不全的直接原因，在于掌握的资料不全，难免脱漏，也不能排除有所选择的因素。对这83人的记述，也基本上是引录古籍，而无个人考证。

《地理考》 该考是九考中篇幅最长的一考，占全书58页中的15页。但真正属于考证的文字，两页也不到，基本是反复罗列府州县的地名。所考错误较多，称"中京显德府者，今之吉林也；东京龙原府者，今之凤凰城也；南京南海府者，今之海城县也"。对同一府州的不同记载，不去辨析孰是孰非，没有起到考的作用，特别是对《辽史·地理志》中所载渤海地志的错误，不作任何识别与指正。

此外，在所引录的材料中，清楚地证明了渤海与肃慎、挹娄、勿吉、靺鞨的一脉相承关系，渤海是在这些称呼不同的民族，所共同居住过的故土上建立起来的政权，这一点又同"南北国"论相抵触。

《职官考》 该考过于简略，仅据《新唐书》、《续日本纪》等古籍的记载，开列出渤海中央统治机构中65个官职名称，占已知官吏名称总数的三分之二，遗漏甚多。在排列六部十二司署官时，漏掉计部，并把爵部与仓部，误断为"爵仓"。所列文武散官及勋爵，也多有遗漏。至于杂职官称，地方吏员，以及出使日本的临时任职等，均未涉及。对所开列的统治机构及官吏的职司，也一律不加说明，更无考证，既不指出宪象唐朝，又不揭示与高句丽的截然不同。但最终效果却有力地证明了与高句丽毫无相干，不存在任何继承关系，而是与唐朝同出一辙，密不可分。

《仪章考》 该考仅为两段引文，外加几句按语。第一段引文是《新唐书·渤海传》关于官吏品秩及章服的一段记载，第二段是引录了《辽史·仪卫志·渤海仗》的全文。这两段文字记载，同样看不出渤海与高句丽有继承关系，而是源于唐朝九品制等，处处表现为唐朝的一部分。其按语为抄录《宋史·王溥传》中，关于宋太祖问赴普"拜礼，何以男子跪而妇人否”的一段对话。值得称道的是，对张建章的《渤海国记》[1]作了“意其书多载渤海仪文”的正确判断，张建章墓志的出土，证明柳氏有较强判断力，同序言的捕风捉影的治学态度相比判若两人。

《物产考》 该考仅抄录《新唐书·渤海传》中，关于渤海14种名贵物产的记载，从“太白山之兔”至“乐游之梨”，无一遗漏，只是去掉每句的“之”字。又据《辽史·地理志》，补上“富州银”一物。对于见诸其他古籍中所记载的60余种渤海名物土产，皆不载录。所载录的15种物产，也未考其产地范围，生产规模以及在渤海经济生活中的重要作用。

《国语考》 该考也仅是抄录《新唐书·渤海传》“王曰可毒夫”至“诸子曰王子”一段，并加上“官品曰秩”4字，也是从该传记载中提炼出来的4字。对其中的“可毒夫”、“基下”等用语的语音词源及含意等，均不作考证或说明，也未指出渤海在语言上与其先世的继承关系，而与高句丽有所区别。忽略了挹娄“言语不与夫余、高句丽同”[2]，勿吉“于东夷最强，言语独异”[3]等事实，从而回避了渤海语言不同于高句丽的特点。如此零碎节录古籍，不作任何考证，还莫如让人们自己去读一读《新唐书·渤海传》，更会有一个较完整的概念。

《国书考》 渤海国书，至今保存下来的共有23篇，皆载于日本古籍之中。其中诸王致日本天皇国书16篇，渤海中台省致日本太政官牒7篇。《国书考》中，只抄录了6篇，其中武王1篇，文王1篇，康王4篇。对国书内容所反映出来的各种问题，不作任何分析。更有趣的是，《续日本纪》卷22所载渤海文王大钦茂致日本淳仁天皇的国书，一向被“南北国时代”论者视为铁证，称大钦茂自称为高句丽国王，硬把日本史官的错误，强加到大钦茂头上。柳得恭却来引此篇国书，是否已经认识到这篇国书被日本史官弄得面目皆非，不足为信了呢！这还是个谜。因为任何一个“南北国时代”论者，都没有轻易放过这条史料。

---

[1]柳得恭仍采用《新唐书·艺文志》记载，未据《玉海》等记载，改为《渤海记》。

[2]《三国志》卷30《魏书·挹娄传》。

[3]《北史》卷94《勿吉传》。

《属国考》 该考是将《宋史·定安国传》经过大幅度删削,只保留“本马韩之种”,其王烈万华“上表献裘”,乌玄明上书宋太宗表文三节,载入考中。对其建国经过,与宋朝同仇契丹,宋太宗答书等内容,一并删去。特别是对“定安国,本马韩之种”这样明显的错误,也不置一词。同时,也不该把定安国视为渤海属国,在渤海政权存在期间,只有属部,而无属国,不应辟有《属国考》,说明柳氏对史学知识欠通,而对渤海史的来龙去脉,也不甚了然。他所节录的定安国历史,又恰好说明渤海亡后,其遗裔仍同中原王朝保持密切隶属关系,这一史实,也与序言中的观点相悖谬。

28.4 以史为据 自我修正

通过上述对《渤海考》内容结构及思想主旨的分析,再参照有关史料,可以得知柳得恭的渤海观,具有较大的跳跃性,其影响也很久远。

第一,柳得恭在序言中所阐述的“南北国”论,并不是以考中所载录的内容为基础和依据,恰好是用考中的具体史实,一一否定了序中的抽象观点,似乎说明序不是为考而作,当另有原因。

第二,尽管诸考较能实事求是地尊重渤海历史,但是忽略了渤海史中的一些重要问题。例如对渤海的族属问题,当立族属考,阐明渤海同肃慎、挹娄、勿吉、靺鞨的一脉相传关系。尽管在《君考》与《臣考》中,反映了渤海与唐朝称臣纳贡、接受册封、入侍宿卫的隶属关系,以及与新罗的敌对态度,同日本的友好往来,和契丹的世仇不解等,也当专立对外关系考。对渤海的族俗、文化等,也当有专考,不搞清这几个重大问题,无从解决渤海政权的归属。

第三,柳得恭在《渤海考》中所反映出来的渤海史观,同他本人对朝鲜历史的一贯认识相悖谬。在《渤海考》成书之前,柳得恭写有《二十一都怀古诗》一册,对上自擅君、箕子、卫满,下至高丽太祖、辛禑等朝鲜古代史中所出现过的 21 个朝代和部落集团,用 43 首七言绝句,加上小序与自注,将其生活地域、山川行胜、历史典故等勾画出来,所谓

“以详域内之观”[1]。这“二十一都”，尽在鸭绿江彼岸朝鲜半岛上或海岛中，所描绘的景物，寄托的情思，无一涉及渤海，反映出原来的朝鲜史观，并没有把渤海的历史也包括在内，只是在《渤海考》的序言中，才开始改变自己观点成为“南北国时代”论的创始者。

第四，《渤海考》成书以后，柳得恭对渤海史并没有继续坚持序言中的观点，而是放弃了把渤海史纳入朝鲜史内的立场，再也未能听到他关于“南北国”的主张。1823 年，韩致渊叔侄撰成《海东绎史》，柳得恭在为该书所作的序中，对朝鲜古史的陈述，仅是“箕圣之世”，“卫满以前”，“汉四百年，自是内服”，“领东之涉，汉南之韩，盖马山东之沃沮”的历史，并没有把渤海囊括在内，并强调“佚事异闻，必求诸中国，然后可得也”，也讲到自己“欲取二十一史东国传，删其重复，以注以辨，与三国、高丽二史相依而行，则庶或有资于征信，卒卒未遂，也未尝不去来于胸中”。既然承认要想编修东国史，必求诸中国古史记载，那么，中国古籍中不存在的史事，又没有其他材料可参证，就必然成为没有依据的猜测和遐想。有关渤海的历史，主要是载于二十一史中的两唐书《北狄传》，而不是载于《东夷传》中，足以证明渤海与《东夷传》中的高句丽、新罗等，不是同一族类。朝鲜古籍《三国史记》、《高丽史》，也都不为渤海立传。由此观之，柳得恭所“去来于胸中”的朝鲜史或东国史，并没有把渤海的历史考虑在内。此外，尽管韩致渊叔侄勉强把渤海史编入《海东绎史》，但又不能不承认“渤海者，靺鞨之种也”，“建国于挹娄地”，开元年间才从唐朝手中夺得部分高句丽旧地。[2] 对此，柳得恭在为其所作的序中，也未曾表示疑义，很有可能纠正了《渤海考》自序中的错误认识。

柳得恭的《渤海考》作为史学著作还不很成熟，但对当时和后世的影响却很大。一方面，唤起人们去积极探索自己祖先的历史，掀起一股考据热；另一方面，也给渤海及朝鲜史研究，带来一些争议。但是，柳得

[1]柳得恭《渤海考》，朴趾源序。
[2]《海东绎史续渤海疆域总论》卷 9。

恭所提出的观点，毕竟因史料不充分，不久就被世人所遗忘了。今天某些与柳得恭观点相同的人们，对这部书又重新进行了研究，并把柳得恭《渤海考》的序言作为研究渤海史的依据，这无疑是与客观历史事实相悖谬的。

（原载《学习与探索》1986 年第 6 期）

29　金毓黻先生
撰写《渤海国志长编》的始末

金毓黻先生是我国著名的东北史学科奠基人，为繁荣乡邦的文化事业，献出了毕生的精力，在国内外史学界享有很高的盛名。《渤海国志长编》（以下简称《长编》）是先生一部较有影响的代表作，久为治渤海史者所珍爱和熟知。但是，当年先生撰写《长编》的始末，未必显为人知。近读先生《静晤室日记》，得详其原委，颇受启迪与鼓舞。仅就日记所载，披露于此，以期对东北史研究有所裨益。

渤海史是东北史的分支，在叙述先生撰写《长编》之前，需简述一下先生治渤海史的缘起，但这必须先从先生为什么治东北史谈起。

《静晤室日记》，详细记载了先生治学经历以及在学术上的研究所得。先生在集中精力从事史学研究之前，对被称之为中国"国学"的各学科，都很有造诣。特别是他在北京大学国文门读书期间，曾执贽国学大师黄侃门下，亲承教诲，成为黄侃得意高足弟子，在治学方法上深得师传专功，为他后来从事史学研究，在各方面都打下了良好的基础。

从1923年起，先生开始治东北史地文献之学，至1962年临终前夕，仍欲将他所撰著的《东北通史》补足明清两代篇章，改题为《古代东北史》，并计划着手编纂《近代东北史事丛录》，为撰写《近代东北史》作准备。先生前后治东北史地近40年，始终坚持不懈，真可谓鞠躬尽瘁，死而后已。如若再假以数载天年，夙愿定会一一得酬。

先生早年就读于北京大学文学专业，毕业后执教于沈阳文学专门学校，素日对文学致力颇勤，在学界影响日益扩大。为什么先生中途弃文从史，另辟蹊径？再者先生从1920年兼任奉天省议会秘书，开始步入政界，而且仕途风顺，平步青云，为什么没有沉溺于高官厚禄，而治学不辍？除了先生天性好学外，主要还需从先生所处的时代中去找答案。

第一，先生世居辽东，青少年时期饱尝了半封建半殖民地社会的苦难。1894 年的中日甲午战争,1905 年的日俄战争,使先生目睹了家乡遭受帝国主义蹂躏的悲剧,促使他萌生守土安民、振兴乡邦的志向与怀抱,渐渐成为一名赤诚的爱国者。在《东北通史》引言中,第一句就是"基于爱乡之心,研究东北文献",说出了弃文从史的原委,试图通过对东北历史文化的阐扬,唤起民众,自立自强,奋发有为。

第二,自本世纪初以来,日本满蒙学派配合军国主义的大陆政策,大肆宣传"满蒙独立论",欲岐东北与中国而二之,捏造出许多所谓的历史根据,掀起一股研究我国东北史的狂潮。任何一个有爱国之心的中国知识分子,对"满蒙独立论"都无法忍受和保持沉默。据《静晤室日记》所载,九一八事变前不久,先生曾邀请上海《日本研究》杂志主编陈彬和先生到东北学社讲演,痛斥日本军国主义以满蒙学派为前驱,企图证明东北三省非中国之故土,但结果却适得其反。先生以为陈先生所言为至论,足发人深省,拟撰文以疏证之。后来先生所撰述的东北史著作,就是刺向日本军国主义和满蒙学派的利剑,无情地揭穿了满蒙学派对我国东北的尝脔问鼎之用心,维护了东北自古就是中国不可分割的领土的严正立场,以确凿的史实论证了"东北史,即中国一部之地方史"[1]。因此,在一定意义上来说,是满蒙学派驱逼先生走向治东北史地文献之道路。

第三,辛亥革命后,满清遗老纷纷来东北居住,为追怀祖宗旧业,时有说论东北史地文献者,这些人中的世荣、吴廷燮等人,是先生所敬事的老师,很多清末文人成为与先生过从密切的朋友。特别是在 1923 年前后,正当先生在吉林省财政厅总务科长任上,公务余暇,同人景褆(字武平)常与先生考论东北舆地。对于景褆的侃侃而谈,先生惊以为创闻,问其所自。原来景褆胞兄景方昶为清末进士,后来随溥仪移居天津,任办事大臣,对东北舆地素有研究,为曹廷杰以后的佼佼者,著有札记若干卷,为景褆所熟悉。先生得此底细以后,亟求景褆转请其兄以抄本见示。不久,景方昶将札记手稿 4 卷寄赠先生。后来先生将此札记

[1]金毓黻:《东北通史 · 总论》,社会科学出版社 1980 年版。

付刊,定名为《东北舆地释略》。1930 年 5 月 5 日,先生为该书作跋尾时写到:“昔者曾湘乡(即曾国藩)谓其治古文由姚先生(即姚鼐)启之,此语弥可玩味。余自闻武平之论,始治东北舆地之学,考览既多,簿有撰述,启示途径者,非先生其谁乎!”由此可知,先生治东北史地之学,也是受师友们影响启迪的结果。

自先生治东北史地之日起,便开始接触到渤海史问题,即所谓“不佞曩考辽东舆地,间及渤海”[1],并在 1924 年 9 月 15 日的日记中写到:“著一渤海国志或非甚难之事耳。”后来又读到唐晏《渤海国志》,“病其引据尚疏,考辨未密,思为改作”[2],胸中久有修渤海史的念头。随着时间的推移,所搜集的渤海史料日益增多,并随时作了若干考证,载于日记之中,著书立说条件渐近成熟。只是仕宦庶务缠身,牵于人事所累,迟迟未能起笔。

1931 年 9 月 18 日,九一八事变爆发,使先生的人生道路发生了重要转折,决心摆脱官场羁绊,了却仕宦生涯,并于 11 月 4 日的日记中作了深刻反思,欲效王羲之以不仕而誓墓,声言“余以慑于饥寒,不甘食贫居贱,遂至身登仕版,真所谓营一时之务而贻千载之功者,究竟其所得几何哉!誓墓归隐,潜心著述”,“悠悠我思,惟此而已”。并首先以撰写《长编》为开端,做个名副其实的学者。

但是,由于先生是当时的社会名流,无论在政界或文化界都很有影响。日伪政权出于政治上的迫切需要,强行将先生窜名于伪省署参事之内,借以装潢门面,欺骗舆论。这纯系逼良为娼,陷人不义,使先生一心致力于史学研究的意愿受到戕害。尽管实情如此,先生仍感自己大节有亏,1937 年 2 月,在《沈阳蒙难记》一文中,作了深刻自责:“余于罹难之日,不能以死报国,而欲委曲求全,终觉外惭清议,内咎神明”,毫不宽恕自己。但是,先生在身陷敌营之际,不畏敌人威逼利诱,挥笔撰写《长编》,坚决不与日伪合流,实际上是同敌人展开了英勇不屈的

[1]金毓黻:《渤海国志长编·叙例》。

[2]金毓黻:《静晤室日记》1931 年 11 月 4 日,辽沈书社 1993 年版。

搏斗。后来又毅然冒死逃离日伪统治，投身抗战行列，足以表明了不愿做亡国奴的民族气节和大无畏的英勇气魄。

先生撰写《长编》，是在极其艰难恶劣环境下进行的。九一八事变后第三天，即9月20日中午，日寇为防止先生逃离沦陷区，逼其就范，将先生囚禁起来，至12月20日才交保获释，改为在外监视，不许他往。在被关押的90天中，终日独处一室，非便溺不得出室门一步，于求死不得，欲生也难之际，常以孟子不动心的话来鞭策砥砺自己，不为敌人诱惑所动摇，采取读书自遣策略与敌人周旋。

至10月末，先生在读《易经》过程中，受到文王幽而演《易》的启发，自知急脱羁绊，为愚而不当之幻想。于是，立意斯守学道，酝酿撰写《长编》，利用被囚"机会"，完成蓄愿已久之作。《长编叙例》中称："岁月荏苒，幸值身闲，发箧陈书，正在今日"，就是指的被囚之时。而在11月24日所撰写的《长编序》原稿中则称："光阴荏苒，忽觏幽居，古人发愤著书，正在今日。"只是因为在敌人监视下，不便明言直说，定稿时不得不做些改动，隐真情于晦涩词句中，其中"幸值身闲"4字，既是对日寇的无情控诉，又饱含转祸为福的哲理，勉励自己从事著述。从《静晤室日记》中可以看出，《长编》是在先生久处樊笼里，失去人身自由，心境极劣，条件奇差情况下起笔的，先生曾自称《长编》为忧愤之作，是很符合实际的。

11月12日，先生第一次草拟出《长编》目次，共分10卷：一总略、二世纪、三列卿(传)、四舆地考、五官制考、六物产、七朝聘、八兵事、九余录、十附录。发愿于三月内草成，预计七八万言可毕。至18日，先生托人自家中取来撰写《长编》所必需的各种参考书，随即起笔修纂，日为常课。在这一天日记中写到："此为天假之缘，何可放过！"翌日又在日记中写到："古人云穷愁著书，又云诗三百篇为古人发愤之作，诚有慨乎其言也！余自幽居，百无聊赖，遂裴然有述作之志。一月以来，澄志凝虑，读《新唐书》，作札记约百余事。虽鲜有精义，不无饾饤之益。顷复撰次渤海故事，期完成一书，此怀之四五年而未能命笔者。今日端坐一室，奋笔为之，大约不出一月，即可粗具规模。设使身耽安逸，外事牵扰，则成书未知何日。此天之扼我，亦所以玉成我也！非穷愁不能著书，岂谓是乎！”将撰写《长编》时的怀忧发奋之情，如江河倒悬，倾泻无遗。因此，《长编》不仅凝聚着先生的智慧与学识，也充满了忧愤和怒吼，为敌占区的中国知识分子指出了一条值得效防的斗争之路，用历史事实证明东北地区自古就是中国的领土，有力地配合了千百万人民的抗日斗争。

11 月 20 日，先生又作遣怀诗一首，大声疾呼：“久处樊笼里，忧劳已不胜。光阴如过客，书卷似良朋。渺渺天难问，啾啾鸟欲应。参禅成独悟，学作面墙僧。”于囚室之中苦节修行，潜心著述。就在这同一天，考证了唐敕节宣劳靺鞨使、鸿胪卿崔忻井栏题名，写定了《渤海世系表》，并系以小论，接撰《大事表》，其忧劳情状，凝于笔端，跃然纸上。此后，外界不断有所煎逼干扰，先生总是拼力与之抗争，经常发出呐喊，在 11 月 23 日至 25 日的日记中，接连写到：“天之厄我何如此之甚，真所未喻！”深感“处境已达极蹇，几欲自裁”，“不图以一学人之身，而遭羁绁之苦，西伯羑里，史公蚕室，殆不是过”。由于先生胸怀著书立说之使命感，强慑心神，屏除百念，继续披览古籍，条理渤海史事，坚持撰写《长编》，平均每天写成两三千言，其竞进可谓神速，而毅力尤为感人。

11 月 21 日，先生将原拟《长编》目次作了首次修订，改为总略、世纪、地理考、职官考、食货考、朝聘考、世系考、大事表、同姓列传、异姓列传、孑遗列传、余录等 12 卷。嗣后又不断完善，使之更具科学性和条理化，变为 20 卷。其中《孑遗列传》(后又改称《遗裔列传》)，虽一仍唐晏《渤海国志》旧目，表面上是叙次渤海民族递嬗之迹，以甄明始末，但在字里行间，也不难看出先生别有寄托。按中国史书一般传统惯例，修一国之史，多数是只载其存在期间的史事，而与亡后遗裔很少关涉，即使是长编体例的志书，也可置诸不问。先生于国破家亡之后，身陷囹圄，满腔忧愤，正好借助叙述渤海遗民史事，倾诉胸中的麦秀之思和黍离之情。在《遗裔列传》论曰中称：“渤海既亡，其遗裔仍矫然自异，不与他族相混，历二百余年而无改。”寥寥几笔，足令发人深省。又在《长编后记》中,再次提醒人们:“东丹国除,遗裔犹盛,历辽及金,其势未杀。其所以致此之故,亦可思矣!”虽未明言其故,但用意已昭然若揭。

先生在12月20日获释之前,《长编》各卷已粗略草成。1932年,又用了一年时间,对各卷加以补撰或改写,至年底全书基本脱稿。1933年上半年,继续作了修订,并亲自至渤海故地考察,极大地丰富了《长编》内容,同年8月付排。至1934年5月,第一帙样本印竣,历尽千辛万难,《长编》终于问世了。

《长编》问世之后,立即引起史学界的注意,就连日本满蒙学派的岛田好、外山军治、稻叶岩吉等人,也先后撰文嘉许,予以很高评价。通过《长编》这部著作,可以看到先生是位知识渊博,治学严谨,长于考辨,论述精审的学者,对渤海史研究有许多重要建树,具有举足轻重的影响和地位。

先生经过多年勤奋探索考察,不仅把散见于中外古籍中的渤海史事汇集到一起,梳理成章,而且对一些古籍失载或记载欠详的渤海史事,也作出了准确、客观的推论和判断,尽可能地恢复了渤海历史的原貌,验以今天地下出土的渤海遗物,更显出先生的超人识见和踏实学风。他的一些有关渤海史的见解,正是建筑在对史实深入研究的基础上,被人们视为至当不易的权威性观点。诸如渤海政权归属问题,先生根据渤海自高王大祚荣起,历世受唐册封,先后隶唐平卢节度使及平卢淄青节度使兼押等实际情况,明确指出渤海为唐朝的蕃属,而且礼仪恭谨,朝贡相继,臣节不亏。据先生在《长编·族俗考》中统计,渤海共朝唐132次。唐亡以后,朝梁5次,朝后唐6次,古时诸侯见天子或臣见君皆曰朝,中国古籍中所载渤海与中原王朝的交往,皆称之为朝,其君臣名分和隶属关系早有定论,并为先生撰写《长编》时所本。尤须指出的是先生撰写《长编》的同时,又据此纠正了古代日本史官的错误。在日本国史中,由于某些史官的妄自尊大,或受当局意图的左右,对渤海与日本交往随意曲笔,也称之为朝。先生根据二者是国与国平等关系的史实,按照诸侯大夫问于诸侯曰聘的定格,不应称之为朝,故而在《长编》中严肃地称为渤海聘日。这不仅是用词准确与否的问题,而是直接涉及二者关系的实质。表明先生在原则问题上毫不含糊的严肃态度。

先生始终把渤海国视为中国历史上的一个北方民族国家政权，渤海国史是中国历史的组成部分。起初，在《长编叙例》中，曾谈及肃慎—满族一系，其立国有三："启于舍利（渤海），盛于完颜（金），极于爱新（清）。金、清二史既有成书，而渤海一国之史尚付缺如，窃以病诸。"继而在《东北通史》第4期中，将唐代迄元的东北各族活动，称为靺鞨、契丹、女真、蒙古迭兴时期，并分别建立了渤海、辽、金、元四国。由此可见，先生是把渤海的历史与辽、金、元、清诸朝等同起来，充分肯定了渤海国在中国历史上的地位。正是基于此种认识，先生才久欲发箧陈书，修纂渤海国史，以弥补缺憾，驳斥风靡一时的种种谬论。

但是，在搜集材料和酝酿写作过程中，先生意识到辽灭渤海后，"尽去其籍，始不克明其本末"[1]，况且"地下之藏，正待开发"[2]，要想写出一部较为理想的渤海国史，暂时还不具备条件。故而采用了长编体，先行汇聚史料，使之一览无遗，继而分类疏证，甘为后人担石铺路，以期助成一国之史。其博大胸怀和放眼未来的远见，令人感佩不已。今天渤海史研究蓬勃发展的局面，正是在先生所奠定的基础上出现的，也足可告慰先生于九泉之下。

1957年秋，先生拟议修订、重印《长编》，并由商务印书馆列人1958年出版计划，约以翌年6月底交稿。但事隔数日之后，先生旧疾发作，病情危笃，修订工作只得停止，并致函商务印书馆，原议作罢。1960年初，先生病情有所好转后，又继续修订，并拟议改由中华书局重印。在所增补的各条中，仅新发现的《张建章墓志》考证，就有5000多字。不幸的是从同年5月起，先生病情又开始恶化，只好再次搁浅，直到临终以前，《长编》也未能修订完毕。1981年，《社会科学战线》杂志社组织研究人员对此书进行了校订标点，重新出版了此书。先生对渤

〔1〕金毓黻：《渤海国志长编》卷3《论曰》。
〔2〕金毓黻：《渤海国志长编·识语》。

海史研究的重大贡献，会永远铭记在人们的心中，先生的名字也将永远与《长编》共存！

（原载《社会科学战线》1988 年第 4 期）

东北历史人物及其他

30　唐朝在东北民族地区设置的府州

唐代是我国历史疆域最宏阔的时期之一。自李渊建立唐朝政权之后，就开始在全国各民族地区设置州县。至唐太宗时，进一步完善了全国的行政区划，贞观元年(627)，将全国分为十道，自上而下地实行道、府、州、县四级中央集权统治。除了在内地设置了358个州府外[1]，到唐玄宗天宝年间，已先后在四境各少数民族地区设置了856个府州[2]。分别册封各少数民族首领为王，并充任所设府州的都督或刺史，保持与内地的经常联系，替代朝廷直接管理本部诸事，维系与唐朝的隶属关系。历史上称此类府州为羁縻州，是唐朝统治者开拓疆宇，保境安民，巩固版籍的重要手段和有力措施。

唐代的东北地区位于十道中的河北道北半部，其西接关内道，东临大海，北越外兴安岭，南伸进到朝鲜半岛。居住着奚、契丹、靺鞨、室韦、高句丽等族。此外，新罗和百济两国，也继续与唐朝保持着从历史上延续下来的隶属关系，唐朝曾先后在那里设置府州。

东北各民族地区，在当时的历史条件下，尽管地域荒远，人迹罕至，车马难通，但是，唐朝统治者们，凭恃雄强国力，除了在河北和辽西设置幽州及营州都督府，分别兼理东北各民族外，并直接在各民族地区置官设治，有效疆理，先后建立100多个州府。现将文献中尚可考稽者，大致按地域及设置先后，开列如下。错谬之处，深望得到读者的指正，以求更接近历史实际。

---

〔1〕《新唐书》卷37《地理志一》。

〔2〕《新唐书》卷43下《地理志七下》。

30.1 奚饶乐都督府的设置

奚是东胡族的一支,在唐代,奚人居住在今日内蒙、河北、辽宁三省交错的荒漠山谷之中,大抵位于辽河与滦河上游的中间地带。

唐朝开国初期,即于内附的奚地设置了饶乐郡都督府,因其境内有饶乐水(今内蒙古西拉木伦河)而得名。显然,饶乐府的位置也当在饶乐水流域。按照《旧唐书》记载:"武德五年(622),分饶乐郡都督府置崇州、鲜州,处奚可汗部落,隶营州都督。"[1]此时李渊尚未改郡为州,故称为饶乐郡,当设于武德五年以前,隶营州总管府。

饶乐郡都督府开置不久,因突厥侵据,奚众叛附突厥,该都督府曾一度撤废。唐太宗贞观三年(629),改崇州为北黎州,即匹黎州。八年(634),又恢复崇州旧名。至二十二年(648),奚酋帅可度者率部众归附唐朝,唐太宗复置饶乐都督府,"拜可度者使持节六州诸军事、饶乐都督,封楼烦县公,赐李氏"[2]。并将奚所领五部,分置五州,各以其酋首辱纥主为刺史,统归饶乐都督辖制。其中"以阿会部为弱水州,处和部为祁黎州,奥失部为洛瑰州,度稽部为太鲁州,元俟折部为渴野州"[3],大体皆以所在山川名州。又于营州复置东夷都护府,兼统饶乐都督府诸州。由于史书记载失详,对唐在奚地所置府州方位,难以确指,历来史家都"无法一一考定,姑从阙略"[4]。

武则天统治时期,酷吏横行州郡,天下骚动,契丹发动了抗唐斗争,奚也叛附契丹,失败后又同附突厥,唐朝对饶乐府失控,以往在奚地所置诸州,相继南迁,侨置内地。至唐中宗神龙初年(705),"乃使北还。二年(706),皆隶幽州都督府"[5],是为幽州都督府统辖奚地府州时期。

唐玄宗嗣位以后,励精政事,积极强化对边疆治理,使国力盛极一

〔1〕《旧唐书》卷39《地理志二》。

〔2〕《新唐书》卷219《北狄奚传》。

〔3〕《新唐书》卷219《北狄奚传》。

〔4〕金毓黻:《东北通史》第三期六,社会科学战线杂志社1980年版。

〔5〕《新唐书》卷43下《地理志七下》。

时，边疆各族纷纷归附。[1] 开元三年(715)，奚酋长李大辅“遣其大臣粤苏梅落来请降，诏复立其地为饶乐州，封大辅为饶乐郡王，仍拜左金吾员外大将军、饶乐州都督”[2]。五年(717)，李大辅等入朝，请求于柳城(今辽宁朝阳)依旧置营州都督府。唐玄宗采纳了这个建议，于同年将营州从渔阳(今河北蓟县)迁还柳城，直接兼理奚部等，并于营州治内设置平卢军及燕郡、汝罗等6座守捉城，加强军事控制力量。又以从外甥女辛氏为李大辅妻，借此笼络奚众，固结隶属关系。七年(719)，“升平卢军使为平卢军节度，经略河北支度、管内诸蕃及营田等使，兼领安东都护及营、辽、燕三州”[3]，从而开始了平卢节度使兼押奚等蕃使时期，并使其制度化。八年(720)，李大辅死。十年(722)，唐玄宗封李大辅弟鲁苏为饶乐郡王。十四年(726)，改为奉诚郡王。十八年(730)，奚众受契丹胁迫，叛附突厥，鲁苏弃众奔唐，走投榆关，饶乐都督府再次失落。二十年(732)，唐玄宗命信安王祎讨伐叛奚，降服奚酋帅李诗锁高，封其为归义王，以其地为归义州，充归义州都督。二十二年(734)，诏改饶乐都督府为奉诚都督府。李诗死后，其子延宠袭位，唐玄宗复封其为饶乐都督。此外，唐朝在奚地还设有顺化州，前后合为9州1府。

唐玄宗末年，因受安史之乱影响，平卢节度使自营州南迁青州(今山东益都)，改为淄青平卢节度使，押领饶乐都督府的任务转由范阳节度使统领。所谓“故事，常以范阳节度使为押奚、契丹两蕃使”[4]，又称“范阳节度使，临制奚、契丹”[5]，都证明在唐玄宗以后，由范阳节度使押领饶乐都督府。直到唐朝灭亡，再无变动。

安史之乱平息以后，藩镇势力得到朝廷认可，擅自划定封壤，为保全势力，很少在边境上寻衅滋事，因而奚人等也相对安定下来，从而使奚地各府州，一直保持在唐朝的控制下。

---

[1]《新唐书》卷5《玄宗纪》。

[2]《旧唐书》卷199下《北狄奚传》。

[3]《新唐书》卷66《方镇表三》。

[4]《旧唐书》卷199下《北狄契丹传》。

[5]《旧唐书》卷33《地理志一》。

30.2 契丹松漠都督府的设置

契丹与奚相邻,属于同一族类,居住在今日辽河与大凌河上游之间的松林荒漠之中。唐代是契丹族崛起时期,特别是到了唐朝末年,终于发展成东北力量最强大的一支民族,所谓"地方二千里","胜兵四万三千人"[1],直接威胁着周围其他民族的生存。

唐朝对契丹各部的辖制,大体与奚雷同,二者对朝廷的态度也常互为表里,往往采取一致行动,因而时人号称其为两蕃。自唐高祖初年,契丹的一些部落陆续内附,向唐朝贡献名马丰貂等方物。于是,唐朝便开始在契丹部落中设置州县。从唐高祖武德二年(619),以契丹内稽部为辽州,到唐玄宗开元四年(716),析纥便部置归顺州,先后共在契丹部落内设置了19州1府[2],分别任命其酋长为各部府州的都督或刺史,纳入唐朝中央集权统治之下。

唐太宗时,已普遍在契丹各部落中设置了府州。贞观元年(627),更名辽州为威州,隶幽州都督府。二年(628),以松漠部落为昌州,隶营州都督府。三年(629),在契丹与室韦交错地区置师州,兼领二者相邻部落,隶营州都督府。十九年(645)[3],以乙失革部落为带州,隶营州都督府。二十年(646),以曲据部为玄州,隶营州都督府。二十二年(648),以酋帅窟哥为首的契丹各部诚请内属,因其地松林遍野,荒漠无垠,且有松漠部落,"乃置松漠都督府,以窟哥为使持节十州诸军事、松漠都督,封无极县男,赐氏李;以达稽部为峭落州,纥便部为弹汗州,独话部为无逢州,芬问部为羽陵州,突便部为日连州,芮奚部为徒河州,坠斤部为万丹州,伏部为匹黎、赤山二州,俱隶松漠府,即以辱纥主为之刺史"[4]。凡此8部9州,合松漠府为10州,同隶营州都督府。

---

[1]《旧唐书》卷199下《北狄契丹传》。

[2]《新唐书·地理志》为17州1府,但开列了18州,遗漏弹汗州,实为19州。

[3]《新唐书·地理志》为十年(626)。

[4]《新唐书》卷219《北狄契丹传》。

武则天垂拱初年,曾授契丹别部酋帅孙万荣为归诚州刺史,是以在契丹部落中设有归诚州。载初元年(689),又析松漠部昌州置沃州。万岁通天元年(696),又在乙失活部落内置信州。以上3州俱隶营州都督府。

唐睿宗景云元年(710),析玄州置青山州,隶幽州都督府。

唐玄宗开元四年(716),析弹汗州部落置归顺州。天宝元年(742),改为归化郡。至唐肃宗乾元元年(758),复为归顺州。

唐朝对契丹各府州的押领,完全同押领奚地府州一致。在武则天万岁通天年间以前,基本上隶营州都督府。第一任松漠都督窟哥死后,阿卜固为松漠都督时,与奚联合叛唐被擒。至武则天时,又以窟哥孙尽忠为松漠都督。万岁通天元年(696),由于李尽忠不堪忍受营州都督赵翙的民族压迫,伙同妻兄归诚州刺史孙万荣举兵,攻陷营州,杀死赵翙,掀起一场震撼北方州郡的反唐斗争。失败后,契丹再度归附突厥,迫使唐朝在契丹部落内所设府州相继南移,侨置内地,分别迁往河北、山东及河南一些州境安置。其中迁玄州于宋、徐之境,迁威州于幽州之境,迁昌、师、带、信四州于青州之境等等。至唐中宗复位以后,仍使北还,但非是还于初置之地,仅寄治幽州境内,皆隶幽州都督府。

唐玄宗执政后,一面加强营州兵力,一面积极缓和契丹与朝廷的矛盾。因此,至开元三年(715),李尽忠从父弟李失活乘突厥默啜可汗政权衰弱之机,率领部众归唐。于是,唐玄宗"复置松漠都督府,封失活为松漠郡王,拜左金吾卫大将军兼松漠都督。其所统八部落,各因旧帅拜为刺史"[1],基本上恢复了以往在契丹各部落内所设置的府州。同时,又以大将薛泰督军镇抚契丹各部,加强对契丹的控制力量。随后唐玄宗又以宗室外甥女杨氏为李失活妻,用和亲手段缓和契丹与朝廷的矛盾,巩固隶属关系。尽管此时契丹人正处于从奴隶制向封建制分化过程中,内部动荡不定,斗争迭起,影响了与唐朝长期安定局面的存在,但是,由于唐朝实力雄强,特别是唐玄宗时多次出兵契丹,从整体来

---

〔1〕《旧唐书》卷199下《北狄契丹传》。

看,契丹始终未能摆脱唐帝国的藩篱。直到唐朝灭亡以后,契丹人才创建一个强大的辽帝国。

30.3　百济亡后设置的5府1州

百济位于朝鲜半岛西南端,是由北来的扶余人和土著的韩人所建立的古国。

唐朝建立以后,百济王扶余璋接连遣使入唐朝贡,献果下马、明光铠等。武德七年(624),唐高祖沿袭前朝旧制,册封扶余璋为带方郡王、百济王。自此以后职贡相寻,频繁往来。

朝鲜半岛三国有史以来,统治集团之间屡有攻伐,积怨较深,世代为仇,给三国人民带来无休止的灾难。唐朝统治者为了保持三国力量平衡,互为掣肘,更有利于对三国的控制,在排解三国纠纷上,倾注了大量的人力物力。贞观元年(627),唐太宗对三国"具敕通和,咸许辑睦",令其"共笃邻情,即停兵革"。[1] 扶余璋虽然在表面上遵旨顺命,上表陈谢,暂时停止侵夺新罗城邑,而内心深处仍相仇如故。

贞观十五年(641),扶余璋死后,其子义慈袭位,唐太宗册其为柱国,封带方郡王、百济王。十六年(642),义慈兴兵进攻新罗,一举攻占新罗40余城,并与高句丽通谋,合攻新罗党项城,以断绝新罗入唐朝道路。后来,百济乘唐太宗征高句丽时,又侵占新罗20余城,并停止了对朝廷的岁时朝贡。

唐高宗嗣位以后,为维护对三国的控制,极力敦促其罢兵修好。永徽二年(651),义慈为了缓和唐朝对百济的压力,遣使恢复朝贡。唐高宗借贡使回百济之便,敕令义慈交还所侵夺新罗的城邑;如果不从,唐廷将支持新罗与百济决战,并约束高句丽不许救援百济。义慈非但不听,反而气焰更盛,于655年与高句丽、靺鞨联兵,又攻占新罗北境30余城,迫使新罗王金春秋向唐朝请求发兵救援。显庆五年(660),唐高

〔1〕《旧唐书》卷199上《东夷百济传》。

宗命左卫大将军苏定方统领13万大军讨伐百济，与新罗兵合势，一举攻克百济王城，俘虏了义慈及太子隆以下酋长58人，百济遂亡。

唐兵讨平百济之后，将其旧有的5部、37郡、200城，“析置熊津、马韩、东明、金琏、德安五都督府，擢酋渠长治之，命郎将刘仁愿守百济城，左卫郎将王文度为熊津都督”[1]，又以“刘仁轨检校带方州刺史”[2]，全面实行府州区划。

王文度死后，诏以刘仁轨为熊津都督，继续统兵震慑百济旧地，同刘仁愿一起配合，平息百济遗民的反抗。刘仁轨在百济留守期间，积极抚纳余众，大胆起用那些对唐朝忠信之士，组织吏民收敛死于战乱之中的骸骨，加以掩埋吊祭。并“修录户口，署置官长，开通途路，整理村落，建立桥梁，补葺堤堰，修复陂塘，劝课耕种，赈贷贫乏，存问孤老，颁宗庙忌讳，立皇家社稷，百济余众各安其业”[3]，全面推行唐朝的政治统治制度。又积极屯田积谷，发展生产，为征伐高句丽作出物质准备。

麟德二年(665)，唐高宗又以扶余隆为熊津都督，由内地回到百济，安辑余众。在刘仁轨主持下，新罗王金法敏来到熊津城，同扶余隆刑白马之盟，令其“长为与国，结好除怨，恭天子命，永为藩服”，并“作金书铁契，藏新罗庙中”。[4] 实际上，这也是对新罗进行约束，不得乘百济灭亡，对其遗民加以报复。

但是，在武则天统治时期，唐朝对东北各族一度失控，新罗乘机向外扩张。至唐中宗时，百济旧地几乎全部被新罗占有。唐玄宗开元二十三年(735)，又明令“敕赐浿江以南地”[5]归新罗，新罗将其重新划为熊、全、武三州[6]，唐朝所置府州俱废。

---

[1]《新唐书》卷220《东夷百济传》。

[2]《资治通鉴》卷200，岑仲勉《隋唐史》卷下，据苏定方《纪功碑》定唐在百济置“五都督府七州二百五十县”。

[3]《旧唐书》卷84《刘仁轨传》。

[4]《新唐书》卷220《东夷百济传》。

[5]《三国史记》卷8《新罗圣德王纪》。

[6]《海东绎史续》卷7。

30.4 高句丽亡后设置的9府42州

唐朝建国后，高句丽王建武即遣使朝贡内附，送还隋朝陷落在高句丽的士卒，缓和与中原的矛盾。武德七年(624)，唐高祖派刑部尚书沈叔安往平壤“册建武为上柱国、辽东郡王、高丽王”[1]。贞观十六年(642)，盖苏文杀死建武，立高藏为王。十七年(643)，唐太宗封藏为辽东郡王、高丽王，并派司农丞相里玄奖持玺书往谕高句丽统治者，令勿攻新罗。但盖苏文对唐太宗的书旨置之不理，使唐太宗有了出兵高句丽的借口。

贞观十九年(645)，唐太宗经过长期战争准备之后，征伐高句丽时机已经成熟，于是打着兴师问罪、除暴安民、收复故地旗号，亲统六军，合水陆10万之众，大举讨伐高句丽。经过数月激烈战斗，收复辽东10城，并先后以盖牟城置盖州，辽东城为辽州，白岩城为岩州，设治屯兵，镇守所收复之地，为后来唐高宗讨平高句丽奠定了基础。

唐高宗即位以后，继续去完成唐太宗的未竟事业，永徽六年(655)，借新罗向唐朝求援之机，派大军讨伐高句丽。经过十多年的长期战争，终于在总章元年(668)败亡高句丽。唐朝统治者“剖其地为都督府者九，州四十二，县百。复置安东都护府，擢酋豪有功者授都督、刺史、令，与华官参治，(薛)仁贵为都护，总兵镇之”[2]，并将安东都护府设在平壤，统领九都督府，安辑余众，继续发挥政治中心作用。

唐朝在高句丽灭亡后所设9都督府，至今尚有名目可稽考，即为“新城州都督府，辽城州都督府，哥勿州都督府，卫乐州都督府，舍利州都督府，居素州都督府，越喜州都督府，去旦州都督府，建安州都督府”[3]。42州之名已不可全得，《新唐书·地理志》中仅存14州，即南苏州、盖牟州、代那州、仓岩州、磨米州、积利州、黎山州、延津州、木底

[1]《旧唐书》卷199上《东夷高丽传》。

[2]《新唐书》卷220《东夷高丽传》。

[3]《新唐书》卷43下《地理志七下》。

州、安市州、诸北州、识利州、拂涅州、拜汉州。在《三国史记》这部朝鲜古籍中,保存了李勣给朝廷的奏报所开列的高句丽堪置都督府及州郡的城邑清单。但所存之目,也不足9府42州及百县之数,仅有39城51县[1],而且《新唐书·地理志》中所记载的9府14州之名,多数不在这个清单所列的39城中。显然是在设置时有所增益,特别是在百济、靺鞨之地所设府州,也一并隶安东都护府统领,不可能包括在李勣的奏折中。如果把《新唐书》所载的9府14州,加上《三国史记》所载的39城之数,再去掉二者明显重复的7个州城,得55个州城,比9府42州的51州城数多4个。很可能在这55个州城中还有同城异名的,例如金毓黻等人就主张"哥勿与国内音近"[2],二者很可能为一城。如果再能考证出3个同城异名者,那么,42州之数,庶几可以得全了。兹将《三国史记》所载39城开列如下:北扶余城州、节城、丰夫城、新城州、桃城、大豆山城、辽东城州、屋城州、白石城、多伐岳州、安市城、掠岩城、木底城、薮口城、南苏城、甘勿主城、夌田谷城、心岳城、国内州、屑夫娄城、朽岳城、紫木城、铃城、面岳城、牙岳城、鷲岳城、积利城、木银城、犁山城、穴城、银城、似城、东明州、支浔州、鲁山州、古四州、沙泮州、带方州及分嵯州。其中新城州、辽东城州(即辽东州)、犁山城(即黎山州)、安市城、木底城、南苏城及积利等,均见于《新唐书·地理志》。

上述唐朝在高句丽等地所设置的9府42州,后来随着新罗的北侵和渤海的南进,高句丽旧地多被二者占有,安东都护府也不断西移,侨置内地或辽东,原设府州仅存辽东部分,其余自然撤废。

30.5 新罗鸡林州都督府的设置

历史上,新罗常蒙受百济和高句丽的侵扰,在三国中力量比较弱小。但是,新罗累世接受唐朝册封为乐浪郡王、新罗王,并不断派遣子弟入唐为质,留宿卫,贡献方物等,双方很少直接发生利害冲突。在对

〔1〕《三国史记》卷37《地理·高句丽》。

〔2〕金毓黻:《东北通史》第三期五。

待百济、高句丽乃至后来的渤海所采取的立场，基本上与唐朝保持一致，彼此休戚与共，互为应援。唐朝曾先后令新罗发兵，配合唐兵讨伐百济和高句丽，进攻渤海南鄙，牵制三国势力，与唐朝形成掎角之势，使三者陷入合围夹击境地，而遭到失败。

在唐朝灭亡百济和高句丽以后，新罗是这两次战争的最大受益者，既昭雪了旧怨，又成倍地扩张了地盘，增加了人口，大批百济人与高句丽人流入新罗，这使新罗骤然强大起来。至唐玄宗时，新罗已全部占领百济旧地，领有高句丽南半部领土，合新罗原有之地而置9州，在原新罗境内置尚州、良州、康州，百济旧地置熊州、全州、武州，高句丽旧地置汉州、朔州、溟州，[1]成为半岛上独存的政治势力。

新罗的日渐强大，并没有改变同唐朝的蕃属关系，反而刺激唐朝加强对新罗的控制。继贞观二十二年(648)，新罗真德王遣使朝唐，“请改章服，从中国制”[2]之后，永徽元年(650)，真德又遣其弟金法敏入朝，奉献《太平颂》，其末尾云：“五三成一德，昭我唐家光”[3]，承认与唐朝的一体关系。龙朔三年(663)，唐高宗诏以新罗为鸡林州都督府，授法敏王为鸡林州都督，正式纳入唐朝行政区划。

自法敏王以后的新罗王，相继袭嗣鸡林州都督之职，总领新罗自设的9州。武则天圣历元年(698)以后，由于渤海的兴起，时刻威胁着新罗北境的安全，使其更加依附唐朝，唯朝廷之命是从，借以对抗渤海的扩张政策。直到灭亡前，新罗始终与中原王朝和睦相处。

30.6 靺鞨诸府州的设置

唐代的东北靺鞨族，是一支较大的少数民族。其历史悠久，种落繁聚，占地辽阔，唐朝初期仍有7个较大部落和若干个小部落。南到朝鲜半岛中部，以泥河(今名龙兴江)与新罗为界，北抵鄂霍次克海，东濒日

[1]《三国史记》卷34《杂志第三新罗地理》。

[2]《新唐书》卷220《东夷新罗传》。

[3]《旧唐书》卷199上《东夷新罗传》。

本海,西与室韦、契丹等相邻。由于靺鞨人积极接受中原先进文化影响,很快发展起来,创建了一个强大的渤海国割据政权。唐朝对靺鞨人的管辖,是巩固东北边疆的关键,先后在靺鞨部落中设置了3个都督府和5个州。

自隋朝后期,以粟末部酋长突地稽为首的一些靺鞨人开始内迁,定居于营州地区。隋炀帝曾封突地稽为辽西郡太守。唐朝政权建立后,突地稽率部归属,武德元年(618),唐高祖以其部置燕州,封突地稽为燕州总管,寄治营州。贞观六年(632),迁治于幽州。接着,唐高祖又置慎州,领涑沫靺鞨乌素固部落,隶营州都督府。乾封中(667),唐高宗于营州界内置夷宾州,领靺鞨愁思岭部落,隶营州都督府。载初二年(690),武则天又析慎州而置黎州,领浮渝靺鞨乌素固部落,隶营州都督府。万岁通天元年(696),营州失陷后,慎州、夷宾州、黎州皆徙往内地。唐中宗时乃使北还,改隶幽州都督府,寄治幽州境内。

武则天圣历元年(698),在唐高宗时入居营州的粟末靺鞨人,由首领大祚荣率领东归,回到靺鞨故地,在今日牡丹江流域创建了震国割据政权。开元元年(713),唐玄宗命郎将崔忻摄鸿胪卿,"往册拜祚荣为左骁卫员外大将军、渤海郡王,仍以其所统为忽汗州,加授忽汗川都督"[1]。自此,大祚荣去掉震国和靺鞨名号,专称为渤海。所以,忽汗州都督府又称渤海都督府,渤海历代诸王皆依制袭封为忽汗州都督,向唐朝称臣纳贡,履行臣下义务。至渤海全盛时期,统一了靺鞨各部。为了加强对所领各部的控制,渤海统治者采取了与唐廷相一致的行政区划,将所辖地域,自行设置5京、15府、62州、100余县,统由忽汗州都督辖领。渤海所自行设置的这些京府州县,从全局来看,是唐朝府州的组成部分,只是不直属朝廷,而由忽汗州都督代管。

除渤海都督府以外,唐朝在黑龙江中下游南北两岸黑水靺鞨部内,也设置了州府。开元十年(722),黑水靺鞨酋长倪属利稽朝唐,唐玄宗册其为勃利州刺史,是以在黑水部内设有勃利州。十四年(726),

[1]《旧唐书》卷199下《北狄渤海靺鞨传》。

唐玄宗在安东都护薛泰的建议下，以及黑水部的请求下，诏以黑水部中最大部落“为黑水府，仍以其首领为都督，诸部刺史隶属焉。中国置长史，就其部落监领之”[1]，并以幽州都督为其押使，从而开创了我国在黑龙江南北两岸直接置官设治的历史，极大地巩固了我国的传统疆域。从“诸部刺史隶属焉”这句记载中，完全证明在黑水各部中普遍设置了相应的州治。开元十六年(728)，唐玄宗赐黑水州都督姓李氏，名献诚，并授其为云麾将军兼黑水经略使，更加具体地明确了其职权范围。

此外，唐朝在其他靺鞨部落中，还设置了安静都督府。其设置年代及大致位置，皆失于记载。

唐朝自玄宗时起，把对东北各族管辖的重点，逐渐转到对渤海和黑水都督府的经略上。开元二十八年(740)，以平卢军节度使兼押两蕃、渤海、黑水四府经略处置使，并使其制度化，历任平卢军节度使都兼任此职。安史之乱以后，平卢节度使与淄青节度使合并，仍以淄青平卢节度使兼押渤海黑水经略使，这一定制，一直延续到后梁及后唐。

30.7 室韦都督府的设置

唐代室韦位于契丹以北，突厥以东，东接靺鞨，北逾外兴安岭。其占地之广、种落之盛，可与靺鞨匹配。自唐初武德年间，室韦就隶属于唐朝，朝贡不绝。双方关系比较稳定，很少发生冲突和矛盾。在一些关键时刻和重大事件上，室韦都坚定地站在朝廷立场上，协助朝廷出兵讨伐其他部族。

唐朝在室韦部落中所设置府州的具体情况，没有详细记载下来。唯知唐太宗贞观三年(629)，于营州东北置师州，领契丹室韦部落。关于室韦都督府的设置年代，大致可认定在唐玄宗时期。因为在唐玄宗以前，唐朝并没有普遍在东北各民族地区设置都督府，特别是武则天

[1]《旧唐书》卷199下《北狄靺鞨传》。

时期,几乎对东北失控,以往所设置的少数几个都督府,如松漠、饶乐两都督府已不复存在。至唐玄宗时,加强了对东北的统治力量,不但恢复了旧有设置,而且在靺鞨部落内新设置了忽汗州与黑水州两都督府。在如此普遍恢复和新建情况下,唐玄宗不会忽略对室韦部落的管辖。同时,《旧唐书》中称:“平卢军节度使,镇抚室韦、靺鞨”[1],而平卢军节度使为唐玄宗时所设。《资治通鉴》天宝元年(742)载:“是时,天下声教所被之州三百三十一,羁縻之州八百,置十节度使经略使以备边……平卢节度使镇抚室韦、靺鞨。”都可以说明唐玄宗在室韦部落中置州羁縻之,是情理中事。此外,唐玄宗以后的唐朝各代皇帝,对东北各族的管辖,基本上因袭旧有设置,很少有新的建树。所以判定室韦都督府设于唐玄宗时,大致不误。

据史书记载,先后有 4 位室韦都督 7 次入唐朝贡或贺正。《唐会要》卷 96 载:唐德宗贞元八年(792),“室韦都督和解热素等十一人来朝贡”。唐文宗太和九年(835),“室韦大都督阿朱等三十人来朝贡”;开成元年(836),“室韦大都督阿朱等来朝,进马五十匹”;开成四年(839),“上御麟德殿,对入朝贺正室韦阿朱等十五人。其年十二月室韦大都督秩虫等三十人来朝贡”。唐武宗会昌二年(842),“上御麟德殿,引见室韦大首领都督热论等十五人,宴赐有差”。以上史实证明唐朝在室韦确实设置了都督府,而且称阿朱和秩虫为大都督,那么其都督府也应是升为大都督府。同时,开成四年(839)一年之中有两个室韦大都督入朝,也很可能在室韦中不只设有一个都督府。此外,《册府元龟》卷 972 载:唐德宗贞元九年(793),“室韦大都督阿朱等三十人来朝贡”,距开成四年阿朱入朝贺正有 46 年,恐非为一人。《旧唐书》室韦传则记为阿成,与《唐会要》及《册府元龟》相歧异,究竟孰是,还有待考证。总之,有关室韦都督府的具体情况,目前还是一个谜。

30.8 霫及突厥别部设置的府州

霫又名白霫,与奚相邻,常将奚霫并称。唐朝时,霫人居住在奚与

〔1〕《旧唐书》卷 33《地理志一》。

契丹以北，大约位于今日内蒙古哲里木盟等草原地区，幅员两千里，占地也很可观。其中较大部落拥有4万户族众，胜兵万余人。

唐太宗贞观三年(629)，霫酋长即遣使朝唐，贡献方物，以示内属。二十一年(647)，“列其地为寘颜州，即以其酋长为刺史”[1]。此外，又于别部置居延都督府，皆隶安北都护府统领。显庆五年(660)，唐高宗封其酋长李含珠为居延都督。含珠死后，又以其弟厥都为居延都督。

突厥别部是指在河北道境内的突厥部落，与奚和契丹相接。贞观四年(630)，唐太宗平突厥后，以其部落置顺州都督府等。六年(632)，使顺州寄治营州南五柳城，隶营州都督府。十年(636)，唐太宗又于营州界内置瑞州，领突厥乌突汗达干部落，起初隶营州都督府，武则天时南迁宋州安置，唐中宗时北还，隶幽州都督府。

唐玄宗天宝初年，为了安置归降唐朝的东北胡人，于范阳县界置凛州，隶幽州都督府。

此外，远在堪察加半岛上的流鬼部落，在唐朝时也与中原建立起联系。贞观十四年(640)，其王不避路途遥远艰辛和语言难通，“遣子可也余莫貂皮更三译来朝”[2]，唐太宗授其为骑都尉，与东北其他民族一样看待。

综上所述，唐朝为加强对东北的管辖，先后在各民族地区设置了22个都督府，79个州，如果加上各族自设的府州，几乎接近200个府州，可称得上府州之设遍布东北各地。这对东北地区的开发及各族同中原的联系都起到了极大的推动作用，也进一步巩固了东北的边疆，并对中华民族大家庭的形成与发展等，都具有不可磨灭的贡献。这些成功的经验，一直是后来中国历代封建统治者引以为鉴的一面镜子，就是在今天，也应很好地加以总结和研究。

(原载《社会科学战线》1986年第3期)

[1]《唐会要》卷98《霫殑国》。

[2]《新唐书》卷220《东夷流鬼传》。

31 中国古代
东北各族与日本的交往

中日两国,是一衣带水的近邻,尤以东北地区距日本最近。特别是在较早的古代,中国北端的库页岛,几与日本北部之北海道岛对接。因此,自古代中日两国交往之日起,东北各族就与日本有了接触,成为中日关系史的重要篇章。对此一问题的探讨,无疑会有助于中日关系史的研究,进一步了解中日交往的全过程,准确勾画出两国交往的轨迹,把握住未来的方向。

在以往有关中日关系史研究的各家著述中,对古代东北各族与日本的交往很少载笔,抑或论述不足,很难了解中日关系史研究的全貌。本文仅就唐及其以前东北各族与日本之交往,略作叙述,起一点拾遗补缺的作用。

31.1 唐代以前东北各族与日本的交往

中国东北地区各族与日本的交往,究竟起于何时,目前尚难得出确切结论。依据日本现代考古发掘资料证明,大约在两千数百年前,中国文化即已开始逐渐传播到日本,而这种传播的途径,除了通过朝鲜半岛间接传入以外,更主要的还是通过两国人员直接交往而实现的。由于中日两国隔海相望,互相往来,必须渡过波涛浩渺的大海。尽管北端的库页岛与北海道近在咫尺,但因陆路多山,行程遥远,反不如南部渡海方便。现已探明,自古以来,位于日本西部和中国东北东部之间的日本海中,有一道按逆时针方向流动的环流。此一环流,可以将双方的船只,自然漂浮到彼岸。在古代航海术极原始状况下,日本海环流犹如为双方往来架起一座天然桥梁,特别是为东北各族与日本的直接交往，提供了得天独厚的便利条件。

据中国古文献记载，中国自殷周以来，由于战乱灾祸等原因，许多人为了躲避灾难，谋求生存，远走他乡，流入各地，其中有些人很可能到了日本。而日本社会发展进入文明时期以后，积极吸收中国文化，不断寻求同中国各地交往。从发展趋势而言，双方之交往，当是自发的民间交往在前，逐渐发展为有组织的官方交往；在官方交往出现以后，仍存在着民间的交往。古代东北地区，曾出现过一些民族地方割据政权，有的割据政权出现以后，为了发展自己，扩大对外部影响，也积极谋求同日本的交往。又由于这些割据政权不断更替灭亡，双方的交往时续时断，缺少连续性和持久性，影响了双方长期合作与共同发展。据文献记载，在唐代以前，东北与日本的交往，主要体现在战国后期至秦汉时的燕国、汉魏时的公孙氏政权、汉至唐的高句丽、南北朝至唐的靺鞨部等。宋元之际的史学家马端临，在他著名的《文献通考》一书中，称“倭人自后汉始通中国”，“其初通中国也，实自辽东而来”，“至六朝及宋，则多从南道浮海入贡及通互市之类，而不自北方”。[1] 马氏此论，有得有失。其始通时间，似嫌过迟；初通实自辽东而来，则颇合客观实际。马氏纂辑此书，虽然是以固有文献为蓝本，言必有据，史必有征，但也恐难免会有疏漏或讹误。在中国最早的一部历史地理著作《山海经》中，有这样一则记载：“盖国在钜燕南，倭北，倭属燕。”[2]倭是日本的古国名。燕是周朝的诸侯国，始建于公元前12世纪后期，位于今日北京市周围。据金毓黻先生考证，至燕昭王十二年（前300年）前后，燕将秦开率兵北却东胡千余里，东取古朝鲜之地2000余里，使燕国势力从今日北京市一带，延伸到东北地区和朝鲜半岛中部地区，并始设辽东、辽西等郡。[3] 至秦始皇二十五年，即燕僖王三十三年（前222年），秦灭燕，天下归一。《山海经》一书历来被确认为信史，所载“倭属燕”，若确有其事，其时间断限，当在公元前300年至公元前222年之间，即为燕领有

〔1〕《文献通考》卷324《四裔一·倭》。

〔2〕《山海经》第12《海内北经》。

〔3〕金毓黻：《东北通史》第一期三。

东北地区时，而东北自然成为双方交往必经之地。同时，东北与日本交往的起始时间，也当定于此时为宜。

秦及西汉时期，古籍中未留下东北与日本交往的纪事，难以确论。到了东汉末叶，才见诸文字记载。汉献帝初平元年(190)，辽东太守公孙度乘汉室衰微，中原板荡，自立为辽东侯，坐镇襄平(今辽阳市)，割据一方，前后祖孙三世，历时50年，执掌东北地方大权，并将势力深入到朝鲜半岛，领有乐浪郡。随后又分乐浪郡南部之地置带方郡，责成带方郡处理与日本交往有关事宜。据《三国志》载，倭国使者常诣魏京城及带方郡，而带方郡也常出使倭国，负责传送文书，赠送礼物。[1] 这些纪事，虽很简单，缺少具体史实，但却可以说明，割据东北的公孙氏政权，同日本有过正式交往，并成为魏与日本交往的一部分。此外，据《三国志·东沃沮传》记载魏将王颀追讨高句丽王宫，至沃沮东界，即今日延边东南部地区，曾"问其耆老，海东复有人不？耆老言国人尝乘船扑鱼，遭风见吹数十日，东得一岛，上有人，言语不相晓，其俗常以七月取童女沈海"等等。此岛当是日本，说明沃沮人与日本有所接触(王侠同志对此作过详考)。

自西汉后期，至唐朝前期，东北地区曾存在过一个高句丽民族政权。这个政权，兴起于今日辽宁桓仁县及吉林集安市一带，其地域是古代中国历史疆域的一部分，其民族是古代中华民族大家庭的一员，其历史当属中国史范畴的一章一节。他同汉代的扶余、两晋南北朝的慕容鲜卑及拓跋鲜卑、唐代契丹等东北古代民族政权，属于同一性质，既不能同东北历史分开，也不能同中国历史分开。因此，高句丽政权同日本的交往，应属于古代东北民族与日本交往的组成部分。据日本第一部国史《日本书纪》记载，仲哀天皇九年(高句丽山上王四年，公元200年)冬十月，神功皇后率兵渡海，进攻新罗，"高丽、百济二国王闻新罗收图籍，降于日本国，密令伺其军势，则知不可胜，自来于营外，叩头而

[1]《三国志》卷30《倭传》。

款曰:‘从今以后,永称西蕃,不绝朝贡。’……皇后从新罗还之”[1],这便是高句丽与日本交往的开始。但是,此则纪事,缺少旁证。从当时的形势判断,尽管在新罗立国初期,就受到倭人侵扰,据《三国史记·新罗始祖纪》载,始祖八年(前50),“倭人行兵,欲犯边,闻始祖有神德,乃还”。但是高句丽却长期活动在鸭绿江流域,将主要精力用在对辽东地区争夺上,在很长时期内,不曾与新罗发生冲突,与日本也无纠葛。况且有新罗为屏障,不可能与日本发生直接军事冲突。考于《三国史记》所载,高句丽同新罗首次爆发军事冲突,是在新罗助贲王十六年(245),“高句丽侵北边,于老将兵出击之,不克,退保马头栅”[2]。再者,山上王是高句丽诸王中的平庸之辈,不思进取,无政绩可言。而此时日本正在走向统一,内乱不休,不可能对高句丽构成威胁。因而山上王既无理由窥伺倭人军势,更无原因向日本称蕃纳贡。姑且确有此事,当是高句丽与日本交往的最早纪事,而交往地点又是异国新罗,而不是在日本本土。至3世纪末、4世纪初,随着高句丽势力的发展强大,积极向外扩张,同日本交往逐渐多起来。

据《三国史记》记载,在高句丽美川王十四年(313),高句丽始将势力深入到朝鲜半岛腹心地区,占据了晋属乐浪郡,夺取了平壤城。但其政治统治中心,仍在鸭绿江北岸的国内城(今吉林集安市),同日本交往仍不如新罗便利。至长寿王十五年(427),高句丽迁都平壤,统治中心南移,同日本交往日趋增多。据《日本书纪》记载,应神天皇七年(高句丽西川王七年,公元276年)秋九月,高句丽曾遣使日本,进行友好访问。三十七年(高句丽美川王七年,公元306年)春二月,日本遣阿知使主等出使西晋,向晋求取女缝工匠人,途经高句丽。但阿知使主等不知通往西晋道路,请求高句丽派向导带路,得到应允。于是美川王派久礼波、久礼志二人为其导者,使其顺利到达西晋,晋送与日本4名女缝

〔1〕《日本书纪》卷9《神功皇后摄政前纪》。
〔2〕《三国史记》卷2《新罗助贲王纪》。

工。[1] 从上述情实得知,当时高句丽不仅与日本交往,而且还是日本与魏晋交往的桥梁,日本与魏晋交往仰赖于高句丽的支持与合作。双方在初期交往过程中,高句丽文化即已传到了日本。《日本书纪》卷11载,仁德天皇十二年(高句丽美川王二十五年,公元324年)秋七月,高句丽将铁盾、铁的传到日本。八月,仁德天皇宴请高句丽客人,命日本群臣"射高句丽所献之铁盾、的,诸人不得射通的",引为双方友好交往的佳话。至高句丽广开土王时,是其向外发展的鼎盛时期。由于倭兵大举入侵新罗、百济,直接威胁到高句丽在朝鲜半岛上的既得利益,广开土王曾两次出兵击败倭寇。据《好太王碑》记载,广开土王十年(400),"教遣步骑五万,往救新罗,……倭寇大溃"。这是高句丽与日本首次发生直接军事对抗,并以日本失败而告终。广开土王十四年,高句丽再次与倭寇较量。当时,由于倭寇串通百济侵入带方境内,高句丽受到直接威胁,于是广开土王"躬率往讨",亲临战阵。结果,"倭寇溃败,斩杀无数"。以现代人的眼光来看历史事件,广开土王这两次抗倭斗争,是东北人民抗倭斗争的开端,对后世产生过一定影响。自427年高句丽迁都平壤以后,至668年唐灭高句丽,高句丽地域横跨鸭绿江两岸。在此期间,高句丽与日本的交往,既是古代东北与日本的交往,也是古代朝鲜半岛与日本的交往。为避免引起歧义,故本文略而不述。

南北朝至唐代,肃慎族的后裔靺鞨族,居住在东北的东部和北部的广阔地区,直接同日本隔海相望,双方时有往来。在日本古籍中,往往仍称靺鞨人为肃慎人。据《日本书纪》卷19记载,钦明天皇五年(544)十二月,"越国言:於佐渡岛北御名部之碕岸有肃慎人,乘一船舶而淹留,春夏扑鱼充食"。又云:"肃慎人移就濑波河浦,浦神严忌。人不敢近。渴饮其水,死者且半,骨积如岩岫,俗呼肃慎隈也。"此两则纪事,说明当时生活在东北的靺鞨人,每当春夏季节,常到日本海中捕鱼为食,并时常在日本沿海岛屿中停留,直接与日本人进行交往,逐渐有

[1]《日本书纪》卷10。原文为"使吴",但吴已于280年被晋所灭,故306年"使吴"为"使晋"之误。

成批靺鞨人移居日本，融入日本民族中。

至唐朝前期，东北的靺鞨人与日本有了进一步交往。而这些交往，基本上是日本人常到靺鞨人中进行骚扰。日本自孝德天皇于645年即位以后，经过“大化革新”，积极吸收中国文化，革新政治，使日本走向盛强之路，并试图向外发展。而此时东北靺鞨各部，也有飞跃性的发展，纷纷形成强大的群体，足可以与外来势力相抗击。据《日本书纪》卷16载，齐明天皇四年(658)，“越国守阿部引田臣比罗夫讨肃慎，献生罴二、罴皮七十枚”。《书纪》中的所谓“讨肃慎”，应视为掠夺性的骚扰。所献之物，为从靺鞨人手里掠去的特产。并由此可知，此次讨肃慎的目的，无非是为了掠夺财物，以献给天皇和中饱私囊。至齐明天皇六年(660)三月，又“遣阿倍臣率船师二百艘，伐肃慎国……肃慎乃陈船师，系羽于木，举而为旗，齐棹近来，停于浅处。……阿倍臣遣数船使唤，不肯来。复于弊赂弁岛，食顷乞和，遂不肯听，据已栅战。于时能登臣马身龙为敌被杀，犹战未倦之间，贼破杀己妻子”。应该说这是双方发生的一次海战，并以日本失败告终。由此说明，东北先民素有勇武善战、不畏强敌的精神。同年五月，阿倍引田臣“于石上池边作须弥山，高如庙塔，以飨肃慎四十七人”。动武不成，转而睦邻友好。此受飨之肃慎人，应是靺鞨族赴日本的使节，受到了日本隆重友好的接待。至天武天皇五年(676)十一月，“肃慎七人从清平等至之”[1]，靺鞨与日本继续友好往来，“从清平等至之”，即表明清平等是从靺鞨人中归来，而靺鞨人随从清平访问日本。持统天皇八年(694)正月，“以务广肆等位，授大唐七人与肃慎二人”，仍是日本对靺鞨的友好表示，也是靺鞨人首次获得日本给予的殊荣。十年(696)三月，又赐“肃慎志良守睿草、锦袍袴、绯、绀、袴、斧等”礼物。[2] 以上纪事，说明日本与东北靺鞨族曾有过广泛的交往，并为后来渤海国与日本的友好往来开辟了道路，打下了基础。

---

〔1〕《日本书纪》卷29。

〔2〕《日本书纪》卷30。

31.2 唐代渤海与日本的交往

唐代是中国东北各族与日本交往最频繁时期之一。武则天圣历元年(698),粟末靺鞨部首领大祚荣,以粟末靺鞨部为核心,在今吉林敦化市一带称王立国。随后大祚荣接受唐朝册封为渤海郡王,改称渤海国,使东北进入崭新开发时期。随着渤海政权的巩固和强大,积极开展对日本的交往,频繁进行政治、经济、文化交流,彼此建立起非常友好的睦邻关系。正如渤海赴日本大使乌须弗所言:"渤海日本,久来邻好,往来朝聘,如兄如弟。"[1]双方本着互惠互利原则,持续友好交往了200余年。渤海与日本交往的历史,主要是记载于日本古籍之中。在现存的日本古籍中,有20余种书籍,载有数百条双方交往的纪事,累积达5万余字,为揭示双方友好交往的历史,提供了十分珍贵的资料。以往中外史学界,对渤海与日本的交往多有论述,意见也较为接近,本文不再重复。唯枝节末端,略作补充,以抒一孔之见。

有许多学者,根据《续日本纪》卷10所载,将日本圣武天皇神龟四年(渤海武王仁安九年,公元727年),武王大武艺遣渤海宁远将军高仁义、首领高齐德等24人出使日本,视为双方通聘开始。但是,同书卷8又载,元正天皇养老四年(720)春正月丙子,"遣渡岛津轻津司从七位上诸君鞍男等六人,于靺鞨国观其风俗"。此时上距渤海立国已有22年,而距大祚荣"始去靺鞨号,专称渤海"也有7年。[2] 因此纪中的靺鞨国,当是渤海国的俗称。同时,渤海国是当时靺鞨诸部最大的政权组织,旧时其东部的白山靺鞨等部,自唐灭高句丽后,"部众多入中国",纷纷"奔散微弱,后无闻焉,纵有遗人,并为渤海编户"。[3] 再者,诸君鞍男从日京至靺鞨国路线,既应与昔日同靺鞨交往的路线相联系,又应与后来渤海通往日本的日本道有关。因此,可以推断诸君鞍男等所

[1]《续日本纪》卷32。

[2]《新唐书》卷219《渤海传》。

[3]《旧唐书》卷199下《靺鞨传》。

到之靺鞨国,当是渤海国。如果此一推断不误,那么,诸君鞍男等是第一批到达渤海的日本使者,是双方友好交往的正式开始;而渤海高齐德等24人出使日本,是在日本遣使渤海之后,并非双方友好交往的开端。此次日本遣使目的,仅是观其风俗,带有考察性质,是一次试探性的交往,为将来的交往铺平道路。

据《帝王编年纪》卷11记载,圣武天皇神龟三年(726)十二月,“渤海朝贡”。此则纪事,《续日本纪》未载。考于神龟四年渤海出使日本的记事,在圣武天皇致武王的国书中,有这样一句话:“首领高齐德等还次,……仍差送使,发遣归乡。”[1]“仍差送使”,即照旧派遣送使之意,如果不是望文生训,由一个“仍”字,便可断定在神龟四年以前,渤海曾遣使日本,而且使臣归国时,日本差送使护送。那么,《帝王编年纪》所载渤海朝贡的纪事,不当以错简或误纪视之。此一判断如果不误,那么,727年大武艺遣使日本,也不是渤海出使日本的开端。

在渤海30余次遣使日本中,各次人数多寡不一。据所记载下来的各次使团人数,初期为20余人或几十人。至文王大钦茂时,使团人数曾猛增至359人,随后又降至60人左右。至宣王建兴六年(823),又增至百人左右。从大虔晃四年(860)起,每次均为105人,成为定式。而日本历次赴渤海使团人数,古籍中只留下3次具体记载。一是圣武天皇神龟五年(728),以引田虫麻吕为首的62人;二是淳仁天皇天平宝字二年(758),以小野田守为首的68人;三是天平宝字三年,以高元度为首的99人。双方每次使团人数为何如此庞大,有必要作一点具体分析。据现今日本宫内厅书陵部所收藏之渤海大彝震咸和十一年(841),渤海中台省致日本太政官牒文载录,此次使团人数为105人,其职司分别为:使头(大使)1人,嗣使(副大使)1人,判官2人,录事3人,天文生1人,大首领65人,梢工28人。与日本赴渤海使团人员组成相比,大同小异。据《延喜式》卷30载,日本入渤海使团,除大使、副使、判官、录事、译语外,其余尚有主神、阴阳师、史生、船师、射手、卜部、

[1]《续日本纪》卷10。

杂使、船工、柂师、傔人、挟杪、水手，共18种职别，分工比较专业化。如渤海的船工，统称为梢工，而日本则分为船师、船工、柂师、挟杪、水手五类。自古以来，国与国的交往人员，很讲求对等原则，既互相影响，又互相制约。双方使团人数之所以庞大，主要是因为护卫人员和船工需人较多。在841年，渤海105人的使团中，有65人是大首领，占总人数的61.9%。据王承礼先生推论，“这是渤海的地方政治势力的代表，可能是代表62州的，是不容忽视的一个方面”[1]，可备一说。但是，从日本使团人员构成上，又得到另一方面启示，内中有射手一职，即护卫人员。考虑到当时来往船只，常常因遭遇风浪袭击，漂流到一些荒僻岛屿上，受到野蛮人杀害的实际情况，十分有必要采取防卫措施。如727年，渤海高仁义等24人出使日本时，“而著虾夷境、仁义以下十六人被杀害，首领齐德等八人仅免死而来”[2]。再如734年，日本入唐使判官平群广成回国途中，因遇恶风，全“船一百一十五人，漂着昆仑国，有贼兵来围，遂被拘执，船人或被杀，或迸散，自余九十余人，著瘴死亡”，最后仅剩下广成等4人，于天平十年(738)，取道渤海，随渤海使臣胥要德回国。[3] 这些惨痛教训，促使双方必须采取相应安全措施，避免灾祸重演，增加射手一类的武装保护人员是十分必要的。因此，841年渤海使团中的65名大首领，当是射手一类的武装护卫人员。至于梢工人数较多，占总人数的26.7%，也是同海上与风浪搏斗有关。仅以渤海文王大兴四十年(776)遣史都蒙等167人出使日本时为例，由于船在海中“忽遭恶风，柂折帆落，漂没者多，计其全存，仅有四十六人”[4]，其余120人，皆葬身海底。可谓付出了巨大代价，不可不防，只好增加梢工人数。

在渤海与日本200多年的友好交往中，渤海使臣每次都向日本天皇等赠送土特产品，诸如各种珍贵兽皮、人参、蜂蜜等。而日本回赠渤

[1]王承礼：《渤海简史》，黑龙江人民出版社1984年版，第156页。

[2]《续日本纪》卷10。

[3]《续日本纪》卷13。

[4]《续日本纪》卷34。

海王等，以丝织品为主，并逐渐形成定式。据《延喜式》卷30载，日本官方规定，每次赠渤海王绢30匹、絁30匹、丝200絇，绵300屯，赠给大使绢10匹、絁20匹、丝50絇、绵100屯，副使絁20匹、丝40絇、绵70屯，赠给判官各絁15匹、丝20絇、绵50屯，录事各絁10匹、绵30屯，译语、史生及首领备赠给絁5匹、绵20屯。按渤海于841年遣贺福延等105人出使日本的具体职司情况，除梢工外，皆有所赠送。此次日本共赠给渤海绢40匹、絁475匹、丝330絇、绵2040屯。按日本律令制时期长度及重量标准，基本上是采用唐制，即1匹长为5丈1尺、宽2尺2寸。在渤海200余年30多次遣使日本过程中，日本赠送给渤海的丝织物，累积可达绢1200余匹、絁14000余匹、丝9900余斤、绵12万多斤。因此，论者多以经济目的视渤海遣使日本，是为了满足宫廷需要。实际上，这仅是一种象征性的礼仪，诚如淳仁天皇所言："物虽轻鲜，寄思良深。"[1]通过微薄礼物，表达日本对渤海的友好情意。如果将这些累积数字，分别放到200多年的岁月长河里，平均每年所赠，却又显得微乎其微了。况且长途跋涉，冒死往来，再多也属得不偿失。这些丝织物虽然渤海不产，且为所需，如若求之于唐，较更易得到，而且更会质高量多。当时日本丝织物的工艺水平，远不如唐朝，唐朝很少用絁一类的粗糙丝织物赏赐给别人。据《册府元龟》记载，自唐玄宗开元年间，就以大宗绢帛等物赏赐渤海。计有：开元七年(719)六月，高王大祚荣卒，赐物500缎；十二年二月，赐其臣贺祚庆帛50匹；十五年二月，赐其王子大昌勃价帛50匹，首领以下各有差，又赐武王大武艺彩练100匹；十六年四月，王子大都利行卒，赐绢300匹、粟300石；十七年三月，赐其使臣帛20匹；十八年二月，赐其使臣智蒙绢20匹；十八年五月，赐其使臣乌那达利帛；十八年九月，赐其使巨帛；十九年二月，赐其使臣帛100匹；十九年十月，赐其使臣大取珍等120人帛各30匹；二十四年三月，赐其王弟大蕃帛30匹；二十四年十一月，赐其首领聿弃计帛500匹；二十五年八月，赐其大首领多蒙固帛100匹；二十七年(739)二

〔1〕《续日本纪》卷22。

月，赐其王弟大勗进帛100匹。[1] 在上述短短20年中，唐赐渤海彩练绢帛一类高档优质丝织物，仅见诸文字记载者，累计达5470匹，基本可以满足渤海上层社会的少数人需要。因此，渤海与日本交往，并非以经济为首要目的，还有更深层目的在内，需作进一步探讨。

从古至今，国与国之间的交往，无不与上层领导人所推行的对外政策有关系，都不是单纯地追求经济目的。一旦在经济利益上失去平衡，打破互惠互利原则，双方就会发生矛盾和裂痕，影响交往的顺利进行，甚至中断往来，断绝关系。因此，更重要的是彼此应以诚相待，建立起互相尊重、互相信任关系，执行平等互惠原则，交往才会牢固持久。综观渤海与日本200多年的友好交往，始终在兄弟般的睦邻方针指导下，努力维护同日本结成的深厚友谊，并得到了日本积极响应与密切合作，使双方交往得以善始善终，谱写出曲曲赞歌，为后世树立起光辉榜样。

渤海自武王大武艺时期，就制定了"亲仁结援"、"永敦邻好"的对日政策，并通过使臣向日本转达了这一良好愿望，立即得到日本圣武天皇的响应，表示"沧波虽隔，不断往来"，[2] 为双方友好睦邻关系的建立，奠定了初步基础。同时，因双方都深受中国汉文化影响，崇尚儒家思想，遵奉信义原则，倡导友情为重。在双方交往中，主要是互致问候，通报情况。每遇嗣立或遭国丧，都互派使臣通报、祝贺或慰问。遇有使臣罹难，倍予关怀存恤，礼仪不亏。双方上层官员在相互接触中，彼此酬酢，相握共勉，如兄如弟，诚挚感人，成为维系双方不断交往的重要因素。

再者，渤海统治者深知要想求得自身发展，不断进步，就永远需要同外部交往，吸取别人长处，充实自己。每当渤海使臣到达日本以后，均停留较长时间，无一次匆匆离去，这一方面是为了休整，更重要的一面是为了更好地了解考察日本。一般来说，每次使臣都停留三五个月，

[1]《册府元龟》卷974；975。

[2]《续日本纪》卷10。

或八九个月,有充分时间考察日本的民俗国情,吸收日本成功经验,尽情广交朋友,建立起深厚友谊,同样是促进双方友好交往的重要因素。从日本一方来看,也未尝不是如此,使臣在渤海停留的时间,甚至比渤海使臣在日本停留的时间更长。例如圣武天皇神龟五年(728)六月五日,遣引田虫麻吕从日本出发,赴渤海报聘兼送渤海使归国,至天平二年(730)八月二十九日返回日本,[1]总共历时2年又2个月零24天,可谓其行漫长,同样也可很好了解考察渤海,广交朋友,达到同样目的。

历史是一面镜子,既可反射过去,又能照见未来。昔时渤海大地,今日正在腾飞。渤海东京龙原府地,被誉为当代"金三角",而"日本道"重现历史光辉。渤海与日本交往的历史,正在为今天提供十分有益的借鉴,新的中日交往,正在谱写更加壮丽的篇章。让我们沿着古人所开辟的道路,为中日友好交往,共同繁荣而努力。

(原载《北方民族》1993年第1期)

---

〔1〕《续日本纪》卷10。

32 西汉文景盛世·引言

西汉是中国历史上的一个辉煌时代。

公元前206年，秦末大起义推翻秦朝统治，楚王项羽封刘邦为汉王，从而揭开西汉历史的新纪元。又经过三年翻天覆地的楚汉战争，刘邦终于打败项羽，自立为皇帝，迎来了中国历史发展的新曙光。

至公元8年，王莽篡汉，西汉政权结束。在这200余年的历史过程中，自有其由弱变强、由盛转衰的历史轨迹。而后人在评说中国历史业绩时，言必称汉，皆以其盛况为典范，引以为豪。

所谓西汉文景盛世，既非指西汉历史全过程，也不是专指文、景一两个皇帝的统治时期。它包括几代人的相继努力，饱经各种磨难，最终走向繁荣，实现全盛。

班固在称颂西汉历史时说："周云成、康，汉云文、景，美矣！"[1]以文景之治为盛。而宋神宗则推崇："汉之文、宣，唐之太宗，孔子所谓'吾无间焉'者。"[2]由汉文帝至汉宣帝，中间经历了景、武、昭三世。纵观诸史众论，西汉盛世，实则肇自文、景，鼎于汉武，续于昭、宣，持续5代，历时130余年，为世所罕匹。

汉之高祖刘邦，在位仅12年。其在位前5年，主要是同项羽争天下，夺取政权，不可避免地导致民失作业，天下虚耗，使新生的西汉政权百孔千疮，几陷入绝境。在位后7年，主要是治天下，巩固政权，迫于形势，一面消除异姓诸侯王，铲平割据势力；一面努力完善统治制度，奠定统治基础，使西汉政权在各方面步入正轨。为此，实行与民休息政策，医治战争创伤，终于使西汉政权获得一个良好开端，为后世走向强大开辟了道路。

---

〔1〕《汉书》卷5《景帝纪》。

〔2〕《资治通鉴·宋神宗序》。

汉惠帝是位柔弱寡断、不谙治道的皇帝。嗣位以后，因受其母吕后肘腋，常表现出平庸无能，得过且过。在位7年间，迫于吕后淫威，抱定"清静无为"的宗旨。一则可顺乎天下思安的民心，二则聊可安身自保。加之开国重臣多数健在，故对高帝所定旧制无所改易，继续与民休息，鼓励增长人口，奖赏开垦荒地，使国家保持稳定发展趋势。其唯一的作为是经过3年营造，征调数十万民力，筑成周长60余里的长安城，使其充分发挥着政治、经济、文化中心作用。

吕后称制8年，史书称其"佐高祖定天下"，是位精明能干的女人。她原本是一位善持家务的农村妇女，但由于长期的政治生涯，使其才干与权势欲与日俱增。她苦心钻营，工于权术，在高帝死后，终于称制，成为中国封建社会第一个未加封号的女皇帝。她虽心毒手狠，恣意报复，惹得天怒人怨，并安插诸吕，培植亲信，排斥刘姓，打击异己，几乎断送了汉室天下，但终因民心向汉，群臣俱欲无为，使其无法改变高帝所定政策；她只是在统治阶级内部进行有限的争权夺势角逐，而难于动摇刘氏统治根基。故而在她称制期间，仍是"天下晏然，刑罚罕用，罪人是稀。民务稼穑，衣食滋殖"。[1] 具有一定承上启下的积极作用，应该说功大于过。

汉文帝即位以后，西汉政权开始腾飞。由于文帝身为庶出，久居封地，颇知民情。故即位之后，躬修节俭，思安百姓，宽厚仁慈，以德驭下，是位勤政爱民的好皇帝。在他精心治理下，海内殷富，百姓守法，社会呈现安定繁荣景象。但是，这种安定繁荣，是在"无劳百姓"的黄老政治下取得的，具有很大局限性，而且客观条件也不允许他大刀阔斧地开拓进取，不可能创造出轰轰烈烈的业绩，只能做一名小康型的好皇帝。

汉景帝时期，西汉的黄老政治达到高峰，史称"孝景遵业"。汉景帝是位守成皇帝，沿着前辈开辟的道路，亦步亦趋，修修补补，同样缺乏开拓进取精神。但他毕竟懂得轻徭薄赋是兴国利民之道，即位伊始，便

---

〔1〕《史记》卷9《吕太后纪》。

“令民半出田租,三十而税一”,大幅度减轻农民负担,并“屡敕有司以农为务,民遂乐业”。[1] 其结果是,土地得到进一步开发,生产又有较大发展,国家仓满库丰,百姓人给家足。至是,西汉政权已胜利度过前期休养生息阶段,为随之而到来的中期发展、强盛时期,准备好必要的物质基础,并培养起新一代能干、务实的官员。

汉武帝是位雄才大略、开拓进取的皇帝。他即位以后,努力摆脱黄老政治保守思想的影响和束缚,王霸治术并用,充分利用前代积累起来的财富,大刀阔斧地施展其政治抱负。在中国封建社会中,他是第一个在位长达半个多世纪的皇帝,使其各项措施,能够贯彻始终,实现其治国的目的。并有机会总结经验,纠正错误,使之尽善尽美。史书中对其“外事四夷,内兴功利”等多有批评,斥责他把国家搞得“天下虚耗,人复相食”,或是“海内虚耗,户口减半”。历史上许多往事,常常是罪在当时,功在后世,正是由于汉武帝积极开边拓疆,才奠定了中国今日的辽阔版图的基础,并拥有丰富资源,初步形成了以汉族为主的中华民族共同体,国势空前扩张,声名远播,成为世界瞩目的泱泱大国。各族人民为此而付出的巨大牺牲,永为后人所景仰,而汉武帝同样功不可没。尤为难能可贵者,汉武帝到了晚年,翻然醒悟,敢于承担过错,公开自责,追悔失误。并立即改弦更张,重新起用务实官吏,恢复休养生息的利农政策,停止对外用兵和对内劳民,使国家重新走向发展繁荣道路。在他临终前夕,不忘以国事为重,割舍亲情,令“后嗣得遵洪业”。事实证明,汉武帝统治期内,西汉的政治、经济和文化,都较前代有大幅度发展,所创建的基业更辉煌,无愧后人称为盛世。

汉昭帝8岁即位,仅在位13年。名为皇帝,实则傀儡,政权操在大将军霍光手中,而这一切又都是汉武帝生前所安排好的。因此,汉昭帝期间,霍光谨遵汉武帝遗命,轻徭薄赋,与民休息,可谓人死政存,谋虑深远。霍光打着汉昭帝旗号,经过13年努力,在“增郡数十,斥地且

[1]《汉书》卷24《食货志》。

倍"[1]的基础上,流亡的农户又逐渐回归田里,农业生产得到恢复和更大规模的发展,财富又积聚起来,"海内虚耗"景象为之一扫。历史证明,在长期封建社会里,只要农业得到发展,国家就会安定富强,农业是国家的经济命脉。

汉宣帝即位初期,仍由霍光执掌朝政,国家继续保持平稳发展。至即位第七年,霍光病殁,宣帝亲政,对大臣擅权所带来的弊病得到及时纠正。由于宣帝身世坎坷,起自民间,"具知闾里奸邪、吏治得失"。因此当他亲政以后,用人从善,赏罚分明,"吏称其职,民安其业"。[2] 农业生产连年获得丰收,于是建仓积谷,造船运粮,平抑粮价,让农民得到实惠,国家财政多有盈余。班固称颂宣帝:"功光祖宗,业垂后嗣",视其为中兴之主,宣帝时期西汉全盛达到最高点。

自汉元帝以后四世,渐革前代旧制,摒弃儒法杂用治道,起用纯儒,统治集团日益腐朽,政策接连失误。加之各种自然灾害接连不断,百姓日穷,国家日困,沿着下坡路走向灭亡。

纵观西汉历史的全过程,既不以统治者的意志为转移,又同统治者所采取的政策紧密相关。要想使国家富强起来,必须有一批好的统治者,推行好的政策,既合于国情,又顺乎民心,朝野上下,同心实践,必然走向富强。正因为汉武帝能顺应时代潮流,任用有识之士,终于使西汉走向全盛。而汉宣帝能继承汉武帝遗志,才能在前代基础上又获得新的发展,继续把汉朝推向前进。

(原载《西汉文景盛世》,河南人民出版社 1989 年版)

---

[1]《汉书》卷 63《武五子传》。

[2]《汉书》卷 7《宣帝纪》。

33　史学研究的有益尝试
——《唐明皇全传》读后

郑英德同志的新著《唐明皇全传》(以下简称《全传》),顷由吉林文史出版社出版。接过这本书,刚翻了几页,便开始产生一种别开生面的新鲜感。它既不像通常的历史人物论著,也不同于一般的文艺传奇,我深深为《全传》的独特写法所吸引,促使我接连读到最后一页。读后掩卷冥思,方领悟到作者已把自己的史学研究工作融入当今改革的洪流之中,正在进行大胆的探索和有益的尝试。

毋庸讳言,历来一些学术性的史学著作,其读者面总是被限定于很狭小的一个范围之内,而它的出版发行数量,也就自然受到局限。如何使自己的研究成果,在保证具有一定学术价值的前提下,尽可能地扩大读者面,取得明显的社会效益和经济效益,这是广大史学工作者普遍关注的问题。《全传》的问世,恰好在这方面提供了一个十分有意义的借鉴。

《全传》在写作方法上,一方面是以考证、综比、论述等写史方法为基础,通过对唐玄宗一生活动的研究,全面分析了唐朝由盛变衰的演进过程,揭示了封建社会所特有的某些规律,使《全传》从头至尾不失为史学著作,具有一定学术价值;另一方面,为了适应多层次读者的需要,它又最大可能地运用了形象描绘、生动叙述、比喻夸张等文学艺术表现手法,再现了唐玄宗胸怀大志,励精图治,成为"盛唐"缔造者的英姿。同时也揭示了唐玄宗晚年沉溺酒色,重用坏人,成为唐朝由盛变衰的开启者的局限性,使整个人物具有很浓的戏剧化色彩。读者读过之后,不仅可以极大丰富历史知识,而且会在头脑中长久地留有深刻的印象,进而引起种种思考,受到历史的启迪。实践表明,这种科学性与艺术性的有机结合,不仅不影响《全传》的学术价值,而且会使作者的研究成果,被更多的人所了解。因此,作者通过《全传》所做的尝试是成功的,并已取得了预期效果。在目前史学书籍滞销的形势下,《全传》初版的发行量,已征得了四五万册的订户,受到社会上较为广泛的欢迎,并博得了史学家们的鼓励和肯定。

我国著名的唐史专家吴枫教授在本书序言中指出:作者是把《全传》"作为信史供人阅读",而不是一本一般性的历史故事读物,"写作颇有特色……以生动的文学笔触,流畅的形象语言,通俗易懂,深入浅出,叙述了唐明皇的一生,而使本书具有广泛的可读性。书中叙事皆有所本,重要史实资料皆有考订,没有大段古书引文,冗累的空泛议论。这是作者撰写历史人物的一种有意义的尝试,值得肯定"。此外,还可以补充一点,即《全传》以马克思主义史学理论为指导,始终把唐玄宗置于他所处的历史时代之中,对于历史事件的阐述,因果清晰,好恶分明,思想性较强,是一部进行历史唯物主义教育的好教材。

任何一种新的尝试,都不可能尽善尽美。吴枫教授十分恳挚地指出,《全传》"在结构安排上不够周密,有些内容轻重失调,选材失之于个人好恶,对唐玄宗晚年叙述过略,个别论点还应加以斟酌"。凡有一定史学常识的读者,都会感到《全传》过于偏重政治斗争史的描述,而疏于对同一历史时期的经济、文化的探讨。后者在吸收现代考古资料和研究成果上,无疑有加强的必要。

(原载《光明日报》1987 年 10 月 14 日 3 版)

34 读《张学良文集》

中国历来就有为文人名士出版文集的良好传统，成为传播文化艺术、学术思想、政治主张等重要途径，进而推动文化思想等不断向前发展。近顷，新华出版社出版了毕万闻先生主编的《张学良文集》，很值得人们一读。

在中国近代史上，张学良将军是位叱咤风云、震撼天地的人物。他对国家和民族，对国共两党，都曾做过重大贡献，为世人所瞩目。因此，编印一部张氏文集，对研究中国近代社会演变，阐述国共两党关系，探讨中日两国交往，乃至对研究张氏的生平和思想等，都具有重大意义。但是，自从张氏身遭幽禁之后，其言论和文字大多湮没无闻，散佚殆尽，欲求难得，因而搜集起来格外困难。现在，毕万闻等人将他们多年搜集、积累起来的张氏的电文、讲稿、信札、谈话、文章、训令、诗词等，共873件，近90万言，分为2卷，交由新华出版社刊行，真是一件功德无量的善事。

在这部文集中，因有约一半史料是编者新挖掘出来的第一手独家史料，较全面真实地披露了张氏与北洋军阀各派系、国民党各派系及当时中国各界军政要人和社会名流的关系，展示出张氏如何遵从乃父张作霖的旨意，如何听命于国民党和蒋介石的指令，以及在民族危亡的生死关头，如何大义凛然，宁肯牺牲个人的一切，誓死促成国共两党联合抗日的曲折历程。由于所载之文迄止于1991年6月，足可窥见张氏在半个世纪幽居生活中的种种情状，既表达了难以明言的复杂情怀，又体现出新近重获自由后的无限爱国思乡的衷肠。张氏从旧中国最腐朽最落后的营垒中脱身，在艰难跌宕中追求进步和光明，终于超越了环境和自我的束缚，磨炼成一位顶天立地、名扬世界的民族英雄，特别是在他遭到极不公正的待遇以后，决然以超人毅力，忍辱负重，不作任何辩白，恬然默度余生，在中国近代史上画出了一条跨度极长而又色彩斑斓的人生轨迹,令世人刮目相看,思之无穷。这部张氏文集,尽可能地收录了张氏生平各个阶段各个侧面的有代表性的言论,因而为了解和研究张氏的历史原貌提供了十分可信的第一手资料,并为张学良研究进入更高层次创造了必要条件。

在编辑过程中,编者对所收录的每一篇原文,都作了认真的校勘,特别是对先前被搞错了的史实,都有针对性地作了纠正。例如,有人将《致张景惠电》和《致马占山电》的日期,分别定在1931年12月29日和30日。但在该集中,经过编者的考证,认为此事直接与日军被迫停止进攻锦州有关,而这一事件是发生在同年11月末,故将这两封电文排发日期定在同年11月29日和30日,与前者恰好相差一个月,更令人信服。总之,该集中对原文各种脱衍讹误的订正随处可见。有的订正,为了节省阅读时间和缩小版面,止见于正文之中,不另加校注,即可注可不注者不注。难注之处,也如实地作出交代,毫无藏拙。所注各条颇为准确精当,例如《挽陈琛联》中有"知杨太尉在堂,忍把锦裘追往事"之句,往昔笔者曾读过此句,而未求甚解,读了该集中的此句注释,方知典出《晋书》,借曹操追悔误杀杨修之事,来比喻陈琛之死,使读者很长知识。再如《序韩氏遗墨》篇中,有"定海三总兵"一句,以往有人注释说,是指甲午海战中的邓世昌一人,而该集中注为中英鸦片战争中的浙江定海总兵葛云飞、郑国鸿、王锡朋三位抗英烈士,核诸史实,确实该集注释的准确无误,足显示出编者为文一丝不苟,且功力颇深,非等闲者可比。此外,该集所收各篇,严格依照时间先后排列,极便于读者检索,也表现了编者严肃认真的研究态度。

(原载《光明日报》1992年10月10日3版)

35　靺鞨名将突地稽
（附：李谨行）

突地稽，靺鞨人，是隋朝粟末靺鞨部的酋长。自南北朝时，粟末靺鞨就是靺鞨七部中的一个较大部落，生活在松花江上游地区。古时称松花江为粟末水，故称居住在该地区的靺鞨部落为粟末部。

粟末靺鞨南邻高句丽。南北朝时，高句丽强大起来，粟末部一度为高句丽所役使。隋朝统一中国以后，国力逐渐强盛，边疆各族纷纷内附。为了收复辽东故地，对不肯宾服的高句丽，发动了接二连三的征讨，使高句两势力遭到极度削弱，失去了对靺鞨人的控制力量，靺鞨开始摆脱高句丽的束缚，纷纷归附隋朝。正是在这样的历史背景下，突地稽率领千余家粟末靺鞨人，于隋文帝年间迁往内地，被安置在柳城（今辽宁朝阳地区），开始定居下来。

突地稽率部内迁以后，至隋炀帝时，被授为金紫光禄大夫，爵秩从二品，委任为辽西太守，主掌一郡军民政事。这支内迁的靺鞨人逐渐繁衍起来，由于同汉人等杂居一地，朝夕相处，很快就适应了汉人的生活习惯和风土人情等。因而，突地稽向隋朝提出：请求穿戴隋朝的衣帽。这一行动，受到隋炀帝的称赞和崇信，赐给锦绮，鼓励他们穿戴汉人服装。当隋炀帝大举征伐高句丽时，突地稽率领部众从征，英勇作战，累建军功，成为隋炀帝的忠臣猛将，受到重赏。

617 年，隋炀帝在农民大起义风暴打击下，感到洛阳危在旦夕，率领大批嫔妃臣僚，前往江都（今江苏扬州）避难和游乐，深得隋炀帝信赖的突地稽也护驾同行。不久，隋炀帝又感到辽西不可无良将镇守，复命突地稽速回柳城。归途中，遇到农民起义军领袖李密遣兵截留，突地稽拘于对隋朝的忠贞气节，不肯相从，借机只身逃走。行至河北高阳县境时，再次陷没于王须拔。但很快又逃离险地，投奔幽州总管罗艺帐下。突地稽几次临危脱逃，既表现出机智果敢，胆略过人，又显示了一个封建士大夫，在即将国破君亡之际，对朝廷的忠贞不贰。

李渊建立唐朝以后，突地稽所率部众，虽然仍是河北、辽西一带较强政治势力，足可雄踞一方，但是他审时度势，及时派人向唐朝纳贡，明确表示归附唐朝。621年，李渊以突地稽部众所居地区开置燕州，继续委任突地稽为燕州都督。从此，突地稽又成为唐朝统一全国，巩固封建统治的得力地方大员。

621年夏，隋末起义领袖窦建德旧将刘黑闼在河北南部地区起兵反唐，并建都洺州（今河北邯郸附近），窦建德部下纷纷响应，势力发展很快，仅半年之间，全部恢复了昔日窦建德所占领的地盘，又联合北面突厥势力，大有席卷河北、山东之势。刘黑闼反唐势力的出现和发展，对立足未稳的唐朝政权构成严重威胁。在此存亡危难关头，突地稽见义勇为，立即率兵开赴定州（今河北定县）一线，由李世民指挥调遣，与叛军展开激战，为讨平刘黑闼立下了汗马功劳。因此，唐高祖李渊下令嘉奖，以战功封突地稽为蓍国公，爵居从一品，突地稽成为唐朝的重臣名将。

不久，朝廷又命令突地稽率部西移，驻守幽州重镇昌平（今北京昌平县），以抵御突厥势力南下。此时，又出现前蔚州总管高开道拥兵叛唐事件，常引突厥兵侵犯河北缘边州县，劫杀吏民，成为唐朝初年北方为害最大的祸患。623年夏，高开道再次引突厥兵寇犯幽州。突地稽及时率兵出击，大败高开道及突厥兵，使唐朝北部防线的紧张局势得到缓和。

626年，唐太宗登上皇帝宝座以后，拜突地稽为右卫将军，赐姓李氏。突地稽跻身名门望族行列后，竭尽全力效忠唐朝。此后不久，这位为维护和实现隋唐两朝的统一大业而英勇奋战一生的少数民族优秀将领便死去了。

突地稽之子，依照唐太宗所赐姓氏，取名李谨行，其容貌俊秀魁伟，武艺超群，勇冠三军。李谨行时，其家已有童仆数千人，财力雄厚，权势炽盛，为边郡各族所敬畏，成为北方一支重要政治力量。

664年，正当唐高宗筹谋大举用兵辽东，讨伐高句丽时，对同高句丽相邻的营州都督府的人选，首先作了调整。李谨行以军功显著，荣当此任，迁为营州都督，总掌辽西诸事，准备策应讨伐高句丽战役。后来又被拜为右领军大将军。

666年，高句丽统治集团发生内讧，失势的一派向唐朝求援，正好为唐高宗提供了出兵的机会。任命大将军契苾何力为辽东道安抚大使，统兵开赴辽东，李谨行以左监门将军之职，随军殿后，听候调遣。此后，唐朝又继续增兵遣将，经过两年多的长期攻战，终于在668年灭亡了高句丽，李谨行也受到了朝廷的赏赐、勋封。

669年，平壤附近的高句丽遗民，为抗拒唐朝继续把大批高句丽人迁往内地，在大长钳牟岑纠集下，起来造反，拥立旧王高藏的外孙安舜为王。唐高宗乘叛乱初起，及时派兵扑灭。诏以李谨行为燕山道行军总管，重返辽东，与东州道行军总管高偘，合力统兵镇压。安舜自知寡不敌众，无心相抗，先杀了钳牟岑，自己只身逃入新罗。留下的叛民继续骚扰叛乱。

李谨行妻刘氏，也精于兵法，胆略过人，是一位巾帼英豪。李谨行出战时，留下刘氏坚守伐奴城（今朝鲜平壤附近）。叛军乘城中空虚，发起攻击。刘氏临危不惧，身披战甲，登城指挥，率兵还击。叛军受到顽强抵抗，久攻不克，只好撤离。唐高宗获悉刘氏守城有功，大行奖赏，封其为燕国夫人。

673年，李谨行继续督军镇压高句丽残余势力的反抗，大破叛军于发卢河（今朝鲜大同江的一个支流）以西。接着乘胜追歼，斩首1万多人，俘虏数千人，余者散投新罗境内。几乎经过4年征讨，平壤一带的局势才平稳下来。此后，高句丽遗民再也无力相聚抗唐了。

自660年以来，唐朝先后灭亡了百济、高句丽。在这些战争中，新罗是最大的受益者，乘机招降纳叛，网罗百济、高句丽遗民，扩充势力，不断将疆界北移西伸，占领了大部分百济和高句丽旧地。如果这种形势继续发展下去，必然会危及唐朝对朝鲜半岛的控制。为了制止新罗的扩张，唐高宗对新罗也采取了武力征服政策。

674年，唐高宗下令发兵，大举讨伐新罗。任命刘仁轨为鸡林道大总管，李谨行为副总管，率兵出击，进入新罗境内。675年，刘仁轨、李谨行等大破新罗兵于七重城(今韩国积城面)。又以靺鞨兵渡海攻新罗南境,使其南北受敌,首尾难以相顾,被唐兵打得大败。随后唐高宗又任命李谨行为安东镇抚大使,令其屯兵买肖城(今韩国汉城),镇守新罗。李谨行在留守期间,接连三次出兵,每战皆获全胜。新罗王金法敏屡遭失败,被迫服输求饶,遣使入唐谢罪,从此唐朝对朝鲜半岛的管辖巩固下来。

自唐高宗咸亨年间以来,居住在西藏地区的吐蕃奴隶主贵族,乘其方兴之势,不断向北、向东出兵,劫掠人畜财物,给唐朝缘边府州造成不少烦扰。675 年,当辽东和朝鲜半岛局势平稳以后,唐高宗移兵吐蕃,把全国兵力集中到西线,抗击吐蕃的入寇。正是在这一历史背景下,李谨行又从东部边陲调往西线防地,被任命为积石道经略大使,率军进入廓州境内,驻屯积石军(今青海贵德县),迎战吐蕃。

不久,吐蕃大相论钦陵率领 10 万大军,来寇湟中(今青海西宁市一带)。此时李谨行所率唐兵,正散在山中砍柴,城内空虚,巡逻士卒又警备失严,不察敌情。李谨行忽闻吐蕃兵已临城下,来不及召集在山中砍柴的士卒,但他镇定自若,临危不惧。他冷静地分析了敌人心理状态,大胆采取以虚待实的退敌策略,命令手下兵丁即刻扬旗擂鼓,虚张声势,并打开城门,摆出对来者不惧的架势。吐蕃兵将见此情景,误认为李谨行在城中早有准备,设下埋伏,竟不敢贸然轻进,下令撤退。这场空城计,充分显示了李谨行有胆有识的大将风度。

676 年,李谨行率领部下同入寇青海的吐蕃兵展开战斗,大破吐蕃兵 1 万余人,有力地控制了吐蕃兵的长驱直入。唐高宗为表彰李谨行屡立战功,降下玺书,慰劳勉励,授其镇军大将军,行右卫大将军,又得到朝廷最高勋赏,封为燕国公,爵居从一品。

李谨行父子先后被朝廷封为国公,这在同辈将领中也是屈指可数的,特别是出自于少数民族将领中,尤为难能可贵。682 年,李谨行死后,朝廷追赠其为幽州都督,使其陪葬乾陵,以昭其勋业。

(原载《东北历史名人传》上卷,吉林文史出版社 1986 年版)

36　契丹抗唐将领李尽忠
（附：孙万荣）

李尽忠，契丹人，是我国唐代契丹部落酋长，世居今辽宁省朝阳地区一带。其祖父窟哥，唐太宗时为契丹部落首领。645年，唐太宗于讨伐高句丽回师途中，在营州召见了窟哥及契丹老人，分别赐予缯彩，并封窟哥为右武卫将军。648年，窟哥带领契丹部落，归附唐朝。唐太宗于其部落内置松漠都督府，以窟哥为左领军兼松漠都督，使持节十州诸军事，成为契丹各部最高首领，统辖契丹境内十州，又被封为无极县男，赐姓李氏。唐高宗时，加授窟哥为左监门大将军。

窟哥死后，至武则天时，朝廷授窟哥孙李尽忠为武卫大将军、松漠都督，统领契丹各部。李尽忠妻兄孙万荣，也世为契丹一部之长，朝廷授其为右玉钤卫将军、归诚州刺使，二者俱隶营州都督府辖制。营州都督赵翙，刚愎残暴，经常欺压凌辱契丹吏民。契丹发生疾疫灾荒，赵翙无动于衷，坐视不救，任灾情恶化漫延。李尽忠、孙万荣等契丹首领，也被其视为奴仆，随意加以欺压侵侮，这激起契丹上下愤慨，终于酿成一场以李尽忠和孙万荣为首的契丹人反抗唐朝地方官吏暴政的起义斗争。

696年夏，因压迫而被激怒了的契丹人，在李尽忠、孙万荣的领导下，向营州官府发起攻击，杀死作恶多端的赵翙，占领了营州。李尽忠自称无上可汗，任命孙万荣为大将军，带领部下四处出击，攻城略地，所向皆下。并得到营州地区其他各族的支持和响应，声威大震，在短短的几天时间里，发展为数万大军。李尽忠的义军在攻打崇州时，作战非常勇敢，俘虏了官兵讨击副使许钦寂，接着向西挺进，围逼檀州（今北京密云县一带）。

消息传到长安，武则天等大吃一惊，不问事情原委，立即降罪契丹。命令鹰扬将军曹仁师、金吾大将军张玄遇、右武威大将军李多祚、司农少卿麻仁节等28位著名将领，发兵镇压。随后武则天又任命侄子梁王武三思为榆关道安抚大使，纳言姚琇为副大使，扼守险要，阻挡契丹起义军继续向内地推进。又下令更改李尽忠名为尽灭，孙万荣名为万斩，表明对义军怀有刻骨之恨，不可同日之仇。

同年秋，李尽忠等率领契丹兵同曹仁师、张玄遇、麻仁节等所率领的官兵相遇，两军在西硖石黄獐谷（在今河北昌黎县西）展开一场恶战。李尽忠精于“兵不厌诈”之术，以饿俘瘦马诱敌深入，假意声言：待官军一到，即刻投降。曹仁师等轻信中计，丢下步兵，率领轻骑孤军突进，一心想立头功。不料李尽忠伏兵四起，左右拦击，横冲直撞，使官兵溃不成军，张玄遇、麻仁节被俘，其余将士也很少能逃脱掉，契丹兵获得一次重大胜利。

李尽忠缴获官兵军印后，又巧施计谋，诈写书信，逼令张玄遇等签字署名，然后送交官兵总管燕匪石、宗怀昌等人。信中诈称：一旦官兵打败贼兵，进至营州，对营州将士，将因其失陷营州，抵抗不利，一一定罪问斩。燕匪石得书大惊失色，重蹈曹仁师中计覆辙。为了自己将功赎罪，燕匪石立即昼夜兼行，前去接应官兵，顾不上饮食休息，弄得兵马疲惫不堪。李尽忠率契丹兵埋伏途中，两军相遇，疲惫的官兵不堪一击，全军覆没，李尽忠再次大获全胜。接着曹仁师又向平州（今河北卢龙县）发动进攻，结果也未能如愿，被契丹兵堵住。

官兵节节失利，使北方州郡骚动不安。武则天听到前线失败的消息，更为慌恐万分，随即下令征兵，大行讨伐。为补充兵源不足，命令全国狱囚及地主家奴，凡骁勇健壮的男人，皆赦免其罪，或官偿为民，而后充军，发往前线迎战契丹。又命令山东近边各州，设置武骑团兵，以武卫大将军武攸宜为清边道行军大总管，督兵继续讨伐。此时突厥默缀可汗举部内附，率兵援助官兵。孙万荣率领契丹兵偷袭檀州，清边道副总管张九节招募敢死士卒数百人出战，使孙万荣败入山中。不久，李尽忠也死去，对契丹士气有所影响，默缀可汗又率兵打败李尽忠所率领过的契丹兵，使契丹受到挫折。但是，孙万荣很快又把散兵余众召集起来，重整旗鼓，继续与官兵抗击，派遣别将骆务整、何阿小等人，率领契丹兵攻入冀州（今河北冀县），杀死刺史陆积，劫掠数千人。接着又攻打瀛州(今河北河间县),整个河北受到震动。

697年春,武则天虽然收到李尽忠已死的消息,但是也不断听到官兵失败的报告,战局仍在继续恶化,只好大量增派援兵。诏令夏官尚书王孝杰为清边道总管,羽林卫将苏宏晖为后军总管,率领18万官兵飞速开赴河北前线。军至平州东硖石谷,与孙万荣的契丹兵交战。王孝杰率领精兵在前,且战且进,孤军深入。契丹兵步步后退,引诱王孝杰走入峡谷,使他背靠悬崖,陷于绝境。而后契丹兵抓住战机,猛然调头激战,勇不可拦。后军苏宏晖畏惧契丹兵悍将勇,临阵逃跑,不战自溃。王孝杰失去后援,孤军奋战,寡不敌众,无计脱身,遂坠崖身亡。无数官兵也被逼得纷纷落入崖底,死亡殆尽。当时有人记述此战情景,形容为:深坑万丈,尸与崖平,匹马无归,单兵莫返,其失败惨状,目不忍睹。

孙万荣取得东狭石谷胜利以后,留下老弱妇幼固守辽西大本营,自率精兵向西进发,一举攻陷幽州(今北京市),大肆屠掠。此时身为清边道行军大总管的武攸宜率重兵驻屯在渔阳(今河北蓟县)。与幽州近在咫尺,因早被王孝杰全军覆灭的消息吓破了胆,哪敢亲自挥兵救援幽州,情愿坐视失守,暴露了官兵将领的怯懦无能。

同年夏,武则天在万般无奈情况下,另易主帅,又命右金吾大将军武懿宗为神兵道行军大总管,御史大夫娄师德为清边道大总管,右武卫大将军沙吒忠义为清边甲道前军总管,率领20万官兵,继续讨伐孙万荣。这样频繁调兵遣将,足可说明契丹兵给官兵的打击十分沉重,武则天已被孙万荣搞得焦头烂额。

武懿宗也是个窃居高位的酒囊饭袋,当率兵进至赵州(今河北赵县),听到孙万荣部将骆务整率领数千骑兵猛将进至冀州时,顿时毛骨悚然,坐立不安。他首先考虑的不是兵来将挡,率师御敌,而是想如何南逃,远远躲避。尽管部下向他建议:"契丹兵轻装而来,后无粮饷接济,全靠抢夺维持,如果官军按兵固守,要不了多久,敌人势必因乏饷而自行撤退,然后纵兵追歼,可建大功。"但是,此计虽妙,却医治不了武懿宗的愚顽和恐惧,他不顾部下劝阻,慌忙丢弃赵州,狼狈逃入相州(今河南安阳市),连军资器械也来不及携带,任其落入敌人手中。契丹兵一路畅通无阻,不费吹灰之力便占据了赵州。

契丹兵前锋攻下赵州以后,士气又重新高涨起来,锐不可当。孙万荣率领精兵猛将,从幽州而来,南攻瀛州属县,恣意屠杀掠夺。正当孙万荣接连得势之际,响应契丹起兵的奚族倒向朝廷,反戈一击。神道兵总管杨玄基乘机率官兵从正面进攻,对孙万荣形成夹攻之势,形势又急转直下,开始对契丹不利。孙万荣前进受阻,后退无路,在官兵和奚兵夹击下,契丹兵大败,部将何阿小也被生擒,别将李楷固、骆务整见大事休矣,先投降了官兵,其余的人四下散逃,官兵缴获的器仗军械堆积如山,不可胜数。

孙万荣在绝境中,自知朝廷不能宽容,断了投降归顺的念头,丢下步兵,率领轻骑数千人向东逃走,幻想有朝一日,再卷土重来。途中忽然遇到奚兵从四面八方紧紧围来,被迫展开激战,结果再次大败。东逃不能,只好转而向西。但是,又遇到官兵前军总管张九节伏兵四起,已无力再战,丢掉身边部下,率领少数几个家奴,逃到潞河县(今北京通县)东,躺在树林下休息时,被家奴砍下头颅,献给官兵,送往长安,一场震撼朝野的轰轰烈烈抗唐斗争,被镇压下去了。

李尽忠、孙万荣所领导的这场契丹人反唐斗争,完全是由于唐朝统治者对契丹人实行民族压迫,推行暴政所引起的,因此得到广大契丹人及周围其他各族的广泛响应和积极参加。但是,李尽忠和孙万荣等也同样是极端残忍的统治者,他们反唐的目的并不是要拯救处于水深火热中的契丹人,而是为了报私仇,泄私愤,扩张自己的势力。因而在战争中每得到一地,便肆意屠掠,失掉了民心,奚兵的倒戈,孙万荣被家奴断头,都是明显的实例。同时,契丹人仍习惯于游牧生活,没有定居,每占领一个地方,只知抢劫,不知建立后方基地,无法巩固胜利成果。抢劫完了,一走了之,反倒使自己搞得筋疲力尽。加上官兵强大,后援无穷,众寡悬殊,失败只是迟早而已。

李尽忠、孙万荣所率领的契丹人反唐斗争虽然失败了,但在历史上的影响还是极为深远的。它显示了我国北方民族反抗精神和不屈的力量,给封建统治者上了重要一课,迫使他们不得不缓和一下民族关系，实行较有利于民族团结和发展的政策。经过这场斗争的洗礼，契丹人逐渐成熟起来，到唐朝末年，终于成为我国北方一支强大的民族，并创建了辽朝政权。

（原载《东北历史名人传》上卷，吉林文史出版社 1986 年版）

37　辽西名将王荣祖

王荣祖(1196—1260),字敬先,义州开义县(今辽宁义县)人,原是契丹贵族耶律氏后裔,祖籍金西北路。

金朝正隆年间,海陵王肆虐多杀,为了维护他的残暴统治,大规模屠杀以耶律氏为首的契丹人。正隆六年(1161),以辽贵族移剌窝斡为首的西北路契丹人起来反抗海陵王的民族压迫,拥兵自立。王荣祖的曾祖父为了避祸自全,没有参与窝斡领导的反金斗争,带领全家人逃到辽西义州开义县,隐姓埋名,定居下来,更姓王氏。

荣祖的父亲名珣,其武力绝人,擅长骑射,并有胆有识,素为乡里父老所敬重。金宣宗贞祐元年(元太祖八年,公元 1213 年)秋,成吉思汗命军南下河朔,大举伐金。辽西地区金的统治也随之出现崩溃之势,当地的一些豪强大族,乘机聚众占地,扩展私人势力。王珣为免于受人所制,遂率乡人举事,旬月之间,聚众十余万。

1215 年,成吉思汗遣太师木华黎巡略辽西,扩展元朝势力。王珣率吏民出迎木华黎,归顺了蒙军,并以长子荣祖为质,留在木华黎营中。王珣归附后,成吉思汗封其为元帅,兼领义州、川州(今辽宁北票附近)政事。

1216 年,兴中(今辽宁朝阳)等州起兵反元,王珣奉命率军征讨。叛将张致探得王珣出兵后义州空虚,遂乘机夜袭,攻陷义州,将王珣家中老小全部杀害。木华黎及时派遣王荣祖驰奏其事。成吉思汗听到这一不幸事件后,安慰王荣祖说:“你们父子为朝廷尽忠竭力,不料被贼人张致所偷袭。回去后告诉你的父亲,要继续率领好军队,自今以后,应当忍耻蓄锐,等到把逆党铲平后,你们的族属、城邑、人民,统统都归于你们父子,对此我一点也不会感到吝惜,并且还免征徭役赋税五年,使你们父子世代永为大官。”为了充实王珣的力量,木华黎又把自己的一部分兵拨给王珣指挥。王珣得到木华黎的扶掖,很快就收复了开义县，平定了叛军，重新回到义州。

1217年，成吉思汗为了嘉奖王珣的战功成绩，赐予金虎符，授金紫光禄大夫、兵马都元帅，镇辽东便宜行事，兼义、川等州节度使。接着，木华黎出兵攻山东，王珣从征。途中军至满城（今河北满城），王珣又接到还镇义州的命令，只好把军队交给王荣祖代领，继续从征。

1224年，王珣死去，年仅48岁。荣祖袭父爵为荣禄大夫、崇义军节度使、义州管内观察使。

1225年，木华黎嗣子孛鲁入朝，王荣祖随孛鲁同行，又一次见到了成吉思汗。成吉思汗久闻王荣祖勇力过人，特意选出三名大力士同荣祖较量武力，结果三个大力士无一个可与荣祖匹敌。成吉思汗见了非常高兴，准备把荣祖留在身边，担负警卫。恰在此时，从辽东传来了金平章政事葛不哥行省于辽东，以及蒲鲜万奴拥兵自立的消息，成吉思汗赶忙命荣祖迅速还镇义州。王荣祖配合大将撒里台进讨辽东，连拔盖州等十余座城邑。金将完颜曳鲁马、赵尊、李高奴等退入石城（今辽宁辽阳附近）固守，王荣祖等率军猛攻。由于墙高城坚，难于明取，荣祖命令部卒贾实等向城内挖地道。不幸城墙被挖塌，贾实被压在里面，众人认为贾实肯定被压死了，用不着去营救了。荣祖对部下说："战士们舍生忘死，为国捐躯，既使牺牲了，怎么能忍心弃尸不顾呢！"遂冒着危险，率人搬开倒塌的墙石，找到贾实，发现他还活着，救了出来。荣祖关怀士卒的生死，使士兵非常感动，因而作战时个个奋勇争先，愿效死命，终于攻占石城，金将完颜曳鲁马战死，赵尊、李高奴投降，荣祖等大获全胜。

攻克石城以后，主将撒里台打算把这次战役中所掠获的千余口金人分给部下做奴隶，王荣祖考虑到要想巩固胜利成果，迅速灭亡金朝，不能光靠武力，还必须设法安定金人民心，取得金人的好感。经过再三请求，撒里台终于采纳了荣祖的建议，将掠获的金人皆放归为民，缓和了当地金人的恐惧心理和反抗情绪。

战斗中，王荣祖遇事沉着，明察善断，顾全大局，多次纠正了蒙古将领的错误决定。荣祖率军激战辽东之际，传言义州人要摆脱元朝统治，重新归附金朝。撒里台听到这个消息后,暴跳如雷,下令屠杀义州人民。荣祖感到事关重大,怎可轻易下达屠杀令,立刻驰驿奏辨,阐述情况尚未察明,或许是谣言惑众,扰乱军心,或者仅是个别少数人所为,与义州多数人无关,怎么可以不分青红皂白,一律格杀呢?使撒里台收回了杀人令,避免了一场惨祸发生。

1229 年,窝阔台即位掌政后,授予王荣祖北京等路征行万户,更换金虎符,充分肯定了荣祖对元朝的重要贡献。

1231 年秋,窝阔台命王荣祖副撒里台率兵讨伐高丽。蒙古骑兵连陷 40 余城,高丽王瞮向元军请降。撒里台和王荣祖秉承窝阔台旨意,在高丽各地分置京、府、县,安插了 72 名蒙古人为达鲁花赤监视高丽官吏的行动。随后,王荣祖等奉命还师,移驻辽东。

1233 年二月,窝阔台为完全占据辽东地区,亲到铁列都之地观察形势,召开军事会议,进行军事部署,决计发兵讨伐蒲鲜万奴。命令皇子贵由及诸王按赤带等将左翼军,向蒲鲜万奴发起猛攻,王荣祖也随军出征。同年九月,蒲鲜万奴兵败被擒,东夏国灭亡。接着,兴州(今河北承德附近)赵祁发动兵变反元,王荣祖又回师辽西,从诸王按赤带讨伐赵祁。赵祁失败后,其余部继续在景州(今河北遵化附近)和蓟州(今河北蓟县)之间骚扰,王荣祖又配合大将唐兀台前去讨伐。临行时,王荣祖根据以往蒙古兵在战斗中乱杀无辜,给百姓带来无穷灾难,引起激烈反抗,增加了作战的困难,因而向唐兀台提议:"我们奉命讨伐叛逆,对无辜的百姓不要乱杀,主要是消灭那些反抗我们的首恶分子,这样才会很快取得胜利。"唐兀台觉得很有道理,采纳了荣祖的建议,下令禁止乱杀,使很多人得以活命。叛军也很快就被消灭了。

1241 年,窝阔台再次派兵侵入高丽。1232 年,高丽王瞮叛元,杀死元朝在高丽所安插的 72 名达鲁花赤,随后撒里台在讨伐中被高丽兵射死,蒙古人在高丽境内的势力基本被驱逐出去。窝阔台不得不再次出兵,王荣祖又随军从征,连破高丽 10 余城,威震三韩,所向皆捷。高丽王瞮战败投降,以族子綧入元朝为人质。窝阔台为了嘉奖王荣祖征服高丽的战功,赐予锦衣。接着王荣祖又配合诸王也忽,继续征服高丽尚未降服的天龙城(今韩国忠州附近)诸邑。每攻克一地,王荣祖便下令士兵禁止暴掠,多做收买民心的事情。窝阔台即命王荣祖移镇高丽京城平壤。

王荣祖在平壤任期,积极募民屯戍,令民耕种,使高丽人逐渐恢复了生产,军队的粮饷也有了保障。沿海诸岛上的高丽城邑,看到王荣祖为政清明,也都先后归降,远远胜过蒙古骑兵的威力。

1260 年夏,王荣祖奉诏入阙见驾。忽必烈对荣祖抚慰说:"你们父子世代勤恳为国效劳,一贯忠于国家,令人钦佩!"于是晋升荣祖为沿边招讨使,继续兼北京等路征行万户,赐予宝鞍、弓箭。劳赏过后,仍命荣祖回平壤镇守,王荣祖不久便死于平壤任上,终年 65 岁。

王荣祖有子 13 人,其中有 7 人成为元朝的显官:长子王通为兴中府尹,次子王泰权知义、锦、川等州总管,王兴为征东千户,王遇为襄阳路管军万户,王达为东京五处征行万户,王廷为镇国上将军、中卫亲军都指挥使,王璲为江西湖东道提刑按察使。一门祖孙三代多人,顺应蒙古勃兴的潮流,善于审时度势,体恤民情,在战争中立于不败之地,为元帝国占领辽东、征服高丽,立下了汗马功劳,再现契丹耶律氏的雄风。

(原载《东北历史名人传》下卷,吉林文史出版社 1990 年版)

38　辽阳行省平章政事王伯胜

王伯胜,霸州文安(今河北文安县)人。大约生于元世祖忽必烈至元(1264—1294)初年,卒于元晋宗泰定三年(1326)。曾任辽西大宁路总管和辽阳行省平章政事,深得辽东人民爱戴。

伯胜兄名伯顺,官至大司徒,德望甚隆。起初,伯顺在宫廷内任职,受到元世祖忽必烈的赏识和宠信,因此伯胜也就有机会随伯顺入宫而见到忽必烈,并同样得到忽必烈的喜欢。在伯胜只有 11 岁时,忽必烈便将他留在身边,充任警卫。

王伯胜原名不叫伯胜。其相貌长得出奇,宽头巨鼻,高耸威严,给人以聪明机敏、气度非凡的印象。因而忽必烈对伯顺说:“这个孩子将来一定会胜过你,就叫他伯胜吧。”而后更名为伯胜。

伯胜年龄虽小,却很懂事,做起事来很认真,显得少年老成。忽必烈有用温凉水洗澡的习惯,伯胜常先跳入水中,用自己的身体将水温调解适度,待忽必烈洗澡时,水温恰到好处,十分满意,于是问内侍李邦宁:“先进入水中的是谁?”李邦宁如实回答是王伯胜。忽必烈听后高兴地说:“这孩子从小就这样懂事,将来一定会通晓为政的道理,善于治理国家大事!”忽必烈知人善任的才能素为部下佩服,伯胜听了忽必烈对自己的夸奖很受鼓舞,做事更加勤恳认真。

至元二十四年(1287)四月,乃颜发动叛乱,联合辽东诸王与忽必烈相抗。为及时消灭叛乱分子,已是 73 岁高龄的忽必烈,不顾鞍马劳苦,于同年五月率军亲征乃颜,王伯胜随驾从征。在战斗中,由于忽必烈善于利用汉兵汉将的战术策略,连连告捷。至六月,乃颜兵败被擒,忽必烈大获全胜。王伯胜在这场平乱中初露锋芒,立下战功,被忽必烈授予朝列大夫、拱卫直都指挥使,掌领宿卫皇帝的控鹤军 600 户,兼管仪卫之职,成为忽必烈身边亲信之一。

1294 年,忽必烈死后,其孙元成宗嗣位,成宗对前代旧臣和先祖的亲信格外推恩。元贞元年(1295),成宗赐予王伯胜金虎符,进阶嘉议大夫,位列正三品,随后又进阶通议大夫。

王伯胜办事认真,不容苟且。起初,拱卫直隶属教坊,卫卒难免受到乐工舞伎习俗的熏染,也有一些游手好闲、不务正业的市井无赖,隐瞒了自己的真名实姓而混入卫卒队伍之中,严重影响了队伍中卫卒的素质,使之无法胜任保卫任务。王伯胜到任后,对卫卒中那些不三不四的浪荡子尽行淘汰,重新招募良家子弟充当卫卒,使队伍风貌为之一变,更能胜任宿卫任务。

大德五年(1301),王伯胜护卫着成宗的车驾,到元朝上都巡察,正赶上盛夏连雨季节,大雨一连数日不停,河水暴涨。一天夜里,城中百姓都已进入梦乡,王伯胜身负警卫任务,尚未就寝,忽闻上都城西北方向传来阵阵咚咚响声,有如鼓号喧天,战马奔腾,好像发生了战斗一样。伯胜立刻率领百余名卫卒出外查看,原来是洪水滚滚涌来,眼看上都有被淹危险,情况十分紧急。伯胜遇事一向沉着冷静、机敏果断,他立即命令卫卒取来锹、筐等工具,用土石和毛毡等织物,先将城门迅速堵严,使洪水无孔可入。然后又指挥士兵决开护城壕的堤坝,使洪水流入壕中,减缓水势。整整忙碌一夜,到天明时,洪水才止。一夜之中,城内百姓安然无恙,毫无惊扰,并不知道王伯胜等为保护城里免遭洪水袭击而忙碌了通宵。丞相鄂勒哲知道这件事后,立即向元成宗作了报告,王伯胜受到了嘉奖。

元成宗后期,连年寝疾不愈,宗室诸王各怀二心,无不觊觎皇位。而那些对成宗忠心耿耿的臣僚,自然成为他们夺取皇位的障碍,所以他们便想尽各种办法加以排斥,使其离开成宗左右,进而孤立成宗。王伯胜素以忠于职守见信于成宗,因此在成宗患病期间,令其侍奉于左右。伯胜寸步不离地守护在成宗身边,精心照料,成为成宗须臾不可缺少的耳目,因而更加遭到居心不良者的忌恨,成了他们排挤的主要对象。大德九年(1305)十一月,世祖裔孙、安西王阿难答首先向王伯胜发难,诬陷伯胜犯有忤逆罪行,把他逐出京城,贬为大宁路(今内蒙宁城一带)总管。其兄伯顺也受到株连,被贬出京城,给梁王做老师去了。

大德十一年(1307)正月,疾病缠身的元成宗驾崩,诸王在争夺王位的火拼过程中,以阿难答为首的一些图谋不轨的奸臣伏诛。五月,怀宁王海山即皇帝位,是为武宗。武宗即位后,首先昭雪那些受奸臣诬陷的忠臣,王伯胜被重新召回京城,晋升为通奉大夫、也可扎鲁花赤(蒙古语"也可"为大或第一之意)、刑部尚书,掌管全国刑法政令。自古奸臣徇私枉法,忠臣秉公直法,元武宗起用像王伯胜这样对元朝忠心耿耿的人担任刑部尚书,必会有助于元朝统治的巩固,大得民心。

至大二年(1309),元武宗重新恢复尚书省的机构设置,加授王伯胜为尚书省右丞,协助宰相裁断庶务,省理万机。翌年,又晋阶银青荣禄大夫,位居正一品,改任大都留守,坐镇京城,兼知少府监。历来京城留守一类的官职,近在皇帝眼皮底下,既重要又难当,往往都由皇帝的亲信充任,专门负责守卫宫阙都城,兼理宫廷营缮、器物供给诸事。王伯胜在大都留守任内,积极完善守卫措施,增强防御力量,努力减少费用,节省民力。以往因大都方60里长的城墙皆为土筑,每年都要在城墙上覆盖一层芦苇,防雨护墙。逐年覆盖,日渐增高,难度加大,劳费随之上升。王伯胜权衡利弊之后,毅然向皇帝奏请废止此项劳民伤财的力役,得到皇帝准许,四方百姓听到后,无不拍手称快。

元武宗是一个志大才疏的皇帝,他一方面雄心勃勃,很想通过创治改法而大有作为,另一方面又对他所信任的一些官吏滥加赏赐,委以重任要职,而这些官员中却又很少有像王伯胜那样称职者。结果,因赏赐太隆,授官过多,导致吏制紊乱,赏授也就不起作用,并成为他死后内乱原因之一。至大四年(1311)正月,武宗一死,皇室贵族立即掀起一场争权夺位的互相残杀。首先撤销尚书省机构,以变乱旧章为罪名,将丞相脱虎脱为首的一批武宗旧臣处死。王伯胜为武宗近臣之一,也未能免受牵连。同年三月,仁宗即皇帝位后,以正百官品秩为借口,将武宗颁授的一些官位收回,王伯胜被降秩为资德大夫,由正一品降到正二品,这是王伯胜一生在仕宦道路上所受到的第二次挫折和打击。时过不久,王伯胜迁升为荣禄大夫,位从一品,改任辽阳等处行中书省平章政事,统辖整个东北地区的7路、1府、12州,为坐镇一方的大员。

王伯胜到辽阳赴任后,十分注意各地生产发展,关心百姓疾苦,亲自到所辖各州访察,根据各地实际情况,分别采取不同治理措施。他发现辽阳路所属懿州荒远弊陋,民不知学,愚昧闭塞,较其他州郡落后。于是,便兴办教育,为懿州增加郡学弟子名额,帮助选拔才学兼优的人做老师,教授学生。同时他又亲眼看到过往懿州的官吏和客商,往往在懿州找不到落脚住宿的地方,没有馆驿设施,只好到老百姓家里借宿。天长日久,不断骚扰,老百姓也深感苦不堪言,不愿接待。王伯胜又经过一番详细了解,帮助懿州当局选择空闲地方,建起馆舍,供来往行人食宿,过往的客商也就随之增多,也增加了懿州与外界的交往沟通。此外,他又勘察出可耕种的闲田百顷,募民前来耕种,并由官府暂给食粮,帮助提供条件,使其安心生产。一旦遇到大旱时节,王伯胜同农民一样心焦如焚,亲自斋戒祷告,祈求苍天降雨,保佑百姓丰收。有时偶然巧合,祷告后下起大雨来,老百姓都感激地称之为"平章雨"。王伯胜把忠于朝廷和关心百姓融为一体,因此懿州人民十分爱戴他。

延祐二年(1315),王伯胜在辽阳行省度过了三年外放的政治生涯,政绩显著,对朝廷赤胆忠心,尽职尽责。此时,元仁宗对王伯胜也有了真正了解,终于也能像武宗一样,充分信任和重用王伯胜,于是重新召授他为大都留守,还他一身忠贞清白。辽阳地方百姓听说朝廷要将王伯胜调回京城,都纷纷来到行省,陈述王伯胜在辽阳行省的桩桩政绩,请求把王伯胜继续留在辽阳任内。但是,辽阳行中书省不敢违抗朝廷成命,没有理会百姓的请求,百姓只好哭着回去。这些生动感人的情景,充分反映出王伯胜是一位深得民心的官员。

延祐三年(1316),元仁宗特授王伯胜为银青荣禄大夫,恢复了他在元武宗时所得到的殊荣,重获正一品禄位。元仁宗死后,王伯胜又取得了新继任的元英宗的宠信。至治二年(1322),元英宗赐予王伯胜金虎符,除了仍任大都留守外,又兼任枢密院所辖武卫亲军都指挥使,负责京城修治,以及京师内外建筑工役。同时,元英宗又任命王伯胜兼任大都屯田事,负责组织士卒垦荒种田,养兵息民。共有屯军3000多人,种田达 1800 余顷。

元晋宗泰定三年(1326),为元朝统治勤恳操劳一生的王伯胜因病去世。他一生中先后服侍过 6 位元朝皇帝,但始终没有卷进矛盾的旋涡,较稳固地保住了官位,博得了每一个皇帝的宠信。王伯胜死后,朝廷为表彰他的德业功绩,赐为翊忠宣力保惠功臣、太保、金紫光禄大夫、上柱国,追封蓟国公,谥号忠敬。

王伯胜的长子名恪,累官至兵部尚书、南台治书侍御史、佥宣徽院事,分别掌管全国邮驿屯牧之政令,纠察百官善恶、政治得失,负责宫廷及王公等膳饮之事。次子马儿,官拜宣武将军,袭武卫亲军都指挥使。弟兄二人,踏着其父的足迹,效力于元朝统治。

(原载《东北历史名人传》下卷,吉林文史出版社 1990 年版)

39 叶赫部酋长清佳砮和杨吉砮

清佳砮、杨吉砮两人为同胞兄弟，佳砮居长，吉砮为幼，是明代末期辽东女真叶赫部著名酋长，姓纳喇(那拉)氏。其生年皆不详，明万历十一年(1583)十二月二十七日，两人同时被明军杀害。

叶赫部的始祖可追溯到星根达尔汉，他的儿子名叫席尔克明噶图，孙子名叫齐尔格尼，明朝曾封他为塔鲁木卫都督佥事。后因齐尔格尼不安于职事，常率族人入侵明军防地，于明武宗正德初年，被明军抓获，斩于开原，其子褚孔革(又作祝孔革、竹孔革)遂率领族众南迁至叶赫河流域，部落又逐渐强盛起来。

正德八年(1513)，褚孔革向朝廷悔过自赎，袭父职为塔鲁木卫都督佥事。但是，时隔不久，褚孔革自食其言，继续侵害邻近的哈达部及明军防地。哈达部一向忠顺明朝，受到朝廷宠信和庇护。嘉靖三十年(1551)前后，哈达部酋长王忠串通明军，合力杀掉褚孔革，并抢走叶赫部的七百道敕书，占领了叶赫部季勒等13座屯寨。从此叶赫部衰落下去，两部之间结下了不解世仇。

褚孔革的儿子名叫太杵，当褚孔革被杀后。由太杵的两个儿子，即清佳砮和杨吉砮袭位，做了叶赫部酋长。不久哈达部酋长王忠也死去了，由侄子王台嗣位。

二砮做酋长之后，心中常想报哈达部杀祖之仇，但是力量不够，哈达部背后有明朝做靠山，王台是女真人第一个被朝廷授为"龙虎将军"的，哈达部正处在全盛阶段。二砮报仇之念，只得从长计议，暂时屈居哈达部篱下，并把妹妹温姐嫁给王台为妻。二砮积极治理叶赫部，积聚实力。首先，在叶赫河东西两岸险要的山头上，各筑起一座十分坚固的城堡，每座城外都有护城河环绕，再围以双重木栅，第三层为石墙，最后一道防线是土墙。又在城中山上筑起内城，将山的四周凿成陡立的绝壁，在内城四周又筑起石墙，立上木栅，城中间筑有八角明楼，安置妻小和财宝。哥哥清佳砮驻守西城,弟弟杨吉砮驻守东城,两城相距数里,彼呼此应。

由于历史上的缘故。二砮的叶赫部同西部的蒙古部落比较友好和睦,时常互为借重,串通一气,甚至连儿女们的亲事,也互相托请帮忙。万历二年(1574),蒙古土默特部首领小黄台吉率领5万蒙古骑兵,来求杨吉砮向哈达部王台为儿子求婚,王台屈于蒙古骑兵和二砮咄咄逼人的压力,只好应下这门亲事,而小黄台吉与二砮的勾结越来越紧密,使王台对二砮不容不另眼相看。

随着时间的流逝,王台也渐渐年老气衰,力不从心,哈达部开始走向下坡路。与此相反,二砮恰值年富力强,羽丰翼坚,气壮势盛,叶赫部随之重新强盛起来。在力量对比发生逆转之际,王台为使二砮不生离心歹意,极尽笼络。一是二砮常随从建州右卫王杲骚扰明军防地,万历三年(1575),当朝廷出兵讨伐王杲等时,二砮却在王台的庇护下,得以逍遥法外,免受明军的惩罚。二是王台将自己的女儿下嫁杨吉砮为妻,借以化解二砮心中的旧怨世仇。但是,二砮始终不忘杀祖之仇,时刻伺机一雪前耻。

万历十年(1582),当王台送女儿到叶赫部与杨吉砮成亲时,仍对二砮抱有一线幻想。出乎意料的是杨吉砮正在此时迎娶蒙古酋长恍惚太的女儿为妻,故意羞辱王台。同时,二砮事先早已做了军事部署,乘王台送女儿出嫁、对二砮毫无防范之机,派兵一举夺回了以前哈达部所占领叶赫部13寨中的8寨。王台内部也随之出现了裂痕,在二砮的挑拨下,王台儿子扈尔干所属白虎赤等部,纷纷背叛王台,投归二砮,使叶赫部的势力顿时超过了哈达部。王台亲眼看到两部力量一消一长,已成定局,经此强烈刺激,忧愤成疾,在这年七月间含恨而死。

王台死后,其子扈尔干袭位。扈尔干短视昏庸,王台死后,扈尔干独霸了父亲遗产。王台的私生子康古鲁(又作康古六)常向扈尔干索要,扈尔干非但不肯把财产分给康古鲁一部分,还当面揭出他是父亲的"奸生儿",骂他不配与自己在一起,逼他走开,否则就把他杀掉。康古鲁被迫出走,投归到二砮的怀抱。二砮借机大造舆论,离间王台子孙，清佳砮把女儿许与康古鲁为妻，使王台诸子自相图谋，再也无法团结一致，恢复昔日的实力。

为了更有把握打败哈达部，二砮又积极发动外交攻势，孤立哈达部，联合周围势力，共同图谋哈达部。

首先是与努尔哈赤结成联盟。努尔哈赤起兵后，经常同叶赫部取得联系，借助二砮力量，这就给二砮接近努尔哈赤创造了方便条件。特别是杨吉砮很有政治远见，他认为努尔哈赤很有作为，将来定会成就千秋大业。为了能同努尔哈赤建立起永久性的利害一致关系，他主动地与努尔哈赤做了一场带有明显政治企图的婚姻交易。杨吉砮对努尔哈赤提出："我有一位幼女，待她长大之后，愿送给你做妻子，侍奉左右。"努尔哈赤听了杨吉砮的话，也很不客气地问："你既然愿意和我缔结婚盟，为什么不把年长的女儿许配给我呢？"杨吉砮回答说："我虽有长女，恐怕她们都不是佳偶，不配做你的妻子。唯有幼女端庄稳重，才可配做你的妻子。"经此一番解说，努尔哈赤非常高兴，应下了这门婚事，送上聘礼，缔结婚约，这实际是为了统一女真各部而缔结的政治联盟。

第二是二砮派人携带厚礼，贿赂蒙古土默特部，请求土默特部出兵夹攻哈达部，并许诺一旦打败哈达部，将哈达部的敕书全部献给土默特部。这是一项很有吸引力的诱饵，终于使土默特部成为二砮的同盟者。

第三是二砮充分利用建州右卫阿台同哈达部之间存在的矛盾，挑动阿台进攻哈达部，以便坐收渔翁之利。以往阿台的父亲王杲，被哈达部勾结明军所杀，阿台常欲报杀父之仇，因而也就很容易与二砮结成反哈达部联盟。

万历十一年(1583)八月，在二砮尚未大动干戈的前夕，哈达部的扈尔干便死去了，由其年幼的弟弟孟格布禄(又作猛骨孛罗)袭位。二砮看到孟格布禄年幼力单、众心未附、地位不牢等弱点，认为进攻哈达部的时机到了。随即率领白虎赤、益以煖逸、恍惚太三部1万余骑兵，袭击孟格布禄，斩杀300多人，掠获甲胄150付。又借助孟骨太、那木塞两部兵力，火烧孟格布禄部，几乎将其全部房屋及庄稼焚毁。

二磬大肆进攻哈达部，引起明朝辽东官吏一片惊慌。自从二磬兴起之后，一直是明朝统治者的一块心病，眼看对哈达部日益不利，形势发展下去，必将危及朝廷利益。于是，辽东分巡副使任天祚想说服二磬，停止兵戈。派人拿着布帛、铁釜等物，以犒赏为名，行干涉之实，勒令二磬罢兵。报仇心切的二磬，执意不听晓谕，并表示必待索还以往被夺去的敕书，全部占领哈达部所属各部之后，才能罢兵。

任天祚的干预失败以后，一向顺从朝廷的哈达部的形势还在继续恶化。身为辽东巡抚的李松，亲自出面调停，用话威胁二磬息兵宁人，求得朝廷宽宥。但是二磬不为所动，依然执意不从，强硬地向李松表示："必须使全部敕书和海西女真诸部，统统归属叶赫部。否则，将按照女真人强者为霸的传统来裁决，仇恨越深，越需要用武力解决，直到杀了对方为止。"李松见二磬软硬不吃，百般不依，只好怅然离去，另想办法。

明朝官吏两次劝阻过后，二磬又发动攻势，袭击哈达部。指挥部下焚毁孟格布禄及其仲兄所属屯寨各 10 座，扈尔干儿子岱善的屯寨 1 座，将哈达部 100 多人带回叶赫部，再次使哈达部蒙受巨大损伤。接着，二磬又以蒙古恍惚太 2000 骑兵，奔袭广顺关，攻克沙大亮寨，俘虏 300 人，挟兵索要敕书，气焰嚣张，不可一世。

同年十二月，哈达部屡次三番派人来请求出兵镇压二磬，终于使李松下了除掉二磬的决心。李松与辽东总兵李成梁策划出消灭二磬的计划。

以往叶赫部领取朝廷赏赐的敕书，多半是到北关市圈去领取，二李的阴谋计划也就利用了这个常规，诳骗二磬说朝廷赐给了敕书和赏物，令二磬来北关市圈领取。在通往北关市圈的路上，李成梁将部队埋伏在距开原 40 里左右的中固城。李松又布置参将宿振武、李宁等率领士兵埋伏在北关的四周。令将士待二磬进入市圈后，如果听从招安，张开旗帜，各处按兵不动；如果不听招抚，就鸣炮为号，伏兵四起，击鼓向前，奋力冲杀，决不许放二磬跑掉。一切部署就绪，李松与任天祚登上北关南楼，坐镇指挥，令将领霍九皋到城外接引二砮兄弟进城。

十二月二十七日，二砮接到领取敕书的通知后，信以为真，立即动身，前去领取。但是，二砮心里也有点不踏实，为防万一决定率领恍惚太2000骑兵，一同前往北关。等候在北关城外的霍九皋，见到二砮率领大队人马，浩浩荡荡而来，霍九皋派人上前斥责二砮："你们既然是来接受朝廷的赏赐和抚慰，为什么还带这么多兵来！"命令二砮把兵停下。经过再三交涉，只准二砮带300名骑兵进入北关市圈，余者一律停在关外。被敕书迷住了心窍的二砮，竟然同意了霍九皋的限令，把2000名骑兵停扎在关外，同时又调来1000骑兵，也驻扎关外。实际上，兵将一旦分开，增调再多也无济于事。

二砮率领300骑兵进入市圈之后，请霍九皋拿出敕书，并请求准许掌领孟格布禄诸部。此时霍九皋立刻把脸一翻，严厉斥责二砮。二砮见请求不但没答应，还挨了一通臭骂，顿时血往上涌，对霍九皋以牙还牙。双方正在舌枪唇剑交战，李松使喽啰兵出来辱骂二砮，故意激怒二磬。霍九皋更是急不可遏，指手画脚地命令二砮下马。杨吉砮为了争取主动，当即向身边的白虎赤递个眼色，白虎赤嗖的一声拔出战刀，只见一道寒光射向霍九皋。咔嚓一声，砍中霍九皋右臂。霍九皋也不示弱，同二砮护卫亲兵厮杀扭打在一起。事先早已部署好的明军，见到圈内大打出手，顿时炮声如雷，伏兵四起。经过一场激烈的短兵格斗，二砮左冲右突，想夺路逃出，怎奈明军层层围往，最后终因寡不敌众，二砮连同白虎赤、清佳砮儿子兀孙孛罗、杨吉砮儿子哈儿哈麻等11名叶赫将领以及300名骑兵，全部殉难。

李成梁听到市圈内传来炮声之后，立刻率兵驰出北关，飞奔中固城，指挥明军拦截驻屯在北关城外的叶赫骑兵。叶赫兵1520多人被杀，1700多匹战马被明军夺走。

李成梁取得伏击胜利后，乘胜攻打叶赫东西二城。经过一夜猛烈攻击，城内感到支持不住。天亮时，为了保全城中老少性命，叶赫部大小头目，一同出寨投降。

几年过后，清佳砮儿子布寨、杨吉砮儿子纳林布禄，又都做了叶赫酋长，力量渐渐开始恢复，又重新勾起昔日世代怨仇，接连出兵攻打哈达部，继续索要敕书，于是哈达部又向李成梁求救。万历十六年(1588)二月，李成梁再次兴师讨伐，率兵攻打叶赫东西二城，又杀死550多名叶赫士兵，布寨等率众投降。

同年九月，纳林布禄护送14岁的妹妹孟古格格与努尔哈赤成亲，孟古格格成为努尔哈赤最钟爱的妻子，4年后生下清太宗皇太极。

努尔哈赤强大以后，从万历三十二年(1604)至万历四十六年(1619)，先后对叶赫部发动了4次军事进攻。在最后一次攻击中，摧毁了叶赫部赖以顽抗的东西二城，杀死清佳砮的孙子布扬古，将城中所有老幼人口全部掠回建州女真部，叶赫部彻底灭亡。

（原载《东北历史名人传》下卷，吉林文史出版社1990年版）

40　昂邦章京佟养性

佟养性，其先祖曾居佟佳江（今名浑江）江畔，后来佟氏族人中有位名叫达尔哈齐的，从开原到抚顺经商，遂在那里定居下来，佟养性就出生于这个名叫达尔哈齐的女真族商人家庭。佟养性大约生于明万历初年，卒于明崇祯六年（后金皇太极天聪七年，1633 年）。

万历年间，抚顺是明朝与女真人进行关市贸易的繁华之地，四方客商纷纷来此交易，使抚顺同外界联系日益密切。佟养性继承家业后，凭借他的聪明才智，使其家业很快兴盛起来，"资雄一方"，"役服其乡人"，成为一位很有影响的商人。

万历四十四年（1616），努尔哈赤以建州女真为基础，经过 10 余年的征战，终于统一了辽东女真各部，宣告建立后金政权，建元天命元年。佟养性在经商过程中，目睹了这个政权正以方兴之势，迅速盛强起来，凭着商人特有的灵活头脑和敏锐的洞察力，他毅然投靠了努尔哈赤。

首先，佟养性把他在抚顺所掌握的明军情报，秘密地报告给努尔哈赤，为后金的军事行动提供了依据。久而久之，佟养性的活动被明朝官吏发觉，遂将其逮捕下狱。后来佟养性利用明朝官吏令他向努尔哈赤进行反间的机会，逃离虎口，投奔了后金。

天命三年（1618），努尔哈赤开始对明朝采取军事进攻，攻打明朝在辽东的重镇抚顺，命令佟养性做向导。在佟养性的指引下，努尔哈赤顺利地攻克抚顺，降服了守城明将李永芳。努尔哈赤对佟养性冒着风险来投后金，在战争中又经过了考验，认为他有"能识时运"的才能，对自己"诚心来归"，因而对他十分器重，将宗女许配他为妻，号称施吾里额驸马，授予三等副将。自此，佟养性结束了前半生的商贾生涯，开始一心从政，很快成为后金政权中的重要人物之一。在佟养性的影响下，佟氏家族中先后有 1470 多人投顺了后金。随之，努尔哈赤对佟养性的信任也日益提高，经常同他一起议决军政要事。

天命六年(明天启元年,1621)三月,佟养性随努尔哈赤大军攻占辽阳、沈阳等75座城邑,整个辽河以东地区尽为努尔哈赤占领。战争的胜利,也使佟养性受到封赏,他被晋升为二等总兵官,掌领八游击、二都司及归顺后金的佟氏家族和汉官汉民等。同年九月,佟养性根据努尔哈赤命令,前往抚西、清河等地,限令商人立即开门营业,可以在新城或旧城继续从事商业,进行贸易,以繁荣新占领区的经济。十月,佟养性又按照努尔哈赤的指示,将镇江、广宁、新城、叆河、汤山及辽南沿海地区居民,强行迁往萨尔浒和沈阳等新占领的城邑,以防止这些被征服者叛变反抗。

天命七年(天启二年,1622)正月,努尔哈赤因军队粮草出现危机,命令擅长聚敛的佟养性负责筹集督办。他除了向所辖八游击、二都司等民户强行搜刮粮草外,又迅速调集上万辆大车和大刀船,水陆并进,把明朝贮存在右屯卫的50万石粮食,统统抢运到沈阳。这件事佟养性干得非常出色,帮助努尔哈赤度过了暂时困难。因而努尔哈赤在大赏群臣时,将佟养性列为一等,给予厚赏。

同年二月,佟养性接到努尔哈赤指令,前往指定地区,根据"计丁授田"政策,带领昔日辽东旧官吏,勘查田亩,分配土地、房屋和粮食等。在"计丁授田"过程中,佟养性个人也捞取到巨大实惠。据天命四年(1619)的统计,佟氏家族已有1700多人。后来努尔哈赤等又多次分给佟养性数千名兵丁,按照规定,这些兵丁有一半可变为他的私人奴隶。通过"计丁授田",佟养性成为拥有数十万亩土地的大封建主,每年所收获的谷物可折合成数十万两白银。在筹粮迁民过程中,佟养性又借机勒索民财,收受贿赂。佟养性的横征暴敛,巧取豪夺,既害民,又损害了努尔哈赤的利益。因此一度引起努尔哈赤的不满,斥责其只知一味索取财物,使个人财产大大超过了宗室诸贝勒。努尔哈赤权衡得失,感到佟养性仍有继续利用价值,也就没有深究。

天命八年(天启三年,1623),努尔哈赤在辽南征集粮草,清查人口。佟养性仅在盖州就为努尔哈赤搜刮到谷千石、盐万斤,棉花900斤。为了稳定各地社会秩序,佟养性在清查户口过程中,严禁人口外逃,不得隐瞒丁口,违者重罚,没为奴隶。天命十一年(天启六年,1626),努尔哈赤死后,佟养性继续充当皇太极的得力辅臣。皇太极为了更好地发挥佟养性的作用,为其单置一军,授予其独立指挥作战权力。天聪五年(明崇祯四年,1631)正月,皇太极授佟养性为昂邦章京,总理后金汉人军民诸政,各汉官一律听其节制。同时,皇太极又告谕汉官:凡对佟养性嫉妒不从命者,不单单是藐视佟养性一人,也是轻视国家制度,破坏法令,必予惩处,绝不饶恕。

皇太极在向锦州地区进军中连吃败仗,无法抵挡明军炮火轰击。此时八旗兵尚未掌握使用火炮技术,为了弥补这一弱点,皇太极决定在自己军队中建立炮兵部队。天聪五年正月,皇太极授权佟养性监造红衣大炮,佟养性根据汉兵火器技术胜过八旗兵的事实,建议皇太极以汉兵组建炮兵部队,并由汉官统帅。还提议招募汉人中会铸造大炮及能使用火器的工匠和士兵,登记编队,纳入军籍。又下令搜集明军遗弃的火炮,经过修理之后,重新使用。正是在佟养性积极建议和努力下,皇太极有了一支炮兵部队,战斗力空前提高,佟养性可以说是清军炮兵的创始人。

同年三月,红衣大炮铸成,炮兵部队也组建起来,皇太极亲自进行检阅,并将佟养性监造的红衣大炮命名为"天祐助威大将军",下令将这个名字刻在炮身上。佟养性指挥炮兵当众验放大炮,皇太极看到大炮器械性能精良,士兵演练非常娴熟,十分满意。

同年七月,皇太极又授权佟养性:今后凡有军事出征,其随营大炮及拉车骡马,一律归佟养性节制。八月,后金军队攻打明军大凌河城,佟养性率兵参战,指挥500士兵及汉兵红衣大炮6门、将军炮54门,负责攻打城西非常坚固的于子章台。这是一场攻坚战,经过3天猛烈的炮火轰击,该台终于被击毁,附近各台闻风胆却,或降或逃,尽被皇太极大军占领。缴获的大小火炮多达3500门,全部交给佟养性所指挥的汉人炮兵使用。这是一场自努尔哈赤起兵以来,首次使用火炮进行的攻坚战,它的胜利,为后来进军增强了信心。接着,佟养性又指挥炮兵,先后摧毁了大凌河至广宁一线的明军台站,大获全胜。

大凌河城战役为皇太极打开了通往胜利的道路,佟养性在这场战役中所起的决定性作用为朝野众人所倾心注目。皇太极对他更加器重,天聪六年(崇祯五年,1632)正月,令佟养性位居八贝勒之上,以表彰他的特殊功勋。在皇太极的授意下,佟养性将女儿许配给皇太极的侄子岳托为妻。正月二十一日,皇太极携岳托及代善父子两人亲自到佟养性府上,对他们两家联姻表示庆贺。这门亲事使佟养性及佟氏家族进一步与后金政权连为一体,佟养性为了报效皇太极的知遇之恩,除了在战争中大显身手外,在政权建设上也积极予以协助。他指出要想足食强兵,必须鼓励农民广为开田种粮,按照田亩征收赋税,并且扶持那些贫困无力耕种的农民,帮助解决生产工具,贷发种子等。他的这项建议得到皇太极采纳,决定推行"照亩起科"政策,这为后金由奴隶制向封建制过渡,迈出了决定性一步。

同年四月,皇太极出征察哈尔,佟养性留守京城。估计此时佟养性已经老病,翌年七月,便死于任上。顺治十三年(1656),追谥"勤惠"。翌年又为之立碑,旌表其忠诚尽瘁。

佟养性死后,其子孙继续效忠清朝,佟氏门庭历久不衰,高官显宦辈出。特别是顺治皇帝纳佟养性侄子佟图赖之女为孝康章皇后,并生下康熙皇帝,在爱新觉罗家族中,不断注入佟氏血液。

(原载《东北历史名人传》下卷,吉林文史出版社1990年版)

41 黑龙江将军萨布素

萨布素，清初宁古塔（今黑龙江宁安县）人，姓富察（蒲察），隶满族镶黄旗。其生年不详，卒年也记载不一，一般认为卒于康熙四十九年（1710）。

自金代以来，富察氏就是女真人中的大姓。传说萨布素四世祖名叫充舜（充顺），居住在噶哈里河（吉林汪清县境内嘎呀河）流域，属于海东女真瓦尔喀部。充舜敦厚老成，乐善好施，而且能手擒猛兽，勇武绝人，受到族众爱戴，公推为酋长。充舜组织族人修建起岳克通鄂城，当上城长，后世子孙得以世袭岳克通鄂城城长。

萨布素曾祖父哈木都时，正赶上努尔哈赤起兵，用武力统一女真各部，哈木都和儿子哈尔苏率领部众，归附了努尔哈赤，迁往辽东。1625年，努尔哈赤迁都沈阳，哈木都也携带家人随军移居沈阳。

1626年，清太宗皇太极嗣位以后，为了及早进军中原，先行征服黑龙江流域的女真诸部，以建立稳固的后方基地。在宁古塔城设镇屯兵，招抚诸部。萨布素的父亲随哈纳被指派到宁古塔任职，充当一名比较微贱的牧马小官，并在此定居下来。于是，宁古塔便成为养育萨布素的故乡。萨布素的母亲舒木鲁氏，是一位仁慈贤惠、通晓事理的满族妇女，生有长子萨布素及次子党丹。

萨布素在八九岁时就开始挽弓习射，十二三岁时就能分担父亲劳务，帮助牧马，并和大人一道参加围猎，接受严格的军事训练。至今民间还广为流传少年萨布素牧牛杀虎的生动故事。

萨布素生活的时代，正是沙皇俄国疯狂侵占中国北方领土时期，俄国殖民主义者将魔爪伸进黑龙江流域，激起了中国人民的愤慨和反抗。清朝顺治皇帝得知俄军已兵临祖宗发祥地大门口，在黑龙江地区各族人民强烈敦促下，开始调兵遣将，组织抗击。

顺治十年（1653），清廷将宁古塔辖区从盛京管辖下析出，专掌黑龙江沿边防务事宜，任命能征惯战、威震龙江的老将沙尔虎达为宁古塔首任昂邦章京，负责抗俄事宜。沙尔虎达到任后，立刻整饬军备，扩编新军，一些适龄的八旗子弟纷纷应征入伍。自幼熟读《三国演义》、《孙子兵法》，立志做名军人，报效国家的萨布素，此时年近二十，恰值披甲服役年华，踊跃应征，并顺利通过各项检查、测试，注册披甲。

萨布素入伍后，以刚健勇武的雄姿，超群的骑射技艺，机敏的办事能力，宽厚的待人态度以及粗通文墨的素养，引起老将沙尔虎达的注目。沙尔虎达断定萨布素将来一定是位文武兼备的将才，随即提拔萨布素为笔帖式，留在身边主管文墨。这样一来，萨布素有更多机会接触上层将领，学习用兵作战、处理军务的本领。

萨布素入伍不久，便开赴前线，经受战争的考验。从 1653 年秋季至 1658 年夏天，他随沙尔虎达转战各地，参加了历次抗击沙俄入侵的战斗，全部歼灭了沙俄斯杰潘诺夫匪徒，取得重大胜利。战斗中，萨布素不畏强敌，十分骁勇。传说在松花江口战役中，他同幼年时代的伙伴瓦礼祜并肩杀敌，两人联骑策马，穷追敌寇，把一股逃窜的俄军全部击毙。在另一次追歼战中，敌人想甩掉萨布素的追击，弃马登船，驶向江中，企图逃之夭夭。萨布素眼看敌人要跑掉，急中生智，不顾水深流急，跃马泅渡，直奔江心。为了避开敌人射者，他躲在马肚子下，迅速接近敌船，潜入船底，用刀把船底戳穿，使船沉敌亡。战斗结束以后，萨布素因战功显著，被沙尔虎达提升为六品的骁骑校，成为八旗兵初级指挥官。

顺治十六年(1659)，胸怀抗俄壮志的老将沙尔虎达病故，朝廷命其长子巴海继任宁古塔昂邦章京，从此，萨布素逐渐成为巴海手下一名得力将领。

首先，为了使宁古塔真正发挥东北北部军事、政治、经济、文化中心的作用，萨布素协助巴海在牡丹江畔修建宁古塔新城，推动了宁古塔地区的发展。从康熙元年(1662)破土兴工，至五年(1666)建成，在整个修城过程中，萨布泰亲自规划、勘测、筹措。

在发展经济、组织生产上，萨布素协同巴海推行“计丁授田”政策，对一些新招抚的农户，亲自过问，帮助解决房屋、土地、耕牛、种子等，使其专心生产，安居乐业。还经常到田地里视察农情，劝农励耕，开辟官庄，扩大土地耕种面积，使官庄由原来的 13 个，增加到 32 个，耕种面积增加 3800 多垧。同时，还鼓励被朝廷流放到宁古塔地区的流人垦荒种田，衣食自给。

为了加强宁古塔同各地的经济联系，以适应军事需要，萨布素又配合巴海，调动人力，修路架桥，建立驿站，欢迎外地商人来宁古塔经商，鼓励当地人把产品运往外地销售，招徕匠人、医生等，到宁古塔做工、行医，给予妥善安置，使宁古塔呈现出前所未有的繁荣景象。

萨布素出身微下，在仕宦道路上，之所以能平步青云，扶摇直上，除了全凭自己的实干精神外，还在于他善于使所有的人都能发挥才能，哪怕是朝廷流放来的罪犯，只要是有学问、懂知识的，就敢于起用，为他们提供各种施展才能的机会。像吴兆骞、杨越、张缙彦这些硕学名流，虽身为流人，萨布素却优礼相待，虚心求教，聘为幕僚，并让他们参议军政，采纳他们的合理建议。

康熙三年(1664)五月，巴海组织兵力围歼入侵黑龙江下游的一股俄军，萨布素率队参战。由于敌人躲藏在密林中，他们一时难于找到进攻的目标。但值得庆幸的是，五月天下了一场大雪，萨布素乘大雪天发现了敌人的脚印，顺着脚印穷追不舍，终于把敌人团团围住，全部歼灭，又一次立下抗俄战功，迁升防御。

康熙四年(1665)，切尔尼果夫斯基匪帮侵入清朝黑龙江北岸的雅克萨城，在该城基地上建立新城，作为入侵黑龙江地区的巢穴，四出干尽烧杀奸掠勾当，犯下滔天罪行。清廷为制止这股匪徒的罪恶行径，几次派人同俄国交涉，都无济于事，最后不得不采取武装抵御措施。

康熙十年(1671)冬，为了督励黑龙江军民抗击俄国的入侵，康熙皇帝亲自到东北阅边，检查防务。令宁古塔将军善布教化，以民为本，招抚沿边各族内迁吉林。萨布素等积极推行康熙的移民政策，使很多人免遭沙俄蹂躏，宁古塔地区抗俄士气更加高涨。

正当萨布素等将士积极秣马厉兵，准备痛歼俄国入侵者之际，吴三桂在云南掀起叛乱，迫使清廷把精力转移到勘定内乱上，宁古塔八旗兵几乎被抽调一空，急剧削弱了抗俄力量。为了弥补空虚，萨布素等继续推行康熙皇帝的招民政策，使沿边各族迁往宁古塔地方居住，籍入八旗。康熙十五年(1676)前后，宁古塔将军移署吉林。萨布素久已迁升协领，留守宁古塔，继续招抚诸部归旗，先后经手安置四五百户。这些内迁归旗的新满洲，对巩固边防，发展生产，都发挥了很大作用。萨布素成为康熙移民政策的积极拥护者和执行者。

康熙十六年(1677)，清廷统治者为了寻求精神寄托，让人们牢记祖宗创业之艰难，鼓舞斗志，巩固江山，命内大臣觉罗武默讷等往祖宗发祥地长白山祭奠。武默讷一行到达吉林后，巴海令一向忠于职守的萨布素率领200名士兵扈从。进入原始森林地区以后，茫茫林海，树木参天，遮断人迹，无路可行。幸有鹤鸣引路，寻声追逐，萨布素率领士兵斩木开路，披荆行前，翻越座座群山。忽然发现鹿道一条，大家沿鹿道而行，终于登上长白山之巅，到达天池水边。萨布素等不由得长揖跪拜，祷告祖宗在天之灵，诵旨寄情：为保卫祖宗基业，守护大好河山，情愿肝脑涂地，义不容辞。

康熙十七年(1678)，萨布素晋升为宁古塔副都统，为他施展抗俄抱负，进一步创造了条件。

康熙二十年(1681)，沙俄继续出兵，侵占额尔古纳河地区，强行在中国境内修筑城堡，抢劫毛皮、牲畜，掠夺银矿等。二十一年(1682)，沙俄又从雅克萨城出兵侵犯黑龙江下游地区，大肆烧杀抢掠，为患日烈。康熙皇帝为动员朝野上下特别是东北军民奋起自卫，严惩入侵者，于同年三月第二次驾临东北阅边，亲自了解敌我形势，运筹反击策略。五月初抵达吉林，巡视松花江，登船检阅水师。康熙驾临吉林期间，萨布素奉命向皇帝奏报沙俄侵略罪行，有机会直陈他的抗俄方略，给康熙留下很深的印象。同年九月，康熙派副都统郎坦、彭春等人，到黑龙江前线视察敌情，探明水陆通道，会同萨布素一道前往达斡尔索伦等地侦探。三人按照康熙指示，率少许精骑，取道嫩江，进入大兴安岭腹心地区，经过16天的长途跋涉，逼近雅克萨城。萨布素把眼前看到的敌人所作所为，结合以往同俄军作战的经历，向郎、彭倾诉了抗俄抱负，极力主张攻打雅克萨城，并断定有必胜的希望。在萨布素的积极影响下，经过仔细研究，于雅克萨城下，三个人取得了抗击沙俄的一致意见。随后，三人一同驰往瑷珲，所经各地，到处是遭受俄军蹂躏的凄惨荒凉景象，更加激起他们对沙俄的仇恨和抗击敌寇的雄心壮志。到达瑷珲以后，萨布素与郎、彭分道扬镳，各自执行特定任务。萨布素独自率领部下，勘查瑷珲至宁古塔的通道，为反击沙俄作进一步准备。各自完成任务后，萨布寨又同郎、彭聚会，共同商讨给康熙皇帝的奏疏。

康熙得到萨、郎、彭三人奏报后，对自己抗击沙俄的决心和计划，有了更可靠的根据和取胜的把握。迅速制定出“建城永戍”，招兵屯田，水路运粮，制备兵器，调兵遣将，加紧训练等一套完整的抗击战略。他命令巴海和萨布素率领吉林乌拉和宁古塔 1500 名精兵，开往黑龙江沿江驻地。

康熙二十二年(1683)春，巴海不同意“建城永戍”，向康熙建议“速行征剿”，无视以往我进敌退，我退敌进，用兵不已，边民不安的经验教训。深谋远虑的康熙看到巴海的奏报，立刻觉得巴海有负重托，不堪当此重任。于是更改前令，让巴海留守吉林，由萨布素全权统兵，前往黑龙江。同年七月，萨布素率领清军船队，顺松花江驶入黑龙江，溯流而上。途中遇上从雅克萨出来抢劫的俄军，共 70 余人乘船顺流而来，萨布素立刻下令将这股匪徒紧紧围住，派两名军官登上敌船，晓谕利害，迫使这伙俄军全部缴械投降，不费一枪一弹，首战告捷。

清军进抵瑷珲、额苏里以后，萨布素按康熙意图，督励将士，日夜修建城堡，构筑工事，一切从“永戍”方针出发。根据布防进展情况，萨布素向朝廷奏请：隆冬将届，运输艰难，暂驻守额苏里，待明年四月天暖，再谋攻雅克萨匪巢。这项奏报，十分符合康熙暂不攻取、相机而动的战略计划，得到批准。随后，康熙又指示吉林乌拉、宁古塔、达呼尔等派兵千人，于翌年秋季，携带家口，发往额苏里永戍。但是，士兵害怕到艰苦的边疆地区安家落户，萨布素为安定军心，保持战斗力，委婉向朝廷提出：用兵三千，分为三班，更番驻防的建议。显然这项建议不符合“永戍”方针，遭到期廷否决。经过此次反复，萨布素看到康熙“建城永戍”的方针不可动摇，对这个方针的深远意义也加深了理解，进一步坚定了贯彻执行这一方针的决心，向朝廷保证悉宜遵命。对此，康熙也感到宽慰，于同年十二月二十六日，朝廷开始设置黑龙江将军时，康熙钦定，任命“为人甚优”的萨布素为第一任黑龙江将军。自此开创了东北划分为盛京（辽宁）、吉林、黑龙江三个行政区的格局。

萨布素肩负黑龙江将军重任以后，按照康熙意图，加固旧瑷珲城，作为将军官署，筑起土墙，开掘深壕，围绕刺障，使之成为一座较有抗御能力的城堡。但是，该城位于黑龙江左岸，往来传送公文、运输物资多有不便，很不适于军事防御。因而萨布素经过奏请之后，于康熙二十三年（1684）秋又在江的右岸筑起与旧城规模相仿的新瑷珲城，将官署移至右岸，克服了旧城不便的弊端。新瑷珲城成为清兵抗击俄军入侵的大本营。

朝廷为了解决驻扎在瑷珲清军的粮饷，又扩大了萨布素督运军粮的权限。松花江水上运粮事宜，也由萨布素统一指挥。萨布素组成1200 人的运粮队，充分利用松花江和黑龙江水上运输的便利条件，有计划地从内地运粮到瑷珲，减少了许多中间环节，缩短了运期，使粮饷得到可靠保障。

在驻守瑷珲期间，萨布素认真贯彻“永戍”方针，组织士兵屯田耕种，许多荒野垦为良田，长出绿油油的庄稼，获得了好收成。仅从盛京派来的屯田士兵，就垦出 1500 多垧地，使可耕熟地逐年增加，军队粮饷有了保障，开始出现自给有余的喜人景象。此外，积极修通各条驿道、设置驿站，加强边疆同内地之间的联系，奠定了“永戍”基础。

当清军在瑷珲站稳脚跟以后，为了促进攻打雅克萨俄军匪穴的时机早日到来，萨布素指挥清军，配合黑龙江两岸各族人民，开始扫荡雅克萨周围各个据点的俄军。从康熙二十二年（1683）冬季开始，清军首先与鄂伦春人并肩战斗，顺利地消除精奇里江流域的俄军据点，随后于翌年四月，全部拔掉俄军设在黑龙江中下游的侵略据点，使清军受到实战锻炼，士气大振。而俄军由于节节失败，士气沮丧。

康熙二十三年(1684)初,萨布素按康熙事前指示,通过释放两名俄俘,向雅克萨城俄军头目发出最后通牒,严厉谴责俄军侵犯我国领土、抢掠财物、扰害边民、罗匿逃犯的罪行,命令其从速退回本土。并明确指出:对我方劝告倘犹执迷不悟,赖在我国领土上不动,到时候必将受到我军讨伐,难逃诛杀。俄军头目无视萨布素的警告,不甘自动退出侵占地盘,增调援兵600多人,开进雅克萨城,总兵力达到900人,并凭借武器的优势,企图顽抗到底。

同年七月,萨布素接到康熙先夺取田禾,使其自困,然后相机进军雅克萨的命令。但是,萨布素根据战地形势和以往的经验教训,认为这道命令不切合实际,夺取田禾并非是易事,必将是徒劳士马,得不偿失,况且一切必要的备战措施仍在继续进行之中,进攻雅克萨的时机尚未完全成熟。经过认真考虑之后,萨布素婉言上书,申诉利弊,请求朝廷谅解,并明确要求暂停兴师,将进攻雅克萨的日期推迟到来年四月。

康熙看了萨布素的奏折,虽然斥责萨布素是借端题请,坐失机宜。但并没有深究,也没有让萨布素必须遵旨照办,实际上是接受了萨布素的建议。同年十月,康熙再次派人前往黑龙江督战,配合萨布素一道制定出攻打雅克萨的作战方案。经过较长时间的周密策划,一切准备就绪,攻取雅克萨的时机终于成熟了。

康熙二十四年(1685)初,萨布素等向朝廷提交了一份攻打雅克萨的具体作战计划:定于四月末,水陆并进,兵临雅克萨城下,先行招抚,劝其放下武器投降,如若不听,再行武力攻城。倘若攻城不克,则毁其田禾以归。这个方案立即得到朝廷批准,并委派都统彭春前来担任攻城总指挥,副都统班达尔善等人,参赞军务。

三月初,彭春、萨布素等派人潜入雅克萨城附近,抓获俄军7人,摸清城中俄军总兵力不足千人,而且人心惶惶,士气不振。攻打雅克萨的清军已达3000人,力量对比,占有明显优势,可按原计划进军。

四月末,彭春、萨布素率领清军自瑷珲开拔,水陆并进,直向雅克萨而来。五月中旬,萨布素指挥前锋骑兵部队,逼近雅克萨城下,迅速将散落在雅克萨城外各处的哨兵全部俘虏,扫清了外围。随后,彭春统帅大队人马也来到城下与萨布素会师,并释放 3 名俄俘,使之往城里送信,再次命令俄军立即撤离,还我领土。侵略成性的俄军头目恃强顽抗,激得清军更加愤慨。彭春与萨布素立刻按原计划下达总攻命令,指挥清军水陆布阵,将雅克萨层层包围。一股从上游顺流赶来的俄军援兵,中途被清军全部消灭和俘虏,连个往回报信的人也没给留。即当天夜里,万炮齐发,猛烈攻城,在炮火掩护下,清军奋力冲杀,经过一连数天激战,城中俄军死伤惨重,乱作一团,陷入绝境,被迫向清军投降。彭春、萨布素立即召见败降的俄军头目托尔布津,命令他退回本土,立下保证,不许再来侵犯。托尔布津点头称是,乞求饶命,对天发誓,绝不再来。彭春、萨布素轻信了托尔布津诺言,当即将他及俄军俘虏释放。有40 多名俄军俘虏不愿继续为托尔布津等人卖命,自愿要求留在中国,萨布萨给予照顾,做了很好安置。至此,这场战役以清军大获全胜而告终。

俄军撤出雅克萨城以后,为了防止敌人卷土重来,萨布素指挥清军彻底焚毁城堡,不给敌人留下任何可利用的条件。随后,率大军回到瑷珲驻地,继续贯彻“永戍”方针。不久,萨布素接到朝廷命令,前往墨尔根(今嫩江镇)筑城屯兵,部署第二道抗俄防线。

但俄国侵略者又卷土重来。托尔布津败回尼布楚后,督军符拉索夫不甘心如此惨败,于同年八月重新任命托尔布津为雅克萨督军,率领残兵败将,重返雅克萨。托尔布津回到雅克萨的废墟上以后,接受昔日失败教训,赶紧构筑更为坚固的防御工事,做长期占领打算。

康熙二十五年(1686)初,萨布素派遣一支骑兵到雅克萨地区巡逻,很快查明了俄军重占雅克萨城的真相,立刻向朝廷奏报,请求出兵征剿。同年二月,康熙为了慎重从事,又派人侦察,前后情况一致,决定乘俄军在雅克萨立足未稳,急令萨布素如前所请,速修船舰,统领 2000 人马,第二次攻打雅克萨城。接着又派都统朗坦等驰赴前线协助萨布素参赞军务,并挑选在墨尔根筑城屯田士兵 200 人,集结待命。同年六月,萨布素挥军进抵雅克萨城下,使俄俘向托尔布津送交最后通牒,据理斥责他背信弃义,罪不容赎,勒令其立即返回本土,免遭灭顶之灾。

托尔布津仰仗有所准备,指挥俄军先行出击。萨布素见劝降无效,并且俄军已经抢先下手,便下令用大炮还击,派兵占领上游江面,堵击援军,又派一支骑兵拔掉雅克萨城外围的俄军据点,然后集中主力部队,猛烈攻城。托尔布津为突破清军层层包围,接连多次指挥城中俄军出击,一一被清军击溃,有110多人死于清军刀下。俄军虽然死伤较多,兵力逐渐减弱,但多使用火枪大炮,在武器上仍占有优势,清军多使用弓箭大刀,不适应长时间的攻坚战。萨布素十分清楚敌我的优劣形势,采取挖掘长堑,立起土垒,用以掩护自己,消耗敌人有生力量的战术,终于使托尔布津再次陷入绝境。在激战中,托尔布津为挽救败局,亲自出阵督战,被清军击中,结束了罪恶的一生。主帅毙命,俄军进退无望,只好坐等援军解围。尼布楚督军符拉索夫得知雅克萨城俄军危在旦夕,赶忙派出70人组成的援军,前往救援。这股援军不敢从正面接近雅克萨,企图由山路偷偷进发。但清军防守严密,无隙可钻,只好悄悄退回,城中俄军唯一的希望也破灭了。萨布素率领清军越战越勇,完全掌握了主动。他打算长期围困,用较小的代价,换取更大的胜利,遂构筑起坚固的围困工事,不给敌人留有逃跑的空隙,高高垒起炮台,炮口对准城中,令敌人望而生畏。又把集结在墨尔根的200名后备部队也调来前线,使围困力量大增。如此日夜围困,一直持续了5个多月。到同年十一月,雅克萨城中俄军饥寒交迫,除了被清军击毙而外,大部分死于疾病,活下来的只有150人左右了,个个无精打采,甚至对同伴的尸体也都无力掩埋,整天生活在尸臭熏天之中。

眼看雅克萨城中俄军一天天死光灭绝之际,沙俄政府自知靠武力暂难取胜,于是,开始玩弄议和花招。派人通知清政府同意谈判,乞求清军撤除雅克萨之围。明眼一看便知和谈是假,撤围是真。对沙俄尚存幻想的康熙皇帝,竟然接受了俄国政府的乞求,下达了撤围命令,使萨布素等前线将士的浴血抗战,功亏一篑。

康熙二十六年(1667)春,萨布素从雅克萨城四周退到查克丹地区集结,仍念念不忘抗击沙俄入侵,率领士兵在查克丹构筑坚固防御工事,增设岗哨,架起大炮,始终把炮口对准敌人来犯方向。准备一有机会,立刻挥军反击。同年夏天,萨布素又接到康熙继续撤退的命令,只好率军退回瑷珲和墨尔根驻防。

康熙二十八年(1689)夏,萨布素奉命率领1500名清兵,驾驶百余条木船,装运军粮和弹药,从瑷珲出发,溯黑龙江而上,前往尼布楚,作为清朝谈判使团的重要成员,参加中俄边界谈判。八月下旬,谈判开始,经过近20天的激烈讨价还价,清朝使团一再让步,而俄国使团得寸进尺,并以武力相威胁,但有萨布素在场,率领1500名将士,顶住了俄国使团的武力要挟,确保清朝使团安然无恙,使谈判得以进行下去。同时,在谈判中,萨布素向清朝使团提供了黑龙江流域各种自然和历史的准确情况以及沙俄入侵的罪恶行径,争取了主动,最后终于签订了《中俄尼布楚条约》,迫使沙俄暂时停止对黑龙江流域的侵略。

尼布楚和谈结束以后,萨布素率军回瑷珲和墨尔根继续戍守,对谈判达成的协定并不抱着太大希望,仍积极加速边疆建设,巩固防御力量。此时黑龙江西面的蒙古准噶尔部噶尔丹已公开背叛清朝,同沙俄互相勾结,疯狂向南扩张、骚扰,使萨布素又面临新的战争危险和考验。

康熙二十九年(1690)夏,噶尔丹指挥叛军南下,率领2万人马,越过呼伦贝尔湖,席卷了内蒙东部地区,侵入克什克腾旗,直接威胁京师安危,迫使康熙下令组织反击。噶尔丹大败逃回。不久,在俄国调唆和援助下,噶尔丹准备再度南犯。清廷急令萨布素调兵设防,扼守要塞,相机克讨。

康熙三十年(1691),由于黑龙江防务日趋严重,兵力甚感不足。萨布素为解决兵源问题,曾建议将当地少数民族编入八旗充兵,得到康熙敕准,随使数千名索伦、达呼尔等族子弟成为八旗兵,分别驻守于瑷珲、墨尔根和齐齐哈尔等地区,增强了黑龙江军事实力。

在备战过程中,萨布素组织军民,加紧建设墨尔根和齐齐哈尔两城,使之成为军事重镇。康熙三十二年(1693),墨尔根城竣工,经过奏请,朝廷批准萨布素将黑龙江将军官署移至墨尔根,由副都统守御瑷珲城。如此日夜操劳,紧张设防,一直持续了四五年之久。

康熙三十四年(1695)春,萨布素向朝廷奏报了一个宏大而完整的设防计划:用计程设站办法,把盛京、吉林、墨尔根的军事力量连为一体,遇有战事,此呼彼应,互相策援,增强整体作战能力。这个计划立刻得到朝廷通过,批准照办,并命令由萨布素协调此事,萨布素成为东北清军的总指挥。

同年秋,噶尔丹在俄国人的助威下,率领3万叛军,沿克鲁伦河谷东犯。久已做好迎敌准备的萨布素,挥刀跃马,只等朝廷下达进军号令。这一年中,尽管军事形势很紧张,但是萨布素始终念念不忘从根本上改变黑龙江地区文化落后的面貌,奏请朝廷批准,在墨尔根两翼各建起一所学校,设教员一人,教授各族子弟读书习文,成为黑龙江由官方建学立师的开创者。后来在齐齐哈尔和瑷珲也相继建起学校。正是在萨布素的倡导和筹措下,黑龙江地区的文化发展,迈出了可喜的一步。

康熙三十五年(1696)春,为了平定噶尔丹叛乱,康熙挂帅,指挥东、西、中三路清兵,同时进击。任命萨布素为东路总指挥,统领东三省八旗兵及科尔沁蒙古兵,自索岳尔齐山进剿,拦截叛军东窜。战斗打响以后,噶尔丹见到东部萨布素锐不可当,转而向西逃窜,被西路军击溃。萨布素虽未能与叛军交锋,但由于日夜奔波,久劳成疾,在行军途中患了重病。他不顾病痛,率领部下一再请战,最后康熙只答应黑龙江兵可参加清剿噶尔丹残余势力的战斗,而命令萨布素留在归化城治病,唯恐失去这位难得的优秀将领。转年正月,噶尔丹在清军追击下,日暮途穷,服毒自尽,叛乱平息。

康熙三十七年(1698)秋天,为了安抚蒙古诸部,督励东北清军将士,康熙取道东蒙地区,第三次巡视东北,谒陵祭祖。萨布素接到朝廷指令,前往伊通边门迎驾扈从。康熙对萨布素特意召见,命身边随来的大学士宣读嘉奖令,表彰其保土抗俄、振兴边疆、效力国家的卓越功绩,授予一等阿达哈哈番(即轻车都尉),并可世袭。康熙又把自己穿戴的蟒袍、缨帽也一并赐给萨布素等人。

康熙三十八年(1699),经过萨布素几年努力,齐齐哈尔城各项建设工程相继就绪，萨布素随即奏请朝廷，将黑龙江将军官署移至齐齐哈尔城。为了使齐齐哈尔成为坚不可摧的城堡，萨布素督责署下，整饬法令，严肃纪律，杜绝旷误防哨行为，不许随意动用驿站站丁、车马等，切实加强清军的战斗力。对那些不遵禁令的锡伯族，再次组织南迁，安置到盛京等地。从康熙三十七年(1698)至三十九年(1700)，嫩江流域连续三年大水成灾。为了安定民心，维持生产，萨布素一面组织军民抗灾，一面奏请朝廷开仓赈济。

康熙四十年(1701)春，正当萨布素组织军民奋力抗灾自救，克服种种严峻困难之际，以康熙为首的一些人却认为萨布素已经年迈力竭，不堪继续担当黑龙江将军重任。同时萨布素日益增长的声望，也使一些人产生忌妒，都在极力主张易人。恰好此时看到萨布素遇到了连年天灾麻烦，于是借题发挥，遣诏责问。最后，以空报兵丁数目、浮支仓谷的莫须有罪名，将萨布素革职。不久，又将萨布素调往京师，授予散秩大臣，总算恢复了名誉。

康熙四十八年(1709)，朝廷追念萨布素昔日功劳，赐予御物，给他被革职后的凄凉悲楚的晚年，增添了一丝安慰。

康熙四十九年(1710)，昔日在疆场上轰轰烈烈拼搏一生的萨布素，在京城里默默孤独地死去了。

（原载《东北历史名人传》下卷，吉林文史出版社1990年版）

42　流寓黑龙江的方氏家族

清朝前期，方拱乾、方登峄、方式济诸人，原籍安徽桐城县，因受文字狱的株连，谪戍黑龙江地区。在流寓期间，方氏家族对黑龙江地区的文化发展作出了重要贡献。

方拱乾字肃之，号坦庵，出身于仕宦书香之家。其父方大美为明朝万历十四年(1586)进士，官太仆寺少卿，有子五人，名体乾、承乾、应乾、象乾和拱乾，皆为明末官吏。

方拱乾受家庭影响，七岁时便能作文吟诗，后登天启年间进士，崇祯时官居少詹事。为人笃交谊，肯急人难，颇著声誉。他娶国相女为妻，生有六男两女，子孙满堂，至其晚年时，合家一百数十口人，可谓人丁兴旺。

1644 年，满清贵族入关后，为适应封建地主阶级统治的需要，积极网罗汉人地主阶级知识分子，方拱乾被荐举授宏文院学士，任命为少詹，官居四品。其长子方孝标，原名玄成，为顺治六年(1649)进士，官侍读学士；次子方亨咸，顺治四年(1647)进士，官监察御史；三子育盛、四子膏茂、五子章钺先后为举人；六子奕箴时未及成年，后因家境遭变，不得出仕。

顺治十四年(1657)七月，朝廷任命内国史院侍讲方犹、弘文院检讨钱开宗为江南乡试正副主考官。方拱乾第五子方章钺参加了此次江南乡试。方、钱两位主考官临行前，顺治皇帝根据以往科场中的私许密属等严重舞弊现象，当面警告方、钱二人说：“向来江南是出人才的地方，现在命你二人为江南乡试主考官，应当谨慎从事，务必秉公尽职。如果你二人心术不正，营私舞弊，必将严加治罪，决不宽恕。你们是否能秉公办事，我自有办法知道，休想瞒天过海，掩人耳目，你们一定要慎重，好自为之。”但是，方、钱两人到了江南之后，置顺治帝警告于不顾，收取贿赂，录取不公，引起大哗。有的士子编出《万金记传奇》杂剧，以

“万”字暗指方犹,“金”字暗指钱开宗,嘲讽方、钱二人贪赃枉法,压制人才。还有的士子作词骂他们“轻贫士,重富翁,诗云子曰,全无用,方人子贡原是货殖家风”。方、钱二人回京路过常州、苏州时,一些士子随舟唾骂,或投砖掷瓦,事态越扩展越大,很快传到了顺治皇帝的耳朵里。

同年十一月二十五日,工部给事中阴应节参奏:“江南乡试主考官方犹、钱开宗弊窦多端,罪行严重。发榜以后,参加乡试的士子愤其不公,群聚文庙哭诉,辱骂帘官,舆论沸腾,强烈要求严惩赃官,伸张正义。其中作弊最明显者是录取了方章钺,因方犹与方拱乾联宗有素,非但不加回避,反而乘机滋弊,昌滥贤书,请皇上立即提究严讯,以正国法。”顺治皇帝看了阴应节这道奏折后,下令刑部立即把方、钱及方章钺一并逮捕来京,严行详审,并指令方拱乾交代清楚,明白回奏。

十二月七日,方拱乾遵旨据理回奏:“臣的原籍在江南,与主考官方犹从未联过宗,故臣子章钺不在回避之列,这在以往各科也可找到相同的情况。”顺治皇帝看了方拱乾的申诉,觉得也不无道理,但又拿不定主意,于是交给礼部去进一步调查核实,提出具体处理意见。

顺治十五年(1658)二月二十九日,由于礼部也难于查明此案原委,为了平息公愤,向皇帝建议举行复试,以核实真伪。皇帝批准了这个建议,召集江南新试举人进京,亲自主持复试。考场戒备森严,空气十分紧张,有的举人被吓得连笔都提不起来。复试结果有 99 人合格,继续允许为举人,其中包括方章钺在内。有 24 人被取消了举人的资格。

至同年十一月二十八日,刑部又经过一番调查,认为作弊事实清楚了,可以结案。但对方拱乾父子是否有舞弊行为,未能作出明确结论,屈于舆论压力,建议取消方章钺的举人资格。这个处理意见虽然是在事实不清情况下做出来的,有些不公,但对方拱乾父子还不能说是致命打击。顺治皇帝在批复刑部的建议时,却作了从严处理,令将方章钺等 8 人各打 40 大板,其家产籍没入官,父母兄弟妻子一并流放到宁古塔(今黑龙江宁安县),以便借此大杀科场歪风。

1659年春，方拱乾带领全家老小数十口人出关，到达宁古塔地区。当时的宁古塔地区人烟稀少，比较落后。但是，为了组织抗击沙俄入侵的力量，清廷将宁古塔地区作为独立行政区，从盛京辖下划分出来，并把很多流人充实到这里。

1662年，方拱乾根据自己在宁古塔的耳闻目睹和亲身经历，撰写了一篇《绝域纪略》，被视为有关黑龙江地区的珍贵史料。该纪略将宁古塔一名的来历，冰封雪飘的风光，屋宇建筑特点，地方土物名产，婚丧嫁娶习俗，劳动艰辛情状，以及道不拾遗、行不裹粮的淳朴风气等等，分为16个条目，一一作了记载和描述，使更多人对祖国的北大荒有了更形象生动的了解。

康熙初年，方拱乾一家获得赦免，放归故里，其后子孙多有成名成材者。方章钺的孙子方世泰和方世举，是清代两位著名的诗人。但是，也有些子孙却遭受了与方拱乾相同的厄运。

方登峄字凫宗，号屏垢，是方拱乾之孙，方孝标之子。方孝标的族兄方兆及无子，过继登峄为嗣子。方兆及之父名仲嘉，祖大钦。顺治十六年，方登峄随父祖流徙宁古塔地区。释归后，很快举为贡生，官拜工部主事，尤擅长诗文，颇著名声。其生父方孝标释归后，很不得志，郁郁寡欢，到云南一带去游历，以排遣胸中积怨。当时正赶上吴三桂于康熙十三年(1674)春在云南发动反清叛乱，自称周王。心怀不满的方孝标接受了吴三桂的委任，充当翰林承旨。不久，清朝调集重兵，很快讨平了吴三桂，方孝标因在清兵到来时首先迎降，得免死罪，又到贵州继续游历。在贵州期间，他将耳闻目睹写成《滇黔纪闻》一书，内中夹有许多不满清廷统治的言论。康熙年间著名文人戴名世，官翰林院编修，与方孝标是同乡，而且两人政治态度又很相近，也十分蔑视清廷。在戴名世所著的《南山集》书中，多处采录了方孝标《滇黔纪闻》的记载，加以援引。

康熙年间的都察院左都御史赵申乔，到处捕风捉影，制造冤案，以此取悦于皇帝。康熙五十年(1711)十月，戴名世的《南山集》被赵申乔发现了，随即向康熙皇帝指控戴名世妄窃文名，私印文集，颠倒是非，蔑视朝廷,语多狂悖,请求严加议处。结果,制造了一场震惊朝野的文字狱。

康熙五十一年(1712)正月,刑部查出《南山集》中的"大逆不道"言论,出自于方孝标的《滇黔纪闻》,建议将戴名世即行凌迟处决,方孝标久有前科,参与过吴三桂叛乱,有历史问题,本人虽已故殁,亦当掘其坟墓,剉其尸骸。其父祖兄弟子孙及叔伯兄弟之子,凡年满16岁以上者,一并斩首。五服内宗人,不论服之已尽或未尽,也一概严查重办,子女一并流放关外。

康熙皇帝见到刑部奏报之后,深知此案关系重大,就连名声显赫的方苞也与此案有牵连,如何处置方氏族众,颇费斟酌。若一律严办处决,恐怕引起天下怨愤;若留在原籍,又担心将来还会惹麻烦。于是采取了暂缓处理的慎重态度,交与内阁收贮,另行启奏。又拖了一年多时间,至康熙五十二年(1713)二月,才最后作出判决,将戴名世处斩,方孝标之子方登峄并妻子家人流放黑龙江。

此时,方登峄已风烛残年,再次因受死去的父亲株连而流放出关,来到人地两生、环境艰苦的黑龙江地区,不胜悲惨凄凉。恰好黑龙江省城齐齐哈尔刚刚营建不久,亟待充实人口,于是方登峄一家被安置在此城,过着流寓生活。

方登峄是位性格开朗豪爽的读书人,虽然是远离故土,羁身异乡,过着艰苦的政治流放生活,但十余年中,每与人谈论起来时,言辞和表情没有半点忧愁和怨愤。齐齐哈尔旧称卜魁城,方登峄来到这里后,对当地风土人情时有留意,曾著有《卜魁杂志》一书,只可惜没有留传下来。他所作的一些诗文,被后人收录在《述本堂集》中。

方式济字渥源,方登峄之子。因受家学影响,自幼擅长诗文,精于绘画,得到时人奖重。康熙四十八年(1709),方式济与戴名世同科进士,官授内阁中书。康熙五十二年(1713),受《南山集》一案牵连,被革职流放,随父方登峄流寓黑龙江。在此次被流放到黑龙江的方氏族人中,还有方云旅、方世樵等人。他们到达齐齐哈尔以后,当地管理流人的边帅打算将他们分开,不准住在同一个地方。方式济为了能使族人住在一起,互相有些照应,不惜罄装称贷,拿出手中所有钱财,买通关节,得以聚居一地,然而却使自己一家赤贫如洗。随来的婢仆因水土不服,也死亡略尽,一切劳作都得亲自动手。到了严冬季节,为了生火御寒,顶风冒雪出外砍柴,两手皲裂,血肉模糊。年老的方登峄看在眼里,内心很不是滋味,又无可奈何,只有吟诗怜叹。父子俩对经学也尽心研究,自为师徒,借以打发漫长的流放岁月。

方式济有位族兄,名叫方薪传。两人在一次外出时,方薪传病于途中,而且病情较重,发不出汗来。别人见了都远远躲开,害怕得上传染病。唯有方式济独自一人留下来照顾,把薪传紧紧搂抱在怀里。一同躺在床上,终于使方薪传发出汗来,病情渐渐好转。后来方薪传每谈及此事时,都感激得流出眼泪来。

方式济有三个儿子,长子观永,次子观承,三子观本。在全家被流期间,当地一些富足人家见方氏父子忠厚仁孝,知书达理,都主动与方家接近,提出把女儿嫁给观永兄弟,结为亲家,方式济感到自己过着流放的日子,难有出头之时,不愿因自己的忧患而牵累了别人,谢绝了邻人的好意。由于内心的创伤,方式济积虑成疾,只活到 42 岁便疾殁于齐齐哈尔城,周围很多人为他的死去而感到惋惜悲痛。

在流放期间,方式济根据自己所见所闻,考核古迹实况,撰写出《龙沙纪略》一书。该书对黑龙江地区的方隅山川,经制时令,饮食风俗,物产贡赋,屋宇村邑等,一一详加记述,为后人订正和研究黑龙江历史地理等,提供了可靠的依据。此外还著有《易说》未定稿 6 卷,《陆唐诗稿》2 卷。

方观承,字宜田,号问亭,生于康熙三十七年(1698)。《南山集》祸起以后,父祖坐戍黑龙江,方观承尚在少年,为了能逃避流放,方式济令观永、观承兄弟隐姓埋名,寄养于江宁(今南京)清凉山寺。由于方观承的举止很有教养,寺里的僧人们一眼便看出他不是出身于一般人的家庭,因而对他都抱以同情,给予关照,使之得以在寺中隐藏下来。

中国传统的封建礼教对方观承影响很深,他在清凉山寺住了一段时日以后,由于思亲心切,便同哥哥观永携带家乡一些好吃的食物,徒步跋涉，前往塞外，终于找到父亲、祖父的落难住所。从此，方观承每年都往返于关内关外，给父祖送来一些非常喜欢吃的食品，毫不顾忌酷暑严寒，旅途艰辛。为了赶路，常常是一天只能吃上一顿饭，强忍饥饿，日行百里，脚上磨起一个又一个血泡。而且他不顾旅途劳累，一边赶路，一边学习，期望着将来能有出头之日，一直坚持了10余年的光景。后来父祖相继去世，处境更显得孤独凄凉。后来，方观承把往返黑龙江的见闻，写成《卜魁风土记》1卷，分为19个条目，对齐齐哈尔一带的山川土物、民俗风情等，作了概括的介绍和描述。

方观承擅长于书艺诗赋，曾师事族叔方苞，潜心经学研究，条论古今因革。平郡王福彭与方观承曾有过接触，觉得方观承的才学与抱负很高，产生爱慕之心。雍正十年(1732)，平郡王为定边大将军，率兵征讨准噶尔部，经过奏请，保举方观承为军中记室，掌管书令，随军出征。雍正十三年(1735)师还，方观承升任内阁中书，命运终于有了转机。

乾隆初年，方观承步入军机处，迁吏部郎中。七年(1742)，出任直隶清河道布政使，寻为浙江巡抚。十一年(1746)，署山东巡抚。十四年(1749)，授直隶总督。乾隆二十年(1755)，由于政绩卓著，加授太子太保，改署陕甘总督，二十一年(1756)重回直隶任上。

方观承于从政余暇，勤于学问，著有《宜田彙稿》、《问亭集》等。

方登峄和方式济死后，尸骨不准运回故里，只好埋葬于齐齐哈尔。方观承在平郡王官邸时，经常北望遥祭，哀泣不止，终于感动了平郡王，奏请皇帝允许将其父祖尸骨迁回故里埋葬。

乾隆二十三年(1758)，方观承已61岁了，生下唯一的儿子方维甸。71岁时，方观承死去了，谥恪敏，祀于直隶名臣及贤良祠。

(原载《东北历史名人传》下卷，吉林文史出版社1990年版)

43 佟冬传略

佟冬同志(1905—1996),字竹生,1905 年 7 月 27 日出生在辽宁省辽阳县的贫苦农民家庭。1937 年 1 月加入中国共产党。他是一位忠诚的无产阶级战士,也是著名的历史学家、教育家,又是一位德高望重的社会科学事业的组织者、领导者。特别是对吉林省教育事业和社会科学事业的发展,披荆斩棘,开山架桥,鞠躬尽瘁,自强不息,倾注了毕生心血。因其襟胸坦白,刚直不阿,一心为公,平易近人,备受人们敬重,皆尊称其为佟老。

43.1 抗争图强的童年

佟冬出生时,时值日俄战争的硝烟尚未散尽,东北人民正在遭受劫后的呻吟。昔时,辽南佟氏家族为满族大姓,后经考证,其祖上是汉人,因做了满清贵族的包衣,依附满族而称为满族。佟氏家族虽是大族,但其祖父、祖母实为贫苦农民,和富贵之族差之天地。

佟老从诞生第一天起,就受家贫之苦,加之外寇欺凌,水、旱灾之难,因而童年时,佟老在幼小的心灵中就萌生了改变命运、抗争图强的念头。祖父看到唯一的孙子急于读书的渴望,不顾年老体衰,背起笨重的木箱,走街串户卖烧饼,勉强赚得几个辛苦钱供孙子上了小学。佟老看到祖父的辛苦,心生哀怜,自知读书不易,故而格外刻苦勤奋,每学期都名列榜首,以优异成绩回报祖父的深恩及师友们的关爱。

初小四年级结业后,佟老获得免费读高小的机会,并越级插班到高小二年级。因他刻苦学习,仅用一年半的时间,就读完了高小三年的学业,而且成绩优秀,令老师和同学们刮目相看,皆赞扬其聪明有出息,是栋梁之材。

但是,窘迫的家境需要佟老肩负起养家糊口的重担。高小毕业后,读书之路似乎走到了尽头。然而有志者,越是在绝望的时候,越是不肯放弃理想,并往往会激发出无穷的抗争力量。在永不服输的精神驱动下,佟老决定参加升学考试,以向人们展示出自己的实力以及对读书的渴求,同时也要证明自己一点不比别人差。

有志者事竟成,佟老顺利通过了中考的初试、复试,且两榜都独占鳌头,全县第一。一位清末举人李先生捧着佟老的试卷赞不绝口,连称其才华出众,无与伦比,前途不可限量!两榜第一,又得李先生赞许,立即引起轰动,传遍全县,左邻右舍,乡里乡亲,也皆引以为荣,犹如旧时科举得中一般。然而种种赞誉,并未使佟老脸上增添一丝喜色。由于家境贫寒,失学的阴影,牢牢罩在心头,挥之不去。乡亲们见此情景,顿生怜意,纷纷议论:这样一个有出息的孩子,上不了学多可惜;将来他出息了,我们也光荣;他家供不起,我们各家凑一凑,千万别误了他的前途!于是,热心的乡邻们,这家出5元,那家拿10元,很快凑足了学费,资助佟老上了中学。此情此景,令佟老终生不忘,不论是读书期间,还是参加革命工作以后,都时刻不忘以优异的成绩回报乡亲们的厚爱,始终保持勤奋向上、自强不息的拼搏精神,为家乡增光添彩。

1925年,佟老终于战胜种种艰难困苦,完成了四年制中学的学业。在中学的后两年,为取得“官费”补贴,佟老选择了读师范科。佟老学习成绩一直名列前茅,因此毕业时校长亲自把他推荐到县里最好的第七小学任教,自此佟老开始从事教育事业。

43.2 坎坷的求学之路

1929年,一位家境比较富裕的族兄找上门来,向佟老倾诉自己学无所成的悲哀:在众人面前抬不起头来,愧对祖宗先人。认为佟老在家族中最有出息,为众望所归,并表示愿出资供他上大学读书,且不求将来回报,因为只要佟老出息了,全家族人都光荣,他也就跟着沾光。面对族兄的一片至诚、慷慨侠义,渴求读书的佟老不能无动于衷,只有答应的份,没有拒绝的道理,至于将来怎样偿还这份情与债,也来不及仔细考虑了。在族兄的催促下，他立刻起程赶往沈阳，抱着必胜的信念，昂首走进考场。结果，一帆风顺，考入东北大学（简称“东大”）。为之高兴者，莫过于那位族兄，立刻送来学费，兑现前言。

佟老到学校报到以后，先在东大俄文系读了一年预科，随后转入国文系预科。原本就勤奋好学的佟老，而今获得读大学的机会，更是格外珍惜读书时光，争分夺秒，手不释卷，整日埋在书的海洋里。特别是当时风靡于世的“读书救国论”，引起了佟老强烈共鸣，矢志学业有成，报效国家，远离一切有碍学习之事。

1931年秋初，佟老在东大的学习已经过半，正在继续大步迈向美好未来之际，九一八事变爆发，日军占领沈阳，随之东北三省相继沦陷。这场突如其来的灾难，彻底打碎了佟老“读书救国”的梦幻。在严酷的现实面前，佟老感到分外孤独无助。看到许多同学纷纷逃亡关内，或投身抗日救亡运动，或借读内地学校，真是心急如焚，五脏俱裂，多么想和同学们一起逃往关内，参加抗日行列啊！然而此时的佟老，已娶妻生子，家室之累，实难脱身，只好回故里，暂到中学任教。

在中学教书近两年的时间里，佟老目睹了东北人民亡国奴的生活，痛苦万分；而精神上的压抑，更让其撕心裂肺。教学之余，佟老仍坚持自学。每当读到古人精忠报国、疾世忧民的事迹时，常掩卷叹息，不能再坐以待毙了。因此，他决心逃离日本侵略者的魔掌，立志驱倭报国。

1933年夏，佟老经过一番乔装打扮，穿过日军封锁线，只身逃到北平。为了抓紧时间完成大学余下的学业，他先在流亡北平的东大经济系复了学。一年过后，又经学校介绍，到中国大学国文系借读。

到北平的头两年，佟老尚能从族兄处断断续续得到接济，勉强维持生活和学习费用。但到后来族兄家境每况愈下，已是自身难保。加之日军封锁盘查甚严，继续资助已经不可能了。佟老陷入了困境，每月只有四元五角的流亡学生补助金，处处感到捉襟见肘，只好抽空跑到东大图书馆打工，因佟老能写出一手漂亮的毛笔字，所以图书馆很愿意让他来帮忙，抄写书签，挣几文零用钱，略缓燃眉，终使学习维持到卢沟桥事变爆发时。

43.3 走上革命道路

在中国大学近三年的学习期间里，佟老不仅增长了知识、才干，更重要的是此期是他走上革命道路的关键时期。直接引导他走上革命道路的有两个人：一位是建国后曾任国家化工部部长的高扬同志，一位是中国大学国文系主任吴承仕教授。

高扬同志与佟老同乡，又是中学和大学的同学，特别是流亡到北平后，又同在东大复学。这种同乡同窗的天然关系，到了他乡又相聚在一起，且志同道合，自然成为莫逆。两人经常在校内校外交谈，有时通宵达旦，谈论学习心得，交换对时局看法。高扬同志先佟老一步接受马克思主义，走上革命道路。常引导佟老认清蒋介石政府的反动面目，揭露国民党卖国投降的本质，并指明只有共产党才能救中国，要加强对新社会学的学习，掌握辩证唯物主义等，并把恩格斯的《家庭、私有制和国家的起源》、俄国文学作品《铁流》、《毁灭》等书籍推荐给佟老阅读。不久又介绍佟老加入党所领导的民族解放先锋队，在斗争中接受锻炼和考验。因此，佟老始终称高扬同志是自己参加革命的引路人。而佟老的才干和人品也深受高扬同志敬佩，称佟老为“老大哥”。粉碎“四人帮”后，高扬同志来吉林省主持工作，到长春后第一件事就是来看佟老。在数十年革命斗争的风雨中，两人心意相通，患难与共，携手为中国革命事业作出了不朽的贡献。

吴承仕教授，是一位享誉中外的著名国学大师，也是一位公认的有功于中国革命事业的爱国知识分子。佟老在中国大学学习时，不仅亲承吴先生授业解惑，更为其大义凛然、忧国忧民的精神所感动。在当时的白色恐怖下，吴先生敢于在课堂上公开批判蒋介石，揭露其利用反动文人欺骗舆论的丑恶嘴脸。吴先生还积极宣传民族解放思想，号召抵抗日本侵略，并亲自参加“一二·九”运动，为青年学生作出榜样。老一代爱国知识分子的操守、气节，一直感召影响着佟老。直到晚年，每当论及到吴先生的学识时，佟老也总是不忘称赞先生的高尚人格。而佟老一生中的正气凛然品格，也深受吴先生影响。

流亡到北平的许多东大学生，由于亲遭国破家亡之痛，纷纷加入抗日救亡行列之中，投身于革命斗争。此时的东大学生会，则肩负起学生运动的直接号召者和组织者的作用。经高扬同志和郝克勇同志介绍，佟老结识了在东大学生会工作的关山复、佟云、王振乾等人，在他们的支持下，佟老也参加了学生会的抗日活动，并兼任学生会民众夜校教师，宣传革命主张。新中国成立以后，关山复、佟云等同志皆成为国家高级领导干部，而对昔日与佟老并肩作战的往事，仍记忆犹新，没齿不忘。他们在数十年的革命生涯中，始终互相勉励支持，肝胆相照。

1935 年，轰轰烈烈的"一二·九"学生运动爆发，广大青年学生走上街头。佟老不仅积极参加，还奋笔疾书"东北大学"横幅，高举在东大学生游行队伍之前，并被摄录下来，作为革命文物保存至今。由于佟老积极参加抗日救亡运动，反对国民党政府的不抵抗政策，曾先后两次被北平国民党当局逮捕而身陷囹圄。反动派的嚣张，使佟老更加认清了国民党的反动本质，不再对其抱有一丝幻想，也促使佟老更加积极地靠近共产党组织，决心为中国革命奋斗终生。

1937 年 1 月，佟老经过严酷的革命斗争洗礼，经组织上多方面考验，认为完全具备了共产党员条件，由佟剑琴、冯静安两位同志介绍，光荣地加入了中国共产党。从此，开始自觉地为中国人民的解放事业，贡献出自己全部的才智和力量。

43.4 在延安成长的岁月

1937 年 7 月 3 日，与佟老离散四年的夫人，带着两个年幼的儿子辗转来到北平。一家人久别重逢，悲喜交加，感慨万千。然而团聚仅四天，卢沟桥事变爆发。当此国之将亡之际，家何以保全！已经身为共产党员的他，自然是舍家为国，冲锋在前。为了轻手利脚地全心抗日，佟老携家人逃出北平，送至天津火车站，在敌人军车杂沓空隙中，与亲人生离死别。

送走家人后，佟老立即投身于抗日救亡运动中，参加慰问二十九军，号召民众团结抗日。后经组织决定，随东大同学撤离北平，先后转移到天津、烟台、济南等地。一路上，佟老宣传党的抗日救亡主张，揭露蒋介石卖国投降的不抵抗政策，以唤起民众抗日救国热情。

同年 11 月，佟老来到太原，加入八路军第一游击纵队，任政治部秘书，同日军展开正面作战。不久，阎锡山秉承蒋介石不抵抗旨意，下令强行解散游击纵队，令人痛心疾首，愤恨难平。嗣后，他又转到临汾，投奔八路军总部，任随营学校政治教员，同时负责部队的组织宣传工作。

1938 年 4 月，党中央为扩大巩固抗日根据地，下令八路军东渡黄河。组织上选送他赴延安学习。到达革命圣地延安后，佟老先是在抗大政治教员训练队学习，不久又转到刚刚成立的中央马列学院学习，走进我党的最高学府。经过半年的短暂学习后，佟老被分配到该院历史研究室，开始从事中国历史研究工作，并逐步成为历史学家。

起初，中央马列学院只有佟老、尹达、杨绍萱等几位史学工作者，佟老称得上是中共党史学研究的开创者之一。在当时艰苦条件下，研究资料奇缺，除了二十四史等书籍外，别无其他资料可资参考。直至 1938 年夏末，范文澜先生从河南游击根据地来到延安，主持研究室的工作，并带来 30 多箱图书，才略满足研究之需。同时，研究人员也得到充实，先后有金灿然、叶蠖生、谢华等加入。不久，范文澜向大家传达：毛泽东主席代表党中央，让研究室的同志们编写出一部 15 万字的中国历史通俗读本，供广大干部学习之用。大家听后，备受鼓舞，深感党中央和毛主席对广大干部学习历史的重视，是一项高瞻远瞩的战略举措。

经过详细分工，先由范文澜拟出编写提纲，然后大家分头执笔。佟老负责秦汉至三国部分。在搜集资料和进行撰写的过程中，每遇到疑难问题，大家都虚心向范老请教，范老都详细给予指导解答，使大家少走许多弯路。为了高水平完成书稿，在撰写过程中，佟老还特意钻研了马克思主义史学理论，弄清唯物史观与唯心史观的本质区别，使书稿更具科学性和理论性。

大家把各部分资料长编撰写出来以后，交由范老统一审核修订。由于大家怕挂一漏万，故而旁征博引，史料丰赡，使书稿分量大大超过15万字之限。于是，范老向中央申请增加到25万字。但是，大家在撰写中还是收不住笔，洋洋洒洒又超出25万字。范老只好再次向中央申请，要求增扩到45万字。中央认为既然大家热情高涨，又有能力多写，那么就满足大家要求，遂指示能写多少写多少，不必为字数所限。

经过两年多日日夜夜的努力，到1941年初，《中国通史简编》终于完稿，交由解放出版社出版。书印出以后，在党内外引起轰动。特别是毛主席给予了充分肯定和高度赞扬，视之为我们党在延安做的又一件大事。毛主席评价说：我们共产党人对自己国家几千年的历史，不仅有我们的认识，而且还能写出一部系统、完整的中国通史，真是了不起；它表明我们中国共产党对于自己国家几千年的历史有了发言权，也能拿出科学的历史著作了。毛主席的评价赞誉，令佟老终生不忘，常以此激励自己，要出色地完成党交给的各项任务。

通过在中央马列学院的学习，又经过编写《中国通史简编》的实践，佟老逐步树立起马克思主义史学观，为中国早期马克思主义史学发展，作出了卓越贡献，也为解放后成为一名备受尊敬的史学家奠定了基础。

1942年，整风运动开始，按照毛主席"惩前毖后"、"治病救人"的精神，佟老积极参加了运动。整风过程中历史研究室和文艺研究室编为一组，佟老任该组党支部书记。不幸的是，文艺研究室的王实味写过一篇《野百合花》杂文，讽刺党内某些腐败现象，因而引祸上身，被错划为国民党特务，并使许多人受到牵连。一向沉稳老成的佟老，当极"左"大潮袭来时，仍不知见风使舵，还认为王实味是发牢骚、言词偏激、小资产阶级腔调，是思想认识问题。结果，佟老被认为是态度暧昧，立场不稳，同情王实味，也遭到批判审查，直到实在找不出什么问题，才算不了了之。虽然受到了极"左"冲击，但佟老始终认为，通过整风使自己有了脱胎换骨的转变，不但在组织上入了党，而且在思想上也入了党，对马克思主义革命理论有了更深入的了解，成为了一名自觉的无产阶级革命战士。

1943 年 1 月，由于革命工作需要，佟老离开了历史研究室，被调往留守兵团和晋绥陕甘宁五省联防司令部，重披戎装，处理军务。工作之余，常常抽空为肖劲光等首长讲解《资治通鉴》等历史典籍，继续发挥自己的专长，不断用历史经验教训，给人们以启迪。

1945 年 8 月，日本侵略者投降，抗战取得了胜利。10 月，佟老响应党中央号召，为建立巩固的东北革命根据地，随大批干部回到东北。佟老回到辽东地区后，积极参加同国民党军进行的武装斗争和根据地建设。

自 1933 年夏流亡到北平，至 1945 年秋回到辽东，弹指之间已逾 12 载。家乡山河依旧，但百废待兴。见到久隔音信的妻儿，不禁百感交集。然而形势变化无常，攻守交错，经常随军转移，聚少离多。

在三年东北解放战争中，佟老先后担任鞍山市政府秘书长、辽阳市委宣传部部长、辽阳市参议长、辽东省省委秘书科长、省委组织部副部长等重要领导职务，为东北解放战争尽心尽力，作出了重要贡献。

43.5 吉林大学的开拓者

建国后，随着国民经济恢复与发展高潮的到来，文化教育事业也急需跟上形势发展的需要，培养大批有文化的建设人才。1951 年党组织根据佟老专长，调其任辽东省教育厅副厅长，重返教育战线。同年 10 月，任东北工学院(简称“东工”)长春分院院长，嗣后又任总院党委书记，直接肩负着为国家培养高等建设人才的重任。

在建国初期的艰苦条件下，办好一所高等院校谈何容易！正因佟老具备筚路蓝缕的创业精神，在东工两年中积累了一定的办学经验，教育部给予了高度重视。

1953 年 1 月，教育部在高校院系调整时，考虑到东北地区文科薄弱，决定在东北人民大学(现吉林大学)设立历史系，而历史系主任的人选，首先想到了身为历史学家的佟老。

在常人看来，一位能力强、有威望、无过错的大学党委书记，突然命他去当系主任，令人不解。然而佟老等老一辈知识分子，对此类事十分明白。在当时的历史条件下，要创办一个科系，既缺少教师，又缺少生源，而国家又亟待培养出人才来。因此，创办一个系的难度，并不亚于建一所学校，没有一定的资历和经验是不行的。此外，就佟老的人品而言，一向淡泊名利，毫不计较个人得失，处处以事业为重，随时服从组织安排，且从教比从政对他更有吸引力。因为到学府去教书育人，为国家培养建设人才，这是兴国的根本大计。实践证明，佟老此举是一个有远见卓识的选择。佟老到东北人民大学就职后，出任历史系主任兼校研究部部长。

佟老深知要办好一个系，首先要有业务能力强的教师。只有抓好师资队伍建设，才能培养出高水平的人才。故而到任伊始便集中精力去聘请师资。佟老亲赴各地，登门恳请，广纳贤俊，待之以礼。当时一些南方人士认为东北是塞外苦寒之地，环境艰苦，视为畏途，不肯屈就；还有的人以奇才自居，要价甚高，无法满足，只好作罢。在请来的有限的几位教授和讲师中，业务上虽各有专长，但非诸科皆通的全才，致使有的学科暂不能开课。在困难重重的条件下，佟老重新焕发延安精神，走自力更生之路，亲自培养所需教师。佟老选出几位青年教师，给他们出题目，压担子，将他们推上讲台，大胆执教，在实践中提高其业务能力，积累教学经验。经过近两年的勤学苦练，他们大多成为教学骨干，随之相继成为史学界的名家。此外，佟老也很注意发挥老教师的专长，尽量为其创造施展才能的条件，鼓励他们边教学边研究，大胆发表学术见解，并常与他们促膝谈心，探讨学术问题。不仅营造出良好工作氛围，同时也建立起亲密的人际关系，他们皆视佟老为知音。正是在佟老的带动下，上下一心，人各奋力，为该校历史学科的发展奠定了良好基础，如今该学科已是国家一级学科，培养出大批优秀的专业人才。

为使学生很好地完成学业，佟老经常深入到学生中，鼓励大家努力学习，奋发向上。特别是头两届学生，人数较少，佟老皆视之为栋梁，抱有厚望，随时可以呼出他们的名字，熟知他们的学习和思想情况，有针对性地启发教诲。常在夜幕降临之际,与同学们围坐在一起,用自己艰难学习过程和革命斗争经历,启发大家珍惜大好学习时光。若干年后,这些同学在各自的工作岗位上,相继成名成家。每当他们回忆起大学时代,眼前总是浮现出一位面容慈善、满头银发、循循善诱的忠厚长者形象,心中念念不忘恩师之情。

为了对教学有更多的发言权,佟老在业务上孜孜不倦,广泛猎取,以充实自己。特别是系统地披览了大量汉代文化典籍,对汉代学术思想进行了深入研究,积累了许多研究资料,写出许名读书笔记。因此,在教师和学生心目中,佟老既是一位内行的领导,又县一位学有专长的学者。

在进行职称评定时,佟老作为系主任理所当然地应评为教授,并受到一致推荐。但佟老考虑到名额有限,应首先让给教学一线的教师,况且自己作为领导,怎能"与民争利",先给自己评呢! 于是说服太家,把名额让给教师。同时,佟老还号召大家,尽力提拔年轻同志,无须论资排辈,多从事业需要考虑。凡此种种,深使教师们感佩。师生们目睹了一位老共产党员的高风亮节和不图虚名、不谋私利、一事当前、勇于奉献的精神。

历史系创建后,佟老又先后担任校党委代理书记、副校长、第三书记等职,时常集党政、教学、科研工作于一身。尤其是在分管学校组织人事工作期间,认真贯彻党的知识分子政策,把教师作为办学的依靠力量,先后招聘一批有名望的专家学者来校任教。诸如古文字学家于省吾,先秦史专家金景芳,经济学家关梦觉,法学专家马起,哲学专家刘丹岩,外国语专家王琨、王长新,古汉语专家霍玉厚,文字学家蒋善国,著名诗人兼文艺理论专家张松如,数学家王柔怀、孙以丰,半导体专家高鼎三等。人才之盛,旷古开今,蔚为大观,为后来学校事业的发展,奠定了雄厚基础。

此外,在佟老主持下,学校先后作出改善知识分子工作和生活条件的决定,制定了一系列具体措施。尽管当时受到极"左"路线干扰,这些决定未能贯彻到底,但在广大知识分子心中却留下了经久难忘的美好记忆。特别是对年轻教师的培养、提拔，雷厉风行，扎实有序，先后分两批培养出78名重点教师。他们大多数已成为各学科、专业的骨干和学术带头人。有的至今还在教学科研岗位上，继续发挥着骨干作用。匡亚明任校长后，佟老甘当配角，与之密切合作。两位老领导，一位大刀阔斧，敢作敢为；一位踏实稳健，任劳任怨。彼此各展所长，相得益彰，使学校各项工作有声有色，迅速跨入全国实力雄厚的综合性大学行列，人们常说那时是该校发展的"黄金时期"。

43.6 创办东北文史研究所

1960年，东北局宣传部为落实周恩来总理视察东北时关于腾出手脚时，抓一下文史科学工作，以弥补东北文风不盛的缺陷的指示精神。关山复部长为此在一次部务会议上提出开办一所文史学院的倡议，得到与会同志一致赞同，遂报请国家高教部审批。但高教部认为文史学科为"过剩专业"，在"裁汰之列"，于是在呈报文件上批了3个字："不同意。"对此，关山复却丝毫没有退却，反而加快步伐，决心从实际需要出发，办成此项事业。

东北局宣传部部长关山复为了办好这件事，专程从沈阳来到长春，登门拜访，征求佟老的意见。他们两位既是大学同学，又是一道参加抗日反蒋的老战友。几十年风雨战斗，相知甚深。两人见面后，关山复同志开门见山，直言来意。佟老听后，根据自己多年的感受和经验，认为建立文史学院，有两点先天不足：一是师资力量有限，二是学生来源困难。因此，佟老建议，莫不如建个文史研究所为好，其难度小，收效快，易于管理，鞭长可及。关山复同志听后，十分赞赏，认为既符合国情，又切实可行。后经这两位老战友的多方面协调，最后报请东北局书记处，并很快得到批复：在长春创立东北文史研究所，由东北局宣传部负责组织领导。

1961年春，中共中央宣传部下令调佟老去北京工作，任中国历史博物馆馆长。此项调动，着实让佟老心生喜悦。因为在20多年的革命生涯中，多忙于处理政务，没有大块时间读书。到了历史博物馆工作，接触古籍就会多一些，读书时间相对也会充裕一些，便于把想要读的书读遍，想探讨的课题重新捡起来，真可谓天赐良机。

就在他打点行装准备进京赴任时，东北局宣传部部长关山复同志闻讯火速赶来长春，力劝佟老留下，将创建和领导东北文史研究所的重任担负起来。盛情之下，一向以事业为重的佟老，无法拒绝领导加战友的挽留，毅然放弃进京机会。后又经过东北局宣传部出面协商，中央宣传部收回成命，佟老赴沈阳，立即着手筹建东北文史研究所工作。

佟老履新后，首先配合东北局宣传部制定了办所方针，筹建规划，明确了研究所职责：为党政军领导机关、高校及科研单位培养具有一定马列主义理论修养，能熟练阅读古籍，通晓古文古史，有较好接受和表达能力，在学术上有较精深研究的专门人才。

对学员也提出了要求：确立为党的社会科学事业奋斗终生的志向，养成实事求是、刻苦奋斗、埋头苦干、踏实朴素的学风，具有健康体魄、遵守纪律、敬老尊贤、团结互助的优良品质。

培养方法：以自学为主，专家讲授为辅，强调打好基础。通过专家讲授，提高阅读能力；通过专题讲授和座谈，提高治学能力；通过论文写作，提高科研能力；提倡能够坐住冷板凳，心无旁骛。

学习制度：学员们一律住在所内，统一作息时间，保持清洁、肃静的学习环境；不能擅自离所外出，不得无故缺席旷课。

待遇：略高于高校研究生，不参加或少参加政治运动和社会劳动，确保充足学习时间。学员们到所后，深感目标明确，制度严格，方法独特，条件优越，务须加倍努力。

在具体实施过程中，佟老深知，国家正处在经济困难时期，各条战线正在压缩精简，上下勒紧裤带，共渡难关。在如此艰难情况下国家还拨款创办研究所，足见领导对文史科学的高度重视，极有远见卓识。佟老感到此时此刻，组织上把这项任务交给自己，责任重大，不可有半点疏忽大意。因此，他在工作中处处精打细算，事必躬亲，始终保持艰苦奋斗作风。

为了请人讲学，购买图书资料，佟老不辞辛苦，多次往返于全国各地。有一次，为请专家早日来长，他不顾自己年高体弱，搭乘运输机，结果被震得耳鸣腿颤，头昏脑涨。还有一次，因担心一位专家被其他单位抢走，竟顾不上同家人一起过春节，匆忙赶路。被请的那位学者深受感动，觉得能与这样一位公而忘私、求贤若渴的领导共事，是一种福瑞，遂立即接受聘请。当佟老踏上返程列车时，已是爆竹声声的除夕之夜了，整个车厢里只有佟老孤身一人。

1961 年 11 月，东北文史研究所由沈阳迁至长春。1962 年 5 月，东北局书记处下令任命佟老为东北文史研究所所长。同年 7 月，各项工作筹备就绪，举行了隆重的开学典礼，并挂起了陈毅元帅亲手书写的“东北文史研究所”牌匾。随即第二批 33 名学员报到，研究所规模渐次扩大，培养工作进入有序开展阶段。

从 1961 年夏到 1965 年夏，在佟老的直接领导下，从当时全国重点大学应届毕业生中，先后选拔 3 批 95 名文史哲专业学员，可谓广聚天下英才，济济一堂。这些学员个个风华正茂，朝气蓬勃，组成了一支蔚为壮观的社会科学后备队和生力军。

佟老一直认为，学员来自四面八方，有利于吸纳各家所长，在学习中互相切磋，扬长避短，互为补充，能得到迅速提高，使研究所真正成为融汇各家之学、吸纳各派之长，百家争鸣，百花齐放的园地。因而在选拔学员时，佟老打破常规，从实际需要出发，把学习成绩、业务能力放在首位，将政治表现、家庭出身放在第二位，强调基础要好，有培养前途。在具体选拔时，往往是先看毕业论文，后看人事档案。对于某些风言风语，佟老公开表明：出身不好的人，可以不用他们搞原子弹，但让他们搞古文古史总还是可以吧！遗憾的是，佟老的这些观点和做法，在十年动乱中，竟成了他被反复批斗的一大罪状。

1961 年夏，研究所要到吉林大学中文系选拔 4 名学员。恰巧佟老的次子也是该系应届毕业生，很想到研究所工作，而且系里也做了推荐。但取舍大权直接掌握在佟老手里，儿子不敢向父亲提出，深知父亲一向不谋私利，提了反倒没戏，于是让母亲代为求情。可母亲也被难住了，虽然夫妻几十年，相濡以沫，患难与共，但丈夫的脾气她比儿子更了解，故不敢贸然提出，只好将事情压下来。不久，关山复同志来家拜会佟老，趁佟老不在场，佟老的夫人请关部长帮忙。关山复表示：这事虽不违背原则，但恐怕佟老不会答应，要是别人家的孩子还好说些，回头我试试看吧。果然，不出关山复所料，佟老谁的面子也不给，对关山复说：研究所的用人原则是我领导制定的，我不能带头坏了规矩。

为了实现培养大批文史人才的目标，佟老从实际出发，规定学员的政治理论学习，以读马列主义经典原著为主，选取必读篇章；业务学习，从读十三经入手，一本一本地啃。为此，佟老决定聘请专家来研究所讲学。佟老先后请高清海、王野平、吴兆璜、马宗霍、陆懋德、钟泰、金兆梓、孙晓野、李泰棻、纪湘涛、邱琼荪、向迪琮、陈登原、沈文卓、洪诚、吴天五、陈直、恽宝惠等专家学者，分别讲授了《共产党宣言》、《法兰西内战》、《国家与革命》、《诗经》、《尚书》、《易经》、《仪礼》、《左传》、《论语》、《孟子》、《文选》、《说文解字》、《史记》、《汉书》，以及金文甲骨、音韵训诂、乐律举要、目录校勘、诗词格律等。此外，还开了日语选修课。

由于讲课的专家多为国内著名专家，佟老还向吉林大学和东北师大的教师敞开大门，获准来所听课。特别是金兆梓先生讲授《尚书》时，吉林大学校长匡亚明同志也慕名前来听讲。当匡亚明校长见到佟老时，指着自己的衣服问佟老说："我今天是不是穿得太随便了，是否会对金先生不够尊敬？"佟老风趣地说："老师最喜欢朴素的学生。"这一幕，给在场的学员留下了深刻记忆，真是不知老之将至，学而不倦，敬老尊贤的模范。

为了掌握教与学的情况，佟老经常随堂听课，深入学员中，找他们谈话，启发学员们尊师敬教，循序渐进地学习。佟老经常向学员们强调，要先把专家的学问吃透，然后才是批判继承；读书也是要先钻进去，再走出来。在结业考核时，佟老亲自阅卷，检查学习笔记，参加集体评定。对学习扎实、独立思考者，予以表彰鼓励；对个别学习不认真者，则加以规劝批评。为了提高学员的政治觉悟，增强学习自觉性，佟老多次请关山复部长和刘敬之副部长来作报告，讲国内外形势，鼓励大家努力学习，积极进取。当刘少奇同志的《论共产党员修养》一书修订再版时，佟老建议所里给每位学员发一本，并亲自宣讲辅导，鼓励大家树立共产主义人生观，为党的事业献身。

1964年，为了进一步改善学习条件，佟老经过请示，争取到拨款，盖起一栋3000平方米新楼。每两位学员一室，人各一床、一桌、一书架、一台灯，既是学习室，又是卧室，生活学习格外方便适用。在佟老的指导下，图书馆的同志从北京、上海等地，购得图书20余万册，内以线装书居多，尤其是有关《周易》的著作，无所不有，这在国内至今也不多见。还有一些已故专家的珍贵遗作，已成为无价之宝。学员所需图书，几乎是应有尽有，极大地满足了学习之用。

看到研究所的发展，学员们的成长，佟老颇有园丁收获之喜，故而赋诗一首，以明耕耘之诚。在《枕上偶成》诗中写道：

引经数典说前朝，案牍终天似列曹；
柳绿桃红风景好，手篮肩担过虹桥！

东北文史研究所的一整套培养人才的做法，得到中央宣传部周扬同志的称赞：认为有气魄，培养人才不会吃亏。但在当时极"左"思潮占上风形势下，佟老的做法被认为越轨出格，指责研究所脱离政治，复古倒退。面对这些责难，佟老只有一句土话："甭听蝲蝲蛄叫！"在棍棒面前，依然稳如泰山，我行我素。

1964年10月，我国第一颗原子弹试验成功，研究所一片欢腾，表现出高度爱国热情，佟老也赶到研究所食堂，同大家聚餐，举杯庆贺，高呼大碗喝酒，大块吃肉，尽显关东人的豪爽之气。事后，佟老感慨地说："这些学员如此关心国家大事，怎能说他们脱离政治。他们一定会成为国家所需人才。"

1965年夏，前两批入所学员经过两三年的培养，业务能力有了明显提高。为了使这些学员适时转入研究阶段，在佟老主持下，成立6个研究室，历史设3个，文学设2个，哲学设1个。6个研究室共有16个专业研究组，各组分别制定出研究计划，每个学员都确定了自己的研究方向,分别进入各自研究岗位,正式转入以研究为主阶段。

1965年,第三批学员入所后,佟老感到有前两批学员的带领,可以让他们确定专业研究方向,直接分到各研究室,一边听共同课,一边学习专业知识,很快融入所内学习研究氛围当中。当佟老看到学员们专心致志地学习研究,感到无比欣慰,认为用不了多久,皆可成才。

43.7 "文革"中历尽磨难

1966年春,已年逾花甲的佟老,凭自己多年的革命斗争经验和灵敏的政治嗅觉,预感到一场暴风雨即将袭来。不久,中共中央下发了"五一六"通知,平静的研究所再也不平静了。起初,佟老尚能稳住局面,组织大家学习文件,撰写批判文章。随着运动的迅速升级,研究所被斥为当代"孔家店",佟老自然就成了"孔家店"的"黑老板",一些学员成了黑店的"小伙计"。不久,佟老被打入"牛鬼蛇神"之列,是研究所的头号走资派。他在身患重病马上就要上手术台的情况下,仍被揪回所里交代问题,接着就是长达数年的无休无止的批斗,挂牌游街,隔离抄家,劳动改造,发配农村,受尽百般摧残。

然而,一向公正不阿的佟老,在逆境中自始至终没有说过一句违心的话。在造反派威逼面前,佟老直言以对,威武不屈,一身浩然。在一次批斗后,佟老悲愤地写道:

咒骂声中几徘徊,株累儿女头难抬;

满身污浊批斗讨,三反分子带上来!

这真实地记录了佟老在那场浩劫中,蒙冤受辱,身心受到摧残的真实情景。尽管如此,佟老始终坚信,黑暗即将过去,光明定会再现。佟老在"牛棚"中写下这样一首诗:

整日自守终有头,何必自苦无所就?

待到群清众明时,身心更该高几筹!

在"文革"中最令佟老痛惜的是,几十年含辛茹苦一点一滴积累的20多箱书被"造反派"抄家拉走,读书笔记被焚毁。多年来佟老虽身为高级干部，但只靠他一人养活五口之家，并且要经常接济家乡亲友，要想购书，唯靠节衣缩食。一套中山装穿了又穿，洗得发白，领口缀上了补丁，一双皮鞋也穿了十多年。粗茶淡饭，居陋行简，保持艰苦朴素作风，“耻于恶衣恶食”。经讨几十年铢积寸累，随处购求，才有了这几十箱与之朝夕相伴的书籍。这些书被抄走后，几经易手，被破坏得面目皆非，伤痕累累。两年后佟老被宣布按人民内部矛盾处理，下乡走“五七”道路。离开长春之前，女儿佟多人出面据理力争，颇费周折才将书要回。

1969年深秋，佟老被宣布为犯了“走资派”错误的干部，结束审查回家待命。但因在审查过程中不曾俯首低眉取悦于当权者，故被打入不可留用之列。随后，在插队落户大潮中，借口保护老干部之名，又将佟老及家人遣送到蛟河县农村，接受贫下中农的再教育，继续进行所谓的改造。

此时的佟老，经历了九九八十一难，身心俱疲。寒冬腊月，茅屋在寒风中颤抖。为了生存，老两口还得强忍身体和精神的双重折磨，出外提水劈柴，身边既无子女照顾，往来也无亲友相助，唯与老伴相依为命，共度艰难岁月，不免又想起在“牛棚中”写就的一首思亲诗：

相依垂老命，几曾共平安？

旭日东边照，霜痕与泪乾。

对与之患难与共的结发夫人，既爱又怜，让她一生陪伴自己吃苦受罪，内心感到无限愧疚。

在农村的艰苦环境中，佟老除了参加生产队里的一些力所能及的劳动外，仍照旧坚持读书阅报，勤于思考，深信灾难总有结束之时。佟老经常安慰自己和老伴说：比起周围的农民，我们的生活还算好的，用不着日出而作，日落而息，天天盼望有个好收成。然而出生于农村的佟老，何尝不也天天盼望农民有个好收成，经常向左邻右舍问这问那，了解生产情况，帮助出谋划策，伸出援助之手，博得了乡亲们的信任和敬重。许多农民兄弟常为佟老鸣不平：让这样一位好人来接受我们的“再教育”，纯属整人。

1972 年春夏之际,“四人帮”在吉林省的代理人,为了强化帮派舆论工具,决定重建吉林省哲学社会科学研究所,并把佟老从农村召回,负责领导工作。

佟老重新工作后,立即筹备召回被遣散的科研人员,开展社会科学研究。就在佟老着手工作之时,当时的省委领导指示佟老:研究所是重建,不是恢复,不能把旧有人员都召回,不许提“归队”二字;也不是搞原来那一套研究,要搞革命大批判;同上级联系,只能同政治部某领导单线联系等等。此时,佟老恍然大悟:原来是要把我绑在他们的战车上。

面对这种境地,怎么办?这确实让佟老进退维谷,难施拳脚。经过诸多磨难的他,其不屈不挠的犟脾气又上来了:你有你的千条妙计,我有我的一定之规,让我干就得按我说的办,否则你另请高明。于是,佟老抓紧把原来哲学所和东北文史所一些科研骨干调了回来。其中许多人分散在关内各地,无法召回,只好作罢。散在省内农村、干校、工厂者,也需要打通层层关卡,才能如愿。为了调回部分骨干力量,佟老亲自出面,一一去协商,求得解决。经过三四个月的努力,到年末时,才召回 17 名科研人员。由于“文革”的打砸抢,原本数十万册的图书,落入他人之手后,不愿返还,甚至一些有头有脸的人,将书据为己有,不肯返还。佟老不避获罪于人,发出索还通知,使原有图书,绝大部分得以归还。

人来了,书有了,开始展开研究工作。研究所承担了中央下达的《老沙皇侵略东北史》、《义和团史》等科研项目;翻译了俄文、朝鲜文等外文资料;编写了《管子选注》、《帝国主义论》等图书。

正当他满怀信心,带领科研人员埋头搞专业时,一场批“回潮倒退”的风暴席卷全国,使佟老又一次在劫难逃。当时省委的主要负责人为了表示紧跟照办,搞出名堂,立刻把佟老定为业务挂帅、穿新鞋走老路、“回潮倒退”的典型,是还在走的“走资派”。勒令佟老在批判会上“爬坡”,承认自己走回头路,是还在走的“走资派”。面对无端的指责,枉加之罪,是可忍,孰不可忍!佟老终于被激怒了,立刻拍案而起,冲着上边派来的人，怒吼道：回去告诉你们的“总管”，这个坡我爬不上去，不爬了！说罢，拂袖而去，昂首走出会场。在座的一些有正义感的人们，无不为佟老宁为玉碎、不为瓦全的浩然正气而叫好。

抗争过后，佟老被再次罢官，贬回家中，美其名为“顾问”。佟老回家后，坚持斗争的精神并没有停止，依然斗室之内有风雷，除魔不尽誓不休。佟老在《无题有感》两首诗中写道：

一

斗居能蔽雨，破扇可引风；

无事长生药，仙山不在东。

二

无私方能勇，淡泊心自清；

羞道王孙贯，媚奥媚灶神。

1976年10月，“四人帮”垮台，举国欢腾。佟老欣然提笔赋诗，抒发多年抑郁愤懑之气，那首以《“四人帮”》为题，怒斥道：

王八兔子无恩义，螃蟹生来就横行；

流氓污尽天池水，军师狗头现原形。

猢儿猢孙结帮派，血源源于白骨精；

喜看英明多珍重，穷追痛打莫温情。

真理终于战胜了邪恶，人间恢复了正道。在揭批“四人帮”倒行逆施罪行，进行拨乱反正过程中，佟老再次复出，重返研究所领导岗位，闻鸡伏枥，不减当年。

43.8 吉林省社会科学院的奠基者

1978年1月，佟老在全省宣教座谈会上发言时正式提议，为适应社会科学大干快上的要求，应将省哲学社会科学研究所改建为省社会科学院，建立起一支强大的马克思主义理论研究队伍。会后又经过认真酝酿、规划，向省委做了正式申请。同年10月，省委批准在原研究所基础上，成立吉林省社会科学院，开地方首建社科院之先河，佟老被任命为院长兼党委书记。

根据省社会科学院的具体条件和地方特点，佟老从实际出发，明确提出：要以形成地方特点和优势为办院方针，研究重点应放在东北历史与文化、东北亚问题和吉林经济社会发展三个方面，尤其是要加强应用课题研究，努力为促进吉林省四化建设服务。为此，先后建立历史、文学、哲学、东北地方史、情报、经济开发、法学、社会学、苏联、日本、朝鲜等12个研究所。各所建立后，佟老又分别指导他们制定研究规划，筛选课题，甚至对每位研究人员的专长都了如指掌，给以具体指导，帮助解决科研经费，推荐研究成果发表，使一大批研究人员迅速成长起来，脱颖而出，声望日隆。一些兄弟省的同行们，都非常羡慕吉林省社会科学院有位德高望重的好领导。

党的十一届三中全会以后，佟老带领全院同志积极落实知识分子政策，平反“文革”中制造的冤假错案，为被迫害的同志平反昭雪，恢复党籍。还为反右时被错划为右派的同志纠正了结论，卸掉包袱，极大地调动了每个人的积极性。与此同时，佟老也抛掉私怨，敞开胸怀，让那些在“文革”中曾造过自己反的同志顺利归队，并主动找这些同志谈心，鼓励他们向前看。在实际工作中，佟老对他们一视同仁，大胆起用，无论是晋升职称，还是提拔、入党等均一视同仁。在佟老为事业惜才、爱才的博大胸怀精神感召下，这些同志更是格外勤奋上进，有的成为优秀的业务骨干，有的成为优秀的管理人才。

在工作中，佟老始终把抓好科研工作放在首位。一面督促检查全院科研规划的落实，一面亲自参与具体研究项目。先后主持《沙俄与东北》、《日本帝国主义侵华档案资料选编》、《中国东北史》的编写工作，以及大型学术笔记《静晤室日记》的整理工作等，均在学界引起很大反响，被誉为不朽之作。特别是在主编《中国东北史》过程中，佟老几乎是倾尽毕生精力，始终矢志不渝，对国家巩固边疆，加强民族团结，促进边疆繁荣作出了卓越贡献。

早在“文革”前，佟老就开始组织编写东北通史。可惜“文革”的动乱，中途夭折。1972年他复出后，再次将这一课题纳入重点项目，然而也是随佟老的第二次罢官而停止运作。

1978年，佟老主持社会科学院工作后，第三次启动东北通史编写工程。俗曰事不过三，必将成功在即。参加编写的同志，都非常清楚佟老的苦心和夙愿，决心不辜负他的厚望。历届院长、副院长也皆鼎力支持，特别是孙乃民院长出力尤多，终于完美地完成了佟老开创的这项事业。

《中国东北史》课题组人员确定后，为使其集中精力摆脱不必要的干扰，特将编写组从历史所分出，专门成立了东北史研究所，由佟老亲自指导编写工作。起初，在广泛征求编写提纲意见的过程中，院内院外多有不同声音，在认识和做法上存在明显分歧，或认为时机尚不成熟，或主张另组建一个课题组。佟老得知后，不顾外出刚归的劳累，立即召集课题组人员开会。强调课题组的同志是编写主力，领导只是组织者，要为课题组做好服务。鼓励大家坚定信心，毫不动摇地搞下去。

在编写过程中，佟老经常讲起当年在范文澜同志领导下，编写《中国通史简编》的艰苦历程，启发大家提高认识，增强信心。随时帮助课题组同志化解矛盾分歧，教导大家以事业为重，顾全大局，坚持团结，求同存异，排除名利思想干扰，齐心协力完成编写任务。同时，佟老还多次强调，编写中要尽量吸收已有的研究成果和考古资料。1984年夏，已是80岁高龄的佟老亲自带领编写组的同志穿行于荒山莽林，到大兴安岭嘎仙洞考察鲜卑祖庙石室旧墟等。1986年，第一卷书稿完成后，佟老写信给关山复同志，请其为《中国东北史》作序。序中不无以偿两位老人共同夙愿之意，佟老比谁都感到高兴。

佟老在主持社会科学院工作期间，还肩负着《社会科学战线》(简称《战线》)主编的重任。1978年2月，省委批准省社科院、省社科联共同创办《战线》的申请，并采取宋振庭同志建议，由佟老任主编。初始阶段，在人员不整、条件尚差的情况下，佟老鼓励几位编辑解放思想，大胆探索，实事求是，勇于开拓，把《战线》办成繁荣社会科学，促进百家争鸣的园地。在佟老带领下，大家团结一心，昼夜兼程地忘我工作，经过两三个月努力，到同年5月1日，一本300多页50多万字、封面独特的《战线》创刊号问世了。发行后，顿时轰动全国，名闻天下，著名哲学史专家蔡尚思先生惊呼"简直是泰山压顶"，给以极高评价。

在一片赞扬声中，佟老却总是谦虚地说：《战线》是宋振庭同志力主创办的，体现出宋振庭同志有胆有识，酷爱社会科学事业，同时，若没有周雷等编辑同志的敢闯敢干精神，也办不到如此宏大规模。而对自己的筹谋运作，百般操劳，却从不言及。不贪天之功，不掠人之美，不埋没人才，不炫耀自己，虚怀若谷，大德大美！

为了使编辑人员真正做到解放思想实事求是，佟老常鼓励大家说：认准是正确的事，就要坚持下去，不要缩手缩脚，畏首畏尾。正是在佟老的积极倡导下，一批闯禁区、翻旧案的文章得以刊出，并引起强烈反响，使《战线》成为名副其实的繁荣学术、百家争鸣的园地。每当国内出现重大理论问题讨论时，佟老总是鼓励大家写文章参加讨论，借以提高编辑业务水平。为进一步扩大影响，使《战线》真正面向全国，走向世界，特刊发了《扩大征稿启事》，广泛征求国外、海外学者稿件，开辟专栏。随之，便有日本、美国、英国、新加坡以及我国香港、台湾地区的文稿寄来，发行量与日俱增，发行到 28 个国家和地区，实现了提高质量、扩大影响的目标。

俗话说文如其人，刊物也何尝不似主编，佟老把自己坚韧沉稳的风格带给了《战线》。佟老经常告诫大家坚持党性原则，遵守宣传纪律，不独出心裁，不乱抢风头，更不能以感情代替政策，要经得起时间检验。在佟老的谆谆教导下，编辑部的全体同志始终保持清醒的政治头脑，不曾出现严重纰漏。当 1982 年清理精神污染时，佟老认真贯彻中央精神，召集全院大会，明确指出：清理精神污染，就大多数人来说是提高认识问题，防止资产阶级自由化倾向，要把它同学术争鸣区别开来，绝不是搞人人过关那一套，更不许借机整人。会后，编辑部本着严于律己精神，进行了自查自纠，每位编辑对所负责发表过的文章逐一审视，认真对照。结果，未发现一篇有问题的文章。

也是在这个阶段，理论界一位老同志的文章，受到中央领导的批评，恰巧《战线》有一篇对该同志的采访记待发。编辑部认为采访记中不涉及被批评的观点，准备按计划刊发。当请示佟老时，佟老说这是敏感时期，须请示省里再作决定。当省委批示可以发表后，佟老仍感事关重大，责无旁贷地在省领导的批示下面，也签上了自己的名字，同意发表。编辑们看到佟老签名，深知老人家的用心良苦，都非常感动，为能有这样一位既敢于坚持原则，又勇于承担责任的领导而欣喜庆幸。

为了能使《战线》长盛不衰，每期目录、图版、文件、有争议文章，佟老皆仔细过目，随时指出修改意见，争取尽量多刊出一些有分量的学术性文章。对于这类稿件，佟老要求都必须找专家把关，诸如古文字的稿子，一定要请于省吾先生审阅。1980 年，顾颉刚先生寄来一篇有关羌族研究文章，长达 6 万多字。佟老阅后十分赞赏，认为该文征引翔实，见解高卓，力主一次刊发，引起巨大反响。学界一致称赞《战线》大容量、大气魄，大大推动了学术繁荣。

《战线》作者群初步形成后，为了加强与作者的联系与合作，广泛征求办好《战线》的意见，佟老还亲自带人到北京、上海等地，主持召开作者座谈会。许多专家为佟老的屈尊礼贤精神所感动，内心不由产生对《战线》欠情欠账之意，遂将好稿子交给《战线》，使《战线》得以期期都有重量级学术性文章。与此同时，佟老对被称为"小人物"的青年作者，也倍予关注，毫不轻视，一旦发现，便极力向编辑部推荐，支持发表。院内文学所张弘同志关于民间文学"改旧编新论"，就是在佟老大力支持下得以发表，并展开专题讨论。后来张弘同志又将文章扩充为专著，也是在佟老过问下才终于出版。

《战线》为了贯彻好佟老办刊思想，真正做到引导大家"通过自由讨论去探索真理，靠争鸣解决问题"，先后开辟专栏，组织稿件，对中国古史分期、形象思维、新诗艺术形式、宋江是不是投降派、民间文学改旧编新等一系列热点问题展开讨论。每次讨论，佟老都须拿主意，作决断，挥洒汗水，使《战线》真正成为吸引广大作者参与的学术争鸣的园地，这也是《战线》久盛长兴的重要因素。

如今《战线》出版已逾百期，佟老遗风依旧，辉煌四射，人们将永远铭记开拓者的功绩！

43.9 纯然忘我的晚年岁月

进入80年代以后,佟老自知年事已高,不宜继续担任领导职务,所以多次向省委提出退出领导岗位,以让位于年富力强的同志。

1985年元旦,佟老又一次向省委呈送了恳辞报告,表示自己自元旦起,不再到社会科学院视事,请尽快委任新人。因此,省委作出决定,组成新一届社会科学院领导班子,并任命佟老为名誉院长,获准离休,享受副省级待遇。

离休后,最令佟老割舍不下者有两件事:一是《中国东北史》编写工作刚刚起步,诸多具体问题尚须继续过问;二是《静晤室日记》的整理工作尚在运作之中,很多事也还须他来拍板敲定。而课题组的同志,又都强烈希望佟老继续主持这两项课题。实际上,这两项课题皆是在佟老离休后,指导课题组同志完成的,内中甘苦,自不待言,几乎耗尽佟老晚年全部心血。每天在读书看报之际,凡有关东北史的信息、资料、文章等,一一记录下来,随时向课题组的同志通报,交流心得体会。同时,还不知老之已至,又把《辽史》等古籍搬出来逐卷披读,疏理难点问题,有针对性地指导课题组。佟老自幼聪颖好学,离休后仍手不释卷。读书,是其一生最大的爱好,也是唯一的爱好。

自离休之日起,佟老严格要求自己,对院里新领导班子的工作,只有支持的义务,而无干预的权利,从不说三道四。每当有人向他反映一些大事小情,希望他能施加影响时,他则总是环顾左右而言它,把话岔开。常说自己是扔下近的看远的,从报上看世界风云变幻,从古书中看历史发展,身边的事很少考虑。既不给自己添烦恼,也不给别人添乱。真是一种纯然忘我无为的境界!

1995年7月27日,省社科联和省史学会召开座谈会,向佟老祝贺90周岁诞辰。时任省委书记张德江同志和省人大主任谷长春同志,亲自抬着花篮,一同向佟老鞠躬祝寿。张德江同志致祝寿辞时说:"知道佟老的大名还是在念中学的时候,那时我就觉得佟老是一棵大树,我是树下的一棵小草。今天，佟老仍然是一棵大树，我也仍然是树下的小草，而且是受到佟老这棵大树庇护的小草。”对佟老的敬重之情溢于言表，不尽缕缕。省社科联党组书记李绍庚同志拿出当天的《市场经济时报》，众弟子们用一整版刊登佟老照片，下书“仁寿贤明”4个套红大字，并配以联语：“史为镜人为镜皎皎日月；寿似海福似海衮衮乾坤。”感谢老师的教诲之恩，祝老师健康长寿。

早在1985年初，佟老的众弟子们曾一致决定，在佟老80大寿这天，在佟老的家乡辽阳，集体向佟老拜寿。此项自发的民间活动被院里领导获悉后，认为还是官办为宜，遂决定由院方筹办。当佟老得知这一情况后，态度坚决地向院里表示：我们党历来就不提倡祝寿活动，应当作为纪律遵守，绝不应搞什么祝寿活动。结果是官方没办成，民间也被搅黄，众弟子无不感到遗憾万分。

1987年夏，经过众弟子周密策划，促成东北三省社会科学院联合在辽阳举行东北史研讨会暨金毓黻先生诞辰百周年纪念。届时，佟老与众弟子济济一堂，畅谈学问，共忆往昔，不胜欣喜。会议开幕式正好安排在佟老生日那天，宴会席间，众弟子纷纷向佟老敬酒，祝佟老健康长寿。至此会议组织者才恍然大悟，被佟老众弟子“利用”了。但转念一想，办得好，合于情理！也赶忙向佟老敬酒祝寿。在座的辽阳党政领导见此盛况，唯恐失礼，也一一向佟老祝酒，热情有加，都说佟老和金毓黻先生是我们辽阳人的骄傲！众弟子感到无限欣慰，终于圆了夙愿。事后，佟老对人说：他们（众弟子）这是在火炉上烤我，陷我失掉原则，在乡亲面前丢脸。对方则反驳说：你一向教学生敬老尊贤，他们按你的教导做了，有何不好！佟老被说得啼笑皆非。

1995年秋天开始，佟老健康状况急转直下，住了两次院皆无起色。到了1996年9月，更觉体力不支，然而却坚持不去医院，说自己无病，是老年象征，不必再为国家浪费医疗费了。女儿觉得不能再拖延了，采取近似“绑架”的手段，强行将佟老送进医院。经过近3个月的精心治疗，终无力回天，12月15日，佟老永远离开了我们。

遗体告别那天，省委、省政府、省人大、省政协四大班子的领导，中断正在召开的会议,悉数前来致哀送行。一些离休的老同志也冒着严寒,或拄着拐杖,或由人搀扶,纷纷前来吊唁,鞠躬诀别。各界知名人士、一起工作过的同志、昔日弟子,从四面八方赶来,祝佟老走好!

可以告慰佟老在天之灵的是,由佟老主编的6卷本420万字的《中国东北史》(第一卷属再版)于1998年8月——吉林省社会科学院建院40周年庆典前,由吉林文史出版社出版;《静晤室日记》也从江苏扬州邗江古籍印刷厂运回吉林省社会科学院。这两部巨著在国内外产生了巨大的反响,是矗立在学术界的两座丰碑。

佟老永垂不朽!佟老永远活在我们心中!

(原载《佟冬同志百年诞辰纪念文集》,吉林文史出版社2005年版)

主要参考文献

一、中国古籍

《史记》至《清史稿》(廿五史).北京:中华书局点校本.

尚书.武英殿仿宋本.

大戴礼记.雅雨堂丛书本.

逸周书.抱经堂丛书本.

山海经.《四部丛刊》影印本.

竹书纪年.清光绪五年刻本.

白云集.不惑堂丛书本.

〔春秋〕左丘明.春秋左传正义.北京:中华书局影印本.

〔春秋〕左丘明.国语.十礼居黄氏丛书本.

〔西汉〕刘向.说苑.《四部丛刊》影印本.

〔西汉〕刘安.淮南子.淮南鸿烈集解本.

〔魏〕鱼豢.魏略辑本.《四部丛刊》本.

〔东晋〕孙盛.晋阳秋.黄氏逸书本.

〔唐〕杜佑.通典.北京:商务印书馆十通本,1937.

〔南宋〕郑樵.通志.北京:商务印书馆十通本,1937.

〔元〕马端临.文献通考.北京:商务印书馆十通本,1937.

〔宋〕王溥.唐会要.北京:中华书局,1955.

〔宋〕王溥.五代会要.光绪十年江苏书局刻本.

〔清〕徐松.宋会要辑稿.北京:中华书局影印本.

〔宋〕司马光.资治通鉴.北京:中华书局点校本,1956.

〔宋〕李焘.续资治通鉴长编.北京:中华书局点校本,1956.

〔唐〕张楚金.翰苑.《辽海丛书》本.

〔宋〕洪遵. 翰苑群书. 知不足斋丛书本.
〔唐〕苏鹗. 杜阳杂编. 丛书集成初编本.
〔宋〕李昉. 太平御览. 北京:中华书局影印本.
〔宋〕乐史. 太平寰宇记. 光绪八年金陵书局本.
〔宋〕王钦若,杨亿. 册府元龟. 北京:中华书局影印本.
〔唐〕李隆基. 大唐六典. 影印日本近卫本.
〔清〕董诰,阮元,徐松,等. 全唐文. 北京:中华书局,2004.
〔清〕曹寅,彭定求,杨中讷,等. 全唐诗. 北京:中华书局,1960.
〔宋〕宋敏求. 唐大诏令集. 北京:商务印书馆,1959.
〔唐〕张九龄. 唐丞相曲江张先生文集.《四部备要》本.
〔唐〕韩愈. 昌黎先生集.《四部备要》本.
〔唐〕元稹. 元氏长庆集.《四部备要》本.
〔唐〕高彦休. 阙史. 乾隆殿本.
〔宋〕王应麟. 玉海. 浙江书局重刻本.
〔宋〕叶隆礼. 契丹国志. 北京:中华书局点校本,1975.
〔宋〕洪皓. 松漠纪闻.《辽海丛书》本.
〔宋〕阮阅. 诗话总龟.《四部丛刊》本.
〔宋〕曾公亮,丁度. 武经总要. 北京:商务印书馆影印本.
〔宋〕王偁. 东部事略. 扫叶山房刊本.
〔宋〕曾巩. 元丰类稿.《四部丛刊》本.
〔宋〕孙光宪. 北梦琐言. 云自在龛丛书本.
〔宋〕钱易. 南部新书. 丛书集成初编本.
〔宋〕陆游. 南唐书. 北京:中华书局聚珍仿宋本.
〔唐〕李吉甫. 元和郡县图志. 岱南阁丛书本.
〔金〕王寂. 辽东行部志.《辽海丛书》本.
〔元〕夏文彦. 图绘宝鉴. 汲古阁刻本.
〔宋〕徐梦莘. 三朝北盟会编. 清光绪四年本.
〔元〕宇文懋昭. 大金国志. 扫叶山房刻本.
〔清〕庄仲方. 金文雅. 江苏书局重刊本.

〔清〕张金吾.金文最.江苏书局重刊本.

〔清〕陆增祥.八琼室金石补正.希古楼丛书本.

〔清〕罗振玉.唐代海东藩阀志存.罗振玉刊刻本.

二、日本古籍

舍人亲王.日本书纪.日本国史大系本.

藤原继绳,菅野真道,秋篠安人.续日本纪.日本国史大系本.

藤原冬嗣,藤原绪嗣.日本后纪.日本国史大系本.

藤原良房,藤原良相,伴善男.续日本后纪.日本国史大系本.

藤原基经,菅原是善,都良香,等.日本文德天皇实录.日本国史大系本.

藤原时平,大藏善行,菅原道真.日本三代实录.日本国史大系本.

菅原道真.类聚国史.日本国史大系本.

鸭祐之.日本逸史.日本国史大系本.

日本纪略.日本国史大系本.

阿阇梨皇元.扶桑纪略.日本国史大系本.

类聚三代格.日本国史大系本.

延喜式.日本国史大系本.

舞乐要录.日本群书类从本.

经国集.日本群书类从本.

原冬嗣,仲雄王,菅原清公,等.文华秀丽集.日本群书类从本.

扶桑集.日本群书类从本.

都良香.都氏文集.日本群书类从本.

岛田忠臣.田氏集.日本群书类从本.

大江匡房.江谈抄.日本群书类从本.

林道春.本朝通鉴.日本群书类从本.

藤原明衡.本朝文粹.日本正保五年戊子刊本.

藤原守中.歌舞品目.日本续史籍集览本.

圆仁.入唐求法巡礼行记.大日本佛教全书本.
空海.高野杂笔记.大日本佛教全书本.
空海.高野大师广传.大日本佛教全书本.
释真济.遍照发挥性灵集.稻叶岩藏本.

三、朝鲜古籍

金富轼.三国史记.长春:吉林文史出版社,2003.
僧一然.三国遗事.长春:吉林文史出版社,2003.
郑麟趾.高丽史.日本图书刊行会本.
金宗瑞.高丽史节要.朝鲜总都府影印本.
朝鲜史略.北平图书馆影印本.
徐居正.东国通鉴.崔南善藏本.
韩致渊.海东绎史.朝鲜古书刊行会本.
柳得恭.渤海考.朝鲜群书大系本.

索　引

C

D

G

H

J

K

L

M

N

P

Q

T

W

X

Y

Z